古典实用主义奠基者的信念观研究
——以皮尔士和詹姆斯为例

Research on the Notions of Belief of Classical Pragmatism Founders:
Based on Peirce and James

耿博雅 著

中国社会科学出版社

图书在版编目(CIP)数据

古典实用主义奠基者的信念观研究：以皮尔士和詹姆斯为例 / 耿博雅著. —北京：中国社会科学出版社，2022.3

(中国社会科学博士后文库)

ISBN 978-7-5203-9846-6

Ⅰ.①古… Ⅱ.①耿… Ⅲ.①实用主义—研究—美国 Ⅳ.①B087

中国版本图书馆 CIP 数据核字(2022)第 038928 号

出 版 人	赵剑英
责任编辑	刘亚楠
责任校对	张爱华
责任印制	李寡寡

出　　版	中国社会科学出版社
社　　址	北京鼓楼西大街甲 158 号
邮　　编	100720
网　　址	http://www.csspw.cn
发 行 部	010-84083685
门 市 部	010-84029450
经　　销	新华书店及其他书店

印刷装订	北京君升印刷有限公司
版　　次	2022 年 3 月第 1 版
印　　次	2022 年 3 月第 1 次印刷

开　　本	710×1000　1/16
印　　张	19
字　　数	316 千字
定　　价	98.00 元

凡购买中国社会科学出版社图书，如有质量问题请与本社营销中心联系调换
电话：010-84083683
版权所有　侵权必究

第十批《中国社会科学博士后文库》编委会及编辑部成员名单

(一) 编委会

主　任：赵　芮
副主任：柯文俊　胡　滨　沈水生
秘书长：王　霄
成　员（按姓氏笔划排序）：

卜宪群　丁国旗　王立胜　王利民　史　丹
冯仲平　邢广程　刘　健　刘玉宏　孙壮志
李正华　李向阳　李雪松　李新烽　杨世伟
杨伯江　杨艳秋　何德旭　辛向阳　张　翼
张永生　张宇燕　张伯江　张政文　张冠梓
张晓晶　陈光金　陈星灿　金民卿　郑筱筠
赵天晓　赵剑英　胡正荣　都　阳　莫纪宏
柴　瑜　倪　峰　程　巍　樊建新　冀祥德
魏后凯

(二) 编辑部

主　任：李洪雷
副主任：赫　更　葛吉艳　王若阳
成　员（按姓氏笔划排序）：

杨　振　宋　娜　赵　悦　胡　奇　侯聪睿
姚冬梅　贾　佳　柴　颖　梅　玫　焦永明
黎　元

《中国社会科学博士后文库》
出版说明

为繁荣发展中国哲学社会科学博士后事业，2012年，中国社会科学院和全国博士后管理委员会共同设立《中国社会科学博士后文库》（以下简称《文库》），旨在集中推出选题立意高、成果质量好、真正反映当前我国哲学社会科学领域博士后研究最高水准的创新成果。

《文库》坚持创新导向，每年面向全国征集和评选代表哲学社会科学领域博士后最高学术水平的学术著作。凡入选《文库》成果，由中国社会科学院和全国博士后管理委员会全额资助出版；入选者同时获得全国博士后管理委员会颁发的"优秀博士后学术成果"证书。

作为高端学术平台，《文库》将坚持发挥优秀博士后科研成果和优秀博士后人才的引领示范作用，鼓励和支持广大博士后推出更多精品力作。

《中国社会科学博士后文库》编委会

摘 要

作为古典实用主义奠基者皮尔士和詹姆斯都非常关注应该如何确定信念的问题，并且二者的讨论对后来实用主义者的信念观确立都产生了深远影响。对此，国内外研究者有比较丰富的研究，不少国外哲学家以专著的方式对皮尔士或詹姆斯其中一人的信念思想进行了比较深入的研究。

然而，根据当前国内外研究现状分析，究竟什么是皮尔士或詹姆斯的信念观，其二者信念观之间存在何种关系，以及对之后哲学家信念思想产生了何种影响此三个主要问题仍没有答案。围绕这三个主要问题，还有一些当前研究尚不充分之处：皮尔士如何反笛卡尔式怀疑、真正怀疑的内涵、确立信念的方法中如何结合探究、科学的方法以及逻辑推理、詹姆斯反克利福德证据信念观的原因、意志发挥作用的条件、意志与理智之间的关系、以意志为主确立的信仰与信念的关系、如何从真信念视角规范信念确立和实用主义思想如何转化为信念意义规范式而确立出信念的是其所是等。

本篇论文将聚焦于以上三个主要问题以及相关已分析而得的尚待深入探讨之处展开研究。据此，关于第一个问题，皮尔士和詹姆斯信念观是什么的问题，笔者于第一章和第二章分别从皮尔士信念观反基础主义以及于实用主义之中此二视角对皮尔士的信念观是什么的问题展开论述；于第三章和第四章分别从詹姆斯对皮尔士信念观的承袭和突破两视角针对詹姆斯的信念观是什么进行阐述。关于第二个问题，皮尔士和詹姆斯信念观之间存在何种关系。笔者一方面，在第三章和第四章论述詹姆斯信念观是什么中，以承袭和突破的路径进行了分析；另一方面，在第五章第一节中，笔者针对前四章已得二者信念观构成的四部分内容，对二者信念观的同与异进行比对阐释。关于第三个问题，笔者于第五章第二节，从相异之处的融合和对相同之处的深化二视角，针对皮尔士和詹姆斯信念观对之后实用主义哲学家信念思想的影响及表现进行深入探讨。

笔者认为，皮尔士和詹姆斯的信念观都是由信念的界域、确立信念的规范力、信念为点探究至真以及信念为点于实用主义思想下规定的面确定是其所是此四部分构成。同时，根据皮尔士和詹姆斯对信念至真的规范以及各自对实用主义的定义，笔者还完善且论证出皮尔士和詹姆斯确立信念和把握信念意义的规范式。其次，笔者认为，从总体上来看，在对信念的界域和确立信念的规范力方面，皮尔士和詹姆斯的信念观表现为以异为主；而在信念为点于不断探究至真以及信念为点于实用主义定义下多维度形成的面确定是其所是方面，二者信念观表现为以同为主。最后，笔者以20世纪50、60年代为界，证得在此之前以古典实用主义哲学家杜威为代表，所受影响主要表现为对皮尔士和詹姆斯信念观中相异之处进行融合；而在此之后以新实用主义者为代表，所受影响主要表现为对二者信念观中相同之处结合经验和语言进行深化。

关键词：信念观构成　反基础主义　实用主义　科学探究模式　实际具体结果　意志　信仰

Abstract

As the founders of classical pragmatism, Peirce and James both pay much attention to the topic regarding how to fix belief. Their discussions on this topic have significantly influenced the following pragmatists, so that there are abundant research worldwide. Many foreign scholars have accomplished relatively deep research on the notion of belief of either Peirce or James, which have been published in books.

However, based on the current research, three main questions remain unresolved as to the content of the notion of belief of Peirce or James, their differences and similarities, and the influences of them on the thoughts of belief of following pragmatists. In terms of above three questions, there are limited research such as (1) how Peirce refutes Descartes' doubt, (2) the connotation of Peirce's real doubt, (3) how to combine inquiry, the method of science, and logic inferences to fix belief, (4) the reasons why James argues Clifford's notion of belief, (5) the situations of using will, (6) the relationship between will and intellect, (7) the relationship between belief and faith fixed mainly by will, (8) how to norm the fixation of belief from the perspective of truth, and (9) how to transform pragmatism to formula of the meaning of belief in order to clarify what the belief is.

This dissertation will focus on resolving the above questions including three main ones and some other minors. The first question focuses on elaborating what the notions of belief of Peirce and James are. Chapter One and Two discuss the content of the notion of belief of Peirce from two aspects, including anti – foundationalism and pragmatism. Chapter Three and Four discuss the content of belief of James from two perspectives, including taking over and breaking through of Peirce's notion of belief. The second question focuses on elaborating the relationship between Peirce's and James's notions of belief. On one hand, I analyze it from two perspectives, taking over and breaking through in Chapter Three and Four. On the other hand, I compare the four parts of Peirce's and James's notions of belief based on the former four chapters in the first section of Chapter Five. Regarding the third question, I discuss the influences and presentations of Peirce's and James's notions of belief on the following pragmatists from two aspects, mixing the differences and developing the similarities in the second section of Chapter five.

In my opinion, Peirce's and James's notions of belief, either of which consists of four parts: the boundary of belief, the norm force of fixing belief, belief being a point to inquire the truth, belief being a point regulated by pragmatism to conform what it is. Meanwhile, doing the research focused on Peirce's and James's norms of the truth and their definitions of pragmatism, I complete and prove Peirce's and James's norm formulas of fixing belief and tracking out the meaning of belief. Besides, I clarify in general that in the aspects of the realm of belief and the norm force of fixing belief mainly manifest the differences of notions of belief of Peirce and James; while in the aspects of taking belief as a point to inquire the truth continually and confirmed what it is with analyzing pragmatism mainly reflect the similarities between them. Finally, I take the 1950s and 1960s as the time to divide two periods of the development of pragmatism. Before 1950 – 1960s, Dewey is the representative of the classical pragmatists, who is influenced mainly as mixing the differences of Peirce's and James's notions of belief; after those years, neo – pragmatists are influenced mainly as developing the similarities between Peirce's and James's notion of belief combing with the factors of experience and language.

Key Words: Constitution of notion of belief; anti – fundamentalism; pragmatism; scientific inquiry pattern; particular practical consequences; will; faith

目　录

导　论 ……………………………………………………… (1)

第一章　皮尔士：信念与反基础主义 ……………………… (35)
　第一节　信念与怀疑 ……………………………………… (36)
　第二节　信念与科学探究 ………………………………… (48)
　第三节　信念与真 ………………………………………… (62)

第二章　皮尔士：信念于实用主义之中 …………………… (78)
　第一节　信念与实用主义 ………………………………… (79)
　第二节　信念与表达 ……………………………………… (97)

第三章　詹姆斯：皮尔士信念观之承袭 …………………… (119)
　第一节　信念与其对立面 ………………………………… (120)
　第二节　信念与实用主义方法 …………………………… (126)
　第三节　真信念 …………………………………………… (143)

第四章　詹姆斯：皮尔士信念观之突破 …………………… (162)
　第一节　意志信念观 ……………………………………… (162)
　第二节　信念与信仰 ……………………………………… (178)
　第三节　答复以皮尔士为代表的批判 …………………… (193)

第五章　古典实用主义奠基者信念观之比对与影响 ……… (213)
　　第一节　比对皮尔士与詹姆斯的信念观 ……………… (213)
　　第二节　古典实用主义奠基者信念观之影响 ………… (229)

结　语 …………………………………………………………… (246)

附　录 …………………………………………………………… (247)

参考文献 ………………………………………………………… (257)

索　引 …………………………………………………………… (272)

Contents

Introduction ··· (1)

Chapter One　Peirce: Belief and anti–fundamentalism ············ (35)
　Section 1　Belief and Doubt ·· (36)
　Section 2　Belief and Scientific Inquiry ···································· (48)
　Section 3　Belief and Truth ··· (62)

Chapter Two　Peirce: Belief in Pragmatism ·························· (78)
　Section 1　Belief and Pragmatism ··· (79)
　Section 2　Belief and Expression ·· (97)

Chapter Three　James: Taking over Peirce's notion
　　　　　　　of Belief ··· (119)
　Section 1　Belief and its Opposite ··· (120)
　Section 2　Belief and Pragmatic Methods ·································· (126)
　Section 3　True Belief ··· (143)

Chapter Four　James: Breaking Through Peirce's notion
　　　　　　　of Belief ··· (162)
　Section 1　Will to Believe ··· (162)
　Section 2　Belief and Faith ··· (178)
　Section 3　Reply Criticism Represented by Peirce ······················· (193)

Chapter Five　Compare and Influence ……………………………（213）
　　Section 1　Compare Peirce's and James's notion of belief …………（213）
　　Section 2　Influence the Following Pragmatists ……………………（229）

Epilogue ……………………………………………………………（246）

Appendix ……………………………………………………………（247）

References …………………………………………………………（257）

Index ………………………………………………………………（272）

导　论

本书将围绕古典实用主义奠基者皮尔士和詹姆斯的信念观展开研究。皮尔士（1839年9月10日—1914年4月19日）和詹姆斯（1842年1月11日—1910年8月26日）年龄仅差三岁，分别作为第一个提出实用主义和第一个将实用主义思想正式公开发表的实用主义奠基者。二者关系十分密切，既是生活上的好友，也是学术上惺惺相惜的挚友。在皮尔士事业和生活受到重创和举步维艰时，詹姆斯一次次雪中送炭，为其写推荐教职信、用经费邀请其来哈佛大学做系列讲座等等。作为对詹姆斯多年来援助的感谢，皮尔士后来在每次签名中都以西班牙语的方式加上詹姆斯的名字，使用"'圣地亚哥'而非'桑德斯'——前者在西班牙语中意味着'圣·詹姆斯'"[1]。

关于二者学术上的交流，皮尔士在1877年写给詹姆斯的信中就描述道，即使在当时，两者的学术看起来存在矛盾或竞争关系，但仍然没有影响两者的友谊[2]。皮尔士甚至用当时美国非常著名的法学家和演说家乔特（Rufus Choate）的一段对初阳与落日的描写来比喻自己和詹姆斯的哲学。皮尔士谦逊地认为，自己就是那逐渐陨落的太阳，而詹姆斯则是从东方跳跃而升的初阳[3]。詹姆斯同样也对皮尔士满怀爱意和感激，詹姆斯将1897年出版的《信念的意志与在大众哲学中一些其他文章》一书直接献给了皮尔士，并在该书的扉页写道："致我的老友，查尔斯·桑德斯·皮尔士，致我们过去岁月里的哲学友谊，致近些年来你对我创作给予的难以言表的激励和帮助。"[4]

---

[1] Cheryl J. Misak, *The American Pragmatists*, Oxford: Oxford University Press, 2013, p. 27.
[2] CWJ 4. p. 561.
[3] CWJ 4. p. 561.
[4] WJ 6. p. 3.

古典实用主义奠基者的信念观研究

菲利斯对姆（Sami Pihlström）在《皮尔士在实用主义传统的位置》一文的开篇中，亦通过引用皮尔士与詹姆斯1897年和1904年的一组书信①，揭露了皮尔士和詹姆斯之间既相互学习又相互比较的关系：皮尔士坦诚自己总是觉得"需要向您（詹姆斯）学习的比任何人都多"②，而詹姆斯则认为，虽然自己与皮尔士专业的数学性思维相差甚远，"但是我们（詹姆斯和皮尔士之间）很多范畴的讨论是相同的，在那里你的（皮尔士的）存在和哲学化思想给予我最大的安慰"③。简言之，对于皮尔士和詹姆斯来说，二者已经承认：在思想确立的过程中，彼此深受对方思想的影响，甚至是通过相互比对和学习，从而进一步完善和确定各自的思想。

自1875年开始，皮尔士和詹姆斯就学术问题逐步开始了频繁的交流，而在这些学术交流的主题中，有一个问题是二者延续书信半年以上④，甚至在二者晚年⑤都在讨论的——信念观问题。虽然时至今日，距离皮尔士1877年和1878年发表《信念的确定》和《如何使我们的观念清楚明白》，即第一次提出实用主义的信念观；以及詹姆斯1897年发表的《信念的意志与在大众哲学中一些其他文章》一书，即集中讨论信念思想的论著，已经过去了一百多年。然而，在21世纪的今天，皮尔士和詹姆斯作为古典实用主义奠基者所确立的信念思想仍然意义深远，影响从未停止过。2002年，在美国哥伦比亚大学纪念詹姆斯的《宗教经验之种种》出版一百周年的研讨会上，皮尔士始创的信念"探究"（inquiry）一词成为与会焦点，当时参会的学者们甚至认为"探究这一观点是实用主义的核心"⑥，且一直影响着之后的实用主义信念思想的发展。

于此可见，作为实用主义的奠基者皮尔士和詹姆斯的信念思想无论在

---

① Sami Pihlström, "Peirce's Place in the Pragmatist Tradition", in Cheryl J. Misak, ed., *The Cambridge Companion to PEIRCE*, Cambridge: Cambridge University Press, 2004, p. 27.
② Sami Pihlström, "Peirce's Place in the Pragmatist Tradition", in Cheryl J. Misak, ed., *The Cambridge Companion to PEIRCE*, Cambridge: Cambridge University Press, 2004, p. 27.（Sami Pihlström 在此引用了皮尔士1904年10月3日给詹姆斯的信，括号内为笔者补充说明。）
③ Sami Pihlström, "Peirce's Place in the Pragmatist Tradition", in Cheryl J. Misak, ed., *The Cambridge Companion to PEIRCE*, Cambridge: Cambridge University Press, 2004, p. 27.（Sami Pihlström 在此引用了詹姆斯1897年3月27日给皮尔士的信，括号内为笔者补充说明。）
④ CWJ 8. pp. 243-250, p. 271, pp. 323-324.（具体为：1897年3月、5月、11月五篇）
⑤ CWJ 12. p. 171.（1909年3月9日）
⑥ Wayne L. Proudfoot, "introduction", in Wayne L. Proudfoot, ed., *William James and a Science of Religions*, New York: Columbia University Press, 2004, p. 3.

他们自己的那个时代，还是在一个多世纪之后，意义仍然深厚、影响仍然恒远。纵观百年来国内外研究古典实用主义奠基者皮尔士和詹姆斯的信念观现状来看，笔者认为，总体上，国内学者与国外学者在此领域的研究已经进入到了一个相对深入的阶段。国外学者如胡克威（Christopher Hookway）[1]、斯卡格斯塔德（Peter Skagestad）[2]、莱维（Issac Levi）[3]、米萨克[4]、斯莱特（Michael R. Slater）[5] 和奥康奈尔（Robert J. O'Connell）[6] 等已以论著的方式对皮尔士和詹姆斯的信念思想进行了比较整体而深入的研究。与国外研究相比，虽然国内学者在这一领域出版的论著较少，但发表的论文数量和研究深度都在近几十年间不断提高。

首先，笔者将从国内学者研究皮尔士信念观的现状进行分析。从整体来看，关于皮尔士信念观的国内研究现状的主要表现，还正如二十多年前曲跃厚先生在《皮尔斯哲学中的"信念"概念》一文中评价的那样，"在实用主义的研究中，皮尔斯是一个较为薄弱的环节，而'信念'则是皮尔斯哲学的核心概念"[7]，关于信念的讨论可以从信念与思想、怀疑、行为、习惯、方法、效果、意义、实在、真理和形而上学这十个方面[8]进行把握。

二十多年过去了，国内关于皮尔士的信念观研究，大多没有跳出这十个方面且多呈现为解释性和总结性论断，鲜有进行深入的批判性讨论。据此，笔者将集中于皮尔士信念观的产生、信念确立的方法、信念与真理、信念与实用主义这四方面对国内学者的研究现状进行梳理和分析。

第一方面，聚焦于国内学者对皮尔士信念观的产生所表现的研究现状进行归纳和分析。笔者认为，关于皮尔士信念观的产生，国内学者的研究比较充分，主要聚焦于以下三个方面：

第一，对皮尔士批判近代哲学家澄清观念的方法进行讨论，以张端

---

[1] Christopher Hookway, *The Pragmatic Maxim*, Oxford: Oxford University Press, 2012.
[2] Peter Skagestad, *The Road of Inquiry*, New York: Columbia University Press, 1981.
[3] Issac Levi, *The Fixation of Belief and Its Undoing*, Cambridge: Cambridge University Press, 1991.
[4] Cheryl J. Misak, *Truth and the End of Inquiry*, New York: Oxford University Press, 1991.
[5] Michael R. Slater, *William James on Ethics and Faith*, Cambridge: Cambridge University Press, 2009.
[6] Robert J. O'Connell, *William James on the Courage to Believe*, New York: Fordham University Press, 1997.
[7] 曲跃厚：《皮尔斯哲学中的"信念"概念》，《国外社会科学》1995年第11期，第55页。
[8] 曲跃厚：《皮尔斯哲学中的"信念"概念》，《国外社会科学》1995年第11期，第57—59页。

信①等为代表。张瑞信明确指出，皮尔士批判近代哲学史澄清观念的两种方法：一是笛卡尔以自我心灵的清楚明白为基础的怀疑方法，二是莱布尼茨以逻辑论证为核心的方法。皮尔士批判此两种方法的主要原因在于，在皮尔士看来，这些方法都是围着心灵内部绕圈子，与外部实在无关，无法产生真正的怀疑，更没有办法澄清概念。

第二，把皮尔士批判笛卡尔以来近代哲学家澄清观念的方法总结为反基础主义的表现，并认为此导致其可错论思想的产生。此观点主要以朱志方、潘磊和张彩霞为代表。朱志方是第一位将皮尔士反基础主义与可错论相关联的中国学者，他指出皮尔士对笛卡尔思想的批判导致了反基础主义和可错论此二理论②。在其之后，潘磊从反对全面普遍怀疑、笛卡尔式标准的个人主义等方面，进一步论证出皮尔士的反基础主义必然导致可错论③。张彩霞从皮尔士探究的视角进行论证，指出坚持探究的方法必然导致可错论④。而关于皮尔士可错论，邱忠善指出皮尔士的可错论具有反对一次性全部的怀疑以及坚持获得真理的可能性的特点⑤。胡瑞娜和王姝慧还指出，皮尔士反基础主义的可错论，体现了后现代的特征⑥。

第三，对笛卡尔式怀疑和皮尔士确定的真正怀疑之间的关系进行研究，主要以王成兵、林建武和邱忠善等为代表。王成兵和林建武认为，皮尔士定义的怀疑不同于笛卡尔怀疑一切的怀疑之处是，皮尔士的怀疑是基于常识的真正的怀疑，且是通过科学探究的方法平息怀疑而确立新的信念⑦。邱忠善亦指出，正是由于皮尔士区分了真正的怀疑与纸面上的怀疑，才得出了真正的怀疑。据此，皮尔士真正的怀疑与信念的关系可总结为："（1）信念先于怀疑……（2）信念是怀疑出现的条件……（3）怀疑的能力是怀疑出现的前提……（4）解决怀疑之可能性，依赖于既有的信念系统，我们需要其它信念解决怀疑。"⑧

---

① 张端信：《论皮尔士的实用主义准则》，《社会科学家》2007年第11期，第23页。
② 朱志方：《皮尔士的科学哲学》，《自然辩证法通讯》1998年第2期，第9页。
③ 潘磊：《皮尔士的"有方向的反基础主义"》，《科学技术与辩证法》2006年第4期，第54—57页。
④ 张彩霞：《论皮尔士的科学观及其价值》，《社会科学家》2014年第9期，第24页。
⑤ 邱忠善：《皮尔士对现代哲学观念的贡献》，《学术交流》2015年第8期，第35页。
⑥ 胡瑞娜、王姝慧：《皮尔士符号学的实用主义特征及其后现代趋势》，《科学技术与辩证法》2007年第4期，第59—62页。
⑦ 王成兵、林建武：《论皮尔士的科学形而上学观》，《江汉论坛》2007年第5期，第75页。
⑧ 邱忠善：《皮尔士对现代哲学观念的贡献》，《学术交流》2015年第8期，第34页。

导 论

　　第二方面，笔者将聚焦于国内学者对皮尔士确立信念的方法的研究进行归纳和分析。关于此方面，国内学者主要从皮尔士为科学人、科学方法的特征、步骤、优势、与外部实在和逻辑推理的关系等多角度进行论述。首先，张留华指出，皮尔士是"第一个提出并详细阐述了科学人（scientific man 或 man of science）概念"[①]的哲学家，皮尔士信念确立的方法充满了科学人进行工作的特色，皮尔士还将科学逻辑学、数学、形而上学等都包含于科学之中。第二，关于皮尔士确立信念的科学方法的特征，郑伟平总结为实在性、普遍性和可操作性。[②] 第三，对科学方法进行步骤划分，郑伟平认为，皮尔士的科学方法分为两步骤，并且分别为意义理论和真理理论，"首先是澄清观念的意义，其次是探究实在的真理。前者构成了皮尔士的意义理论，后者则是皮尔士的真理理论"[③]。第四，对皮尔士科学方法的优势进行探究，以孙志明为代表，指出唯有皮尔士科学的方法才能排除个人主观偏向，促进社会及科学研究发展，并有助于人们最终采取行动。[④] 第五，认为皮尔士科学方法确立了信念外在主义的道路。这一思想的代表人物为郑伟平和陈嘉明。郑伟平认为，皮尔士开辟了自证据信念观、实用主义信念观和兼容信念观以来的第四条道路，即外在主义道路[⑤]。这类似于陈嘉明认为的可信赖主义观点[⑥]，即把皮尔士确立信念看作可信赖过程，由科学方法为依据，诉诸外部实在而产生。第六，从逻辑的角度看科学探究的方法，张端信认为，皮尔士引入的溯因推理、演绎推理和归纳推理，此三阶段"分别完成了科学的三大任务：'发现原因'、'预言结果'、'发现规律'"[⑦]。而桂起权和解丽则进一步指出，皮尔士突破了演绎

[①] 张留华：《皮尔士论科学及其方法、态度》，《自然辩证法研究》2006 年第 2 期，第 37 页。
[②] 郑伟平：《当代信念伦理学的"第四条道路"——论皮尔士的信念规范理论》，《哲学分析》2014 年第 1 期，第 43—44 页。
[③] 郑伟平：《当代信念伦理学的"第四条道路"——论皮尔士的信念规范理论》，《哲学分析》2014 年第 1 期，第 41 页。
[④] 孙志明：《皮尔士的实用主义思想》，《江西大学学报》（哲学社会科学版）1985 年第 3 期，第 58 页。
[⑤] 郑伟平：《当代信念伦理学的"第四条道路"——论皮尔士的信念规范理论》，《哲学分析》2014 年第 1 期，第 37—50 页。
[⑥] 陈嘉明：《知识与确证——当代知识论引论》，上海人民出版社 2003 年版，第 162 页。
[⑦] 张端信：《论皮尔士的实用主义准则》，《社会科学家》2007 年第 11 期，第 24 页。

逻辑的旧规则①。

第三方面，笔者将聚焦于国内学者对皮尔士信念与真理思想关系的讨论进行归纳和分析。笔者认为，国内学者对皮尔士信念与真理关系的立场主要分为三种。一是，认为无穷的科学探究能够使信念趋于真理，此观点主要代表为余德华、王成兵、林建武、陈亚军等。余德华指出，在不断地执行科学探究之后，信念的理想极限即为真理②。王成兵和林建武也指出，皮尔士确信，"科学探究的方法可以使信念成为真理"③。陈亚军认为，"真理无非是人们在长期的科学探究之后所达成的信念"④。二是，认为皮尔士的真理观就是其信念观，此观点以邵强进、黄维和康博文等为代表。邵强进和黄维认为，按照皮尔士的语用学定义，"真理不过是信念换一种说法"⑤。康博文则将皮尔士的真理观归为"从'符合说'、'接近说'到'信仰说'，做了一条从客观到经验，从实验到主观的发展路线"⑥，最终得出皮尔士的真理观就是其信念观的结论。三是，认为皮尔士的真理观包含信念，主要以张峰、韩天琪、赵士兵和刘爱军等为代表。张峰认为，皮尔士的真理观"即符合说、极限说、一致同意说和信仰说"⑦，其中信仰说，就是不怀疑并坚信可靠的，这种信仰就是皮尔士的真理信念说。在此之后，韩天琪⑧、赵士兵和刘爱军⑨等都再次坚持和论证了该观点。

第四方面，笔者聚焦于国内学者对皮尔士信念与实用主义思想关系的讨论进行归纳和分析。关于该方面的讨论，笔者认为，国内学者的观点主要分为两种：一是，认为皮尔士的实用主义思想帮助其所确立的信念澄清意义，以王成兵、林建武和张端信等为代表。王成兵和林建武指出，皮尔士实用主义原则虽然注重概念所产生的效果，"但其根本性目的在于澄清

---

① 桂起权、解丽：《从逻辑哲学视角看皮尔士溯因推理》，《科学技术哲学研究》2018 年第 2 期，第 5 页。
② 余德华：《皮尔斯的心灵趋向一致说》，《广西社会科学》2003 年第 5 期，第 35—37 页。
③ 王成兵、林建武：《论皮尔士的科学形而上学观》，《江汉论坛》2007 年第 5 期，第 76 页。
④ 陈亚军：《实用主义：从皮尔士到布兰顿》，江苏人民出版社 2020 年版，第 35 页。
⑤ 邵强进、黄维：《皮尔士真理观的实践意义》，《广西大学学报》2011 年第 4 期，第 71 页。
⑥ 康博文：《皮尔士真理观评介》，《天津社会科学》1984 年第 6 期，第 36 页。
⑦ 张峰：《皮尔士真理观初探》，《郑州大学学报》1985 年第 3 期，第 19 页。
⑧ 韩天琪：《什么可被"当作"真理？——从皮尔士到杜威》，《绵阳师范学院学报》2009 年第 4 期，第 101—102 页。
⑨ 赵士兵、刘爱军：《实用主义真理观之管窥》，《北方论丛》2008 年第 4 期，第 133 页。

形而上学概念的意义"①。张端信也有类似的观点,指出皮尔士的实用主义最初是一种意义理论,用科学的方法使人们获得稳定的信念。对于皮尔士来说,为了获得稳定信念或真理,首要就是要澄清信念中观念的意义②。关于皮尔士信念思想与其实用主义思想的第二种观点,就是认为皮尔士信念说对其实用主义思想产生巨大影响,此观点主要以曲跃厚为代表。曲跃厚指出,皮尔士信念思想使其实用主义思想朝着实用化倾向、操作化倾向、整体主义和人本化方向发展③。

接着,笔者将从国内学者研究詹姆斯信念观的现状进行分析。詹姆斯关于信念思想的讨论,主要集中于《心理学原理》中"实在的知觉"这部分以及《信念的意志和大众哲学的一些其他文章》一书。笔者认为,国内学者对此进行的研究主要聚焦于四个方面:一是总结詹姆斯对克利福德的证据信念观,以及詹姆斯对皮尔士的科学方法确立信念观的批判与发展;二是对詹姆斯补充强调的以意志确立信念(信仰)的观点进行分析与论证;三是对詹姆斯信念与真理的关系进行讨论;四是对詹姆斯信念思想与其实用主义思想进行讨论。

第一方面,笔者将聚焦于国内学者总结詹姆斯的信念思想对克利福德的证据信念观及皮尔士信念观之批判与发展方面的研究进行分析。此部分研究以郑伟平、尚新建和彭基相为代表。郑伟平指出,克利福德过分注重理性,缺乏对人的情感与实用性考察,是证据主义的代表,相对比,詹姆斯的信念观则为实用主义信念说的代表,关注实际具体结果,认为在一些情况下,虽然不具有充分证据,但当人们面临着真正的选择时,实用性和情感因素应该充当信念确立的核心因素。④ 尚新建则进一步将詹姆斯信念观中包含的信仰看作"应当如何做的问题"⑤ 而非克利福德的证明问题,即把信仰看作假设而非通过克利福德宣称的以充足证据为依据而确立。关

---

① 王成兵、林建武:《论皮尔士的科学形而上学观》,《江汉论坛》2007年第5期,第74页。
② 张端信:《论皮尔士的实用主义准则》,《社会科学家》2007年第11期,第22页。
③ 曲跃厚:《皮尔斯哲学中的"信念"概念》,《国外社会科学》1995年第11期,第55—61页。(参考林建武《近年来国内皮尔士研究概述》,《哲学动态》2005年第5期,第60—61页的归纳和总结。)
④ 郑伟平:《当代信念伦理学的"第四条道路"——论皮尔士的信念规范理论》,《哲学分析》2014年第1期,第44—46页。
⑤ 尚新建:《美国世俗化的宗教与威廉·詹姆斯的彻底经验主义》,上海人民出版社2002年版,第262页。

于詹姆斯对皮尔士信念观的发展,彭基相等早在 1927 年时就指出,詹姆斯与皮尔士一样,都坚持着实验主义,但"他(詹姆斯)主张的实验主义,是以宗教希望为科学之假设的方法"①。言外之意,詹姆斯信念思想中所包含的不能以证明方式而得出的部分,也是在经过皮尔士强调的科学实验考证后才得出。

第二方面,笔者将针对国内学者聚焦于詹姆斯以意志确立信念(信仰)的观点进行分析和讨论。笔者将从詹姆斯强调信仰确立的原因、从个人经验入手的论证、意志与信仰的关系以及所受批评这四个角度对国内研究进行归纳和论述。首先,关于詹姆斯强调信仰的原因分析,以韩宁②为主要代表,认为此源于在科学盛行时代,詹姆斯试图为宗教谋取立足之地而辩护。其次,国内学者的讨论还聚焦于从个体经验为依据来论证詹姆斯确立信仰的可行性和必要性,此观点的主要代表为陈四海、牛洪亮和陈金平等。陈四海指出,在詹姆斯思想中,"上帝的实在性依赖于个人的神秘宗教经验"③。相类似,牛洪亮和陈金平认为,"信仰在詹姆斯那里不是相信绝对真实的东西,而是相信我认为真实的东西。信仰从符合某种外在的标准,重新变为个人的私事,它与我们个人的经验直接相关"④。在宗教信仰何以可能的问题上,"世俗化的宗教是詹姆斯的答案。信仰的基础不是理性而是意志,意志的基础是情感,宗教纯粹是个人的宗教,即相信我认为真实的东西"⑤。再次,国内学者还指出,信仰的确立不但以个体经验为依据,而且与意志具有密切的关系,此观点以尚新建和韩宁等为代表。尚新建指出,詹姆斯信仰的选择是意志而非理性产生的结果,"詹姆斯借助帕斯卡赌博表明,信仰不是理性的选择,而是意志的选择。意志发端于情感和源始经验,因此,信仰归根结底是以纯粹经验为基础的"⑥。韩宁也指

---

① 彭基相、余文伟:《哲学论文集》,北新书局 1927 年版,第 23 页。
② 韩宁:《宗教与科学的融合:论詹姆斯关于"宗教科学"的建立》,《江汉论坛》2014 年第 11 期,第 69 页。
③ 陈四海:《詹姆斯对上帝存在的实用主义证明》,《湖南医科大学学报》(社会科学版)2008 年第 8 期,第 14 页。
④ 牛洪亮、陈金平:《论詹姆斯的真理观》,《兰州工业高等专科学校学报》2011 年第 2 期,第 61 页。
⑤ 牛洪亮、陈金平:《论詹姆斯的真理观》,《兰州工业高等专科学校学报》2011 年第 2 期,第 61 页。
⑥ 尚新建:《美国世俗化的宗教与威廉·詹姆斯的彻底经验主义》,上海人民出版社 2002 年版,第 5 页。

出，詹姆斯非常强调个人意志在信念中的作用，因为在其看来"若没有个人的喜好、信念或先兆的帮助，一门哲学根本不可能建构起来"①。据此，韩宁认为，詹姆斯重点从两方面维护信仰的合法性，"第一，信仰是个人的事情，信仰行为里起引导和基础作用的是个人情感和意志本性……第二点是詹姆斯专门为那些对他们来说信仰问题是一个'有生命力的选择'的人准备的，即他们不仅有信仰宗教的权利，更应该坚定'信仰的信念'，选择信仰"②。最后，詹姆斯以意志确立信仰的观点同样也受到我国一些学者的批评，如唐秉绶甚至以"荒谬"一词评价詹姆斯以主观情感确立信念的观点，并以之与马克思主义哲学来比较③。

第三方面，笔者将就国内学者对詹姆斯信念与真理关系的研究现状进行分析。总体来看，国内学者对詹姆斯真理方面的讨论很多，但对詹姆斯真理与信念的关系的讨论略显单薄。关于对詹姆斯真理观的研究，主要集中在以下几个方面：

第一，把詹姆斯对真理的定义看作为对实在反映的信念观点，并认为詹姆斯真理观并非符合论，应为"创造实在论"④，实在并非客观实在而是"包括'感觉流'"⑤的实在，坚持此观点主要以黄保红、赵士兵和刘爱军等为代表。而陈亚军认为，詹姆斯发展了他的实用主义真理论取代了符合论和融贯论。⑥

第二，对詹姆斯真理观的有用性、引导性、证实性及经验满足作用的探讨。其中，牛洪亮和陈金平对詹姆斯真理观"有用性"易招到的误解进行分析，得证此源于詹姆斯的个人语言风格和人们对新生思想的敌意⑦。黄保红和赵锦荣等学者针对詹姆斯真理观中引导和证实性作用进行了解

---

① 韩宁：《威廉·詹姆斯关于信仰合法性问题的辩护》，《福建论坛》（人文社会科学版）2010年第12期，第52页。
② 韩宁：《威廉·詹姆斯关于信仰合法性问题的辩护》，《福建论坛》（人文社会科学版）2010年第12期，第54页。
③ 唐秉绶：《对詹姆士——兰格情绪论的批判》，《福建师范学院学报》1956年第1期，第1—5页。
④ 黄保红：《对詹姆士真理观的再认识》，《贵州师范大学学报》（社会科学版）1999年第2期，第76页。
⑤ 赵士兵、刘爱军：《实用主义真理观之管窥》，《北方论丛》2008年第4期，第134页。
⑥ 陈亚军：《实用主义：从皮尔士到布兰顿》，江苏人民出版社2020年版，第67页。
⑦ 牛洪亮、陈金平：《论詹姆斯的真理观》，《兰州工业高等专科学校学报》2011年第2期，第60页。

读，指出詹姆斯确定的真理意义是对一个观念的实现和证实[①]，并且从发生论意义上来看，整个真理确定在证实和发展的过程中，信念与行动亦相互促进和引导[②]。龙育群指出杜威纠正了詹姆斯在"令人满意"和以个体为依据对真理检验中阐释的混乱和错误[③]。

第三，针对詹姆斯真理观中就宗教的捍卫以及对善的理解的研究，主要以韩宁、刘开会、杨萍、张国清和伏佳佳等为代表。韩宁指出，詹姆斯实用真理观要解决的两个问题之一即"证明宗教信念也能够成为真理"[④]，而关于詹姆斯对宗教信念的捍卫，主要从破除人们对科学真理权威的"迷信"和证实宗教信念是实用真理两方面展开[⑤]。刘开会强调，詹姆斯关于知的问题，离不开情和信仰的因素[⑥]。关于詹姆斯真理观包含在善之中，杨萍指出詹姆斯的真理观与"善有共同之处，真理也算是善的一种"[⑦]，有益的、令人心旷神怡愉悦的、与人生活息息相关，就是詹姆斯真理中善的特色。张国清和伏佳佳也指出，詹姆斯在论宗教与科学中也体现出，其真理观是"在信仰之途中的善"[⑧]。

第四，国内学者对詹姆斯真理观人本色彩及唯物还是唯心的探讨。其中，郭淑新和何炳佳指出，詹姆斯的真理观深受席勒（Ferdinand Canning Scoot Schiller）的人道主义思想的影响，对"实在"具有的人属性加以探究，使其真理观具有人道主义特质，甚至宣称其广义的实用主义就是人道主义[⑨]。刘开会从经验作为实在、认识不只是摹写、真理作为人发明出来

[①] 黄保红：《对詹姆士真理观的再认识》，《贵州师范大学学报》（社会科学版）1999年第2期，第78页。
[②] 赵锦荣：《论发生论意义上的真理观》，《新疆师范大学学报》（哲学社会科学版）1999年第2期，第11—13页。
[③] 龙育群：《论杜威对詹姆士真理观的继承与改造》，《求索》2000年第3期，第96页。
[④] 韩宁：《论威廉·詹姆斯的实用真理观》，《贵州社会科学》2013年第1期，第17页。
[⑤] 韩宁：《论威廉·詹姆斯的实用真理观》，《贵州社会科学》2013年第1期，第18页。
[⑥] 刘开会：《人道主义和反人道主义的知识论或真理论——谈詹姆斯和福柯》，《中国现代外国哲学学会会议论文集》2003年11月，第100页。
[⑦] 杨萍：《试论詹姆斯和杜威的哲学观》，硕士学位论文，云南师范大学，2013年，第40页。
[⑧] 张国清、伏佳佳：《为了美好的世界——威廉·詹姆斯政治哲学之考察》，《社会科学研究》2015年第1期，第140页。
[⑨] 郭淑新、何炳佳：《论詹姆斯在真理观上的人道主义转变》，《学术界》2007年第4期，第159页。

的工具、信念创造实在四个论据,论证詹姆斯真理的人道性①。关于詹姆斯的真理观是唯物还是唯心的讨论。以龚振黔和王平陵为代表的学者认为,詹姆斯的真理观是唯心主义的。龚振黔指出,在詹姆斯的真理观中,"观念与实在的符合,不过是观念与非客观的'实在'的符合,即与人的主观经验的符合"②,而这种把实在当作主观经验的思想,导致了詹姆斯陷入唯心主义中。王平陵亦早在1928年就指出,詹姆斯的真不同于以往冷静思考与客观事实的真,其是"在物理、化学等真理的背后,都有一种意志,去解释宇宙之谜"③,人们只要进行直接意志判断就能确立真信念,这表明了詹姆斯真理观具有丰富的唯心色彩。相对地,国内还有一些学者认为,詹姆斯的真理观是唯物主义的。比如,刘笃诚就认为,自皮尔士到詹姆斯都未否定客观实在,基本上来说,是唯物主义的,原因在于"(一)具体事物、客体是独立存在于人的意识之外的,它们不以人的意志为转移;(二)客体、实在是能够被人的感觉感觉到的;(三)意识是人脑的功能,它不是第一性的,它的产生要依赖于物质条件"④。

第五,国内学者对詹姆斯真理观的多元性、相对性还是绝对性的探讨。以黄保红和王传习等为主要代表,认为詹姆斯的真理观是否认客观哲学和绝对真理⑤,而主张多元,之所以多元只是针对同一事物不同角度、层次和方面所得的多个真理⑥。以饶娣清为代表,认为詹姆斯真理观具有绝对性,并且是绝对性与相对性相统一⑦。

第六,国内学者对詹姆斯真理观与马克思主义真理观的对比研究,主要以涂争鸣、秦若云和毛建儒等为代表。涂争鸣认为,詹姆斯的真理是借用完全与实践无关的经验来说明,且错误地把个人益处作为了真信念确立

---

① 刘开会:《人道主义和反人道主义的知识论或真理论——谈詹姆斯和福柯》,《中国现代外国哲学学会会议论文集》2003年11月,第99—104页。
② 龚振黔:《试论詹姆士的实用主义真理观》,《贵州教育学院学报》(社会科学版)1997年第3期,第69页。
③ 王平陵:《西洋哲学概论》,泰东图书局1928年版,第276页。
④ 刘笃诚:《实用主义真理观新探》,《四川师范大学学报》(社会科学版)1994年第3期,第15页。
⑤ 王传习:《述评詹姆斯哲学体系》,《内蒙古大学学报》(哲学社会科学版)1995年第1期,第36—37页。
⑥ 黄保红:《对詹姆士真理观的再认识》,《贵州师范大学学报》(社会科学版)1999年第2期,第79页。
⑦ 饶娣清:《再论詹姆士的实用主义真理观》,《齐鲁学刊》2003年第2期,第65页。

古典实用主义奠基者的信念观研究

的真实依据①。秦若云和毛建儒更简明地通过对比,指出马克思主义的真理是客观的、绝对的、不变的,而詹姆斯的真理观则是变化的,证实自己的过程②。

第四方面,关于詹姆斯的信念与实用主义关系的讨论,国内罕有学者具体就二者存在的关系进行研究,大多数学者聚焦于詹姆斯的"实用主义"一词的来源、与皮尔士实用主义思想的关系、对詹姆斯实用主义作为一种方法的讨论和整体性总结等进行研究。关于詹姆斯"实用主义"一词来源的研究,我国学者张庆熊在2014年的论文中做了非常准确而全面的介绍③。关于詹姆斯对皮尔士实用主义思想是继承、发展还是误读的问题,国内学者主要分为两派。一派以张留华为代表,认为詹姆斯的实用主义是对皮尔士实用主义原则的误读而非引申④;另一类则以姬志阔、徐陶、胡彩云和王传习为代表,认为詹姆斯的实用主义"不仅不是对'实用主义准则'的背离,相反,恰恰是其本真精神的要求和体现"⑤,"应该否认实用主义起源于詹姆斯对皮尔士的误解的说法"⑥,而且詹姆斯的实用主义更加深入化和具体化了皮尔士的实用主义⑦。关于詹姆斯的实用主义为一种方法的解读,国内学者的观点主要分为两类。一类以黄启祥为代表,认为詹姆斯的实用主义作为一种方法是对皮尔士科学探究方法的延续⑧。另一类观点则以郭一岑为代表,认为詹姆斯实用主义是反皮尔士科学方法的主观

---

① 涂争鸣:《试析詹姆士真理观的唯心主义本质》,《华南理工大学学报》(社会科学版) 2000年第1期,第28页。
② 秦若云、毛建儒:《詹姆士实用主义真理观哲学意义探究》,《教育现代化》2016年第26期,第170—171页。
③ 张庆熊:《经典实用主义的问题意识——论皮尔士、詹姆斯、杜威之间的关联和区别》,《云南大学学报》(社会科学版) 2014年第4期,第18页。
④ 张留华:《实用主义准则的符号学解读》,《社会科学家》2016年第3期,第153页。
⑤ 姬志阔:《实用主义的"古典"分野:在何种意义上?——一个谱系学的考察与回应》,《山东师范大学学报》(人文社会科学版) 2019年第4期,第53—54页。(括号内为笔者补充说明)
⑥ 徐陶、胡彩云:《实用主义起源于一场误会吗?——对古典实用主义的产生于内在谱系的历史考察》,《中南大学学报》(社会科学版) 2019年第1期,第53页。
⑦ 王传习:《述评詹姆斯哲学体系》,《内蒙古大学学报》(哲学社会科学版) 1995年第1期,第35页。
⑧ 黄启祥:《刚柔之际的哲学追求——试论詹姆斯实用主义哲学的居间性》,《山东大学学报》(哲学社会科学版) 2005年第5期,第39页。

导 论

方法①。

再接下来，笔者将就国内学者关于皮尔士和詹姆斯信念观之间存在何种关系以及有何异同的研究进行分析和归纳。目前，国内还没有一本著作或相关文章对此进行专门研究，但却不乏学者在单独谈到皮尔士或詹姆斯信念思想之时，顺带对两者进行了一些对比。根据笔者的整理，国内学者对皮尔士和詹姆斯信念观的比对主要聚焦于两者信念确立的方法、真信念的定义和二者实用主义之间的关系此三方面。

第一方面，针对皮尔士和詹姆斯确立信念的方法的比较研究，主要以郑伟平为代表。郑伟平指出"皮尔士：一个信念是应当持有的，当且仅当它是通过科学方法得到的；詹姆斯：一个信念是应当持有的，当且仅当它是基于充足证据的，或满足实用考量"②。郑伟平认为，皮尔士用科学的方法确定信念，为了澄清概念，其兴趣所在仍是知识和整理，而詹姆斯则"强调信念规范性的实用主义的解读，乃在于他更看重行动，将信念与行动联系起来。知识，还是行动，这就是皮尔士和詹姆斯分道扬镳的地方！"③。

第二方面，针对皮尔士和詹姆斯对真信念定义的比较研究，国内学者主要从二者确定真信念侧重的不同领域、主要依据、对满意的不同理解以及对证实的不同把握四个方面进行阐释。首先，从比较两者真信念确立侧重的不同领域角度看，张庆熊指出，皮尔士是以"化学实验家"的思想方式为蓝本进行科学探索，而詹姆斯则侧重于心理学和宗教学等涉及人生的领域④。赵士兵和刘爱军也同样认为，詹姆斯真理观的一个突出特征就是把认识论与心理学相结合⑤。其次，从比较两者确立真信念的主要依据来看，以张艳伟的研究为代表。张艳伟指出，皮尔士的真理观是从实在开始

---

① 郭一岑：《批判詹姆士所谓"心理学是自然科学"》，《北京师范大学学报》1957年第1期，第5页。
② 郑伟平：《当代信念伦理学的"第四条道路"——论皮尔士的信念规范理论》，《哲学分析》2014年第1期，第49页。
③ 郑伟平：《当代信念伦理学的"第四条道路"——论皮尔士的信念规范理论》，《哲学分析》2014年第1期，第50页。
④ 张庆熊：《经典实用主义的问题意识——论皮尔士、詹姆斯、杜威之间的关联和区别》，《云南大学学报》（社会科学版）2014年第4期，第30页。
⑤ 赵士兵、刘爱军：《实用主义真理观之管窥》，《北方论丛》2008年第4期，第134页。

且与对实在的彻底研究相等同①;与之对比,詹姆斯的实用主义真理观"把效用、价值原则引入真理观"②,主要依据效用来判断真理。再次,从比较二者对真理中"满意"的讨论,主要代表为方菲和朱启领。方菲指出,皮尔士和詹姆斯都认为真理"是认识的手段,而认识的目的是获得令人满意的效果"③,而朱启领进一步对比得出,"詹姆斯的'满意'在一定程度上是指情感上的满意和利益上的满意,而皮尔士的'满意'是指采用科学方法,达到认识的目的"④,在皮尔士看来,真的信念不能仅是情感上的满足,更要经过科学方法的证明。最后,关于二者真信念的证实是否为符合论的研究,主要以方菲为代表。通过对比皮尔士和詹姆斯的真理与实在的关系,方菲认为,皮尔士和詹姆斯都坚持真理符合论,虽然二者的解释略有不同,但都强调动态和发展⑤。

第三方面,针对皮尔士和詹姆斯实用主义思想之间关系的研究,国内学者主要分为两种立场:一种是坚持詹姆斯的实用主义是对皮尔士的补充和发展;另一种是认为詹姆斯的实用主义实质上是对皮尔士的曲解。第一种立场的代表学者是陈林,其认为1872年皮尔士提出的概念意义在詹姆斯的"兑现价值"理论中得以发展。同时,詹姆斯强调个体的主观情感因素以及证实所得为真理,弥补了皮尔士仅强调科学实验,而忽略人的愿望等情感因素的缺陷⑥。后一种立场的代表者为汪胤。汪胤认为,詹姆斯并没有理解皮尔士确立实用主义的本意,"詹姆斯所确立的实用主义观念,虽具有现代哲学的某些特点,但最终仍是具有心理主义特征的经验主义,这就是所谓的一元论的彻底经验主义。而真正具有反心理主义和反实证主义的皮尔士实用主义方法(其中也体现为现象学方法和形而上学观念)完全被忽视,甚至误解"⑦。汪胤还认为,詹姆斯建立的实用主义是一元论的

---

① 张艳伟:《简述实用主义的真理观》,《重庆科技学院学报》(社会科学版)2010年第6期,第29页。
② 张艳伟:《简述实用主义的真理观》,《重庆科技学院学报》(社会科学版)2010年第6期,第30页。
③ 方菲:《皮尔士与詹姆斯实用主义之比较》,《鸡西大学学报》2014年第7期,第48页。
④ 朱启领:《詹姆斯实用主义真理观的理论探析》,硕士学位论文,吉林大学,2010年,第5—6页。
⑤ 方菲:《皮尔士与詹姆斯实用主义之比较》,《鸡西大学学报》2014年第7期,第48页。
⑥ 陈林:《美国早期实用主义哲学"实用"一词的分析》,《镇江师专学报》(社会科学版)1992年第2期,第69—71页。
⑦ 汪胤:《对先验论的批判一定导致经验主义吗——兼论詹姆斯对皮尔士哲学理解的误区》,《上海交通大学学报》(哲学社会科学版)2009年第2期,第58页。

导 论

彻底经验主义,其完全曲解了皮尔士反心理主义和反实证主义的皮尔士实用主义方法,从而导致人们后来对实用主义真理观的误解。进一步说,詹姆斯倡导作为人本主义的实用主义,而皮尔士是对科学文明的有利捍卫者,这就不可避免地导致两者的殊途与差异①。

以上是国内学者对皮尔士信念观、詹姆斯信念观以及比较二者信念观的研究现状。对比于国内的研究状况,国外学者的研究相对更深入。笔者将继续从对皮尔士信念观的研究、对詹姆斯信念观的研究以及二者信念观的比较研究此三视角就国外的研究现状进行梳理。

首先,从整体上来看,国外学者关于皮尔士信念观研究比较深入,主要以伯恩斯坦、胡克威、莱维、米萨克、菲利斯对姆、瑞登菲特和斯卡格斯塔德等(按照名字首字母顺序排列)的研究为代表。据此,笔者将从国外学者对皮尔士信念观研究集中讨论的产生源头、信念确立的方法、信念与真理、信念与实用主义这四方面进行梳理和分析。

第一方面,笔者将聚焦于国内学者对皮尔士信念观产生的源泉进行研究现状的归纳和分析。笔者认为,关于皮尔士信念观产生来源的研究,国外学者的研究主要表现为两部分,一是与国内学者相同,都针对皮尔士反笛卡尔式怀疑作为来源之一进行考察;二是就柏因(Alexander Bain)行动信念观对皮尔士信念确立所产生的影响展开深入研究。具体来说:

第一点,笔者将聚焦于国外学者对皮尔士反笛卡尔式怀疑而确立的可错论和真正的怀疑思想进行研究现状的分析。国外学者与国内学者相似,都非常明确皮尔士信念观的确立来源于对笛卡尔式怀疑的驳斥,并于此之上奠定了皮尔士哲学为反基础主义的论断;但国外学者就皮尔士基于反基础主义思想提出的可错论和对真正的怀疑的定义给出了更深刻的解读。在皮尔士确立的可错论方面,国外学者就可错论出现的原因以及对应可修正性都进行了深入讨论。关于皮尔士可错论出现的原因讨论,主要以哈克(Susan Haack)和米萨克等为代表。她们分析皮尔士可错论之所以成立的原因在于认知器官的局限性、认知方法的有限性、语境的不确定性②以及整个宇宙对于个体来说太广阔且难以一次性把握③等因素。关于与可错论

---

① 汪胤:《对先验论的批判一定导致经验主义吗——兼论詹姆斯对皮尔士哲学理解的误区》,《上海交通大学学报》(哲学社会科学版)2009年第2期,第63页。
② Susan Haack, "Fallibilism and Necessity", *Synthese*, Vol. 41, No. 1, 1979, p. 43.
③ Cheryl J. Misak, *Truth and the End of Inquiry*, New York: Oxford University Press, 1991, p. 99.

古典实用主义奠基者的信念观研究

对应的可修正思想,莱维的观点最具有代表性。他提出了要彻底地坚持可修正理论但拒绝可错论的观点①。在关于皮尔士确立真正的怀疑的讨论里,国外学者主要从真正怀疑的表现以及与信念确立的比对进行分析。胡克威指出,发现错误或者问题是真正的怀疑得以出现的基础②,并为激发真正的怀疑产生的主要表现之一;与之补充,米萨克提出了惊喜是真正的怀疑被激发的另一主要表现③。除此之外,在将真正的怀疑与信念比对的分析中,米萨克还指出,真正的怀疑出现还表现在于"不知道如何行动"④。

第二点,关于国外学者对皮尔士信念观受柏因信念观影响的研究,笔者认为主要表现为以下两个观点:第一,认为皮尔士接受柏因的信念倾向性的观点,代表人物为米萨克。她认为,皮尔士是在接受柏因的观点,即信念是一种习惯或在特定状况下倾向某种方式的行为的基础上继续发展而来⑤。第二,关于皮尔士是否把柏因看作实用主义祖父的讨论,其中一方如佩里(Ralph Barton Perry)⑥是坚决肯定;而另一方,以菲什(Max H. Fisch)⑦为代表,认为在皮尔士心中,格林(Nicolas N. St. John Green)可能更胜任实用主义祖父这一称号。菲什认为,虽然皮尔士早在1872年⑧强调过柏因的信念行动倾向观点,并以之为实用主义祖父,但根据皮尔士后来的讨论可知,柏因的信念理论并未成为皮尔士文集中活跃的因素。相反,格林却被皮尔士引用很多,格林应是皮尔士眼中真正的实用主义祖父⑨。

第二方面,笔者将聚焦于国外学者对皮尔士信念确立的方法进行研究现状的归纳和分析。笔者认为,国外学者关于此方面的研究主要体现在探

---

① Issac Levi, *Pragmatism and Inquiry*, Oxford: Oxford University Press, 2012, p. 191.
② Christopher Hookway, *The Pragmatic Maxim*, Oxford: Oxford University Press, 2012, p. 27.
③ Cheryl J. Misak, *Truth and the End of Inquiry*, New York: Oxford University Press, 1991, p. 81.
④ Cheryl J. Misak, *Truth and the End of Inquiry*, New York: Oxford University Press, 1991, p. 49.
⑤ Cheryl J. Misak, *Truth and the End of Inquiry*, New York: Oxford University Press, 1991, p. 48.
⑥ Ralph Barton Perry, *The Thought and Character of William James*, Vol. II, London: Humphrey Milford Oxford University Press, 1948, p. 407.
⑦ Max H. Fisch, *Peirce, Semeiotic, and Pragmatism*, Bloomington: Indiana University Press, 1986, pp. 79 – 82.
⑧ CP 5.12 (p.7).涂纪亮编:《皮尔斯文选》,涂纪亮、周兆平译,社会科学文献出版社2006年版,第41页。(后文简写为《皮尔斯文选》,第41页。)
⑨ Max H. Fisch, *Peirce, Semeiotic, and Pragmatism*, Bloomington: Indiana University Press, 1986, p. 82.

究、科学的方法和逻辑推理三个层面。首先，关于探究层面，米萨克将皮尔士探究的路径归纳为"信念—惊喜—怀疑—探究—信念"①。范恩（K. T. Fann.）将逻辑推理纳入探究过程进行讨论，认为皮尔士探究的第一个阶段为溯因，表示我们已接受某种观点；探究第二阶段为演绎，意思是顺着我们第一阶级以及接受的观点，向下推导会假设得到一些结果；探究第三阶段为归纳阶段，是指人们根据已有的假设来进行相关实验，从而得出科学结果②。此外，还有学者如方卓斗拿（Joan Fontrodona）为代表，把皮尔士探究的研究运用于商业伦理学等领域，强调解决实践问题③。其次，关于科学的方法层面的研究，国外很多学者如普劳德福特④和胡克威⑤等都通过比较皮尔士提出的科学的方法与其他三种方法，即固执的方法、先验的方法和权威的方法来论证：对于皮尔士来说，唯有科学的方法才是解决意见、消除怀疑和确立信念的唯一方法。再次，关于逻辑推理层面的研究，如范恩⑥和米萨克⑦等学者都认为，逻辑推理、科学的方法与探究一致，将依次通过溯因—演绎—归纳（三阶段）进行科学探究⑧，并以怀疑的消解和信念的确立为一轮推理过程的相对完成。另一类如莱维为代表的

---

① Cheryl J. Misak, "Charles Sanders Peirce", in Cheryl J. Misak, ed., *The Cambridge Companion to PEIRCE*, Cambridge: Cambridge University Press, 2004, p. 11 与 Cheryl J. Misak, *Truth and the End of Inquiry*, New York: Oxford University Press, 1991, p. 49 中, Misak 对探究模式都进行了强调。

② K. T. Fann, *Peirce's Theory of Abduction*, Martinus Nijhoff, The Hague: Springer Netherlands, 1970, pp. 31–32.

③ Joan Fontrodona, *Pragmatism and Management Inquiry: Insights from the Thought of Charles S. Peirce*, London: Quorum Books, 2002, p. 1.

④ Wayne L. Proudfoot, "Pragmatism, Naturalism, and Genealogy in the Study of Religion", in Matthew Bagger, ed., *Pragmatism and Naturalism*, New York: Columbia University Press, 2018, p. 107.

⑤ Christopher Hookway, *Truth, Rationality, and Pragmatism*, New York: Oxford University Press, 2002, p. 23.

⑥ K. T. Fann, *Peirce's Theory of Abduction*, Martinus Nijhoff, The Hague: Springer Netherlands, 1970, pp. 31–32.

⑦ Cheryl J. Misak, *Truth and the End of Inquiry*, New York: Oxford University Press, 1991, p. 94. Cheryl J. Misak, *The American Pragmatists*, Oxford: Oxford University Press, 2013, p. 48.

⑧ Cheryl J. Misak, *Truth and the End of Inquiry*, New York: Oxford University Press, 1991, p. 94. Cheryl J. Misak, *The American Pragmatists*, Oxford: Oxford University Press, 2013, p. 48. 米萨克在其论著中，多次强调皮尔士科学的方法（探究）由溯因—演绎—归纳三阶段构成。此观点，国内于 2006 年开始，张留华《皮尔士论科学及其方法、态度》，《自然辩证法研究》2006 年第 2 期，第 38 页与黄闪闪《皮尔士溯因推理的合理性研究》，《湖北大学学报》（哲学社会科学版）2019 年第 6 期，第 53 页都对此有阐释与认同。

学者认为，皮尔士所指的推理会出现"它们中的两个或者更多这些特征的结合"①，并非完全依据依次进行的三阶段构成。同时，关于皮尔士独创的溯因推理，胡克威还对其进行了强溯因与弱溯因的定义，认为强溯因是具有很高合理性的形式，而弱溯因是我们赖以付诸的希望②。

第三方面，关于皮尔士信念与真理，国外学者的讨论主要集中于探究至真、皮尔士真理观是否为符合论、是唯名论还是唯实论、对真信念的定义以及真信念与共同体的关系等方面。首先，胡克威和米萨克都认为，在皮尔士看来基于探究的方法，"将会使不可知论与错误最小化"③，或者通过"最大的期望与最小的惊喜"④的趋势能够不断将所确立的信念趋近真理。其次，关于皮尔士真理观是否为符合论的问题，主要持两种观点，一种以胡克威为代表，认为皮尔士的真理观是符合论但不是一般的符合论，而是能够用实用主义方法更好地解决符合关系的符合论⑤；另一种以米萨克为代表，认为皮尔士真理观持反对符合论的立场，"因为符合论并没有告诉我们可以对为真的假设期许什么，它将在探究中无用"⑥，符合论无法真正促进探究至真的过程，因此皮尔士的真理观不需要符合论也不是符合论。再次，关于皮尔士的真理观为唯名论还是唯实论的讨论，以米萨克为代表的学者认为，皮尔士的真理观包含着唯名论的观点，"实用主义的视角就包含着唯名论的视角"⑦；以胡克威为代表的学者认为，比起唯名论的观点，皮尔士更喜欢实在论，因为实在论在探究至真中能发挥作用⑧。接着，关于皮尔士对真信念定义的讨论，主要以斯卡格斯塔德和米萨克为代表。斯卡格斯塔德认为，皮尔士将真信念与真理的"理想限制"⑨理论相结合，真信念为趋于一致的信念；而米萨克直接引用皮尔士真信念的定义

---

① W 2. p. 217.
② Christopher Hookway, *The Pragmatic Maxim*, Oxford: Oxford University Press, 2012, p. 80.
③ Christopher Hookway, *PEIRCE*, London: Routledge, 1985, p. 67.
④ Cheryl J. Misak, *Truth and the End of Inquiry*, New York: Oxford University Press, 1991, p. 122.
⑤ Christopher Hookway, *Truth, Rationality, and Pragmatism*, New York: Oxford University Press, 2002, pp. 82 – 83.
⑥ Cheryl J. Misak, *Truth and the End of Inquiry*, New York: Oxford University Press, 1991, p. 40.
⑦ Cheryl J. Misak, *Truth and the End of Inquiry*, New York: Oxford University Press, 1991, p. 133.
⑧ Christopher Hookway, *Truth, Rationality, and Pragmatism*, New York: Oxford University Press, 2002, p. 90.
⑨ Peter Skagestad, *The Road of Inquiry*, New York: Columbia University Press, 1981, p. 76.

"最终的和不被击败的（indefeasible）事务"①，指出"皮尔士认为一个信念为真，如果它可以是'不被击败的'；或者不可以被改进，或者不可以引致失望；或者可以永远满足理由们、论据们和证据们的挑战"②。最后，关于皮尔士真信念确立与共同体的讨论，主要以伯恩斯坦、斯卡格斯塔德与米萨克为代表。伯恩斯坦认为，共同体是科学探究认知实在的必要保证，共同体中的个体通过牺牲私人性，有利于在公开交流中互利③。斯卡格斯塔德和米萨克认为，皮尔士将信念至真的过程依据共同体而确立，更在于其"长远"的观念④，共同体超越了个体"有限的生命"⑤，能够克服时空等种种限制，得以朝向"无限长远"⑥而至真。

第四方面，关于皮尔士信念与实用主义的讨论，笔者认为，国外学者主要从两个视角来讨论此问题。第一个是将皮尔士的实用主义原则对信念意义的探究以公式的方式表达信念的确立过程，主要以怀特（Morton White）、穆尼茨（Milton K. Munitz）和米萨克为代表。怀特将皮尔士实用主义原则于信念意义的把握定义为"假如动作 O 施于其上，那么 E 就将被经验到"⑦；穆尼茨将其定义为"'C'意义的公式就是 C =（如果 R 则 E）"⑧；而米萨克则从直指对象和观察到等具体方面进行规定⑨。第二个是将信念与皮尔士实用主义强调的"实际意义"所表现的具体形式，即信念与指号、行动、行为、习惯的关系进行考察，以米萨克、胡克威、罗森塔尔（Sandra B. Rosenthal）、罗蒂（Richard Rorty）、加文（William Joseph Gavin）等为代表。其中，米萨克指出，皮尔士的实用主义为指号表达效果⑩，并且"信念—习惯"本身作为一种期望而存在，在我们相信某一信

---

① CP 6.485（p.331）.
② Cheryl J. Misak, *The American Pragmatists*, Oxford: Oxford University Press, 2013, p.36.
③ Richard J. Bernstein, "Action, Conduct, and Self-Control", in Richard J. Bernstein, ed., *Perspectives on Peirce*, New Haven and London: Yale University Press, 1965, p.110.
④ Peter Skagestad, *The Road of Inquiry*, New York: Columbia University Press, 1981, p.76.
⑤ Cheryl J. Misak, *Truth and the End of Inquiry*, New York: Oxford University Press, 1991, p.109.
⑥ Peter Skagestad, *The Road of Inquiry*, New York: Columbia University Press, 1981, p.77.
⑦ [美]怀特：《分析的时代》，杜任之译，商务印书馆1981年版，第139页。
⑧ [美]穆尼茨：《当代分析哲学》，吴牟人、张汝伦、黄勇译，复旦大学出版社1986年版，第65—66页。
⑨ Cheryl J. Misak, "Charles Sanders Peirce", in Cheryl J. Misak, ed., *The Cambridge Companion to PEIRCE*, Cambridge: Cambridge University Press, 2004, p.12, p.3.
⑩ Cheryl J. Misak, *Truth and the End of Inquiry*, New York: Oxford University Press, 1991, p.20.

念，则表示我们习惯性期望其发生①。胡克威、罗森塔尔、罗蒂和加文则更直接地认为，皮尔士实用主义强调的信念的"实际意义"就是由"行动"②、行为乃至习惯表现，信念的意义可以被看作"从行为模式中出现的理性的结构"③，皮尔士把信念看作行动的习惯④，而实用主义论证发展的过程即为"怀疑—探究—信念—行为"⑤，最终信念及其意义必将以习惯（行为）予以体现。

接着，笔者将就国外学者对詹姆斯信念观的研究现状进行分析。笔者认为，从整体来看，国外学者对詹姆斯信念观研究比较深入的主要代表学者为斯莱特、奥康奈尔、盖尔（Richard M. Gale）、普劳德福特和迪安达（Alexis Dianda）等。他们对詹姆斯信念观研究主要集中在詹姆斯对克利福德证据信念观的批驳、以意志确立信念观、信念与真理、信念与实用主义这四个方面。据此，笔者将从这四个方面对国外学者关于詹姆斯信念观的研究进行梳理和分析。

第一方面，关于詹姆斯对克利福德证据信念观的批驳研究。此研究成果主要分为两派：一派认为，詹姆斯是坚决反对克利福德的证据信念论，代表人物有米萨克、艾德勒（Jonathan E. Adler）等，认为詹姆斯的信念作为一种假设，表现于证据之前⑥的有权相信，对赫胥黎和克利福德证据信念观，詹姆斯持完全否定的态度⑦。另一派以普劳德福特等为代表的哲学家，认为詹姆斯的信念思想并非与克利福德思想对立，相反是对克利福德

---

① Cheryl J. Misak, *Truth and the End of Inquiry*, New York: Oxford University Press, 1991, p. 48.
② Christopher Hookway, *The Pragmatic Maxim*, Oxford: Oxford University Press, 2012, p. 171. 根据胡克威所谓的第二种系统阐释就是从实际意义的视角，参考胡克威写道："the second kind of formulations takes the additional step of saying what it is for something to have practical bearings: it must have 'a tendency to enforce' practical maxims, conditionals which specify how we ought to act in various circumstances, given our desires." 可见，胡克威所认为的实际意义的视角聚焦于行动乃至类行动（习惯）。
③ Sandra B. Rosenthal, "Meaning as Habit: Some Systematic Implications of Peirce's Pragmatism", *The Monist*, Vol. 65, No. 2, 1982, p. 230.
④ Richard Rorty, "Religious Faith, Intellectual Responsibility, and Romance", in Ruth Anna Putnam, ed., *The Cambridge Companion to William James*, Cambridge: Cambridge University Press, 1998, p. 84.
⑤ William Joseph Gavin, *William James and the Reinstatement of the Vague*, Philadelphia: Temple University Press, 1992, p. 100.
⑥ Cheryl J. Misak, *The American Pragmatists*, Oxford: Oxford University Press, 2013, p. 60.
⑦ Jonathan E. Adler, *Belief's Own Ethics*, Cambridge, MA: the MIT Press, 2002, p. 16.

证据信念观的补充。普劳德福特认为，詹姆斯是在坚持克利福德以证据确立信念的基础上，对证据不充分的情况进行补充讨论。普劳德福特指出，对于詹姆斯来说，克利福德的证据理论是不全面的，因此詹姆斯提出了选择说进行补充说明①，所以两者理论并非对立关系。普劳德福特一方面认可詹姆斯对克利福德的批驳，另一方面又肯定了詹姆斯对逻辑或证据之外的补充探讨②。针对詹姆斯与克利福德争论的焦点，伍德（Allen W. Wood）和哈克做了进一步的分析。伍德指出，信念并非必须要经过认知确证才能成为道德确证，而且在道德层面持有的信念也并非具有认知确证的能力和程度③。哈克则指出，化解克利福德与詹姆斯信念观关于证据方面的争辩关键在于"区分认知的判断与道德的判断"④。

第二方面，关于詹姆斯以意志确立信念的思想，国外学者主要从詹姆斯对意志的定义、意志对信念确立的必要性以及詹姆斯因强调意志而受到的批判此三层面进行讨论。首先，对詹姆斯意志的定义进行解读，普劳德福特认为，詹姆斯所谓的意志是将注意力集中在一个特定的点或结果上的意思⑤；罗蒂则认为，"欲望、希望以及其他非认知状态可以在不需要证据的情况下，合法地被拥有，而且可以合法地转化为詹姆斯称为'我们意志的本性'"⑥，即意志为每一个个体本身具有且可以在证据不存在的情况下直接发挥作用的主观能力。

---

① Wayne L. Proudfoot, "Religion and Pragmatism from 'The Will to Believe' to Pragmatism", in Henrik Rydenfelt and Sami Pihlström, eds., *William James on Religion*, London: Palgrave Macmillan, 2013, p. 16.
② Wayne L. Proudfoot, "Religion and Pragmatism from 'The Will to Believe' to Pragmatism", in Henrik Rydenfelt and Sami Pihlström, eds., *William James on Religion*, London: Palgrave Macmillan, 2013, p. 16.
③ Allen W. Wood, "W. K. Clifford and the Ethics of Belief", Timothy J. Madiga, ed., *Unsettling Obligations: Essays on Reason, Reality and the Ethics of Belief*, Standford, California: CSLI Publications, 2002, p. 15. 参考和翻译引用王庆原《信念伦理学的"克利夫特/詹姆斯之争"——兼论信念伦理学的建构》，《哲学动态》2010年第6期，第98页。
④ Susan Haack, "'The Ethics of Belief' Reconsidered in philosophy of Religion", in Henrik Rydenfelt and Sami Pihlström, eds., *William James on Religion*, London: Palgrave Macmillan, 2013, p. 120.
⑤ Wayne L. Proudfoot, "Pragmatism and 'an Unseen Order' in Varieties", in Wayne L. Proudfoot, ed., *William James and a Science of Religions*, New York: Columbia University Press, 2004, p. 36.
⑥ Richard Rorty, "Religious Faith, Intellectual Responsibility, and Romance", in Ruth Anna Putnam, ed., *The Cambridge Companion to William James*, Cambridge: Cambridge University Press, 1998, p. 88.

其次，关于意志是否有必要作为信念确立的考虑因素的讨论，主要以斯莱特为代表。斯莱特认为，从本质上来说，意志本来就是"我们许多信念的不可消除的特征"[1]，而且正是这种特征使得"我们理论上和实际上的需要得以满足"[2]。意志能够满足且作用于信念的确立，导致了意志有必要成为信念确立的考虑因素之一。

再次，对詹姆斯意志信念观的评述，主要观点为两类。一类以批判为立场，罗素（Bertrand Arthur William Russell）、斯莱特、戴维斯（Stephen T. Davis）和盖尔（Richard M. Gale）等为代表，把詹姆斯意志信念观视为"主观主义的疯狂"[3]、"充满渴望的思想"（wishful thinking）[4]，认为在詹姆斯看来，"相信一个命题为真不是因为证据证明其为真，而是因为渴望它为真"[5]，仅是通过个体主观意愿和渴求而确立信念，"不需要证据证明我们所相信的，而意志帮助最大化满足欲望而确定信念"[6]。迪安达笼统将这些批判者眼中詹姆斯意志信念观概括为，"对不负责任的放纵的信念的拥护，而这种信念通许不负责任的或危险的偏见、无知或愚昧"[7]。

另一类观点，持为詹姆斯意志信念观辩护的立场，以迪安达、奥康奈尔、库普曼（Colin Koopman）、普特南（Hilary Whitehall Putnam）和罗蒂等为代表。迪安达从詹姆斯信念确立具有融贯性的视角进行论证[8]，奥康奈尔则将詹姆斯信念观归为具有义务论倾向的角度来论证[9]，库普曼则从

---

[1] Michael R. Slater, *William James on Ethics and Faith*, Cambridge: Cambridge University Press, 2009, p. 36.

[2] Michael R. Slater, *William James on Ethics and Faith*, Cambridge: Cambridge University Press, 2009, p. 36.

[3] Bertrand Arthur William Russell, *A History of Modern Philosophy*, New York: Simon and Schuster, 2008, p. 818.

[4] Michael R. Slater, *William James on Ethics and Faith*, Cambridge: Cambridge University Press, 2009, p. 21.

[5] Stephen T. Davis, "Wishful Thinking and 'The Will to Believe'", *Transactions of the Charles S. Peirce Society*, Vol. 8, No. 4, 1972, p. 234.

[6] Richard M. Gale, *The Divided Self of William James*, Cambridge: Cambridge University Press, 1999, p. 11.

[7] Alexis Dianda, "William James and the 'Willfulness' of Belief", *European Journal of Philosophy*, Vol. 26, No. 1, 2018, p. 648.

[8] Alexis Dianda, "William James and the 'Willfulness' of Belief", *European Journal of Philosophy*, Vol. 26, No. 1, 2018, p. 652.

[9] Robert J. O'Connell, "'The Will to Believe' and James's 'Deontological Streak'", *Transactions of the Charles S. Peirce Society*, Vol. 28, No. 4, 1992, pp. 829–830.

詹姆斯意志信念观以行动表达信念的视角来论证①：詹姆斯的意志信念观并非想要相信什么就相信什么。据此，罗蒂②和迪安达③都认为，真正理解詹姆斯意志信念观的关键在于模糊意志与理智之间的分界。

第三方面，关于信念与真理的讨论，国外学者主要集中于詹姆斯信念至真、真理观是否为符合论、对真信念内涵的理解此三方面。首先，斯莱特和米萨克都指出，詹姆斯的真理观同样延续了皮尔士探究至真确立信念的观点，詹姆斯确立的真信念同样是"可变的"（mutable）④，且"与皮尔士一样，詹姆斯想要改正这错误的假设（理智主义的惰态真理理论）"⑤，认为真信念唯有通过不断转变才可以至真。

其次，关于詹姆斯真理观是否为符合论的讨论，国外学者主要分为两类，一类主要以莱文森（Henry Samuel Levinson）和斯莱特为代表，认为詹姆斯的真理观为符合论。莱文森为詹姆斯的真理理论应以符合论视角进行解读而辩护⑥，而斯莱特则进一步试图论证出，"詹姆斯提出的真理理论的目标在于对真理保持某种实在论者的直观……真理必须是某种一致和符合的观点"⑦。另一类观点，主要以马戈利斯（Joseph Margolis）和普特南等为代表，认为詹姆斯的真理观并非符合论。马戈利斯认为，詹姆斯拒绝真理符合论，坚持的是"建设性实在主义"⑧。普特南则把符合论对实在的

---

① Colin Koopman, "The Will, the Will to Believe, and William James: An Ethics of Freedom as Self-Transformation", *Journal of the History of Philosophy*, Vol. 55, No. 3, 2017, p. 497.

② Richard Rorty, "Religious Faith, Intellectual Responsibility, and Romance", in Ruth Anna Putnam, ed., *The Cambridge Companion to William James*, United Kingdom: Cambridge University Press, 1998, pp. 88 – 90.

③ Alexis Dianda, "William James and the 'Willfulness' of Belief", *European Journal of Philosophy*, Vol. 26, No. 1, 2018, p. 650.

④ Michael R. Slater, *William James on Ethics and Faith*, Cambridge: Cambridge University Press, 2009, p. 193.

⑤ Cheryl J. Misak, *The American Pragmatists*, Oxford: Oxford University Press, 2013, p. 59.

⑥ Henry Samuel Levinson, *The Religious Investigations of William James*, Chapel Hill: University of North Carolina Press, 1891, p. 230.

⑦ Michael R. Slater, *William James on Ethics and Faith*, Cambridge: Cambridge University Press, 2009, p. 187.

⑧ Joseph Margolis, *Pragmatism Without Foundations: Reconciling Realism and Relativism*, Oxford: Blackwell, 1986, p. 257. Joseph Margolis, *Reinventing Pragmatism: American Philosophy at the End of the Twentieth Century*, Ithaca, NY: Cornell University Press, 2002, pp. 24 – 29. 参考 Michael R. Slater, *William James on Ethics and Faith*, Cambridge: Cambridge University Press, 2009, p. 186 中对 Margolis 观点的引用与阐释。

符合描述为"空洞（empty）"①，并指出，真理不是简单地与实在的符合，而是强调人的参与且以实际具体结果为落脚点来确定真信念。此亦与斯莱特②和菲利斯对姆③所坚持的要从人本主义和实在论的角度分析詹姆斯的真理观不谋而合。

最后，关于詹姆斯对真信念定义的考察，主要集中在真信念与证实、与有用性关系等方面进行讨论。其中，斯莱特把真信念看作"只是可证实性"④，认为真信念与证实紧密结合，二者没有实质差别⑤。而关于詹姆斯把真信念的定义与可证实性紧密相连的关系，普特南提出了"证实的信念不应称为'真'，而只是'半真'"⑥的观点，认为这种通过确证而判断为真信念的方式受到人们认知的经验边界的影响，真信念也会发生可错，因此所确立的所谓真信念应为半真。除此之外，詹姆斯的真信念也通常被学者看作与满足的、有用的、权宜的紧密相联。菲利斯对姆就将詹姆斯的"真"定义为"一种满足的、有用的、权宜的或者说对我们有好处的，而且能够免除被之后经验推翻"⑦的信念。但也不乏有学者针对詹姆斯把真信念直接看作有用的观点进行解读，以为真信念仅与个体判断为有用紧密相关⑧，从而忽视了詹姆斯以证实作为"真信念定义的充足条件"⑨。

第四方面，关于詹姆斯实用主义与信念确立的讨论，此方面的研究比较少，但不乏有学者聚焦于詹姆斯实用主义与皮尔士实用主义之间存在的

---

① Hilary Putnam, *Pragmatism: An open Question*. Oxford: Blackwell, 1995, p. 10.
② Michael R. Slater, *William James on Ethics and Faith*, Cambridge: Cambridge University Press, 2009, p. 198.
③ Sami Pihlström, "Pragmatic Realism and Pluralism in Philosophy of Religion", in Henrik Rydenfelt and Sami Pihlistrōm, eds., *William James on Religion*, London: Palgrave Macmillan, 2013, p. 82.
④ Michael R. Slater, *William James on Ethics and Faith*, Cambridge: Cambridge University Press, 2009, p. 195.
⑤ Michael R. Slater, *William James on Ethics and Faith*, Cambridge: Cambridge University Press, 2009, p. 213.
⑥ Hilary Putnam, "James's Theory of Truth", in Ruth Anna Putnam, ed., *The Cambridge Companion to William James*, Cambridge: Cambridge University Press, 1998, p. 181.
⑦ Sami Pihlström, "Peirce's Place in the Pragmatist Tradition", in Cheryl J. Misak, ed., *The Cambridge Companion to PEIRCE*, Cambridge: Cambridge University Press, 2004, p. 30.
⑧ 此观点主要以摩尔（G. E. Moore）为代表，参考 G. E. Moore, "Professor James''Pragmatism'", *Proceedings of the Aristotelian Society*, Vol. 8, 1907 - 1908, p. 76。
⑨ Roderick M. Chisholm, "William James's Theory of Truth", *The Monist*, Vol. 75, No. 4, 1992, p. 569.

关系和詹姆斯实用主义包含的内容此二视角进行研究。关于詹姆斯实用主义与皮尔士实用主义的关系讨论,主要分为两类观点:一类以伯恩斯坦①和孟斯(Howard Mounce)②等为代表,认为詹姆斯的实用主义源于对皮尔士实用主义的误解;另一类则以哈克等为代表,认为詹姆斯的实用主义基于皮尔士的实用主义发展而来,只是"赋予它相当不同的解释"③。关于詹姆斯实用主义内容的讨论,孟斯强调,"威廉·詹姆斯已把实用主义原则扩展到并非简单的意义理论,而且包括真理理论"④;齐格弗里德(Charlene Haddock Seigfried)指明,詹姆斯的实用主义为一种方法⑤;斯莱特认为,詹姆斯信念中关于宗教信仰的部分具有实用主义特性,并指出詹姆斯所有的一切都与其更宽阔的实用主义大概念相融⑥。斯莱特对詹姆斯实用主义大概念的内容最重要的特征进行概括"(1)形而上学的承诺,(2)实用主义的方法,(3)实用主义的真理理论,(4)宗教中的实用主义解释"⑦。

再接下来,笔者将针对国外学者就皮尔士和詹姆斯信念观的比较研究进行现状分析。与国内研究现状相仿,关于此视角的研究,国外研究也较少。笔者将从皮尔士和詹姆斯如何确立信念、信念与真理、信念与实用主义这三个方面对国外学者关于皮尔士和詹姆斯信念观的比较研究进行梳理和分析。

第一方面,关于皮尔士和詹姆斯如何确立信念的比较研究,国外学者主要聚焦于信念是否源于直观以及皮尔士和詹姆斯对探究的不同解释此二视角。首先,关于直观对信念确立的讨论,以罗蒂为代表的学者认为,詹

---

① Richard J. Bernstein, "American Pragmatism: The Conflict of Narratives", in Herman J. Saatkamp, ed., *Rorty and Pragmatism*, Nashville & London: Vanderbilt University Press, 1995, p. 57.

② Howard Q. Mounce, *The Two Pragmatisms: From Peirce to Rorty*, London and New York: Routledge, 2002, p. 2.

③ S. 哈克、陈波:《苏珊·哈克访谈录——一位逻辑学家、哲学家的理智历程》,《世界哲学》2003年第5期,第107页。

④ Howard O. Mounce, *The Two Pragmatisms: From Peirce to Rorty*, London and New York: Routledge, 2002, p. 37.

⑤ Charlene Haddock Seigfried, "Anti-Dogmatism as a Defense of Religious Belief", in Henrik Rydenfelt and Sami Pihlström, eds., *William James on Religion*, London: Palgrave Macmillan, 2013, p. 31.

⑥ Michael R. Slater, *William James on Ethics and Faith*, Cambridge: Cambridge University Press, 2009, p. 1.

⑦ Michael R. Slater, *William James on Ethics and Faith*, Cambridge: Cambridge University Press, 2009, p. 16.

姆斯不同于皮尔士完全否定直观的立场。罗蒂指出,"詹姆斯并不确信如何避免反直观的结果(对一个人或一个组为真可能对另一个则不为真)。他波动于皮尔士对真的认同和在理想状态下的相信"①。因此,对比于皮尔士彻底地反对人们具有直观的能力,詹姆斯并不能完全确定这样的论断。其次,关于皮尔士和詹姆斯对探究的讨论。普劳德福特指出,与皮尔士强调以科学的探究为信念确立的依据,詹姆斯更关注于平常中的探究,而非仅仅科学的探究②。胡克威也指出,皮尔士坚持的是一种逻辑的原则与一种科学研究的方法;相对比,詹姆斯并不喜欢这种原则③。胡克威还进一步指明,皮尔士主要关注的是以探究的方法鼓动知识的增长,而詹姆斯关注的是命题能否产生结果④。

第二方面,关于皮尔士和詹姆斯信念与真理关系的比较讨论,以米萨克的研究为代表。米萨克从皮尔士和詹姆斯确立信念为真中对共同体与个体的侧重不同,指出"詹姆斯和皮尔士争论的核心就是把'真'作为个体的产物对立与把'真'作为一段时间后共同体的产物的不同"⑤。米萨克揭示了,皮尔士和詹姆斯在信念确立为真中,皮尔士依赖共同体而詹姆斯强调个体。

第三方面,针对皮尔士和詹姆斯信念与实用主义的考察,国外学者主要集中在对二者真信念与实用主义、实用主义的落脚点以及对后来实用主义影响三个视角进行考察。关于真信念与实用主义的考察,胡克威指出,"詹姆斯所声称的实用主义的形式就是一种真的理论;同时当皮尔士以其澄清概念的技术性方式阐述实用主义的时候,其应用之一而且居于首位的则在于阐述'真'的意义"⑥。此意味着,在詹姆斯看来,真信念为实用主义中的一部分;而在皮尔士看来,真信念为实用主义的运用,且是居于首位的运用。关于皮尔士和詹姆斯实用主义落脚点的考察,杜威、斯莱

---

① Ruth Anna Putnam, ed., *The Cambridge Companion to William James*, Cambridge: Cambridge University Press, 1998, p. 85.
② Wayne L. Proudfoot, ed., *William James and a Science of Religions*, New York: Columbia University Press, 2004, p. 3.
③ Christopher Hookway, *The Pragmatic Maxim*, Oxford: Oxford University Press, 2012, p. 186.
④ Christopher Hookway, *The Pragmatic Maxim*, Oxford: Oxford University Press, 2012, p. 186.
⑤ Cheryl J. Misak, *The American Pragmatists*, Oxford: Oxford University Press, 2013, p. 60.
⑥ Christopher Hookway, *Truth, Rationality, and Pragmatism*, New York: Oxford University Press, 2002, p. 44.

特、普劳德福特和胡克威等都给予了论证。杜威认为，皮尔士的实用主义落脚于"构想和定义对象"①，而詹姆斯为了"实际问题"②；皮尔士科学的实验方法探究各个领域内的对象③，而詹姆斯以实际具体结果为目标确定每一信念。斯莱特则更直接地认为，皮尔士实用主义落脚于"感觉的效果"④，以此来探究每一信念的实际意义，而詹姆斯则直接诉诸"实际的效果"⑤。普劳德福特和胡克威进一步认为，詹姆斯实用主义感兴趣于对未来经验会产生哪些不同的关注⑥，或者说，试图将以实践为主导的实用主义方法更广泛地应用于人类关注之中⑦；而皮尔士的实用主义聚焦于概念的逻辑⑧，试图发展一套严密的逻辑方法来帮助人们理解科学概念的意义⑨。此外，国外学者对皮尔士和詹姆斯信念观对后来实用主义哲学的发展的影响也略有研究，菲利斯对姆就指出，"驱动探究概念的皮尔士共同体是杜威'工具主义'的重要背景……多元主义与詹姆斯的实用主义有关"⑩。皮尔士和詹姆斯信念观之间有共同之处也有差异之处，作为古典实用主义的奠基者，此二者信念观对之后的实用主义信念思想的发展和确立都有深远影响。

根据以上对国内学者与国外学者就皮尔士和詹姆斯信念观的研究现状

---

① MW 4. p. 101. 杜威：《杜威全集·中期著作 1899—1924·第四卷 1907—1909》，陈亚军、姬志闯译，第 78 页。（后文简写为《杜威全集·中期著作 1899—1924·第四卷 1907—1909》，第 78 页。）
② MW 4. p. 101.《杜威全集·中期著作 1899—1924·第四卷 1907—1909》，第 78 页。
③ MW 4. p. 101.《杜威全集·中期著作 1899—1924·第四卷 1907—1909》，第 78 页。
④ Michael R. Slater, *William James on Ethics and Faith*, Cambridge: Cambridge University Press, 2009, p. 173.
⑤ Michael R. Slater, *William James on Ethics and Faith*, Cambridge: Cambridge University Press, 2009, p. 173.
⑥ Wayne L. Proudfoot, "William James on Religion in philosophy of Religion", in Henrik Rydenfelt and Sami Pihliström, eds., *William James on Religion*, London: Palgrave Macmillan, 2013, p. 26.
⑦ Christopher Hookway, "Logical Principles and Philosophical Attitudes: Peirce's Response to James's Pragmatism", in Ruth Anna Putnam, ed., *The Cambridge Companion to William James*, Cambridge: Cambridge University Press, 1998, pp. 145 – 165.
⑧ Wayne L. Proudfoot, "William James on Religion in philosophy of Religion", in Henrik Rydenfelt and Sami Pihlström, eds., *William James on Religion*, London: Palgrave Macmillan, 2013, p. 26.
⑨ Christopher Hookway, "Logical Principles and Philosophical Attitudes: Peirce's Response to James's Pragmatism", in Ruth Anna Putnam, ed., *The Cambridge Companion to William James*, Cambridge: Cambridge University Press, 1998, pp. 145 – 165.
⑩ Sami Pihlström, "Peirce's Place in the Pragmatist Tradition", in Cheryl J. Misak, ed., *The Cambridge Companion to PEIRCE*, Cambridge: Cambridge University Press, 2004, p. 44.

的梳理，可知究竟什么是皮尔士或詹姆斯的信念观，其二者信念观之间存在何种关系，以及对之后哲学家信念思想产生了何种影响此三个重要问题仍没有答案。而这三个问题对于理解古典实用主义奠基者的信念观、实用主义的内核以及把握之后实用主义者信念思想都具有重要意义和价值。围绕这三个主要问题，还有一些当前研究尚不充分之处：皮尔士如何反笛卡尔式怀疑、真正怀疑的内涵、确立信念的方法中如何结合探究、科学的方法以及逻辑推理、詹姆斯反克利福德证据信念观的原因、意志发挥作用的条件、意志与理智之间的关系、以意志为主确立的信仰与信念的关系、如何从真信念视角规范信念确立和实用主义思想如何转化为信念意义规范式而确立出信念的是其所是等。

基于以上的国内外研究现状的分析和总结，本书将聚集于皮尔士和詹姆斯的信念观展开研究，并对皮尔士和詹姆斯各自信念观的内涵，二者信念观之间存在何种关系以及对之后的实用主义哲学产生的影响，此三个层层递进的问题以及上文阐述的相关研究尚不充足之处进行深入探索。

关于第一个问题，皮尔士和詹姆斯信念观是什么的问题，笔者于本书第一章和第二章分别从皮尔士信念观反基础主义以及信念于实用主义之中此二视角对皮尔士的信念观是什么的问题展开论述；于第三章和第四章分别从詹姆斯对皮尔士信念观的承袭和突破两视角针对詹姆斯的信念观是什么进行阐述。关于第二个问题，皮尔士和詹姆斯信念观之间存在何种关系。笔者一方面，在第三章和第四章论述詹姆斯信念观是什么中，以承袭和突破两条路径进行分析；另一方面，在第五章第一节中，笔者针对前四章已得二者信念观构成的四部分内容，对二者信念观的同与异进行比对阐释。关于第三个问题，笔者于第五章第二节，从相异之处的融合和对相同之处的深化二视角，针对皮尔士和詹姆斯信念观对之后实用主义哲学家信念思想的影响及表现进行深入探讨。

具体来说，本书第一章分为三节，从皮尔士信念观的产生、确定的方法以及至真的目标三方面揭示皮尔士作为古典实用主义奠基者为整个实用主义开创了反基础主义的论调，并于此论证出皮尔士信念观所包含的前三个部分，即皮尔士信念讨论的界域为认知领域、信念确立的方向规范力为科学探究模式以及信念为点于不断探究的线中向真信念前进。

在第一章第一节中，笔者将论证皮尔士信念观构成的第一部分。一方面从皮尔士反驳人们具有直观力、内省力和非认知概念的能力三个视角论证得出皮尔士反对笛卡尔式怀疑所要确立的是真正的怀疑。另一方面对皮尔士确立的真正的怀疑进行解读，论证得出皮尔士强调的真正的怀疑诉诸外部实在且源于一切"成见"，以发现问题和引起惊喜为主要表现。同时，根据真正的怀疑与信念在感受层和行动层中展现的差异所在，证得皮尔士讨论的信念居于认知领域，具有可感且可知的属性，亦为进一步研究皮尔士信念思想的可行性作保证。

第二节聚焦于皮尔士对如何确立信念的方法，即对每一信念得以确立的规范力进行讨论，亦为皮尔士信念观构成的第二部分。笔者将延续国外学者的研究思路，进一步将皮尔士提出的探究、科学的方法和逻辑推理三者相结合进行阐释。首先，笔者认为，探究作为一种确立信念的无限模式是皮尔士以宏观视角对信念确立方法的规定，是基于在先认知产生怀疑而确立信念的无限过程。其次，对于皮尔士来说，与探究模式共进且与之同等重要的是科学的方法，不同于固执的方法、先验的方法和权威的方法，科学的方法与个体主观因素无关，仅诉诸共同体并依据于外部实在。最后，笔者认为，逻辑推理作为探究模式和科学方法的辅助手段，溯因推理、演绎推理和归纳推理可看作探究模式或科学的方法在每一次信念确立过程中的三个步骤，并可分别对应为真正的怀疑、检验及信念确立。

第三节聚焦于皮尔士定义的真信念讨论，试图通过皮尔士对真信念的定义探索出皮尔士确立每一信念的通用规范式，从而也论证得出皮尔士确立的信念如点在探究至真的线中不断转变，此亦构成皮尔士信念观第三部分。笔者首先就皮尔士强调的真信念与实在的关系入手，从唯名论和唯实论视角分别考察，得出在皮尔士看来，对实在的认知不取决于任一个体，但个体可以认知实在，而真信念就是共同体经过长远探究所得的对实在完全趋于一致的信念。据此，笔者分别从探究至真和从真回归探究的视角，得证出信念至真为充满希望且不断认错和修正的过程，而真信念本身为永不被击败且唯以共同体为依据才可以确立。通过系列论证，笔者得出，从皮尔士真信念视角考察下，信念确立的规范式应为"完全遵从科学探究模式之上，共同体保证下，已平息惊喜/错误 + 最大的希望（至不败信念）"。

本书的第二章分为两节，就皮尔士确立的实用主义思想下的信念观进行解读，分别就确定信念意义的规范式与信念意义具体表达方式两方面进行探索，从而通过对信念表达出的意义于各维度下向外的体现（向外力）

和向内的本质约束（向内力）共同作用形成的相交处确定信念的是其所是。简言之，就是根据皮尔士的实用主义定义，论证得出每一信念的是其所是在其余各维度下所得的相交处而确定，此亦为皮尔士信念观内容的第四部分。

在第一节中，笔者就皮尔士实用主义于康德"实用"一词的来源进行解读，确定了皮尔士的实用主义与其反基础主义的主旨相一致，都是诉诸实验科学探究模式与经验而非先验相关。进而，笔者就皮尔士的实用主义原则进行解读，论证了皮尔士定义的实用主义原则就是对信念（的意义）的第三种清楚性的澄清，是信念（的意义）于各个维度下向外作用的表现。根据从条件命令式、直指对象、共同体和至真过程等多方面对皮尔士实用主义原则进行考察，笔者论证出皮尔士确立信念意义于各维度向外表现的规范式应为："完全遵从科学探究模式之上，如果你们要对信念对象执行操作 R，那么就要构想效果 E。"

第二节则聚焦于以指号、行动和习惯等具体表达方式来揭示信念的实际意义及其内在本质。笔者认为，皮尔士以第三性范畴（图像、标志和象征的指号）作为信念的意义得以展现的普遍表达方式。其中，包含于象征中的行动与习惯为信念意义得以确定的典型表达。皮尔士延续柏因的行动信念观，认为信念指导行动，并且通过行动可以揭示信念。同时，笔者认为，皮尔士还强调了习惯具有连接外部行为习惯与内部心灵习惯的作用，从而使得信念意义的外部展现与信念的本质得以一一对应，致使人们可以通过每一信念于各维度下的外部表现来确定每一个信念本质所包含的内容。

本书的第三章分为三节，主要从詹姆斯对皮尔士信念观承袭的视角对詹姆斯信念观是什么以及与皮尔士信念观之间存在怎样的延续关系进行论述。第一节中，笔者将对詹姆斯承袭皮尔士反基础主义论调的信念观进行论证，并指出詹姆斯以意识流理论更有力地反驳了基础主义。同时，笔者认为，詹姆斯承袭了皮尔士以成见为真正怀疑确立的依据，以意识流中出现的"矛盾"作为产生真正怀疑的原因，认为相信与不相信是针对同一内容表现的相对态度，唯有怀疑是信念（相信）的对立面。根据怀疑与信念于感受层与行动层表现的差异所在，笔者论证得出，詹姆斯同样也认为信念可感且可知。

第二节则聚焦于詹姆斯顺延皮尔士信念观内容的第四部分，即根据每一信念于各个维度下向外的实际意义表现与向内的本质约束来确定每一信念的是其所是。从信念（的意义）于各维度下向外作用力的视角来分析，笔者通过反驳把詹姆斯的实用主义看作对皮尔士实用主义原则误读的观点，从詹姆斯的实用主义是基于皮尔士的方法论补充排中性、构想效果至实际具体结果的转变、科学探究模式补充被动经验此三方面论证得出，詹姆斯的实用主义是对皮尔士实用主义原则的补充和发展而非误读，并就此得出詹姆斯信念观第四部分，信念意义向外作用力的规范式为"在遵从科学探究模式之下，有权遵从个体被动经验，如果你要对对象执行操作 R，那么就要有实际具体结果 C，否则/如果没有实际具体结果 C，就不是该信念的意义"。另一方面，笔者从信念于各维度下具有的向内制约力的视角来分析，证得詹姆斯的信念观与皮尔士一样，都认为习惯作为信念的本质，能够作为连接外部行为习惯与内部心灵神经痕迹的桥梁，使得人们能够通过信念（的意义）的外部表达来确定信念的是其所是。

第三节围绕詹姆斯承袭皮尔士真信念理论的探讨路径，试图通过詹姆斯对真信念的定义探索出确立每一"真"信念的通用规范式，此亦是对皮尔士信念观中第三部分，关于信念为点探究至真的观点的延续。笔者首先从詹姆斯沿袭皮尔士对"实在"的强调入手，论证出詹姆斯也尊重"实在"，但此种实在准确地说应为经验。在詹姆斯看来，被证实与"实在"一致的，且具有实际具体结果的信念即"真"信念。据此，笔者继续从探究至真与从真返归探究的视角确定詹姆斯对"真"信念的规定，可得詹姆斯也同样坚持可错论与无限希望至真的观点，并且认为要尊重每一个体经验从而追求更善和至善。于此，笔者论得，从詹姆斯真信念视角考察下，至真路上"真"信念的确立规范式应为"尊重每一个体经验，根据在先'真'信念得出的新经验，秉持'最大程度坚持先前'真'信念以及'最大程度推动之后'真'信念确立'，完成证'实'并达到实际具体结果且试图至善"。通过此规范过程，詹姆斯所谓的"真"信念得以确立。

本书第四章分为三节，主要从詹姆斯突破皮尔士信念观的视角对詹姆斯信念观是什么以及与皮尔士信念观之间存在怎样的相悖关系进行论述。在第一节中，笔者将从詹姆斯反驳克利福德证据信念观的视角进行分析，得出对于詹姆斯来说，信念观的第二部分，有关信念确立的规范力应为实际具体结果而非单独依靠科学探究模式。因此，人们应把相信真理置于避免错误之上，在特定情况下，人们有权运用个体主观意志确立信念。关于詹姆斯以意志确立信念的观念，笔者从詹姆斯对意志的定义、运用的条件和运用的原因等方面进行分析和论证，最终得出詹姆斯信念观第一部分，亦是突破皮尔士信念观最典型的表现，即对非认知领域和意志的关注，而詹姆斯定义下的意志信念观应为，"在非认知判断中的真正选择情况下，要坚持相信真理置于避免错误之上，个体有权基于在先记忆，在注意于某一客体时，开始发挥一切主观因素的刺激或者抑制的作用，最终以行动为所确立信念（意义）的表达"。

第二节中，笔者将集中论证信仰与信念的关系以及对于詹姆斯来说信仰所具有的力量，此亦是对皮尔士和詹姆斯信念观中第一部分，即对信念界域的对比考察。首先，笔者认为，对于詹姆斯来说，信念作为一个大概念其本身既包括非认知领域内以意志确立的（大）信仰，又包括皮尔士强调的认知领域内确立的（小）信念。对此，笔者进一步从是否依赖证据、个体主观因素以及主要运用的领域等纵向角度比对（大）信仰与（小）信念，并从二者横向间扩大的过程探索其间连带的关系。同时，关于詹姆斯之所以强调（大）信仰以及（大）信仰之所以应该于信念中居于重要之地的原因等，笔者分别从对（大）信仰的定义以及其发挥力量的作用过程和表现进行论证，最终得出（大）信仰发挥力量"需要勇气去冒险：创造/证实具有可能性的事实"的结论。

第三节中，笔者就詹姆斯答复以皮尔士为代表的批判进行分析和解读，试图更清楚地明晰詹姆斯"信念的意志"的本意以及理智与意志在信念确立中的关系，此亦是针对詹姆斯突破或者说有别于皮尔士信念观之处的探讨和研究。笔者认为，以皮尔士为代表对詹姆斯信念观的批判主要集中在两个方面：一是对詹姆斯提出的"信念的意志"看作"想要相信"的误读；二是对信念确立是否需要个体主观意志因素的参与，信念中是否应该包含对信仰的讨论。据此，笔者从詹姆斯更名"信念的意志"为"有权去相信"、意志发挥作用本质为类探究且与理智相联、以更善的实际具体结果为目标以及证"实"与实践、行动和习惯为表现等方面进行论证，得出詹姆斯"信念的意志"的本意为"在真正的选择情况下，个体有权运用意志确立信念，而此意志作用的发挥遵从类探究模式且与理智相伴，以'善'、'更善'与'至善'为目标，落脚于'实际具体结果'以个体行动、习惯为表现"。同时，就意志是否应纳入信念确立的讨论，笔者从现实生活中的问题、运用意志的优势及意志与理智之间的关系进行讨论，认为无论在认知领域还是在非认知领域，理智与意志在信念确立的过程中都是共同面向"实际具体结果"一起发挥作用。

本书的第五章分为两节，主要结合上文对皮尔士和詹姆斯的信念观的构成对二者信念观之间存在的异同关系以及对之后实用主义哲学家信念观研究产生的影响进行归纳和总结。第一节则聚焦于比对皮尔士和詹姆斯信念观的同与异。基于本书前四章的阐述进一步证得：皮尔士和詹姆斯信念观之同主要表现在笔者归纳出的二者信念观的第三和第四部分，即以信念为点探究至真于线中，以及把信念看作点于实用主义思想规定出的面内确定是其所是此二方面。具体表现在，皮尔士和詹姆斯的信念观都坚持可错论、改善论、信念于各维度下通过向外作用而表达出实际意义并且都强调习惯作为信念的本质具有决定信念（的意义）是其所是的向内约束力等。皮尔士和詹姆斯信念观之异主要表现在笔者归纳出的二者信念观的第一、第二部分，即对信念界域和信念确定所受规范力此二部分。具体来说，在确定信念依据的材料方面，出现了是依据外部实在还是个体经验的差异；在确立信念依据的人类能力方面，出现了仅依据理智还是应考虑个体主观意志因素的差异；在对信念确立的检验方面，出现了参考共同体还是个体为依据的差异；在信念确立所受规范力方面，出现了是依据科学探究模式还是实际具体结果的差异。

第二节聚焦于作为古典实用主义奠基者皮尔士和詹姆斯的信念观对之后实用主义信念观产生的影响及表现展开研究。通过论证，笔者认为古典实用主义奠基者对之后实用主义者的信念观产生的影响主要表现为：于20世纪五六十年代之前，以杜威为代表的古典实用主义者深受皮尔士和詹姆斯信念观影响，集中表现的特征为对皮尔士和詹姆斯信念观中相异之处进行融合，比如在信念确立依据的材料方面将实验与经验相结合，在信念确立依据的人类能力方面确定了包含意志的理智方法，在检验信念确立方面结合个体与共同体共同作用，在规范信念确立方向方面将科学探究模式与实际具体结果相结合；于20世纪五六十年代之后，以新实用主义哲学家为主，深受皮尔士和詹姆斯信念观影响，集中表现的特征为对皮尔士和詹姆斯信念观中相同之处进行深化，比如塞拉斯（Roy Wood Sellars）对所予神话的反驳、罗蒂对心和知识等一切基础性事物的粉碎，进而更加透彻地反驳基础主义；刘易斯（Clarence Irving Lewis）、蒯因（Willard Van Orman Quine）、戴维森（Donald Davidson）、塞拉斯和罗蒂等更进一步从经验至语言的角度论证了信念具有可错性且需要大胆的怀疑与修正；再如蒯因和戴维森等继续延续了实用主义思想对信念意义的规范，从语言交流的角度对信念及其意义的对应关系及确定信念的是其所是展开了论证。

总之，本书将围绕古典实用主义奠基者皮尔士和詹姆斯的信念观展开研究，试图比较完整而深入的回答出二者信念观是什么、之间存在何种关系和异同，以及对之后实用主义者信念观确立产生何种影响此三个重要问题。

第一章 皮尔士：信念与反基础主义

近代传统哲学家所做的重要工作之一就是为世界找寻一个确定的、不可怀疑的基础，并想在此之上建立起哲学大厦。对此，皮尔士认为，人们并不需要像笛卡尔这类近代传统哲学家一样，找寻确定性事物来建立信念，而且这些被近代哲学家宣称为已找到的确定性的事物，事实上也没有能力作为基础建立信念。在皮尔士看来，近代哲学家对确定性事物探求的过程本身就存在很多问题。

因此，皮尔士的哲学及其信念观的确立既是从对近代传统基础主义哲学的批判开始，亦是围绕此种批判而建立。本章将围绕皮尔士信念观是什么的问题展开研究，主要聚焦于皮尔士信念观集中表现的反基础主义特征的三个部分进行论述。首先，笔者将就皮尔士反笛卡尔式怀疑的批判开始论证，指出真正的怀疑源于对认知领域内在先认知的怀疑，而非直观作用下的"假装的怀疑"[1]。由此，笔者论证：皮尔士信念观所定义的信念界域为认知领域，且信念具有可感与可知的属性，此为皮尔士信念观构成的第一部分。其次，笔者将就皮尔士确立信念的方法进行论证，得出皮尔士信念观构成的第二部分：规范每一信念确定的方向力为科学探究模式。最后，笔者从信念确立与真信念的关系进行讨论，一方面，从皮尔士对真信念的定义论证出确立信念的规范式；另一方面，从皮尔士对探究至真和由真至信念的视角进行考察，得证出皮尔士坚持信念为点不断转变和发展于至真之线中。

---

[1] CP 5.416 (p.279).

第一节　信念与怀疑

在本节中，笔者将就皮尔士反近代笛卡尔式怀疑以及皮尔士确立的真正的怀疑与信念的关系进行讨论，从而得证出皮尔士信念讨论的界域为认知领域，具有可感且可知的属性，此亦是皮尔士信念观构成的第一部分。

在本节第一部分中，笔者将从皮尔士反驳笛卡尔式基础主义怀疑论的三个主要视角，即人们无直观力、无内省力与无非认知的概念入手，论证皮尔士确立信念的基本前提是基于在先认知与外部实在，仅于人们的认知领域内确立信念。第二部分中，笔者就皮尔士确立的真正的怀疑进行解读，并就皮尔士对真正的怀疑和其对立面信念之间存在的关系从感受层与行动层两个层面进行比对，论证皮尔士信念观中的信念可感且可知，具有进一步研究的可行性。

一　反笛卡尔式怀疑

正如我国实用主义研究著名专家刘放桐指出，"皮尔士把对笛卡尔哲学传统的批判当作为其哲学探究的重要出发点"[1]。从皮尔士哲学思想源头追溯，皮尔士早在1868年关于《与人据说具有的某些能力相关的几个问题》[2]和《对4种能力的否定所产生的某些后果》[3]两篇文章的发表，可谓皮尔士哲学思想开始崭露锋芒，亦可谓皮尔士正式对笛卡尔式基础主义及其怀疑思想进行宣战。

---

[1] 刘放桐：《皮尔士与美国哲学的现代转型》，《北京大学学报》（哲学社会科学版）2007年第4期，第32页。与刘放桐相同的观点还有斯卡格斯塔德，他更直言，对于皮尔士来说，笛卡尔就是其敌人，"那么，皮尔士的敌人就是笛卡尔，并且他（皮尔士）的知识理论很大程度上的形成都是以笛卡尔为对象进行的很多批判"（Peter Skagestad, *The Road of Inquiry*, New York: Columbia University Press, 1981, p.18）。

[2] W 2. p. 193.《皮尔斯文选》，第105页。

[3] W 2. p. 211.《皮尔斯文选》，第125页。

第一章　皮尔士:信念与反基础主义

皮尔士直言"笛卡尔是近代哲学之父,是笛卡尔主义的精神"①,其所代表的近代哲学远优于中世纪哲学,甚至可以说,拉动中世纪哲学向前跨了一大步。对比于中世纪哲学从未质疑过基础原理,笛卡尔已经开始以普遍怀疑视角审视世界;对比于中世纪哲学将确定性的最终检验归于圣者和天主教会,笛卡尔已将此回归于个体人本身,即个人的自我意识;对比于中世纪哲学多元化的论证方式,笛卡尔的论证则基于某个模糊前提基础上进行单线论证;最后,对比于中世纪哲学具有信仰神秘性色彩,以解释创造物为目的,而笛卡尔哲学则将中世纪哲学极力解释的对象直接作为说不清之物,不予以解释,甚至直接作为已知命题而置之②。然而,在皮尔士看来,虽然笛卡尔所代表的近代哲学在很多地方的发展都优于中世纪哲学,但这并不意味着笛卡尔哲学是完美的。皮尔士所引领的实用主义信念观建立,则是基于对笛卡尔式怀疑的批判开始。

"对确定性的寻求是笛卡尔的雄心勃勃的哲学纲领的本质特征"③,笛卡尔式的普遍怀疑为了找寻到一个具有确定性的事物,开始了对周围世界的怀疑,之后是对自我感觉、再到数学的怀疑。最终,笛卡尔找到——我思这件事情是无可置疑的(因为我可以怀疑很多事情,很多事情都不具有确定性,但是只有我在思考这件事是不容置疑的,所以我思具有确定性且无可置疑)。在笛卡尔看来,我思考这件事就是我存在的基础,也是决定一切事情的基础。因此,笛卡尔认为,自己找到了建立哲学体系的根基,即"我思"这一具有绝对性和确定性的基础,在此确定性基础之上建立的哲学体系必然是坚不可摧。

笛卡尔整个探求确定性的过程完全借助于直观与演绎。在笛卡尔看来,"(只有)通过直观和演绎,我们才能达到对事物的知识而不恐惧犯错误"④,而所谓直观,是指"不是感官的漂浮不定的证词,或者把事物拉扯在一起具有欺骗性的想象力的批判,而是一个清晰专注的心灵的概念,这样一个心灵是如此从容不迫,以至于没有为怀疑我们正在理解的东西留下

---

① W 2. p. 211.《皮尔斯文选》,第125页,翻译略作修改(其中,"spirit"改译为"精神"而非"灵魂")。
② W 2. pp. 211–213.《皮尔斯文选》,第125—127页。将皮尔士论证笛卡尔思想优于经院哲学思想所总结的四条,笔者以对比方式阐释。
③ 徐向东:《"我思"和自我知识的本质》,《哲学研究》2003年第3期,第73页。
④ René Descartes, *Selected Philosophical Writings*, John Cottingham, Robert Stoothoff and Dugald Murdoth, ed., and trans., Cambridge: Cambridge University Press, 1988, p. 3.

任何余地"①。可见，笛卡尔普遍怀疑依赖的直观力，本质上来说是"通过专心致志的心灵对事物的知性把握"②。正如徐向东直言，"笛卡尔认为它（直观）只是来自于理性的光芒。但不论是对直观本身，还是对于其基础的理性的光芒，笛卡尔都未给出充分的论述"③。

关于笛卡尔以如此方式进行怀疑，从而确立信念，皮尔士认为，笛卡尔式怀疑是假装的怀疑，并非真正的怀疑。皮尔士甚至将笛卡尔这种假装而非真正的怀疑，比作去君士坦丁堡时非要借道路过子午线④。皮尔士指出，在这样的怀疑里，人们处于一种虚构的状态，并不能够真正对某物产生置疑，也不可能通过这样的质疑对外部世界产生任何效果。皮尔士的立场就是"抛弃假装的怀疑"（Dismiss make-believes）⑤，抛弃人们假想或想象的状态，而要针对当下外部实在做出能够产生实际效果的真实反应。因此，在皮尔士看来，笛卡尔的怀疑不是真正的怀疑，而是假装的怀疑，一种自我虚构状态中的怀疑。刘放桐也同样指出，"他（皮尔士）作为笛卡尔哲学出发点的普遍怀疑实际上不能成立，只能看成是一种虚构"⑥。在皮尔士看来，笛卡尔的怀疑只为虚构或者假装的怀疑。如果把笛卡尔式确立信念的怀疑方法纳入皮尔士对传统确立信念方法的讨论中，笛卡尔式确立信念方法则可归为固执的方法和先验的方法。此类方法并不能解决实践中问题，且对外部实在无任何作用。

笔者认为，皮尔士为进一步击破笛卡尔式虚假的怀疑，而确立真正的怀疑，对笛卡尔式怀疑确立信念所运用和依赖的直观力、内省力和非认知概念的存在进行了批驳。笔者将首先就皮尔士反笛卡尔式怀疑中依据的直

---

① René Descartes, *Selected Philosophical Writings*, John Cottingham, Robert Stoothoff and Dugald Murdoth, ed., and trans., Cambridge: Cambridge University Press, 1988, p. 3.
② 徐向东:《"我思"和自我知识的本质》，《哲学研究》2003年第3期，第76页。
③ 徐向东:《"我思"和自我知识的本质》，《哲学研究》2003年第3期，第76页。
④ W 2. p. 212.《皮尔斯文选》，第126页。
⑤ CP 5.416（p. 279）. 此处翻译经过审慎的考虑，没有采用涂纪亮先生在《皮尔斯文选》第8页中所翻译成的"不要装模作样"，而是翻译成"抛弃假装的怀疑"。具体阐释参见附录，2018年12月13日普劳德福特教授对笔者讲解的记录。此外，朱志方教授早在1998年发表的《皮尔士的科学哲学》，《自然辩证法通讯》1998年第2期，第11页中将"Dismiss make-believes"翻译为"信而不疑，疑而有据"则更贴近文意且更有文采，但为了通俗易懂，笔者用"抛弃假装的怀疑"来翻译。
⑥ 刘放桐:《皮尔士与美国哲学的现代转型》，《北京大学学报》（哲学社会科学版）2007年第4期，第33页。

第一章　皮尔士：信念与反基础主义

观力进行分析和解读。皮尔士指出，直观就是"一个其本身不是结论的前提"①，并且直观不由之前的认知或已获得的任何经验而决定，只为超验的对象而直接决定。皮尔士描述道："直观在其定义所规定的范围内却是对于任何事物的任何一种认知。不过，正如一个（正确的或者不正确的）结论在推理者的心中被它的前提所决定一样，那些并非判断的认知可能被在先的认知所决定。一种不是如此加以决定、因而直接被超验对象所决定的认知，就被称为直观。"② 这意味着，直观不依赖于之前的认知，属于先验领域；而且，对于直观得出的结果，人们绝对确定且不需要任何推导。

皮尔士指出，"我们并没有自我证据来证实我们拥有那样一种直观能力。因为刚才已经表明，我们不拥有一种把直观与有其他认知决定的认知区别开来的直观能力"③，"除了我们似乎感觉我们拥有这种能力外，没有任何证据证明我们拥有这种能力"④。这表明，对直观力进行证实或回归于证据考察时，无任何认知领域内的证据可予以支持。那些看上去好似直观获取的信念，事实上都源自于在先的认知或理性的推理。

对此，皮尔士列举贝克莱认知三维⑤和人类视网膜盲点⑥的例子，进一步指明人们没有直观力。相反，唯有通过在先认知以及理智推理才能够确立信念。在皮尔士例证中，三维视角的获取并非与生俱来，而是通过学习长、宽、高三个维度之后才习得以三维视角观察事物。而人们视网膜呈环形存在盲点的例子，也更进一步论证了人们是基于在先认知以及运用理智填补信息空缺而确立信念。因此，那种看上去是直观确立的信念，事实上，都是通过后天习得或理性推理而确立，且都可以找到认知范畴内的证据予以支持。

为更深入批判笛卡尔怀疑所依据的直观力完全不存在，皮尔士对自我

---

① W 2. p. 193.《皮尔斯文选》，第 105 页。
② W 2. pp. 193–194.《皮尔斯文选》，第 105—106 页。
③ W 2. p. 201.《皮尔斯文选》，第 113 页，翻译略作修改（其中，"it is not self–evident that" 改译为"并没有自我证据来证实"而非"这一点在当前并不是不言而喻的"）。
④ W 2. p. 194.《皮尔斯文选》，第 106 页，翻译略作修改（其中，"feel"改译为"感觉"而非"觉得"）。
⑤ W 2. pp. 196–197.《皮尔斯文选》，第 109 页。皮尔士指出："人们普遍认为空间的第三个维度是直接直观推导，但目前几乎所有人都熟知为推导而得。"
⑥ W 2. p. 197.《皮尔斯文选》，第 109 页。皮尔士指出："当我们把一只眼睛盖着时直接看见的空间不是一个连续的椭圆形，像我们想象的那样，而是一个圆形，必须借助于理智的活动才能把圆环填补起来。"

意识的直观进行了更深入的考察。皮尔士指出，通常人们会理所当然地认为，获取任何自我意识并不需要证据支持，仅自我可以确定。但事实并非如此，当孩子们用"我"来表达自身的时候，其必然是基于能够把自己与他者相区分的基础之上。孩子对于"我"的感知源于能够把自我的身体区分于他物。比如，当他想要移动脚趾时，他只能支配自己的脚趾，而非其他人的脚趾等等。皮尔士还列举儿童用手碰火炉的例子，指出儿童开始不相信火烫这一事实，但当儿童通过自己中心身体体验过后，意识到自我的无知和错误时，通过此种认知以及对外部实在的反应，自我意识开始形成。皮尔士对此，进一步总结为，"证据就使自我意识第一次显露出来"[1]，即最终是外部证据、基于在先的认知而非直观使个体得以认知自我意识。于此，皮尔士得出，信念的确立以及怀疑的产生与直观无关，而且人们并不具有直观力。

基于对直观的批判，皮尔士第二点关于笛卡尔式怀疑的批判，聚焦于人们没有内省力的讨论。在皮尔士看来，人们没有仅从内心而非外部实在获取知识的能力，"尽管内省并非必然是直观的，但是我们也没有自我证据来证实拥有这种能力"[2]。对比于对直观存在性的批判，皮尔士进一步对内省的存在性进行批判，并论证得出，人们应该根据外部实在而非内心确立信念。皮尔士指出，所谓内省，"我指的是对内心世界的直接感知，而不一定是把它感知为内在的。我也不打算把这个词的意义局限于直观，而想把它扩大到任何不是从外部观察中推出的关于内心世界的知识"[3]。这意味着，皮尔士对内省的批判，本质就是对笛卡尔的普遍怀疑能够直接诉诸内心的批判。在皮尔士看来，没有理由假设人们具有内省力，"没有理由假定一种内省能力，而用以研究心理学问题的唯一途径，就是从外界事实中做出推论"[4]，人们只有从外部实在获取的信息基础上，进行理性假设才具有客观性。

皮尔士坚持认为，所有的心理关系，比如假设、归纳、演绎等都源自于外部实在。依据外部实在人们才能够推演出有效的假设和命题；相反，当人们简单只是面向内心来探索，并不能找到任何可靠依据，通常一无所

---

[1] W 2. p. 202.《皮尔斯文选》，第 115 页。
[2] W 2. p. 206.《皮尔斯文选》，第 118 页。
[3] W 2. p. 206.《皮尔斯文选》，第 118 页。
[4] W 2. p. 207.《皮尔斯文选》，第 119 页。

获。比如，某人认为我生气了，但其实在我自己感受中，我并没有。但对方指出，我脸已经红了、说话提高了声音等这些外部表现，我们不得不就此承认我们内心确实引起了波动，即使有的时候并不认为我们是真的生气。① 因此，在我们对内心想法进行考察的时候，往往要借助于外部实在。再比如，一个人问另一个人是否爱自己的另一半，如果回答问题的这个人仅仅朝向内心来寻找答案，可能并不能很清楚地发现答案，但当他向四周开始找寻答案的时候，当他对外部实在进行考察的时候，当他设想如果没有另一半的时候，通过外部实在的想象，才能够真正找到答案。②

基于人们并不具有直观力和内省力的论证，皮尔士对笛卡尔式怀疑的批判第三点论证聚焦于对存在非认知概念的批判。皮尔士认为，不存在不可认知或可不通过认知而确立的思想，"一切思想都必定不可避免地在指号中表达出来"③ 且"从每一个思想都是一个指号这样一个命题中，可以得到每一个思想必定都涉及一个思想，必定对另一个思想有所决定"④。简言之，每一个思想作为一种指号，其必然源于在先的思想或认知。皮尔士指出，即使像"不可认知的"（incognizable）这样的单词也是"一个由 not（不）和 cognizable（可认知的）合成的概念"⑤。怀疑作为思想的一种形式，其必定也基于在先的认知而产生，不可能如笛卡尔式怀疑所认为的，通过个体提出的具有第一性的基础判断而确立。

因此，在皮尔士看来，不存在不由在先的认知决定的怀疑。皮尔士认为，"人们不可能知道任何一种不是被在先的认知所决定的认知。它并没有存在着，首先是因为它是绝对不可认知的，其次是因为一种认知只有在它被知晓的范围内才存在着"⑥。这就比如，当人们看到红色，之所以能够用语言表达出其所见为红色，就是因为人们之前已经学会用"红色"这一名词来表达其所见的具有"红色"这类特征的事物。基于之前的学习或认知，人们才能够在看到红色这类特征的事物时，把其归为红色，且将其与

---

① 参见附录，2018 年 10 月 31 日普劳德福特教授对笔者讲解的记录。
② 参见附录，2018 年 10 月 31 日普劳德福特教授对笔者讲解的记录。
③ W 2. p. 207. 《皮尔斯文选》，第 120 页。
④ W 2. p. 207. 《皮尔斯文选》，第 120 页。
⑤ W 2. p. 208. 《皮尔斯文选》，第 121 页，翻译略作修改（其中，"cognizable"改译为"可认知的"而非"可识别的"）。
⑥ W 2. p. 210. 《皮尔斯文选》，第 122 页，翻译略作修改（其中，"incognizable"改译为"不可认知的"而非"不可识别的"）。

其他颜色区别开来,从而表达出"红色"。当然,不可否认的是,在很多时候,我们往往没有意识到自己正在获取或储备一些思想信念,这致使当我们启用这些思想信念时,我们以为这是先验的或与生俱来的;而事实上,皮尔士指出,一切思想信念都基于我们在先的认知而习得,完全不是笛卡尔所认为的直观或内省的直接获得。

皮尔士还用倒三角形坠入水杯中,永远画不出水溢过三角形最低的一条线来论证,任何认知都是基于之前认知所得,不存在第一性或基础性的认知。皮尔士指出,"因为任何那样的截面都在三角形的顶端之上的某个距离处,否则它就不是一条线。让我用 a 表示这段距离,于是在三角形的顶端之上的 1/2a、1/4a、1/8a、1/16a 等距离处都有一些相似的截面,如此延续下去"[1]。可见,这样的无限延续过程,必然没有一个最初者或者第一者,这又一次有力地反驳了笛卡尔等近代传统哲学家要找寻第一性或基础性事物作为信念确立的根基的观点。于此可见,在皮尔士看来,一切怀疑必然与思想中的在先认知有关,而"认知是通过一个由已开始的过程产生的"[2]。因此,真正的怀疑必然源自于之前的认知,且所得产物亦会推动之后信念确立的转变和发展。

总之,"皮尔士彻底批判了以笛卡尔主义为代表的现代基础主义认识化"[3]。皮尔士就笛卡尔怀疑产生的依据,即直观、内省和非认知的概念三个方面进行了分别反驳,继而开创了确立信念的反基础主义立场。关于皮尔士对笛卡尔式怀疑的批判可总结为:第一,针对笛卡尔确立怀疑的依据之一,即个体具有直观力进行批判。皮尔士指明笛卡尔怀疑所依据的直观并不存在,且没有证据证明其存在。第二,批驳笛卡尔式怀疑依据的内省力。皮尔士论证了人们根本没有内省能力,一切思想信念都诉诸外部实在而非心灵内部。第三,反驳笛卡尔式怀疑要找寻的确定性、基础性和第一性事物,并指明一切怀疑或信念的产生都源于在先的认知,因而所谓具有第一性的事物并不存在。总结皮尔士对笛卡尔式怀疑于直观、内省和非认知概念的批判可证得:皮尔士的信念观具有反基础主义的特征,并且关于信念的确立仅诉诸外部实在且是关于外部实在的在先认知。进一步说,皮尔士信念观所讨论的信念界域仅为把握外部实在的认知领域,与先验或其

---

[1] W 2. p. 211.《皮尔斯文选》,第 123—124 页。
[2] W 2. p. 211.《皮尔斯文选》,第 124 页。
[3] 朱志方:《皮尔士的科学哲学》,《自然辩证法通讯》1998 年第 2 期,第 8 页。

他非认知领域无关。

二 真正的怀疑与信念

皮尔士针对笛卡尔式普遍怀疑的批判,得出了真正的怀疑确立的前提,即仅诉诸认知领域内的外部实在,与个体内部的直观力和内省力无关。本部分笔者将就皮尔士对真正的怀疑以及此种怀疑与信念的关系进行论述,试图更深入地把握皮尔士强调的真正的怀疑的内涵和本意,以及之所以人们得以判断和继续研究怀疑与信念的依据和原因。

首先,笔者将就皮尔士对真正的怀疑确立的依据进行分析和解读。皮尔士在1868年对产生真正的怀疑的依据定义为"我们不能从完全的怀疑开始。我们必须从当我着手研究哲学时我们实际上已拥有的那一切成见开始"[①]。在此定义中,何谓"成见"(prejudices),恰恰既是皮尔士反笛卡尔式怀疑确立的反基础主义的体现,也是皮尔士坚持的"真正的怀疑"的精髓所在。

接下来,笔者将对皮尔士的"成见"一词进行更深入地解读,即从皮尔士论述的怀疑产生的原因及其两种表现方式进行剖析。第一,笔者从成见之所以能够产生真正的怀疑的根本原因,即人类经验、认知与思想的扩大方面进行分析。正如张留华阐释皮尔士的怀疑时指出,"一开始人们总是要相信些什么,并会很自然地在生活经验中形成一些信念,但置于丰富多彩的经验之中,人们几乎同时会对某些东西产生怀疑"[②]。真正的怀疑与经验的扩大相辅相成,伴随着新经验的获取,之前经验成为真正怀疑产生的依据,即"成见"。针对皮尔士的怀疑,米萨克也指出,"我认为,真正的信念从广义解释来说,一定与证据与经验密切相关"[③]。随着证据与经验获取的扩大,人们的认知逐步扩展,基于在先的成见,真正的怀疑得以产生。这打破了笛卡尔普遍怀疑坚持的第一性、基础性和确定性论断。在皮尔士看来,即使通过怀疑所确定的事物也会变为成见,而成见内容的不断

---

① W 2. p. 212. 《皮尔斯文选》, 第125—126页。
② 张留华:《关于推理的古典实用主义分析》,《华东师范大学学报》(哲学社会科学版) 2014年第6期, 第46页。
③ Cheryl J. Misak, *Truth and the End of Inquiry*, New York: Oxford University Press, 1991, p.59. 还可参见 David Wiggins, *Needs, Values, Truth*, Oxford: Basil Blackwell, 1987, pp. 341 – 344, David Wiggins 与 Susan Haack 都对此有论证。

丰富，既是真正怀疑产生的依据，也是人类认知扩大的结果。

其次，笔者认为，皮尔士论述由成见产生怀疑的两种主要表现之一为发现问题、矛盾或者预测到错误；另一种表现为通过外部实在而激发"由意志简单行动所产生的"① 惊喜（surprise）。这意味着，皮尔士所谓的真正的怀疑必然以发现错误或者由外部刺激感到惊喜而表现。于此，胡克威、钱捷、邱忠善和普特南都分别表示，皮尔士"'真正的怀疑'是以错误的真正可能性为基础"②，"只有怀疑才含有一种深刻的内在的存在理由"③，"真正的怀疑需要切实的理由"④，"需要理由辩护"⑤。换言之，对于皮尔士来说，真正的怀疑将诉诸依据成见发现错误或者相关理由的支持。

关于错误或理由的根本来源，笔者认为，此亦揭示出皮尔士强调真正的怀疑的另一方面，即一切怀疑以及其基于的成见都将最终诉诸外部实在。米萨克赞同这一观点，但认为人们进行（怀疑等）判断的经验不仅只是外部的，她指出，皮尔士在《伦理学术语》中，明确了"所考虑的判断是既包括外部的又包括内部的经验可以使我们惊喜的"⑥。但笔者认为，即使米萨克认为皮尔士的经验包含外部的和内部的，但当皮尔士讨论内部经验时，一定存在一个必要前提，那就是诉诸心灵与内省并不会带来任何认知，这也是笔者在上一部分论证的结论，即皮尔士所坚持的真正的怀疑不建立于内省之上。所以，即使皮尔士宣称经验为内部的，此本质上也是首先依据外部实在而形成。于此可知，由成见激发怀疑所表现的两种方式，从根本来源上考察，都必然仅诉诸外部实在。

基于以上对"成见"及其产生怀疑的两种表现方式的解读，笔者认为，可以进一步得出以下几个结论：第一，怀疑产生之前，成见中包含信念，因此"信念先于怀疑"⑦。第二，怀疑源于成见，成见中包含未来将发现的错误，而当错误被发现时，信念成为在先的信念。所以，怀疑从一定

---

① CP 5.443（p.296）.
② Christopher Hookway, *The Pragmatic Maxim*, Oxford: Oxford University Press, 2012, p.27.
③ 钱捷：《关于皮尔士的"怀疑"概念》，《现代哲学》1989年第2期，第60页。
④ 邱忠善：《皮尔士对现代哲学观念的贡献》，《学术交流》2015年第8期，第34页。（Hilary Putnam, *Pragmatism: An open Question*, Oxford: Blackwell, 1995, p.20.）
⑤ Hilary Putnam, *Pragmatism: An open Question*, Oxford: Blackwell, 1995, pp.20-21.
⑥ Cheryl J. Misak, *Truth and the End of Inquiry*, New York: Oxford University Press, 1991, p.82.
⑦ 邱忠善：《皮尔士对现代哲学观念的贡献》，《学术交流》2015年第8期，第34页。

程度上就在于发现在先信念的错误所在。第三，发觉怀疑产生的情感典型表现是惊喜，此种惊喜产生的原因最终必将诉诸外部实在。这意味着每一在先信念（成见）归根到底必将取决于对外部实在的把握，即信念的确立与怀疑都源于且依据外部实在。

怀疑作为信念的对立面，皮尔士早在29岁对笛卡尔的基础主义怀疑论展开批判时，就已经开始通过比对怀疑与信念的方式，来为之后能够进一步深入探究信念的合法性做论证。国内有很多学者都认为，皮尔士针对怀疑与信念的比对阐释，具有很强的心理学和行为学倾向。① 笔者认为，可以结合皮尔士早期与之后对怀疑和信念的阐释进行对比研究，分别从感受层和行动层两个层面分析，进而论证出皮尔士探讨的信念，具有既可感又可知的属性，此亦为深入研究皮尔士的信念思想做铺垫。

第一方面，信念具有感受性的论证。皮尔士在1868年《与人据说具有的某些能力相关的几个问题》一文中，在论证人们无直观力且不需要有直观力就能够区分认知中的主观因素的质疑中，就提出人们可以根据感受来把握信念，并且"在大多数情况下，我们可以借助于一种特殊的确信感觉，毫无疑问地把信念与概念区别开"②。可见，皮尔士在对信念研究的初期就认为，人们具有确信感，且能够把信念与其他概念分离。进而，皮尔士认为，可以将"信念定义为一种与这种感觉（特殊的确信感觉）相伴出现的判断"③。关于这种从感受的层面把握的信念，皮尔士命名为"情感的信念"④。在皮尔士看来，信念具有被感受性，其"跟其他任何感觉一样，是意识的对象"⑤。

皮尔士提出"情感的信念"的直接目的在于证明人们无须借助直观，就可以认知我们的感受，并且通过感受确信的程度，可以把握信念。这意味着当一个思想观念出现时，人们能够直接分辨出自我对这一观念的确信

---

① 比如钱捷《关于皮尔士的"怀疑"概念》，《现代哲学》1989年第2期，第61页。"皮尔士的描述表明人们可以通过'怀疑'从心理学和行为学的角度去探究……"朱志方《皮尔士的科学哲学》，《自然辩证法通讯》1998年第2期，第13页，"怀疑和相信（信念）是两个心理学范畴"；潘磊《皮尔士的"有方向的反基础主义"》，《科学技术与辩证法》2006年第4期，第55页注中"这一理论是皮尔士早期认识论的核心，具有严重的心理学倾向。根据这一理论，皮尔士认为人类认识过程就是怀疑和信念两种心理状态之间的互动过程"。
② W 2. p. 205.《皮尔斯文选》，第117页。
③ W 2. p. 205.《皮尔斯文选》，第117页。
④ W 2. p. 205.《皮尔斯文选》，第117页。
⑤ W 2. p. 205.《皮尔斯文选》，第117页。

程度。简言之，对于一个思想，人们能够自我确证出，相信这个思想或观念的程度。而这种人们能够感受到自己信念的过程，就是皮尔士所谓的信念本身具有情感（可感受性）。

皮尔士关于信念可感受层面的论证于十年后，在《信念的确定》一文中，通过结合怀疑与信念相对比的方式进行了再阐释，更清晰地将十年前论证的信念具有可感受性时提出的"特殊的确信感觉"①进行了更细致的描述。首先，皮尔士指明，"怀疑这种感觉和相信这种感觉之间有一些相异之处"②。接着，皮尔士进一步详细论述为，"怀疑是一种不安宁的和不满足的状态，我们力求使自己摆脱这种状态而进入信念的状态。信念是一种安宁和满足的状态，我们不想回避这种状态，也不想改变对其他事物的信念。相反，我们固执地坚持这种信念，不仅是相信，而且是恰恰相信我们的确相信的事物"③。皮尔士对怀疑与信念所居于的完全对立状态的分析，一方面再次论证了十年前坚持的人们有能力把握和分辨出信念的论断；另一方面为进一步展开信念研究做了信念具有可感属性的保证，并为论证信念具有可知性做了铺垫。

另一层面，笔者将就皮尔士在早期对信念的行动层展开的论述进行考察。在上文皮尔士两次论证信念具有可感受性时都连带论证了信念于行动层的表现。尤其值得注意的是，皮尔士非常强调信念的行动层表现，并将其与实用主义思想相连。关于信念于行动层面在皮尔士实用主义思想的展现方面的论述，笔者将于第二章第二节第二部分进行详细阐释。接下来，笔者将着重从皮尔士对信念行动层的阐释来论证信念具有可知性。

皮尔士在《与人据说具有的某些能力相关的几个问题》一文中，基于论证信念具有可感受性，人们有能力通过确信感分辨出信念的基础之上，指出可以把信念"定义为我们行动由以出发的判断"④。皮尔士将这种从行动出发来考察的信念，称为"实际的信念"⑤。据此，皮尔士写道："如果从实际的意义上去看信念，那就可以通过对外界事实的观察以及通过从对那种通常与此相伴出现的确信感觉做出的推论，而发现这种信念。"⑥ 可

---

① W 2. p. 205.《皮尔斯文选》，第117页。
② W 3. p. 247.《皮尔斯文选》，第72页。
③ W 3. p. 247.《皮尔斯文选》，第72页。
④ W 2. p. 205.《皮尔斯文选》，第117页。
⑤ W 2. p. 205.《皮尔斯文选》，第117页。
⑥ W 2. p. 205.《皮尔斯文选》，第118页。

见，实际的信念是通过结合感受层以及人们行动的外部表现而被揭示。总结以上皮尔士在29岁时对信念考察的结果应为：信念考察方式有两种，一种为感受层（情感的信念）考察，另一种为行动层（实际的信念）考察。而且，从行动层考察时，应尽可能多地联系感受层考察。

进一步说，基于皮尔士早期对信念的描述可知，皮尔士对信念考察的结果就是可感受且可知。当然，在这里皮尔士对行动层考察时，并未谈及实践结果、行为或习惯等，也未将信念与怀疑所具有的差异进行比对。可见，皮尔士于1868年这篇文章只是对信念可感可知进行了一个比较朦胧的描述。而在十年后的文章中，皮尔士则对信念行动层的考察做了两方面的突破：第一方面，将信念感受性的程度直接与信念的行动层相结合。皮尔士写道："每一种信念都是如此，只是相信的程度有所不同。这种相信的感觉肯定在或多或少的程度上表明，在我们的本性中已经形成某种对我们行动做出决定的习惯。怀疑绝不会产生这样的效果。"① 这意味着，皮尔士把对信念的相信程度直接归结为习惯形成的程度，并指出习惯决定行动。由此可见，十年后皮尔士对信念行动层考察时，直接以习惯为中介把行动层与感受层相连接，使得行动层和感受层相联更紧密。

第二方面，对比信念与怀疑在行动层的表现差异。皮尔士写道："怀疑和信念这两者都对我们产生积极的影响，尽管它们的影响各不相同。信念并非使我们立即行动，而是使我们处于一种状态，即当有关的情况发生时，我们将以某种特定的方式采取行动。怀疑根本不具有这种能动的效果，而是促使我们进行探究，直到怀疑消除。"② 唯有信念才能付诸行动，而怀疑不能。换个角度说，如果出现了行动，则必定不是怀疑产生的结果。在皮尔士晚期（1905年）一篇没有发表的文章中，皮尔士从行动的视角将怀疑定义为"一个真正的怀疑即相应为这样一个怀疑，即确实干扰信念——习惯顺利的作用"③，或者说，"这样一个信念的真正怀疑就是对自然行动方式的干扰"④。对于皮尔士关于怀疑与行动的描述，米萨克则更加直接地解释为，"怀疑的出现原因于不知道如何行动"⑤。由此可见，十

---

① W 3. p. 247.《皮尔斯文选》，第72页。
② W 3. p. 247.《皮尔斯文选》，第72页。
③ CP 5. 510（p. 359）.
④ CP 5. 510（p. 360）.
⑤ Cheryl J. Misak, *Truth and the End of Inquiry*, New York: Oxford University Press, 1991, p. 49.

年之后或者说三十年后,皮尔士从行动层视角考察怀疑与信念,更加确证了可以以行动感知信念,信念具有可感知性。

总之,皮尔士对信念讨论的界域是认知领域,一切真正的怀疑等思想都源自于"成见",并以外部实在作内评判一切认知的依据。同时,结合皮尔士早期对真正的怀疑的定义、对反直观力的论证以及后来对信念与怀疑的对比,可知:在皮尔士看来,信念作为怀疑的对立面,信念在先于怀疑,信念与怀疑一样可错且诉诸外部实在,并且二者都可以通过感受和行动层面予以确定和考察。简言之,皮尔士信念观构成的第一部分为信念确立于认知领域且具有可感与可知的属性。

第二节 信念与科学探究

基于上节对皮尔士反笛卡尔基础主义普遍怀疑的解读以及对皮尔士确立的真正的怀疑与信念的比对,得证皮尔士信念观讨论的信念界域为认知领域,并且从感受层和行动层证得信念具有可感且可知的属性。

据此,本节将接着上节中对怀疑与信念的比对,更深入研究怀疑与信念之间的转化关系,以及应该如何确立信念,即皮尔士确立信念的方法问题。进而得出,皮尔士信念观构成的第二部分,即规范信念确立的方向力为运用探究、科学的方法与逻辑推理相结合的科学探究模式。

一 探究

探究作为皮尔士确立信念的重要路径,是架在怀疑与信念之间,是使怀疑得以消解从而确立信念的必由之路。皮尔士十分强调探究的作用,并指出"下面这个必然的结论,值得把这个结论本身铭刻在哲学之城的每一面墙上:不要堵塞探究之路"[1]。探究在信念的确立以及至真中具有重要意义。因此,皮尔士非常强调探究的作用。

米萨克在其研究皮尔士探究理论的经典著作《真理与探究的目标》

---

[1] CP 1.135 (p.56).《皮尔斯文选》,第327页,翻译略作修改。

(*Truth and the End of Inquiry*)以及其他编著论文中都指出,皮尔士的"探究就是努力重新获得信念。探究的路径如下:信念—惊喜—怀疑—探究—信念"①。对于米萨克归纳的皮尔士探究路径,笔者并不完全苟同。对此,笔者认为,如果严格按照皮尔士对探究的论述,皮尔士探究确立信念的模式(路径)应该表达为如下(图1-1):

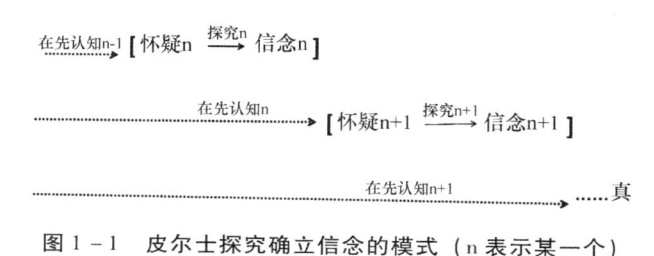

$$\xrightarrow{\text{在先认知n-1}} [\text{怀疑n} \xrightarrow{\text{探究n}} \text{信念n}]$$

$$\xrightarrow{\quad\quad\text{在先认知n}\quad\quad} [\text{怀疑n+1} \xrightarrow{\text{探究n+1}} \text{信念n+1}]$$

$$\xrightarrow{\quad\quad\quad\text{在先认知n+1}\quad\quad\quad} \cdots\cdots\text{真}$$

图1-1 皮尔士探究确立信念的模式(n表示某一个)

首先,根据皮尔士对于探究的定义,即"怀疑促使人们为进入信念状态而进行努力(struggle),我们把这种努力称为探究(inquiry)"②。可知,探究是从怀疑努力达到信念确立的状态。正如米萨克描述皮尔士探究的特征,"努力摆脱自我的怀疑并获得一种信念的状态"③,并且"怀疑与不确定提供了要探究的动力"④。从感受性层次分析,则是从不安宁和不满足的状态进入到安宁与满足的状态;从行动层次分析,则是从犹豫不知该如何行动到知道将如何行动的过程。于此可证出,探究仅是涉及怀疑至信念的转变过程,所以探究模式定是从怀疑努力至信念的过程,而米萨克所提出的探究模式中的惊喜只是此过程中怀疑产生的一个表现,因而不应作为揭示探究模式的一个环节而存在。所以,如果把某一个微观探究看作探究n,那么此过程就是从该探究对应的怀疑n努力至信念n。

其次,关于米萨克认为探究模式中位于怀疑之前的部分,笔者认为都

---

① Cheryl J. Misak, "Charles Sanders Peirce", in Cheryl J. Misak, ed., *The Cambridge Companion to PEIRCE*, Cambridge: Cambridge University Press, 2004, p. 11 与 Cheryl J. Misak, *Truth and the End of Inquiry*, New York: Oxford University Press, 1991, p. 49 中, Misak 对探究模式都进行了强调。
② W 3. p. 247.《皮尔斯文选》,第73页,翻译略作修改(其中,"struggle"改译为"努力"而非"拼搏")。
③ Cheryl J. Misak, "Charles Sanders Peirce", in Cheryl J. Misak, ed., *The Cambridge Companion to PEIRCE*, Cambridge: Cambridge University Press, 2004, p. 10.
④ Cheryl J. Misak, *Truth and the End of Inquiry*, New York: Oxford University Press, 1991, p. 124.

应寓于怀疑产生之中。一方面，若更加具体且准确地表达，应该叫作"在先的认知"①。惊喜或错误的发现都应基于在先的认知。另一方面，如果非要强调皮尔士的怀疑源自于惊喜，就不得不以"成见"②予以替代。因为在皮尔士对产生真正怀疑的定义中，其强调一切怀疑始于成见③。正如上一节对"成见"进行的重点分析所得，怀疑之所以得以从成见中激发，其间不但包含惊喜，还有人类经验和认知等的不断扩大，以及对错误或矛盾可能性的预测等。可见，如果米萨克非要强调探究模式中怀疑产生的环节，那么"信念—惊喜"④这一部分也应该以"成见"来替代。但是从本质上来说，"成见"之于每一次怀疑的产生，都应该称之为怀疑的在先认知。所以，笔者认为，更加符合皮尔士本意且更加准确地表达出皮尔士探究模式里怀疑产生的依据应该是"在先认知"。针对每一微观探究 n 来说，在先的认知就可以表达为针对 n－1 信念所对应的在先认知，即在先认知 n－1。而在先认知 n－1 必然在逻辑和时间顺序上位于下一次探究，即探究 n 之前，且是怀疑 n 产生的主要依据。

再次，虽然皮尔士对探究的定义里并没有强调探究本身实际是一个连绵延续的过程，但根据皮尔士对笛卡尔基础主义普遍怀疑的批判所得到的结论可知，皮尔士所谓的真正怀疑必然是基于在先认知，且伴随经验认知的不断扩大具有可错性，亦会进行下一次的再怀疑。因此，包含于怀疑的探究必然应该具有不断连续的特点。米萨克也同样认为，探究的方法"它是延续（它保持回复论断与证据）"⑤。因此，笔者认为，关于皮尔士探究模式的描述必然要包含这一重要特征，如图 1－1 所示，整个探究的过程是延续不断，每一探究所得的信念也将是下一次探究得以产生的在先认知。此亦是皮尔士信念观所坚持的反基础主义观的必然结果。

最后，是关于探究的目标讨论。对此，笔者认为，皮尔士探究路径的目标主要有一个，但按照程度划分实际为二，第一个是一般性的目标，即

---

① W 2. p. 210.《皮尔斯文选》，第 122 页。
② W 2. p. 212.《皮尔斯文选》，第 126 页。
③ W 2. p. 212.《皮尔斯文选》，第 126 页。
④ Cheryl J. Misak, "Charles Sanders Peirce", in Cheryl J. Misak, ed., *The Cambridge Companion to PEIRCE*, Cambridge: Cambridge University Press, 2004, p. 11 与 Cheryl J. Misak, *Truth and the End of Inquiry*, New York: Oxford University Press, 1991, p. 49 中，Misak 对探究模式都进行了强调。
⑤ Cheryl J. Misak, *Truth and the End of Inquiry*, New York: Oxford University Press, 1991, p. 66.

皮尔士直言："探究的唯一目的在于使意见（opinion）确定下来。"① 具体来说就是，怀疑的平息和信念的确立。在探究模式中可以表现为每一次怀疑出现所对应的信念确立。对于每次信念通过探究确立的过程，胡克威指明，"唯有科学的方法可以自我意识到被采纳，作为一种信念确立的方法"②。皮尔士对探究的每一次信念的确立都认为需要诉诸科学的方法，关于此部分更详尽的阐释将于"科学的方法"这一标题下进行。第二个则是从长远的视角来考察目标，即皮尔士所谓"我们可以想象，对于我们来说这（确立信念）还不够，我们所寻求的不仅是一种意见，而且是一种真意见"③。皮尔士认为，确立信念并不足够，人们需要追求探究和确立真信念。当然，皮尔士也坦言，事实上由于人类认知有限"在我们看来，我们的每个信念都是真的；诚然，这种说法只不过是同义反复"④，但不可否认的是，即使对于皮尔士来说，真是一个在人类认知下仿佛永远遥不可及之物，但皮尔士对于人们探究之路通向真仍然怀有希冀。因此，皮尔士探究的长远目标是真，亦如图1-1所示，无尽次探究的目标为真。

总之，皮尔士的探究就是架于每一次怀疑的出现与信念的确立之桥，而这座桥并非只有一个半圆拱，而是有多个半圆拱且延绵不断地架于至真之途中。每一次的探究都起于怀疑而终于怀疑的消解，即信念的确立；每一次探究中怀疑的产生都依据于在先的认知，且经过确立后的信念在经过认知和经验等的不断扩大，仍会引发新一次的怀疑产生，这种无尽次的探究正是反基础主义的体现。同时，从另一个角度说，即使信念的确立是探究的一般目标，但真正推动探究不断继续的则是对真的追寻。

二 科学的方法

之于探究所要达到的确立信念以及至真，笔者认为，皮尔士是诉诸科学的方法予以具体实践，而探究与科学的方法二者之间应处于相辅相成的关系，二者共同规范信念的确立。然而，在胡克威看来，"通观1873年的《逻辑学》与《信念的确定》，科学的方法对比于探究的方法，探究的方

---

① W 3. p. 248.《皮尔斯文选》，第73页。
② Christopher Hookway, *PEIRCE*, London: Routledge, 1985, p. 51.
③ W 3. p. 248.《皮尔斯文选》，第73页。
④ W 3. p. 248.《皮尔斯文选》，第73页。

法在过去、现在都运用广泛，显示出更加高级（superior）"①。这意味着，在胡克威眼中，对比于19世纪人们才理解科学的方法，看上去探究的运用及其等级要远高于科学的方法，但笔者并不苟同此观点。笔者认为，探究与科学的方法在皮尔士的字典里，应该是同等重要。对于皮尔士来说，没有可以不被科学的方法运用所能探究确立的信念，也没有可以不经过探究就能运用科学的方法确立的信念。同时，科学的方法将探究所要确立的信念更加具体化和清晰化。

首先，科学的方法与探究一样具有相同的目标，即确立信念与追求真。皮尔士写道："为了消除我们的怀疑，必须找到某种方法……这就是科学的方法。"② 可见，皮尔士所坚持的科学的方法与其提出的探究模式所要解决的目标是一致的，正如普劳德福特概括，"皮尔士认为，对于解决意见与消除怀疑最好的方法即是科学的方法"③。科学的方法贯穿消除怀疑而确立信念的整个过程。胡克威也指出，"如果科学的方法一点都不可以（或者不应该）产生信念，那么这就很难把科学的方法看作一种信念确定的方法"④，言外之意，皮尔士信念确立的方法就是科学的方法，而科学的方法必定能够且必定是确立信念的方法。同时，科学的方法与探究一样，怀疑的产生都源于"一切成见"⑤且每一信念的确立都具有可错性。因此，从本质上说，科学的方法与探究的模式一致，反基础且强调不断前进，并规范信念的确立。

进一步说，皮尔士科学的方法回答了应该如何确立信念的问题。根据皮尔士对科学的方法的定义，及与固执的方法、权威的方法与先验的方法这三种方法的比较，笔者认为，皮尔士科学的方法主要从两个方面来强调和回答应该如何规范信念确立的问题：

第一，信念的确立与个体主观因素无关，需达到每个个体在相同条件和状况下，所得的结论相同。皮尔士在比对了固执的方法、权威的方法与先验的方法之后，直言要找寻这样的方法，"我们的信念不是取决于任何

---

① Christopher Hookway, *PEIRCE*, London: Routledge, 1985, p. 42.
② W 3. p. 253.《皮尔斯文选》，第81页。
③ Wayne L. Proudfoot, "Pragmatism, Naturalism, and Genealogy in the Study of Religion", in Matthew Bagger, ed., *Pragmatism and Naturalism*, New York: Columbia University Press, 2018, p. 107.
④ Christopher Hookway, *Truth, Rationality, and Pragmatism*, New York: Oxford University Press, 2002, p. 23.
⑤ W 2. p. 212.《皮尔斯文选》，第126页。

人为的东西"①，言外之意就是所确立的信念不受个体人的主观因素影响，像笛卡尔那样通过个体确定的自我怀疑来确立信念完全不具有合法性。在皮尔士看来，人类的主观观念，包括情绪的产物以及其他主观思想，这些都不能塑造和改变外部世界，依此所确立的信念也没有任何意义和价值，并且"把某些个别的人看作真理的绝对评判者，那是极其有害的"②。正如皮尔士以固执的方法确立信念做的反面论证，所列举的其本人被他人劝阻不要读某种报纸，以防被自由贸易观点腐蚀思想的例子③，以及固执相信火不会烧到自己④和消化不需要胃唧筒等坚持固执的方法的例子⑤，揭示出坚持此种只在乎自己的主观想法，不考虑外部实在和周围他人想法，只相信主观所愿意相信的方法，这种确立信念的样子就如同"一头鸵鸟看见危险来临时，就把自己的头埋在沙堆里，它仿佛已采取一种最适当的方式"⑥一样。事实上，此个体本身已经受到了外部猛烈地冲击。

关于以个体主观因素为依据来固执地确立信念的方法，皮尔士认为，其会面临共同体的压力，最终只会导致"社会冲动（social impulse）是反对它的。采用这种方法的人将发现其他人与他们的想法不同，他在某个神志比较清醒的时刻可能想到别人的意见可能与他的意见一样正确，而这会动摇他对自己信念的信任"⑦。据此，个体的单方面坚持不可避免地会受到社会压力的作用，甚至对抗。皮尔士则非常强调和认同社会的信念力量，即作为共同体的力量。在皮尔士看来，信念最终的确立，不在于个体主观因素而在于共同体，"除非我们使自己过离群索居的生活，我们就必然在观点上相互影响。因此，这个问题就变为了不是仅仅在个体那里，而是在共同体中如何确立信念"⑧。

在坚持科学的方法，反对个体主观因素影响，并以共同体为依据确立信念的情况下，"这种方法必定使每个人得到的最终结论将是相同的"⑨。

---

① W 3. p. 253.《皮尔斯文选》，第 81 页。
② W 2. p. 212.《皮尔斯文选》，第 126 页。
③ W 3. p. 249.《皮尔斯文选》，第 74 页。
④ W 3. p. 249.《皮尔斯文选》，第 74 页。
⑤ W 3. p. 249.《皮尔斯文选》，第 74 页。
⑥ W 3. p. 249.《皮尔斯文选》，第 75 页。
⑦ W 3. p. 250.《皮尔斯文选》，第 75 页。
⑧ W 3. p. 250.《皮尔斯文选》，第 75 页，翻译略作修改（其中，"community" 改译为"共同体"而非"社团"）。
⑨ W 3. pp. 253 – 254.《皮尔斯文选》，第 81 页。

这意味着，在皮尔士对科学的方法定义里，每一情况下的结论不会依据个体的差异而改变，而是由共同体决定。皮尔士对共同体的强调，笔者认为，这主要源于皮尔士对科学的热衷与执着。科学所追求的是普遍性，[1]必然要求每一所确定的结论都具有普遍和客观性。皮尔士将科学寓于哲学，"哲学应该在其方法方面效仿那些取得成就的科学"[2]的宣言，彻底以科学为摹本贯彻于一切，不可否认地，定会在一定程度上丧失个体的特色与将哲学简单化。这也是伯恩斯坦的态度，"哲学不是也不应该追逐科学。哲学是人文学科之一"[3]。虽然科学的方法可以免除个体因素的干扰，确立共同体普遍认同的信念，但笔者与伯恩斯坦态度相同，哲学不同于科学，也不应该摹仿科学，个体的主观因素乃至整个个体本身都应该被尊重，这亦与詹姆斯强调个体及多样性的观点相谋和。

第二，规范信念的确立还应依据外部实在，即唯有外部实在是一切信念的依据。皮尔士认为，信念的确立"取决于某种外在的永恒之物——取决于某种不受我们思想的影响的事物"[4]。这意味着，皮尔士在首先排除了个体主观因素对信念确立的影响，之后亮出了自己的底牌，即外部实在。唯有外部实在才是信念确立的依据。笔者认为，"外部实在"之于皮尔士的科学方法则是其核心要义。正如胡克威所言，"接受科学的方法，简单说，就是接受对实在的假设，并且坚决仅运用探究的那些方法"[5]。在皮尔士看来，科学的方法所具有的基本假设就是"存在着一些真实之物，它们的性质完全不依赖于我们对它们的看法；这些真实之物按照固定不变的规律影响我们的感官，尽管我们的感觉随我们与对象的关系的不同而不同"[6]。据此，皮尔士分别从至少人们推不出与实在存在相反的结论、无人可以真正怀疑实在的存在、任何人都可以运用科学的方法于许多事物以及这种方法的经验没有让我们产生怀疑，反而确立了信念——这四个支持性论断来证明：科学的方法依据实在以及科学的方法本身具有合法性。

---

[1] 郑伟平：《当代信念伦理学的"第四条道路"——论皮尔士的信念规范理论》，《哲学分析》2014 年第 1 期，第 43 页。"这种科学方法具有两个特性：(1) 实在性；(2) 普遍性。"
[2] W 2. p. 213.《皮尔斯文选》，第 126 页。
[3] Richard J. Bernstein, "Action, Conduct, and Self-Control", in Richard J. Bernstein, ed., Perspectives on Peirce, New Haven and London: Yale University Press, 1965, p. 131.
[4] W 3. p. 253.《皮尔斯文选》，第 81 页。
[5] Christopher Hookway, PEIRCE, London: Routledge, 1985, p. 45.
[6] W 3. p. 254.《皮尔斯文选》，第 81—82 页。

而之所以实在之于科学方法如此重要,皮尔士坦言,虽然固执的方法、权威的方法与先验的方法此三者有其优越之处,比如固执的方法简明直接、权威的方法能够操控大局、先验的方法可以得到人们心满意足的答案,但比对科学的方法能够确保信念与外部实在一致,人们"毕竟希望他自己的意见与事实相一致,没有理由说明为什么前三种方法的结果也一定能够做到这一点。科学方法的特权就在于它能得出这个结果"①。此揭示了,皮尔士之所以予以科学的方法以特权则在于其诉诸外部实在,以外部实在为依据确立信念。

具体来说,固执的方法只以个人己见为依据确立信念,其不受外部实在的影响,最终会导致其与共同体所坚持的以外部实在为依据确立的信念相矛盾,甚至受到社会共同体的压迫。相对比,权威的方法则看上去能保证某个共同体整体都坚持相同的信念,且借助于政府和宗教等统治阶级的权威力与暴力,有助于"支持正确的神学理论和政治理论"②,对稳定社会与解决一定政治和宗教等公共事务起到巨大作用。但不可避免的是,由于权威的方法并不诉诸外部实在,必然会出现由外部实在而产生的相异思想。而于此,"如果不能以其他方式取得意见上完全一致,那么就对所有那些不能按某种特定方式思考的人进行大屠杀"③,即暴力行动就会出现。即使暴力没有出现,在权威方法统治下的民众也将逐步丧失自我理性的批判力,致使一些奴隶身份的人们愿意世代为奴隶,忘却自己可以摆脱不自由身份的权力,甚至致使其一生都没有发现。人们逐渐丧失理智思考以及不再关注外部实在,也会导致整个共同体的逐渐倒退。先验的方法虽然倡导理性,"它们的基本主张似乎'合乎于理性'"④,比如天体间与琴弦成比例⑤或开普勒理论⑥等,这些由先验方法确立的信念具有人们易于相信的特征。但是,皮尔士直言:"这种体系通常不是依据于任何观察的事实,至少不是在较大程度上依据于这些事实"⑦,所以最终会发生如"严酷的事实

---

① W 3. p. 256.《皮尔斯文选》,第 84 页。
② W 3. p. 251.《皮尔斯文选》,第 76 页。
③ W 3. p. 250.《皮尔斯文选》,第 76 页。
④ W 3. p. 252.《皮尔斯文选》,第 78 页。
⑤ W 3. p. 252.《皮尔斯文选》,第 78 页。
⑥ W 3. p. 252.《皮尔斯文选》,第 79 页。
⑦ W 3. p. 252.《皮尔斯文选》,第 78 页。

把我们从自己的美梦中惊醒"①，即先验的方法所确立的那些美好、易于接受的信念最终都将被外部实在击碎。皮尔士科学的方法优于其他三种方法且规范信念确立的关键在于排除一切个体主观因素干扰且仅诉诸"外部实在"。

总之，科学的方法与探究的模式运用的过程相一致，且有着共同的确立信念与至真的目标。同时，科学的方法更加规范了：信念的确立与个体主观因素无关，只依据于外部实在，且强调以共同体方式不断探求，确立具有普遍性和客观性的信念。

三 逻辑之推理

为在实践中协助和运用科学的方法，皮尔士提出逻辑推理理论以支持。米萨克指出，"他（皮尔士）将逻辑分为三支——符号的理论、推理类型分类与方法理论（或是探究应如何执行理论）"②，其中推理类型的研究直接作用于探究和科学的方法，即为探究与科学方法提供"应该做些什么"③的依据。笔者认为，皮尔士的逻辑推理是辅助探究与科学的方法得以具体而深入实践的理论。同时，探究与科学的方法运用过程也必然包含逻辑的推理，二者密不可分。

皮尔士在分析科学的方法时直言："它本身（科学的方法）中就包含有这种方法的应用。因此，可能做出错误的推理，也可能做出正确的推理。这个方法（科学的方法）是逻辑实践的基础。"④ 这意味着，科学方法的运用包含推理，无论该推理正确与否，逻辑推理都会在科学的方法运用时发挥作用。而皮尔士所指的逻辑推理，则是"所有有效推理，不是演绎、归纳就是假设（后来于1902年后正式改为溯因 abduction⑤）；不然就是它们中的两个或者更多这些特征的结合"⑥。关于这些逻辑推理类型运用于科学方法的过程，国内外很多研究学者都对皮尔士的探究三阶段，即溯因、演绎与归纳进行了解读。其中，米萨克自1991年起，在多个论著

---

① W 3. p. 255.《皮尔斯文选》，第83页。
② Cheryl J. Misak, *Truth and the End of Inquiry*, New York: Oxford University Press, 1991, p. 87.
③ CP 5. 39（p. 28）.
④ W 3. p. 255.《皮尔斯文选》，第83页。
⑤ Issac Levi, *Pragmatism and Inquiry*, United Kingdom: Oxford University Press, 2012, p. 52.
⑥ W 2. p. 217.

中都总结性提出,"皮尔士科学的方法(探究)是通过溯因—演绎—推理(三阶段)进行"①。笔者赞同米萨克此种对皮尔士科学的方法与推理理论之间关系的解读。同时,笔者认为,逻辑推理运用于科学的方法的过程中也对应着探究模式里怀疑的产生、验证与信念的确立三阶段,即科学的方法、逻辑推理以及探究三者是同步进行,此亦可统称为"科学探究模式"。

关于科学的方法(探究)的第一步,即溯因推理阶段。② 笔者认为,溯因推理中的情况(假设)获取即是真正怀疑的产生,而溯因推理是信念得以扩充进而确立的关键阶段。对此,米萨克认为,"皮尔士区分——溯因,在于给予我们信念。而其他两种类型——演绎与归纳,是确保那些信念"③。在米萨克看来,科学的方法进行的溯因推理伊始,人们就依靠溯因推理确立了具有假设性的信念,而之后演绎与归纳阶段则是确证这些假设性的信念。胡克威则将溯因分为强溯因与弱溯因来论证,这样的溯因推理并不会以怀疑为命题的呈现。胡克威指出,强溯因即"我将使用术语'强溯因'来指'一个假设的首先开始'那种发觉其具有很高合理性的形式,或者行动者经历一个(合理的)'不可控的倾向去相信'"④;而弱溯因则是"一个更弱的观点:如果探究依赖于我们的倾向于相信的希望成功是可能为真的事物与接近于真的合理因素,那么再一次这可以有助于理性解释我们的假设"⑤。无论是强溯因还是弱溯因,在胡克威的定义中都是饱含了信念的倾向性,所以导致溯因推理的结论不会是怀疑。

对于上面米萨克所持的溯因可以直接确立信念,以及胡克威认为的溯因具有相信倾向的观点,笔者并不认同。笔者认为,即使溯因推理所得判断是陈述语态,且其中可能的确饱含了很多人们想要相信的情感,但当我们回到皮尔士对科学方法的规定时,即免除个体主观因素,仅诉诸外部实在时,作为科学的方法第一步的溯因推理必然要摆脱个体的倾向性。因

---

① Cheryl J. Misak, *Truth and the End of Inquiry*, New York: Oxford University Press, 1991, p. 94 与 Cheryl J. Misak, *The American Pragmatists*, Oxford: Oxford University Press, 2013, p. 48. 米萨克在其论著中,多次强调皮尔士科学的方法(探究)由溯因—演绎—归纳三阶段构成。此观点,国内于 2006 年开始,张留华《皮尔士论科学及其方法、态度》,《自然辩证法研究》2006 年第 2 期,第 38 页与黄闪闪《皮尔士溯因推理的合理性研究》,《湖北大学学报》(哲学社会科学版)2019 年第 6 期,第 53 页都对此有阐释与认同。
② CP 6. 469 (p. 321).
③ Cheryl J. Misak, *Truth and the End of Inquiry*, New York: Oxford University Press, 1991, p. 87.
④ Christopher Hookway, *The Pragmatic Maxim*, Oxford: Oxford University Press, 2012, p. 80.
⑤ Christopher Hookway, *The Pragmatic Maxim*, Oxford: Oxford University Press, 2012, p. 80.

此，在笔者看来，胡克威对强溯因与弱溯因的定义，只是看上去好似合理，但当将其作为科学的方法第一步进行考察时，对主观的依赖则导致所倾向确立的信念丧失了可信与合理性。而对于米萨克认为溯因直接确立我们信念的观点，笔者亦不苟同。因为，在笔者看来，按照溯因推理于科学的方法与探究模式之中的阶段可得，溯因推理处于第一步，所得应为人们真正的怀疑所产生的论题。因此，笔者认为，溯因所得应为真正的怀疑，而且溯因推理有助于产生更有意义的怀疑。

据此，笔者首先从溯因推理的定义来论证溯因推理所得命题应该是真正的怀疑。皮尔士借助假设来定义溯因推理，其定义假设为，"附加于观察事实之上的任何命题，都倾向于以任何方式被应用于这些事实中被观察到的情况之外的另一些情况之上"①，与"并不只是关于一个被观察对象的假定"②。于此可见，皮尔士强调假设是基于已获观察且不仅限于所观察的情形，还预要运用于其他观察的命题，这与真正的怀疑产生的条件相同，既源于成见又要试图满足其他经验事实。进一步，根据皮尔士给出的溯因例证：

> 规则：所有出自这个袋子的豆子都是白色
> 结果：这些豆子是白色的
> ∴ 情况：这些豆子出自于这个袋子里③

可知，在溯因推理下所得到的情况部分是源于对规则与结果而得到的可能性猜测，正如皮尔士所言，"作为一种可能性，或作为一种直接猜测，我立即推测这小撮都出自那个袋子里"④。而对于这探究第一阶段的溯因推理，皮尔士也坦言，此"推理出自于先前的结果"⑤，而这恰恰与科学的方法与探究中真正的怀疑产生的原宿一样，即出自于成见。具体说来，真正的怀疑中的成见与溯因推理下的规则与结果具有相同的意义。

同时，在皮尔士描述溯因推理中情况（假设）产生的真正动机时，指

---

① CP 5.524（p.357）.《皮尔斯文选》，第255页。
② CP 5.525（pp.357-358）.《皮尔斯文选》，第255页。
③ CP 2.623（p.374）.
④ CP 2.623（p.374）.
⑤ CP 6.469（p.332）.

出这源自于惊奇,①"假设就在我们发现一些非常吃惊的地方"②。这与皮尔士在强调真正的怀疑时,指出怀疑出自于一切成见,③ 而成见产生怀疑的重要表现之一则在于与外部实在的惊喜的观点不谋而合。可见,无论是真正的怀疑还是溯因推理中的情况(假设)所产生的动力因都源于惊喜,这是心灵被激荡的状态,而非把握信念时的安宁。

而之所以溯因如此重要,正如皮尔士所言,"正是第一个过程即提出问题的过程,在这里是最重要的"④。溯因推理所提出的问题(假设/真正的怀疑)对于人们从"已知至未知"⑤ 的连接形成了扩大性推理,能够产生新的观念,正如皮尔士所言"它(溯因)只是提出任何新观念的逻辑行为"⑥。而当新产生的观念(假设/真正的怀疑)经历之后的演绎与归纳阶段,其转变为信念时,有助于人类认知的扩大,从而向至真的方向前进。另一角度说,溯因推理也一定程度上刺激和推动了不断且更多假设和怀疑的产生。胡克威直言,探究的溯因阶段"以渴望弥补我们知识断层的方式去接受问题,事实上这就将鼓舞我们去探究"⑦。同时,溯因推理以逻辑的方式很大程度上保证了所产生的真正的怀疑的"质量",使之能够更加"高效"地转变为信念,推动探究至真的进程不断向前。因此,皮尔士定义的逻辑推理中的溯因推理为科学的方法(探究)的第一步,规范了怀疑的产生并使之具有合理且合法的依据。

关于科学的方法(探究)的第二阶段,即演绎推理阶段。⑧ 笔者认为,此阶段为怀疑命题经历检验,但尚未确立信念,仍属于怀疑的状态。虽然演绎推理属于定然的论证,"其有效性无条件地取决于所推出的事实与各前提中所设定的事实之间的关系"⑨,但是其只是解释性论证,缺少第三阶

---

① 参考廖德明、李佳源《皮尔士的溯因之惑》,《自然辩证法通讯》2014 年第 5 期,第 21 页中"特别指出了溯因产生的动机,这种动机来源于'一些惊奇的事实'"。
② CP 2.624 (p.375).
③ W 2. p.212.《皮尔斯文选》,第 126 页。
④ CP 5.524 (p.357).《皮尔斯文选》,第 255 页。
⑤ Cheryl J. Misak, *Truth and the End of Inquiry*, New York: Oxford University Press, 1991, p.95.
⑥ CP 5.171 (p.106).
⑦ Christopher Hookway, *The Pragmatic Maxim*, United Kingdom: Oxford University Press, 2012, p.77.
⑧ CP 6.470 (p.321).
⑨ W 2. p.215. 此翻译采用皮尔士:《皮尔士论符号学》,徐鹏译,上海译文出版社 2017 年版,第 72 页。(后文简写为《皮尔士论符号学》,第 72 页。)

段归纳，并不能确立信念。正如莱维所言，"演绎，为了论证，解释那些关于已被当作理所当然或推测的假设为真时，它们的含义"①，这也正是皮尔士在论述演绎时，要借其符号学进行分析的原因。简言之，演绎只是对给定假设进行定然的论证，或也叫解释，所以皮尔士也称之为"证明那些一定是的事物"②。所以，演绎推理仍处在对怀疑的命题进行分析和解释的阶段，但并未确立信念。

关于科学的方法（探究）的第三阶段，即归纳推理阶段。③ 笔者认为，此阶段是通过对证据的确证获得结论，进而确立信念。皮尔士指出，第三阶段即是"确证那些结果与经验有多符合，且根据假设是否可知为真或者需要一些非基本的调整，或完全拒绝来下判断"④。这一阶段被皮尔士分为三部分，一是分类，二是进行测试适用，三是进行自我评估而"根据整个结果，通过最终判断"⑤。归纳推理阶段完成，信念得以确立，当整个科学方法探究进入到最后，即归纳推理的最后环节，"归纳代替了推理者已经问题性地持有某一观点（从纯粹怀疑的理解到一个极强依赖掺杂极少怀疑）"⑥。最终将达到在特定条件下，根据所进行的实验结果，预测出现象，进而确立信念。

于此，米萨克指出，坚持这样的推理，"我们一定会不停地测试，并且最终我们将修正错误而以一种怀疑—消解（doubt-resistant）的信念而结束"⑦。当然，米萨克在这里所谓的结束是指在经过一轮探究之后得到的怀疑转变为了信念。然而，从整体的探究过程来看，新的怀疑会基于已确立的信念继续产生，进而新的溯因推理将开始发挥作用。而之所以新的探究与怀疑将会不断开始，其中之一的主要原因在于皮尔士定义探究中归纳推理所得结论并非如休谟那样强调"粗糙的归纳"⑧，"皮尔士将认为他的可错论和批判常识主义将绕过休谟的问题。如果我们寻找确定性，那只有

---

① Issac Levi, *The Fixation of Belief and Its Undoing*, Cambridge: Cambridge University Press, 1991, p. 77.
② CP 5.171 (p. 106).
③ CP 6.472 (p. 322).
④ CP 6.472 (p. 322).
⑤ CP 6.472 (p. 322).
⑥ CP 2.775 (p. 496).
⑦ Cheryl J. Misak, *Truth and the End of Inquiry*, New York: Oxford University Press, 1991, p. 119.
⑧ CP 6.473 (p. 322).

一个问题。他（皮尔士）认为，这种归纳推理（他叫作'粗糙的归纳'）是一种推理的弱形式，其可被一个简单的经验而推翻"①。比起这种简单而粗糙的归纳，皮尔士看重的是"逐渐的归纳"②。

皮尔士指出，"逐渐的归纳不是质性就是量性的，而后者不是依赖于测量，就是依赖于统计，或者依赖于计算"③。因此，若把皮尔士归纳推理所要得出的目标看作要追求一种普遍确定性笼统的结论，则是大错特错。皮尔士所倡导的是"逐渐的归纳"，是一种根据实验证据等，通过已知测量、统计与计算结果对当前怀疑（假设）进行验证，而得出针对当下样本可证得的结论。未来有新的情形与经验出现时，当下的信念亦会发生转变。所以，正如伯恩斯坦所言，皮尔士的归纳则是"基于公平样本来决定给定假设的价值"④。而当给定"样本"发生改变，则结论必然发生转变，新的一轮科学方法探究将开始。因此，"归纳就是这样一种推理，其接受一种作为接近的结论，因为其源自于的推理方法必定总是从长远看引向真"⑤。可见，归纳推理所得的每一次结论，与科学探究方法一道，所确立的信念具有可错性，但对于当下所具有的"样本"来说，则为合理且确证。以这样方式确立信念，既是反基础主义的表现，也是面向未来更加符合实际人类认知程度，迈向真的脚踏实地的探索。

总之，皮尔士基于对笛卡尔基础主义怀疑进行的批判所得出的确立信念之途径为集科学的方法与逻辑的推理而进行的探究之路。皮尔士用探究宏观地把控信念确立的方式和方向，要求每一次怀疑的产生要基于在先认知，且每一次怀疑的消解和信念的确立终会成为后来怀疑的在先认知。探究架于每一次怀疑产生与信念确立之间，且伴随着人类认知的发展而不断向前推进。科学的方法与探究共进，更加规范了探究之路确立信念要抛弃个体主观因素且诉诸外部实在。唯有通过科学的方法所确立的信念才能运用于实践且具有可靠性，而非如以往传统中固执的、权威的与先验的方法那样，所确立的信念只能维持一时。作为对探究与科学的方法同共进的是逻辑的溯因推理、演绎推理与归纳推理，三者作为每一个微观科学的方法

---

① Cheryl J. Misak, *The American Pragmatists*, Oxford: Oxford University Press, 2013, p. 49.
② CP 6.473 (p. 323).
③ CP 6.473 (p. 323).
④ Richard J. Bernstein, "Action, Conduct, and Self-Control", in Richard J. Bernstein, ed., *Perspectives on Peirce*, New Haven and London: Yale University Press, 1965, p. 124.
⑤ CP 1.67 (p. 28).

与探究的三个阶段,分别为怀疑的产生、怀疑的分析与检验、信念的确立提供了强有力的逻辑支撑,使得怀疑的产生更有质量,信念的确立更有保证,从而进一步规范了每一信念的确立。同时,每一次溯因推理、演绎推理、归纳推理的进行,都对应科学的方法与探究,在每一次确立信念之后都将作为下一次溯因推理、科学的方法与探究开始的在先认知。所以,笔者认为,皮尔士确立信念的方式具有极强反基础主义特征,且集探究、科学的方法与逻辑之推理于一道,共同作为每一信念至真方向的规范力而存在,此亦为皮尔士信念观构成的第二部分,即以科学探究模式作为每一信念确定的规范力。

第三节 信念与真

探究、科学的方法与逻辑之推理三者相结合,皮尔士解决了信念应该如确立的问题。其中,每一次信念的确立亦都将成为之后怀疑产生的在先认知,也都将成为未来探究进行的先决条件。那么对于信念的未来来说,每一次信念的确立是否具有目标?而这目标是什么?应该如何向该目标确立信念?

本节将聚焦于皮尔士信念观中对真的论述,从皮尔士科学探究模式以及对真的定义出发,论证得出皮尔士信念观所追寻的真信念即是实在的观点。进而,分别从信念至真与真至信念两个视角得出目标为真的信念定义,从而论证得出皮尔士确立信念的规范式。

一 真与实在

米萨克的皮尔士探究理论研究专著《真理与探究的目标》中的核心观点,即"真是我们信念的一个属性"[1],并且"探究的目标即是真"[2]。笔者非常认同米萨克的观点,并进一步认为,皮尔士为确立信念的探究指明了清晰的方向,即经过不断对外部实在进行探究而至真。

皮尔士在论证信念确立的方法时明确指出,"实在之物的唯一效果就

---

[1] Cheryl J. Misak, *Truth and the End of Inquiry*, New York: Oxford University Press, 1991, p. 132.
[2] Cheryl J. Misak, *Truth and the End of Inquiry*, New York: Oxford University Press, 1991, p. 162.

是产生信念"①，且"我们的信念不是取决于任何人为的东西，而是取决于某种外在的永恒之物——取决于某种不受我们思想的影响的事物"②，即外部实在。皮尔士坚持，信念应该如何确立的关键在于对个体主观人为因素的抛弃，进而应该完全诉诸外部实在。而在谈及信念如何为真的问题，皮尔士也同样诉诸实在。皮尔士认为，"真的信念（或对实在的信念）"③，即指对外部实在进行了完全认知的信念。

关于皮尔士对真理的讨论，斯卡格斯塔德（Peter Skagestad）认为，皮尔士早期坚持的是实在符合论真理观，而之后，由于加入有关人的因素进行考虑，必然得出真理对于人本身的限制性来说只是理想。斯卡格斯塔德写道，"那是非常清晰的，在1870年左右，皮尔士所坚持的真理是与实在相一致——因为那就是他如何定义实在的"④，而在之后考虑了人具有的局限性因素，"于1901年他提出的那个真理的'理想限制'理论，我们选择这一理论解释依赖于我们如何解释他早期形成的两个关键观念：'长远'观念与'共同体'观念"⑤。可见，在斯卡格斯塔德看来，皮尔士的真理观是将其早期实在符合真理观与后期考虑人的因素的真理"理想限制"理论相结合。与斯卡格斯塔德观点相似的还有胡克威。胡克威既认为皮尔士真理理论是符合论，同时又认为其不同于古典的符合论观点。胡克威写道，"我们从一些途径来检验皮尔士真理理论通允平凡的符合；同时我们确定他有理由反对这经典的大量而矛盾的形而上学"⑥。同时，胡克威还指出，符合与实用主义者的力量并不存在竞争关系，他认为"一个实用主义者对真的解释应该是对符合关系的解释，而非否定真是一种符合论"⑦。简言之，在胡克威看来，实用主义本身就是一种符合论，并且实用主义可以更好地解释其间的符合关系。

相反的观点则是如米萨克认为的，皮尔士真理观应反对符合论的立

---

① W 3, p. 271. 《皮尔斯文选》，第100页。
② W 3, p. 253. 《皮尔斯文选》，第81页。
③ W 3, p. 272. 《皮尔斯文选》，第100页。
④ Peter Skagestad, *The Road of Inquiry*, New York: Columbia University Press, 1981, p. 76.
⑤ Peter Skagestad, *The Road of Inquiry*, New York: Columbia University Press, 1981, p. 76.
⑥ Christopher Hookway, *Truth, Rationality, and Pragmatism*, New York: Oxford University Press, 2002, p. 82.
⑦ Christopher Hookway, *Truth, Rationality, and Pragmatism*, New York: Oxford University Press, 2002, pp. 82 - 83.

场。米萨克指出,"因为符合论并没有告诉我们可以对为真的假设期许什么,它将在探究中无用"①。对于皮尔士来说,探究是至真之路,而符合论于探究无用,这意味着符合论并不满足皮尔士至真之路。对此,笔者非常认同。同时,笔者认为,要真正把握皮尔士的真理观,最重要的方式就应该从皮尔士如何确立信念,即探究的途径进行考察。因为在皮尔士看来,真的获取并非凭空产生,而是通过探究而达到。

因此,笔者认为,皮尔士信念为真的理论考察,应该从皮尔士确立信念的探究视角进行。此可以更清楚地明确皮尔士为真的定义且能够得证信念确立至真的规范式。对此,笔者将结合皮尔士于1871年为《贝克莱著作集》所写的书评中关于唯名论与唯实论中有关实在与真的论断,以及1877年与1878年的那两篇重要文章,从两方面论证皮尔士为真的信念是个体可认知的且为共同体长远最终(最趋近)一致的对实在的认知。

第一方面,从皮尔士汲取唯名论的观点来看,对实在认知为真的信念得以确立不取决于个体,但个体可以认知实在。从皮尔士以科学探究方法确立信念的论证可知,皮尔士首先强调的就是信念的确立与个体主观因素无关且"我们的信念不是取决于任何人为的东西"②。按照皮尔士对信念确立的要求可见,其要排除个体主观因素的干扰。由于信念确立于信念为真的探究之路中,于此可推出,信念为真必与个体人为因素无关。但这并非意味着实在不可被个体认知,皮尔士在《贝克莱著作集》的书评中,对唯名论阐释时就指出,"实在是那种并非我们偶然想到的东西,而是不受我们对它的思维影响的"③,但也不能否认"必然存在这么一种事物,因为我们发现我们的意见是受限的;因此,存在某种事物,影响着我们的思维,而并非为思维所创造"④。

皮尔士对唯名论观点的阐释与其探究中坚持的摆脱个体人为因素干扰,信念完全应诉诸外部实在的观点显然有很多异曲同工之处。因此,不乏学者认为,皮尔士的真理观就是包含着唯名论的观点,"实用主义的视角就包含着唯名论的视角"⑤。还有学者认为,皮尔士对"唯名论者的概念

---

① Cheryl J. Misak, *Truth and the End of Inquiry*, New York: Oxford University Press, 1991, p. 40.
② W 3. p. 253. 《皮尔斯文选》,第81页。
③ W 2. p. 467. 《皮尔士论符号学》,第154页。
④ W 2. p. 467. 《皮尔士论符号学》,第154—155页。
⑤ Cheryl J. Misak, *Truth and the End of Inquiry*, New York: Oxford University Press, 1991, p. 133.

试图更进一步理清了心灵——独立这个观念"①。的确,皮尔士在阐释唯名论观点时,就直接指出,"思维(心灵)总由感觉引起,而那种种感觉则由外在于心灵的某物制约。这种心灵之外的事物,直接地影响着感觉,并通过感觉影响着思维,因为它是在心灵之外的,所以独立于我们如何思之的,因而简言之,就是实在"②。

这意味着,皮尔士一方面认为心灵与实在之间具有沟壑,也就是说在我们相信实在是怎样的与真的实在是怎样的之间存在距离,而这当然也是信念可错与信念能够通过不断探究才能至真的原因。③ 从一定程度说,在皮尔士心中,人们可能并非能够达到真,因为对实在的认知与实在之间永远存在着斯卡格斯塔德所谓的真理"理想限制"④,这也是皮尔士后来会将"将"(will)改成"要"(would)⑤的重要原因之一。

另一方面,即使心灵认知的实在与实在本身存有差距,但并不能否认的是每一个个体都能够认知实在,"实在是可知的"⑥。因为实在能引发感觉,并且能够通过指号来表示,"确切的含义却是外在于心灵的种种实在产生各种感觉,这些感觉可以涵括于一个概念里面"⑦。虽然皮尔士不同意唯名论者所谓的共相只是对个别事物性质的抽象与概括的观点,⑧ 但是皮尔士绝对坚持唯名论认为的实在独立存在于世界,不受个体心灵影响且能够被认知的观点。

第二方面,从皮尔士汲取唯实论的观点来看,为真的信念应为人类对实在经历无限认知后最终最趋近一致的信念。根据皮尔士对探究模式的规定可知,探究至真之途连续不断,不但需要共同体的协助还需要不断的纠谬,进而才能更靠近对实在的认知。皮尔士在《贝克莱著作集》的书评中对唯实论的描述深刻揭露了探究之所以艰难至真的原因。皮尔士指出,"所有人的思维和意见都包含着某种任意、偶然的因素,依赖于环境、能

---

① Christopher Hookway, *The Pragmatic Maxim*, Oxford: Oxford University Press, 2012, p. 31.
② W 2. p. 468.《皮尔士论符号学》,第 155 页。
③ Christopher Hookway, *The Pragmatic Maxim*, Oxford: Oxford University Press, 2012, p. 6.
④ Peter Skagestad, *The Road of Inquiry*, New York: Columbia University Press, 1981, p. 76.
⑤ CP 5. 453 (p. 306). 下一部分就皮尔士将"将"改成"要"的原因进行着重阐释。
⑥ 王成兵、林建武:《论皮尔士的科学形而上学观》,《江汉论坛》2007 年第 5 期,第 76 页。
⑦ W 2. p. 468.《皮尔士论符号学》,第 155 页。
⑧ W 2. p. 468.《皮尔士论符号学》,第 155 页。

力以及个人性向的限制；简言之，某种错误因素"①，会致使探究实在并不能靠个体，而应转向整个人类以及诉诸更加长远的探寻。因此，皮尔士指出，"从长远来看，人类意见普遍地趋向于一种确定形式，那就是真理"②。可见，皮尔士从实在论视角下审视的真理定义必然包含两点。

一是由个体转向共同体，所得真信念为每一个个体都具有相同的结论，即真信念唯以共同体而确立。皮尔士指出，真理就是"令任一人就任一问题，信息足备、竭尽思维，那么结果就会是，他将得出某一确定的结论，这一结论跟其他任一心灵在充足有利的环境下所要得出的结论同样"③。这意味着，在穷尽乃至极致所有信息、所有人类思想与情形之后，才将确立真，而这个真信念适用且共有于所有个体。所以，皮尔士认为，"最终意见事实上并非独立不依于一般思维，而是独立不依于思维中的一切任意和个体的因素；即，是完全独立不依于你、我或任何数量的人们如何思维的"④，即真信念仅取决于共同体。同时，真理必将诉诸共同体还在于皮尔士指出，"单个人可能活不到达致真理的那一天；每个个人的意见中会有错误的残余"⑤，那么共同体可以帮助单个个体完成至真。

二是从长远看，真信念为信念趋之无限一致。皮尔士以一盲人与一聋子同时见证一人被杀的事实，指出"两人的最终结论，即离感官最远的思维，却会是统一的，没有其个体差异的片面性"⑥。其中，即使盲人与聋人最初获取的感觉有差，但根据不断的探究，最终会有同一为真的答案。因此，皮尔士指出，"对于每一个问题，都有一个真实的答案，一个最终结论，每一人的意见都恒定地趋向它"⑦。即使在这个过程中人们可能会偏离真实答案，但如果时间充足、各种条件完备，那么一定可以趋于相近。所以，皮尔士认为，"总体上说、长远来看，依然会有一个人类心灵正在趋向的确定意见。在许多问题上最终的一致业已达成，在所有问题上这种最终的一致意见也将达成，只要给予足够时间"⑧。真信念就是人类于足够时

---

① W 2. p. 468. 《皮尔士论符号学》，第 155 页。
② W 2. p. 468. 《皮尔士论符号学》，第 155 页。
③ W 2. p. 468. 《皮尔士论符号学》，第 155 页。
④ W 2. p. 469. 《皮尔士论符号学》，第 156 页。
⑤ W 2. p. 469. 《皮尔士论符号学》，第 156 页。
⑥ W 2. pp. 468 – 469. 《皮尔士论符号学》，第 155—156 页。
⑦ W 2. p. 469. 《皮尔士论符号学》，第 156 页。
⑧ W 2. p. 469. 《皮尔士论符号学》，第 156 页。

间的探索下,以共同体为依据最终达成的最趋近一致的结果。

皮尔士这样以实在论的视角审视信念为真的定义,很受一些哲学家青睐。胡克威就指出,比起唯名论的观点,皮尔士更喜欢实在论,尤其在于实在论以探究的过程而达到集中汇聚到真。① 但笔者认为,皮尔士对唯名论与实在论的喜爱平分秋色。皮尔士既坚持了唯名论中所承认的外部实在与心灵认知实在间存在间隙,但每个个体都可以认知实在的观点;又认同实在论中要将个体寓于共同体之中,真信念为最终无限趋于一致的观点。简言之,皮尔士对真信念的定义应为:由共同体经过无限探究所得的对外部实在完全趋于一致的信念,而个体可认知整个探究。

二 可错论与无限希望

皮尔士的真即是共同体穷尽和经历无限探究确立的对实在极趋近的认知。此过程中包含着无限可错与希望,亦揭示了皮尔士信念观构成的第三部分,即信念可看作点于不断可错和修正的过程中探寻至真。这种确立信念而探究至真的过程,笔者将其形象地表达为信念为点于至真的线中不断转变。

关于至真要穷尽和经历无限探究的过程,皮尔士曾在1897年的手稿中指出,"有三种事物是我们绝不能指望通过推理达到的,它们是绝对的确定性、绝对的精确性和绝对的普遍性。我们不能绝对地肯定我们的结论哪怕是接近于真"②。这意味着,探究至真的路断然存在,但人们并非能确定其所确立的信念即为真,因为如"穷尽""无限""绝对的确定性""绝对的精确性"和"绝对的普遍性"这样的状态并非能指望推理和不寻求未来就能做出判断。

因此,皮尔士对真的探究过程必将与其提出的可错理论相互支持。本部分笔者将借鉴米萨克对皮尔士真理论研究中的由"右至左"从探究至真的研究路径,即"如果,若探究能够有成果地进行足够远,H(假设)就可以确立,那么 H(假设)就为真"③,探究以真为目标确立信念的规

---

① Christopher Hookway, *Truth, Rationality, and Pragmatism*, New York: Oxford University Press, 2002, p. 90.
② CP 1.141 (p. 58).《皮尔斯文选》,第 329 页。
③ Cheryl J. Misak, *Truth and the End of Inquiry*, New York: Oxford University Press, 1991, p. ix.

范式。

皮尔士在手稿中（未标日期的）指出，"最具逻辑方式的推理就是这样的方法，当达到某个结论时，此将最大程度的保证我们不惊喜，或者，如果你愿意，这个方法将引领我们最少可能获得惊喜而且产生最大期望，或换言之，这将引领我们最短路径达到最大的希望与最小的惊喜"[1]。米萨克的老师胡克威与米萨克都对此段未标日期的手稿给予了很大的关注。胡克威认为，皮尔士的探究方法"将会使不可知论与错误最小化"[2]，从而转向真。而米萨克则更加明确地表示出此段手稿中，"他（皮尔士）坚持探究的目标即是获取信念，此信念将导致'最大的期望与最小的惊喜'"[3]。在这段评述中，米萨克提到的探究目标，笔者认为有两层含义。一层是从宏观上看，探究的最终目标即为真，但米萨克在此处并没有提出真这一概念，因此可以稍加忽视这一层意义，而把注意力转移到后一层含义；另一层含义则是从每一次的探究具象来看，则是要朝向真所确立的"规范的信念"，即表示为了达到真正信念所要确立的信念。据此可知，在米萨克看来，皮尔士的信念之规范式应该就是皮尔士所谓的"最大的期望与最小的惊喜"[4]。但笔者认为，皮尔士信念规范式准确表达应为：

信念的确立＝完全遵从科学探究模式之上，已平息惊喜/错误＋最大的希望

首先，笔者认为，在皮尔士手稿中，"这将引领我们最短路径达到最大的希望与最小的惊喜"[5]中，"这"准确地说就是科学探究模式。无论

---

[1] 皮尔士的手稿 MS 693 第 166、168 页。可见网址如下：https://fromthepage.com/jeffdown1/c-s-peirce-manuscripts/ms-693-n-d-reason-s-conscience/guest/13075. 感谢皮尔士研究专家米萨克和皮尔士编辑项目（Peirce Edition Project）主任及总编辑迪缇尼（Andre De Tienne）通过邮件方式帮助笔者，为笔者提供了多种方式找到皮尔士文集中没有的手稿。

[2] Christopher Hookway, *PEIRCE*, London: Routledge, 1985, p.67.

[3] Cheryl J. Misak, *Truth and the End of Inquiry*, New York: Oxford University Press, 1991, p.122.

[4] 皮尔士的手稿 MS 693 第 168 页。可见网址如下：https://fromthepage.com/jeffdown1/c-s-peirce-manuscripts/ms-693-n-d-reason-s-conscience/guest/13076.

[5] 皮尔士的手稿 MS 693 第 166、168 页。可见网址如下：https://fromthepage.com/jeffdown1/c-s-peirce-manuscripts/ms-693-n-d-reason-s-conscience/guest/13075.

是胡克威①还是米萨克②也都指出，皮尔士确立信念的整个过程，必然都是在探究的模式下进行，且以探究至真为目标。因此，笔者认为，在对皮尔士信念确立的要求中，要首先确立"完全遵从科学探究模式之上"作为前提条件。

其次，关于皮尔士信念确立的规范式里，要将表示"惊喜"的部分置于希望之前。根据皮尔士对探究至真的论证可知，皮尔士信念确立的第一步就进行了反笛卡尔式基础主义的普遍怀疑，试图确立真正的怀疑。而每一次真正的怀疑必然基于之前的认知，这意味着唯有平息当下的怀疑，才能有更真的信念确立。具体说来，当下怀疑的平息所确立的信念将是未来新怀疑产生的在先认知。因此，按照逻辑与时间顺序，平息惊喜或错误应该置于希望之前。

再次，笔者将聚焦于信念规范式中"已平息惊喜/错误"的内涵进行阐释。皮尔士在手稿中提出，用探究的方法所确立的信念可以最捷径达到"最小的惊喜"。可见，最小惊喜或者将惊喜下降到最低程度是皮尔士探究至真路途上确立信念的一个重要指标。因此，当追问惊喜的来源时，对于皮尔士来说，惊喜来自于对外部实在扩大化的认知。简言之，就是不同于在先认知的部分。与惊喜相并列的是产生怀疑的另一方面表现，即问题、矛盾、错误的发现。于此，惊喜与矛盾作为怀疑产生的两种并列表现，在怀疑被平息的表达中，也应被并列表示。

然而，根据皮尔士探究至真的信念确立过程，我们可知惊喜与错误并非偶然的因素，而是受制于"第一，人类认知器官的有限性（不存在不可错的直观）；第二，认知方法的缺陷（归纳法的不可靠性、实验手段的局限性等）；第三，认知对象的语境敏感性（世界本身充满不确定）"③，这些都会导致所确立信念必定可错。更直接一些说，"我们所有人类的知识，只是我们与生俱来的动物性本性发展而来"④，"谁又能够推测，接近一万年来的工作进度，继续研究科学一万年，所获得的结果将会是什么样子

---

① Christopher Hookway, *PEIRCE*, London: Routledge, 1985, p. 67.
② Cheryl J. Misak, *Truth and the End of Inquiry*, New York: Oxford University Press, 1991, p. 122.
③ Susan Haack, "Fallibilism and Necessity", *Synthese*, Vol. 41, No. 1, 1979, p. 43. 翻译且引颜中军《可错论：从皮尔士到苏珊·哈克》，《昆明学院学报》2015年第2期，第61页。
④ CP 2.754（p. 477）.

呢"①。正如哈克所谓,"我们的知识对于宇宙来说太劣势"②;米萨克所言,"相比于人口的整体,自然太广阔而且没有清晰地被库存的事实展现"③。

很多哲学家认同皮尔士的信念可错理论,并坚持探究至真的路必将艰难且漫长。正如斯卡格斯塔德对皮尔士军队长征比喻的评价,"皮尔士有的时候描述这一过程就如同军队行进朝向好似无限远目标的真"④。而在追求真的道路上,人们唯一能够确信的就是当下的确信,把真作为无限远的目标,因为"即使它(科学)确实找到了确证,它们也仍然是部分的。它仍然没有以事实为岩基。它正走在沼泽里,只可以说,这块地看起来能够支撑了现在。我将在这待着直到它开始裂缝"⑤。本质上说,所确立的信念于当下状态可谓正确,但在之后随人的认知以及世界的不断发展,其会产生看似无尽地转变。正如朱志方所谓,"一旦脚下的土地承受不住了,我们又得往前走。这种找寻坚固路面的活动是无休止的"⑥。

然而,虽然笔者认同皮尔士探究至真之路漫漫,充满可错,但笔者更愿意在坚持信念具有可错性基础之上,更加强调其具有可修正性的特质。可修正理论是莱维完全坚持的,但莱维比笔者更加彻底的指出,"我(莱维)坚持可修正理论。我拒绝可错论"⑦,"皮尔士是一个自我宣称可错论的人,但据我所知,他并没有分清楚可错论与可修正之间的区分"⑧。笔者一方面同意莱维秉持的皮尔士探究至真的过程具有可修正性;但另一方面又不同于莱维,笔者认为坚持可修正性的前提不是抛弃皮尔士的可错理论。相反,要在坚持和认同由于信念具有可错这一客观性质的基础上"应该保持一个开放的大脑"⑨,对可错之处进行修正。

换而言之,信念具有可错性是其具有可修正性的前提。这就如同,若没有错误何谈修正?但同时,正因为信念具有可错性这样的一般属性,即

---

① W 3. p. 275.《皮尔斯文选》,第 103 页。
② Susan Haack, "Fallibilism and Necessity", *Synthese*, Vol. 41, No. 1, 1979, p. 43.
③ Cheryl J. Misak, *Truth and the End of Inquiry*, New York: Oxford University Press, 1991, p. 99.
④ Peter Skagestad, *The Road of Inquiry*, New York: Columbia University Press, 1981, p. 18.
⑤ CP 5. 589 (p. 412).
⑥ 朱志方:《皮尔士的科学哲学》,《自然辩证法通讯》1998 年第 2 期,第 9 页。
⑦ Issac Levi, *Pragmatism and Inquiry*, Oxford: Oxford University Press, 2012, p. 191.
⑧ Issac Levi, *Pragmatism and Inquiry*, Oxford: Oxford University Press, 2012, p. 191.
⑨ Issac Levi, *Pragmatism and Inquiry*, Oxford: Oxford University Press, 2012, p. 191.

任何信念都具有这一属性，那么信念欲为真，可修正性自然也必然于任一信念属性之中。任一信念都具有可错且可修正性。所以，笔者认为，信念的可修正性，即"已平息惊喜或错误"，也应该包含在信念确立的规范式里。

接着，信念规范式中后半部分"最大的希望"的阐释。皮尔士在手稿中用"最大的期望"①来描述在每次信念确立时人们应该秉持的至真态度。米萨克在研究皮尔士由探究至真确立信念的过程时，也用"期望"一词来表示。针对皮尔士所言，"一个真命题就是一个命题信念在于不能导致如此失望"②时，米萨克解释"这是一种我们对真信念的期望：如果我们要去探究 P，我们将发现 P 将没有遇到相对抗的经验"③。但笔者认为，皮尔士探究至真的态度与其说是米萨克所谓的"期望"，不如说是一种"希望"。更何况，米萨克在对皮尔士探究至真中对真的论证完全用的是以过去式表示的虚拟语气。

进一步说，米萨克也承认，"在 1905 年，他（皮尔士）坚定地认为'将'（will）这种形式改为'要'（would）"④。皮尔士在 1905 年，对实用主义原则再次描述中，关于"硬"的钻石例证，皮尔士已将其中的"将"⑤改为了"要"⑥，并将"要"一词打上斜体，"这条路线的成功结果取决于那颗钻石是否抵抗一种要（would）划破它的企图，或者是否所有其他用以对它进行分类的逻辑手段要（would）导致那样一个结论，引用这篇文章的话来说，这个结论可能是'那样一个信念，只有它才能成为那种已充分进行的研究的结果'"⑦。笔者认为，从"将"到"要"的过渡，一方面展现了皮尔士内心对真理信念能够到达的程度，从一开始有百分之百的把握，到后来仅剩可能性的确定。正如皮尔士在 1891 年写道，"所有我们有资格做的假设都是在以一种希望的形式"⑧。可见，对皮尔士来说，当认清

---

① 皮尔士的手稿 MS 693 第 168 页。可见网址如下：https：//fromthepage.com/jeffdown1/c‑s‑peirce‑manuscripts/ms‑693‑n‑d‑reason‑s‑conscience/guest/13076.
② CP 5.569（p.397）.
③ Cheryl J. Misak, "Charles Sanders Peirce", in Cheryl J. Misak, ed., *The Cambridge Companion to PEIRCE*, Cambridge: Cambridge University Press, 2004, p.7.
④ Cheryl J. Misak, *The American Pragmatists*, Oxford: Oxford University Press, 2013, p.29.
⑤ W 3. p.266.《皮尔斯文选》，第 95 页.
⑥ CP 5.453（p.306）.
⑦ CP 5.453（p.306）.《皮尔斯文选》，第 33 页，翻译略作修改.
⑧ CP 6.610（p.420）.

了人类认知能力的客观界限时,至真之路成为一种客观上的"希望",而非仅仅是个体主观"期望"就可以达到。所以,在笔者看来,"希望"比起"期望"多出对事实判断所得出的客观性,而非像"期望"本身只有主观想要的一层含义。另一方面,从某种程度上来说,将皮尔士探究至真描述为一种"希望",也更是对笛卡尔式近代基础主义的最有力反驳。相比于"期望"来说,"希望"并非真正知道最后达到的真于何处于何时于何种模样,而只是对得以达到真的目标包怀渴求。这就不同于"期望",通常对所要达到的目标非常确定。因此,关于信念规范等式中的后半部分,笔者将改写皮尔士的"最大的期望"[1] 为"最大的希望"。

总之,从探究至真的研究路径把握皮尔士确立信念的规范性,可得皮尔士信念确立的规范式为"信念的确立=完全遵从科学探究模式之上,已平息惊喜/错误+最大的希望"。此中,既要强调惊喜与错误的同等地位,又要强调所确立信念不但具有可错特征还具有可修正性,还要强调在探究至真之路上人们要满怀最大的希望。整个探究至真不断确立信念的过程亦揭示出皮尔士信念观构成的第三部分,即信念为点于至真的探究之路中不断确立和转变。

三 不败信念与共同体

从探究至真的视角来看,皮尔士的信念规范式必然包含"最大化希望至真"。但在完全承认了人类认知等客观局限性存在之后,我们应该如何面向"希望"?而皮尔士所要探究确立信念至真的"希望"到底是什么?关于此二问题,笔者将从真至探究(米萨克所谓的从左到右的视角[2])的视角进行考察,从而对皮尔士的信念规范式做进一步完善,亦是对皮尔士信念观第三部分信念为点于探究至真中的"真"的内涵做进一步说明。

第一个问题,对皮尔士确立真信念的所谓"希望",即真信念为何种希望进行考察。笔者认为,皮尔士从两个层面定义"希望",其中后者是对真信念"希望"最贴切的定义。关于"希望"的第一层含义,皮尔士描

---

[1] 皮尔士的手稿 MS 693 第 168 页。可见网址如下:https://fromthepage.com/jeffdown1/c-s-peirce-manuscripts/ms-693-n-d-reason-s-conscience/guest/13076.
[2] Cheryl J. Misak, *Truth and the End of Inquiry*, New York: Oxford University Press, 1991, p. ix.

述为"关于我们探究忙于的具体问题,这样的结论可能被大量的获得"①。笔者认为,这是"希望"的第一层含义,即为基本意思,其意指通过探究解决当下具体问题。此亦可理解为,探究过程中每一具体信念的确立。关于"希望"的第二层含义,是关于真信念的含义。皮尔士将这层希望描述为"无限的希望"②,并指出"我们都有这种无限的希望,其是某种如此威严和重要,以至于所有涉及它的推理都是微不足道的不恰当"③。自此,一方面表明,在皮尔士看来,所有的人都具有这种无限对真的希望;另一方面也可以看出,此种希望对于皮尔士来说如同与生俱来,完全不需要任何推理与验证。甚至可以说,那些推理和验证在无限希望的威严面前,都显得无足轻重。

对于"希望"的第二层,皮尔士做了从长远、逻辑和共同体的视角的论证。笔者认为,最能体现皮尔士真信念"希望"的核心所在,则是皮尔士从"最终的满意"的视角对真的论证。皮尔士在1908年,思想非常成熟的时期曾指出,"如果真存在于满意中,那么它不可能是目前的满意,但一定是这样的一种满意,如果探究被推进到最终和不可败的情形,这种满意可以最终被找到"④。在其中,皮尔士强调真信念的希望不是当前的满意,而是在探究到最终且不可被击败的满意才为真。对皮尔士在该定义中,描述探究为真所用的"不被击败的"(indefeasible)⑤一词,米萨克给予了很高的关注度,并指出,"皮尔士认为一个信念为真,如果它可以是'不被击败的';或者不可以被改进,或者不可以引致失望;或者可以永远满足理由们、论据们和证据们的挑战"⑥。对此,笔者非常认同米萨克对真信念的总结。同时,笔者认为,皮尔士的真信念就是永远"免受怀疑的质疑"⑦,且不再受到对立经验的干扰,所确立的将是永久成立的信念。当然,这所有关于真信念的特征汇聚为一条,就是米萨克所强调的"不被击败的"特征。

此外,笔者还认为,皮尔士真信念也是对探究的超越。因为,至此不

---

① CP 6.610 (p.420).
② W 2. p. 272.
③ W 2. p. 272.
④ CP 6.485 (p.331).
⑤ CP 6.485 (p.331).
⑥ Cheryl J. Misak, *The American Pragmatists*, Oxford: Oxford University Press, 2013, p. 36.
⑦ CP 5.416 (p.279).

再需要探究，亦可谓所确立的真信念亦不再会被探究击败。所以，在笔者看来，对真信念的希望应定义为希望找寻不可被击败的信念，即不败信念。

第二个问题，是关于我们应该如何面向希望，即关于要确立为真的信念需要的关键保证是什么的问题。在笔者看来，要实现真之希望的保证就是共同体。皮尔士早在 1868 年发表的《对 4 种能力的否定所产生的某些后果》一文就提出，"我们就个人而言，不能合理地希望达到我们所追求的那种最终的哲学；因此，我们只能期望哲学家共同体去寻找这种哲学"①，并且"把某些个别的人看作真理的绝对批判者，那是极其有害的"②。皮尔士早期对共同体的支持是在对笛卡尔式普遍怀疑批判的基础上建立。

"笛卡尔将个人意识的'清楚明白'树立为观念真理性的标准"③，皮尔士对笛卡尔这种将个体作为真理判断依据的看法，非常不认同。皮尔士认为，"若无其他心智之助，任何心智寸步难迈"④。在皮尔士看来，从确立信念开始，就必须要诉诸共同体而非个体。皮尔士指出，真对实在的考察必然"取决于共同体的最终决定"⑤。而之所以确立信念及其至真，皮尔士要完全诉诸共同体而非个体。笔者认为，原因主要有两个。

第一个原因，皮尔士定义的真信念是在科学探究下共同体所有成员的同意，即每一个个体完全确证。在科学探究方法作用下，"这个最终注定被所有探究者同意的意见"⑥ 就是真。伯恩斯坦指出，"皮尔士谈及，如果采取适当的探究方法和足够远坚持它的使用，实在就作为探究者共同体注定要发现的"⑦。皮尔士把共同体作为科学探究认知实在的必要保证，信念的确立及至真必然要有共同体所有的同意来决定。并且，"共同体探究者们声称是科学性的，就被定义为每一个单个成员愿意牺牲个人性和对其自

---

① W 2. p. 212.《皮尔斯文选》，第 126 页，翻译略作修改。
② W 2. p. 212.《皮尔斯文选》，第 126 页。
③ 邱忠善：《皮尔士的真理观初探》，《江汉论坛》2013 年第 9 期，第 100 页。
④ CP 2. 220（p. 129）. 翻译采用邱忠善《皮尔士的真理观初探》，《江汉论坛》2013 年第 9 期，第 100 页。
⑤ W 2. p. 241.
⑥ W 3. p. 273.《皮尔斯文选》，第 102 页。
⑦ Richard J. Bernstein, "Action, Conduct, and Self - Control", in Richard J. Bernstein, ed., *Perspectives on Peirce*, New Haven and London: Yale University Press, 1965, p. 95.

身来说的私人性,以便于遵守包含观念和结果自由交换的人际间交流方法的指示"①。只有一切共同体内每个个体放弃私人性,进行自由公开交换意见,才会致使"不同的研究者可以从完全对立的观点出发,但是研究过程将以意志外在于他们的力量,把他们引向相同的结论"②。于此,唯有共同体才会引领人们达到那个趋近一致的结论,而这在皮尔士看来就是"于真与实在概念中最伟大的法则"③。值得一提的是,在1978年编写的《皮尔士文集》第五卷（Collected papers of Charles Sanders Peirce. Vol. 5.）中,编者将皮尔士原文"伟大的法则"④中的"法则"（law）改为"希望"⑤。在笔者看来,这完全符合皮尔士的原意,且把其真信念"希望"的观点表达得更加直接而深刻,而共同体则是保证这一真信念"希望"得以实现的最关键依据。

皮尔士确立真信念要诉诸共同体而非个体的第二个原因在于共同体没有时空的局限性。皮尔士写道:"实在概念最原初展示了这个概念根本上包含了一个共同体,这个共同体没有限制,并且可以以知识的无限增长为可能。"⑥这一方面揭示了共同体为整个探究至真过程在先认知的不断扩大,真正的怀疑质量提升,为我们更加靠近真信念的"希望"得以可能。另一方面,清晰指明了共同体优于个体所具有的时空无限性,主要体现在个体的有限生命与个体本身的主观受限因素。

正如皮尔士指出,"逻辑不可逆地要求我们的兴趣将不受限。他们必定不停于我们自己的命运,而是必定拥抱整个共同体"⑦,而这个共同体"必定不受限,而且必定延伸到所有人类种族,我们与其一同进入立即或中间的理智关系。它（共同体）必定达到,无论多么模糊,超出这个地质

---

① Richard J. Bernstein,"Action, Conduct, and Self – Control", in Richard J. Bernstein, ed., Perspectives on Peirce, New Haven and London: Yale University Press, 1965, p. 110.
② W 3. p. 273.《皮尔斯文选》,第102页。
③ W 3. p. 273.（在 Writings of Charles S. Peirce 中,采用的是原版的"law"而非此 Collected papers of Charles Sanders Peirce 中修改的"hope",所以此处中文翻译没有采用《皮尔斯文选》,第102页的翻译。）
④ CP 5.407（p. 268）.
⑤ CP 5.407（p. 268）.
⑥ W 2. p. 239.
⑦ W 3. p. 284.

时代，超出所有的边界"①。可见，皮尔士的共同体超越了个体"有限的生命"②，其拥抱一切种族、时代，并且朝向"无限长远"③。这意味着，共同体具有远高于个体的未来性，"思想于此刻的存在依赖于其今后的是其所是；所以它所具备的只是一种潜在存在，依赖于共同体的未来思想"④。关于真理的探索，共同体给予了充足力量和确保。因此，皮尔士十分注重"我们"而非"我"，在其看来追逐真信念"希望"的保证是归于共同体中的探究者们，而非具有有限生命的独立个体。共同体是由一代又一代的人们组成，具有超强的生命力，借助于共同体的力量，人们才能够达到真信念的"希望"。

所以，从真至探究的视角进一步考察皮尔士信念规范式中的"希望"，可得出皮尔士所要最大化朝向至真的希望即是"不败信念"，而保证皮尔士信念观中探究至真得以可能的是通过共同体以及科学探究的方式确立信念。于共同体之下，人们才能最终达到所有个体对于实在趋于一致的同意，且突破个体的确切局限性，超越一切种族和时代等所有边界，从而保证人们最大希望至真。于此，根据探究至真与真至探究两个视角的共同结合，我们可以得出，皮尔士信念的规范式补充希望内容与共同体保证后应为如下表示：

信念的确立 = 完全遵从科学探究模式之上，共同体保证下，已平息惊喜/错误 + 最大的希望（至不败信念）

总而言之，皮尔士信念观开始于对笛卡尔式普遍怀疑的批判，于此得出人们确立信念不依赖个体直观、内省和非认知的概念，而是基于在先认知且仍诉诸外部实在，于认知领域确立信念。并且，从感受层与行动层考察可得，皮尔士确立的信念具有可感且可知的属性，此构成皮尔士信念观的第一部分。其次，在规范信念确立的方法论和方向来看，皮尔士诉诸集科学的方法与逻辑的推理于一体的探究模式来排除个体主观因素干扰而不断趋向对实在的真实认知。此规范信念确立的科学探究方法亦构成皮尔士

---

① W 3. p. 284.
② Cheryl J. Misak, *Truth and the End of Inquiry*, New York: Oxford University Press, 1991, p. 109.
③ Peter Skagestad, *The Road of Inquiry*, New York: Columbia University Press, 1981, p. 77.
④ W 2. p. 241.

信念观的第二部分，即科学探究模式为每一信念确立的规范力。最后，关于信念至真的讨论中，笔者一方面揭示了皮尔士对真信念的定义，亦可看作皮尔士规范信念确立的目标为：通过不断探究而确立的个体可知，且只为共同体长远诉诸实在，可达到的最趋近一致的认知（即不败信念）；另一方面揭示出皮尔士信念观中第三部分，即关于信念为点于至真不断探索的过程中，皮尔士信念确立的规范式为"信念的确立＝完全遵从科学探究模式之上，共同体保证下，已平息惊喜/错误＋最大的希望（至不败信念）"。简言之，此章从皮尔士对笛卡尔式基础主义怀疑论的批判开始，揭示了皮尔士信念观构成的一至三部分以及皮尔士信念确立至真的不断探究过程，从而论证出且确定了皮尔士信念观最大特征亦是后来实用主义者都在延续的反基础主义特征。

第二章 皮尔士：信念于实用主义之中

与反基础主义特征相并列，笔者认为，皮尔士信念观的另一重要特征是用实用主义规范或确定每一信念的是其所是及其意义。换言之，就是用实用主义（作为一种方法）揭示每一信念的意义，从而规定出每一信念的是其所是。笔者认为，如果把每一信念看作点，实用主义思想则是从各个维度下通过构想效果（向外力）与习惯（向内力）形成的相交之处确定每一信念的"位置"，即每一信念的是其所是，此亦是皮尔士信念观构成的第四部分。

本章第一节将首先就皮尔士实用主义中"实用"一词的来源进行解读，并论证得出皮尔士实用主义汲取康德哲学中"实用的"而非"实践的"，比与其反基础主义的信念观相容且并进。其次，笔者将探析皮尔士对实用主义原则的定义，得证出其所要揭示的是信念的第三种清楚性，即通过信念的意义来确定信念的是其所是，此亦为从信念于各维度下向外作用结果来确定信念的意义。本章第二节将从意义的具体表达方式的层面揭示信念的是其所是。笔者认同陈亚军将皮尔士的实用主义"归结为行为语义学，或者说，语义学问题被归结为语用学问题"① 的观点。据此，笔者将进一步从信念与指号、行动至习惯三个从语义至语用层层递进的视角，论证得出习惯作为连接内部心灵习惯与外部行为习惯的桥梁，将信念于各个纬度下向内的约束力和向外的意义显现连接，人们从而得以从外部实在来确定信念的本质。

---

① 陈亚军：《古典实用主义的分野及其当代效应》，《中国社会科学》2014 年第 5 期，第 63 页。

第二章 皮尔士:信念于实用主义之中

第一节 信念与实用主义

正如墨菲(Murray G. Murphey)[①]、哈克[②]和维拉切克(Marcus Willaschek)[③] 等哲学家指出,康德对皮尔士影响很大。皮尔士于 1905 年《什么是实用主义?》一文中,就直言采用"实用主义"这一名称来自于对康德哲学中"实践的"与"实用的"之间的区分,进而选择后者而确立。[④] 因此,本节第一部分则聚焦于皮尔士之所以吸收借鉴康德哲学中"实用的"部分之原因进行分析,从而论证出对康德"实用的"继承亦是其将反笛卡尔式怀疑所确立的反基础主义思想结合进入到其实用主义思想的体现。

本节第二部分聚焦于对皮尔士实用主义原则的探讨,将实用主义原则与信念紧密结合,得出信念(清楚性)意义规范式以及信念(的意义)于各个维度下向外的效果展现(力)是揭示信念是其所是的一个方面。进而,为下一节从语义至语用的视角,深入挖掘皮尔士信念意义规范式于指号、行动与习惯方面的表达做铺垫。

一 实用与实践

关于实用主义的产生,皮尔士曾在 1900 年 11 月给詹姆斯的信中问道:"实用主义这个术语是谁开创的,是你还是我?它在哪里第一次出版出现?关于它你知道什么?"[⑤] 十几天后,詹姆斯在回信中写道:"你(皮尔士)

[①] Murray G. Murphe, "Kant's Children the Cambridge Pragmatists", *Transactions of the Charles S. Peirce Society*, Vol. 4, No. 1, 1968, p. 9. 参考 "Indeed, Cambridge pragmatism was, and is, more indebted to Kant than to any other single philosopher."
[②] Susan Haack, "The Legitimacy of Metaphysics: Kant's Legacy to Peirce, and Peirce's to Philosophy Today", *Polish Journal of Philosophy*, Vol. 36, No. 1, 2008, p. 29. 参考 "Peirce was strongly influenced by his (Kant) early, intense study of, as he calls it, the 'Critic of Pure Reason'."
[③] Marcus Willaschek, "Kant and Peirce on Belief", in Gabriele Gave and Robert Stern, eds., *Pragmatism, Kant and Transcendental Philosophy*, New York: Routledge, 2016, p. 133. 参考 "Kant was a major influence on Peirce",并参考其引注中的文献。
[④] CP 5.413 (p.274).
[⑤] CWJ 9. p.355.

发明了'实用主义',为此我在题目为'哲学的概念和实践结果'的演讲中,给予你完全的声望,此篇文章我在几年前发给你了两份(未被答复的)。"①

"实用主义"一词,是1898年詹姆斯在公开演讲、出版发表的《哲学的概念和实践结果》一文中正式被使用,但"实用主义"一词是由皮尔士第一次提出。正如詹姆斯在《哲学的概念和实践结果》一文中写道:"很多年之前,一个家在东部的一位美国哲学家,他出版的著作很少且很少发布在期刊上,这些并不符合他影响力的体现。我指的就是查尔斯·桑德斯·皮尔士先生,关于他作为一位哲学家的存在,我斗胆说你们中的很多都不熟悉。他就是当代思想家中最首创的人之一;并且是实践主义原则——或实用主义,正如他所称它的,当我首次听到他介绍它是在70年代早期的剑桥——这是一个线索或指南针,跟随其,我发觉自己越来越坚定地相信,我可以继续在这条名副其实的轨道上前进。"②

可见,"实用主义"一词最早提出,源自于皮尔士。菲利斯对姆指出,"詹姆斯指的是皮尔士更早在未出版时使用这一术语,并且认为皮尔士是在19世纪70年代早期剑桥'形而上学俱乐部'的讨论里,第一个明确表达实用主义的人"③。而关于皮尔士产生实用主义这一术语,皮尔士直言,"对于像我这样一个从康德那里学习哲学并习惯于康德学说的术语来思考的人来说,'实践的'(praktisch)和'实用的'(pragmatisch)之间相距十分悬殊"④。皮尔士指出,其"实用主义"一词的产生是出自于对康德关于实用与实践的严密考虑,虽然面对"一些朋友希望我称之为'实践主义'(practicism或practicalism)"⑤,但最终皮尔士仍然选择用"实用主义"来命名自己的哲学思想。

正如后来杜威评价皮尔士实用主义的产生,"与那些把实用主义视为专属于美国的观念相反,'实用的'(pragmatic)这个术语受到对康德研究的启发"⑥。皮尔士创造实用主义一词,并非凭空想象,而是基于对康德哲

---

① CWJ 9. p. 369.
② WJ 1. p. 258.
③ Sami Pihlström, "Peirce's Place in the Pragmatist Tradition", in Cheryl J. Misak, ed., The Cambridge Companion to PEIRCE, Cambridge: Cambridge University Press, 2004, pp. 27-28.
④ CP 5 413 (p. 274).《皮尔斯文选》,第4—5页。
⑤ CP 5 413 (p. 274).《皮尔斯文选》,第4—5页。
⑥ LW 2. p. 3《杜威全集·晚期著作1925—1953·第二卷1925—1927》,第3页。

学中"实用的"与"实践的"二者对比,认为前者"实用的"更符合其思想的内核,进而选择前者。笔者认为,针对皮尔士之所以选择"实用的"而非"实践的"的原因分析,能够有力揭示出皮尔士实用主义思想的确立实际上与其反基础主义探究至真的思想具有相同的主旨要求,并且更贴近于运用观察和实验等科学手段进行信念确立的研究。

1905年皮尔士指出,康德的"'实践的'适用于这样的思想倾向,在那里实验科学家根本无法为自己建立坚实的基础,而'实用'则表达了与人的特定目标联系。这种崭新的理论的最为令人瞩目的特征,正在于它确认在理性认识和理性目的间有着不可分割的联系。正是这种考虑决定了我对'实用主义'这个名称的偏爱"①。首先,笔者将从皮尔士对康德的"实践的"与"实用的"的定义来辨析。笔者不同意韩森德(Agnieszka Hensoldt)认为,"他(皮尔士)发现康德区分实践的与实用的没有什么用处,因为他(皮尔士)将不去研究(或者甚至涉及)实践哲学(在康德的意义上)的大多数"②。

笔者认为,皮尔士的主旨并非认为"实践的"与"实用的"之间的区分没有用处,只是认为"实践的"对其来说没有更多价值。在皮尔士看来,比起"实践的"完全不能够支撑科学家的研究,唯有"实用的"可以为实验科学家发挥作用,且承认人的理性作用,并与人的特定目标相关。这在一定程度上可以肯定,在皮尔士看来,之所以选择"实用的"而非"实践的",一大部分原因在于是否能够进行科学探究,同时人类的理性是否能够与其目的性相关,并发挥作用。瑞登菲特(Henrik Rydenfelt)也同样认为,"皮尔士的声称就是,在康德意义上的'实用的'仍然在实验探究范围内,然而'实践的'则超过这个范围"③,所以皮尔士采纳"实用的"。

进一步,笔者将从康德原文中对"实践的"与"实用的"定义,来更深入理解皮尔士的选择,并论证出前者为先验的,后者为经验的。康德在《纯粹理性批判》中对"实践的"与"实用的"进行了定义,"凡是通过

---

① CP 5.413 (p. 274).《皮尔斯文选》,第5页。
② Agnieszka Hensoldt, "Kant and Pragmatists: On the Supremacy of Practice over Theory", in Krzyszt of Skowronski and Sami Pihlström, *Pragmatism, Kant and Kantianism in the Twenty-first Century*, Helsinki: Nordic Pragmatism Network, 2019, p. 101.
③ Henrik Rydenfelt, "Kant and Peirce on Pragmatic Maxims", in Krzyszt of Skowronski and Sami Pihlström, *Pragmatism, Kant and Kantianism in the Twenty-first Century*, Helsinki: Nordic Pragmatism Network, 2019, p. 31.

自由而可能的东西，就都是"实践的"。但如果我们自由的任性施展的条件是经验性的，那么，理性在这方面除了范导性的应用之外就不能有别的应用"①。康德举例，以幸福为目的说明实用法则，"在明智的教导中，把我们的偏好给我们提出的一切目的统一在一个唯一的目的亦即幸福中，并使达到幸福的种种手段协调一致，就构成了理性的全部工作，理性因此缘故只能提供自由行为的实用法则，以达到感官向我们推荐的目的，因而不能提供完全先天地规定的纯粹规律"②，于此，舒远招指出，"Prakmatisch（实用的）一词的根本含义：有助于在经验的基础上通达幸福"③；与实用的法则相反，"纯粹的实践法则，其目的由理性完全先天地给予，不是经验性地有条件的，而是绝对地发布命令的，它们将是纯粹理性的产物。但是，诸如此类的法则就是道德的法则；因此，唯有这些法则才属于纯粹理性的实践应用，并允许有一种法规"④。关于康德纯粹实践法则的定义，威乐赦克指出，当康德提出"凡是通过自由而可能的东西，就都是实践的"⑤的定义时，康德就已经认定了"实践的关涉人类行动者的领域，广义地理解，为什么一个'实验者类型的心灵'要扫除之外，并没有显然的理由"⑥。这意味着，如果按照康德所谓，所有关于自由可得即为实践的，那么从广义上来说，实践涉及人类活动的领域，那么像皮尔士所谓的实验探究活动（实用的），也一定属于人类活动，因此，必然都属于实践的。于此可见，自由行为的实用主义的法则与由完全先验提供的纯粹实践法则都"属于实践范围内"⑦。所以，威乐赦克得出的结论是，"我们遇到的矛盾不是在实践的和实用的之间，而是在实用的实践的，这是经验的，和道德的实践的，这是先验的或'纯粹的'"⑧。

---

① 康德：《康德著作全集》第3卷，李秋零编译，中国人民大学出版社2004年版，第511页。
② 康德：《康德著作全集》第3卷，李秋零编译，中国人民大学出版社2004年版，第511页。
③ 舒远招：《康德思想的实用维度及其限度》，《云南大学学报》（社会科学版）2011年第1期，第17页。
④ 康德：《康德著作全集》第3卷，李秋零编译，中国人民大学出版社2004年版，第511页。
⑤ 康德：《康德著作全集》第3卷，李秋零编译，中国人民大学出版社2004年版，第511页。
⑥ Marcus Willaschek, "Kant and Peirce on Belief", in Gabriele Gave and Robert Stern, eds., *Pragmatism, Kant and Transcendental Philosophy*, New York: Routledge, 2016, p.134.
⑦ Marcus Willaschek, "Kant and Peirce on Belief", in Gabriele Gave and Robert Stern, eds., *Pragmatism, Kant and Transcendental Philosophy*, New York: Routledge, 2016, p.134.
⑧ Marcus Willaschek, "Kant and Peirce on Belief", in Gabriele Gave and Robert Stern, eds., *Pragmatism, Kant and Transcendental Philosophy*, New York: Routledge, 2016, p.134.

与威乐赦克观点相似,菲利斯对姆也认为,"前面的(Praktisch),康德思想里,是关于先验道德法则,其是通过理性的实践运用而建立;取代与道德相关,后者(Pragmatisch),是与相关于感觉的认知目的本性有关,其与皮尔士在心灵中对探究的实验过程的讨论密切相关"①,因此,皮尔士选择后者。无论是威乐赦克更准确地把皮尔士提出的"实践的"和"实用的",具体为"道德的或纯粹的实践的"和"实用的实践的"还是菲利斯对姆直接提出前者为先验的法则后者与实验经验有关。从本质上来说,笔者认为,二者都把前者视为与先验有关,而后者与皮尔士科学探究方法所宣扬的实验经验有关,"在康德那里'实践'这个概念含有一种通过先天推导得出道德规范的含义,因此他认为这与实验学家有关理论要依据实验结果的思想方式格格不入,而'实用'这个词含有依据经验条件选用适当手段到达目的的含义,因此他(皮尔士)选用了'实用'这个术语"②。事实上,在康德这里,"所谓'实用'与'经验'和'实验'同义"③。

基于"实践的"与"实用的"在《纯粹理性批判》中的区分,康德于《道德形而上学奠基》里对实践中的技术命令式、实用命令式与道德命令式也进行了讨论。大部分学者坚持,皮尔士所谓"实践的"与"实用的"区分,即对应"道德命令式"与"实用命令式"。所以,一般会得出与威乐赦克和菲利斯对姆基于实用的与实践的进行区分的结果一致,都认为皮尔士之所以坚持运用"实用"一词则在于其包含经验目的,而非先验存在。比如,韩森德就指出,"实用命令式总是形成为了达到一个经验的目的。这是康德区分实用命令式和道德命令式的原因,后者直接指向更超感觉的目标"④。威乐赦克还从另一个角度认为,因为康德的实用命令式"虽然他们假设在最后我们先验地知道每个人追求它,即某人自己的幸

---

① Sami Pihlström, "Peirce's Place in the Pragmatist Tradition", in Cheryl J. Misak, ed., *The Cambridge Companion to PEIRCE*, Cambridge: Cambridge University Press, 2004, p.41.
② 张庆熊:《经典实用主义的问题意识——论皮尔士、詹姆斯、杜威之间的关联和区别》,《云南大学学报》(社会科学版) 2014 年第 4 期,第 21 页。
③ 刘放桐:《皮尔士与美国哲学的现代转型》,《北京大学学报》(哲学社会科学版) 2007 年第 4 期,第 33—34 页。
④ Agnieszka Hensoldt, "Kant and Pragmatists: On the Supremacy of Practice over Theory", in Krzyszt of Skowronski and Sami Pihlström, *Pragmatism, Kant and Kantianism in the Twenty-first Century*, Helsinki: Nordic Pragmatism Network, 2019, p.100.

福"①，但是因为其中包含着关于对幸福意愿的判断，所以"实用命令式是经验的"②。于此，从实践中的实用命令式与道德命令式分析，可以大体得出与《纯粹理性批判》中"实用的"与"实践的"相对应。

  实用命令式包含幸福这样的个体主观因素，因此，其必然与皮尔士坚持科学探究方法确立信念要摆脱个体主观因素的影响相悖。所以，准确考证，皮尔士所谓"实用的"不应对应"实用命令式"。瑞登菲特指出，皮尔士所谓的"实用的"应该对应"技术命令式"，其指出实用命令式与技术命令式都是分析的，"这两处说的都是：谁意欲目的，就也（按照理性必然地）意欲他为此所掌握的唯一手段。然而不幸的是，幸福的概念是一个如此不确定的概念"③，这导致了"康德的实用命令式与皮尔士提出的我们用来解释理论判断意义的这种实践原则（实用主义原则）存在决定性不同"④。对于皮尔士来说，其实用主义原则的实施要限制人个体主观因素的影响，因此，显然可得，"皮尔士的实用主义是关于技术（而非实用）命令式，在康德的意义上"⑤。瑞登菲特把皮尔士的"实用的"具体化到技术命令式的观点，笔者非常赞同。一方面，这确证了皮尔士科学探究方法所坚持的排除个体主观因素的观点与实用主义原则相关联；另一方面，在皮尔士指出其"实用主义"一词来源于康德"实用的"一词之后，明确指出其想"把哲学引入一种与自然科学状况相类似的状况"⑥，并且"除非哲学研究能为它自身提供一套较为妥当的技术性术语，否则它就难以成为上述意义上的那种科学研究"⑦。可见，从一定意义上，皮尔士的"实用的"确实更愿意诉诸"技术的"，并与科学探究方式确立信念的方向一致。

---

① Marcus Willaschek, "Kant and Peirce on Belief", in Gabriele Gave and Robert Stern, eds., *Pragmatism, Kant and Transcendental Philosophy*, New York: Routledge, 2016, p. 134.
② Marcus Willaschek, "Kant and Peirce on Belief", in Gabriele Gave and Robert Stern, eds., *Pragmatism, Kant and Transcendental Philosophy*, New York: Routledge, 2016, p. 134.
③ 康德：《康德著作全集》第 3 卷，李秋零编译，中国人民大学出版社 2004 年版，第 425 页。
④ Henrik Rydenfelt, "Kant and Peirce on Pragmatic Maxims", in Krzysztof Skowronski and Sami Pihlström, *Pragmatism, Kant and Kantianism in the Twenty–first Century*, Helsinki: Nordic Pragmatism Network, 2019, p. 34.
⑤ Henrik Rydenfelt, "Kant and Peirce on Pragmatic Maxims", in Krzysztof Skowronski and Sami Pihlström, *Pragmatism, Kant and Kantianism in the Twenty–first Century*, Helsinki: Nordic Pragmatism Network, 2019, p. 34.
⑥ CP 5.413 (p. 274).《皮尔斯文选》，第 5 页。
⑦ CP 5.413 (p. 274).《皮尔斯文选》，第 5 页。

更进一步，将"实用的"与"实践的"带入康德的《道德形而上学》的考察，杜威指出，"后者适用被康德视为先天的道德法则；而前者适用基于经验并可以应用于经验的艺术和技术的规则"①。对于皮尔士，一位实验科学家，之所以更拥抱康德"实用的"一词，其又一兴趣和意图则在于"真正思考的艺术和技艺，而且就实用的方法而言，他（皮尔士）尤其感兴趣于使概念变得清晰的艺术，或者说，按照科学方法的精神诠释恰如其分和有效定义的艺术"②。一定意义上可以说，皮尔士在运用康德"实用的"艺术和技艺规则于其概念的解释中，"皮尔士把他的理论文章冠名为'如何使我们的观念清晰'。这里和康德的学说有着惊人的相似。皮尔士努力地以康德在先验领域确立实践理性的法则相同的方式，在经验的领域里阐释概念的普遍性"③。同时，皮尔士在对概念进行清晰解释中，将概念的意义与其所对应的行动相联，这亦是康德把理论判断与实践命令式相联促进的结果。瑞登菲特总结，"皮尔士抓住了康德争论的关于理论与实践判断的关系，并转化理论判断为逻辑的一种实用的原则"④。

总之，根据皮尔士选择康德哲学中"实用的"而非"实践的"作为其"实用主义"哲学这一名称确立的核心来源，可以得出皮尔士确立实用主义的确如其早期批判笛卡尔式基础主义普遍怀疑思想所得到的结论相容且一致。具体说，皮尔士之所以选择"实用的"，原因在于"实用的"能够立足于科学探究发挥作用，关注实验经验而非先验，且坚持排除个体主观因素于信念确立的影响之外，并能够作为一种技艺运用于概念明晰中。因此，从皮尔士汲取康德"实用的"作为其建立实用主义这一名称的来源分析，其与皮尔士反基础主义的信念观相容且并进。这意味着，从一定意义上可以说，皮尔士反基础主义特色的信念观也为其实用主义思想打下了浓厚的科学探究的基调。

---

① LW 2. p. 3.《杜威全集·晚期著作 1925—1953·第二卷 1925—1927》，第 3 页。
② LW 2. p. 3.《杜威全集·晚期著作 1925—1953·第二卷 1925—1927》，第 3 页。
③ LW 2. p. 4.《杜威全集·晚期著作 1925—1953·第二卷 1925—1927》，第 4 页。
④ Henrik Rydenfelt, "Kant and Peirce on Pragmatic Maxims", in Krzyszt of Skowronski and Sami Pihlström, *Pragmatism, Kant and Kantianism in the Twenty–first Century*, Helsinki: Nordic Pragmatism Network, 2019, p. 33.

二　信念与实用主义原则

　　1878 年，皮尔士在《如何使我们的观念清楚明白》一文中，提出了"第三个层次的清楚性的规则"①，此被后来皮尔士于 1903 年②和 1905 年③再次阐释时称之为"实用主义原则"。关于实用主义原则，胡克威认为，"至少从表面看，有两种不同视角。第一种则是于 1878 年，以及在 1903 年和 1905 年的引用。另一种则是在 1907 年的系统阐释中"④。二者的主要不同在于，后者对"实际意义"（practical bearing）⑤表现的具体形式给予更加充分的论证，而前者则"并没有为'实际意义'提供任何线索，其认为如果我们可以想象这些效果有如此'意义'的情节，那么效果就属于我们的列表上"⑥。

　　关于胡克威对皮尔士实用主义原则两种视角的区分，笔者非常认同。但胡克威以 1907 年⑦为皮尔士多次阐释实用主义原则的分界线，笔者并不苟同。笔者认为，无论是第一种视角还是第二种视角，自 1878 年皮尔士提出实用主义原则以来，其每一次重新阐释都关注了两种视角，只是略有侧重不同，但这并不意味着这两种视角可以根据 1907 年的论述而完全分离开来。我们不能否认，在 1878 年、1903 年、1905 年以及 1907 年，皮尔士每一次对实用主义原则的论述都包含了这两种视角。因此，笔者将既权重每一次皮尔士对各视角的阐释，又借鉴胡克威以两视角的方式来深入探究皮尔士的实用主义原则。

　　其中，关于实用主义原则第二种视角，聚焦于"实际意义"的具体形式，笔者将于下一节关于信念与表达中进行阐释。在本部分，笔者将集中对实用主义原则的第一种视角展开研究：从皮尔士于 1878 年、1903 年、1905 年和 1907 年的阐释进行推进式解读，并由此论证得出把握信念的是其所是可由实际意义于各维度下向外的表现而确定，从而分析和归纳得出

---

① W 3. p. 266.《皮尔斯文选》，第 95 页。
② CP 5. 18（p. 15）．
③ CP 5. 438（p. 293）．
④ Christopher Hookway, *The Pragmatic Maxim*, Oxford: Oxford University Press, 2012, p. 171.
⑤ W 3. p. 266.《皮尔斯文选》，第 95 页。
⑥ Christopher Hookway, *The Pragmatic Maxim*, Oxford: Oxford University Press, 2012, p. 171.
⑦ CP 5. 467 - 468（pp. 318 - 320）．《皮尔斯文选》，第 44—46 页。

皮尔士确定信念意义的一般规范式。

1878 年 1 月于《大众科学月刊》（*Popular Science Monthly*）上，皮尔士发表了《如何使我们的观念清楚明白》一文。该文第一次提出了实用主义原则，"自 1878 年之后，皮尔士关于澄清它，做了很多次尝试。最广为人知的，仍是他非常忠诚使用于《如何使我们的观念清楚明白》一文中的这一次"①。其中，无论是 1903 年还是 1905 年，皮尔士对实用主义原则再做阐释，都针对 1878 年最原初的这一次完全引用②或稍作修改③。可见，皮尔士 1878 年提出的实用主义原则虽然早于后来再次阐释时已近三十年，但其核心主旨大体延伸且并没有发生剧烈变动。

皮尔士于 1878 年《如何使我们的观念清楚明白》中，第一次描述实用主义原则为"用以达到理解的第三层次的清楚性的规则似乎是这样的：考虑一下我们构想我们概念的对象具有一些什么样的效果，这些效果具有一些可以想象的实际意义。这样一来，我们关于这些效果的概念就是我们关于这个对象的概念的全部"④。关于这段定义，皮尔士对"实际意义"并没有给出清晰的描述，"是非常不清楚的，但不足为奇的是，在 1903 年和 1905 年，在使用这个描述之后，皮尔士立即给出了相代替的系统阐释"⑤。关于皮尔士对"实际意义"的具体解释，笔者将在对皮尔士 1903 年与 1905 年实用主义原则的阐释中进行论述。

首先对 1878 年皮尔士的实用主义原则进行分析。皮尔士在提出实用主义原则之前，明确指出其是"用以达到理解的第三个层次的清楚性的规则"⑥。这意味着实用主义原则的主旨目标是明晰概念对象的"清楚性"，且要达到第三个层次的清楚性。那么何为第三个层次？又要如何达到？

皮尔士在 1910 年手稿中写道："请通过这样的方式观察，我说的三种

---

① Christopher Hookway, *The Pragmatic Maxim*, Oxford: Oxford University Press, 2012, p. 168.
② CP 5.18（p.15）.
③ CP 5.438（p.293）.
④ W 3. p. 266.《皮尔斯文选》，第 95 页，翻译略作修改。由于皮尔士在 1905 年对实用主义原则再作论证中，对"conceivably"与"conceive"二词进行了斜体强调，根据 1907 年皮尔士又一次对实用主义原则阐释中对"would - be"的强调，可知，皮尔士对"conceive"一词具有虚拟和可能性的强调，而且在 conceivably 之前，皮尔士也是用 might 来修饰。因此，笔者认为，应该将"conceive"翻译为"构想"而非具有肯定意义的"认为"。而关于"conceivably"之前翻译为"可以想象的"，其具有虚拟和可能性的意味，因此可取。
⑤ Christopher Hookway, *The Pragmatic Maxim*, Oxford: Oxford University Press, 2012, p. 168.
⑥ W 3. p. 266.《皮尔斯文选》，第 95 页。

不同清楚层次（Grades），这个我也叫作种类（Kind），但绝不是阶段（Stage）（如同在下一阶段开始之前上一个阶段完成）；因为在他们之间的关系中会发现矛盾。"① 可见，这三个层次的清楚准确说，应该是三种类型的清楚。

所谓"第一种也是最低种清楚，传授的是可能更加具体的被叫作'清楚'的事物，很容易进入使用并且用来解释性应用到观念、观点或者其他符号到其相关之上"②。这可以看作人们通过直接观察得到的结果，并且很容易被人们接受和使用的信念清楚类型。这第一种清楚，本质上来说，就是看起来的清晰，就如同我们并未察觉到获取的相对原始或比较在先的经验或信念。这种清楚很容易被人们接受当作信念，而人们获取这种清楚类型的信念时，通常是人们刚接受某个新经验和新信息时，处于懵懂的状态，亦可谓获取的信息即为正确或直接接受的状态。这虽完全不同于笛卡尔所谓的直观获取，但其得出的"清楚"与笛卡尔式普遍怀疑得出的清楚一样，并不可靠。在皮尔士看来，第一种类，亦是最低级的清楚甚至都不能作为真正信念确立的依据，这种如笛卡尔式的第一种类的"清楚""只不过是我们的主观感觉，这个感觉很可能是错误的"③。因此，对于皮尔士来说，此种清楚并不能作为人们要确立真正信念所要达到的要求。

第二种清楚，"传授的是清晰度，或者是对刚刚由第一种清楚已致使的清楚所组成的那种意义本质的分析理解"④。这种清楚是基于推理和逻辑判断的过程而得到的观念，通常在人们的理性领域，如数学和逻辑等领域发挥重要作用。在皮尔士看来，第二种清楚是在基于人们创造出来的一套体系面前，通过论证而得出的看似清晰。这是一种具有定义性质的清晰，通常用于我们厘清观念的时候，而无关外部实在。皮尔士指出，这就如同莱布尼茨的观点，而莱布尼茨的观点要比笛卡尔的清晰论先进之处在于，莱布尼茨认为"除非馈入观察到的事实，心灵这台机器就只能转换知识，而绝不能创造知识"⑤。莱布尼茨认为所谓的看起来完全自明，不能作为衡量真正清晰性的标准，而应当把"科学的第一原理"⑥纳入其中进行考虑。

---

① 皮尔士的手稿 MS 649 第 3 页。
② 皮尔士的手稿 MS 649 第 1 页。
③ 邱忠善：《皮尔士对现代哲学观念的贡献》，《学术交流》2015 年第 8 期，第 37 页。
④ 皮尔士的手稿 MS 649 第 1 页。
⑤ W 3. p. 259.《皮尔斯文选》，第 88 页。
⑥ W 3. p. 259.《皮尔斯文选》，第 88 页。

皮尔士认为，莱布尼茨虽然看出了笛卡尔所谓概念的清晰性问题所在，但事实上莱布尼茨与很多逻辑学家一样，仅是"把一个观念的内容理解为所有包含在这个观念的定义之内的东西"①，且仅认为"当我们能够用抽象的词语给出一个观念的准确定义时，这个观念就被明晰地理解了"②。此种清楚只是通过重下定义或借用逻辑对概念进行分析，而这种分析，皮尔士指出，"会使大多数人、甚至那些具有一种反省的思想倾向的人感到困惑"③。因此，皮尔士认为这第二种清楚"只不过是100年前已被驳倒的那种哲学的一种反映。那种备受赞扬的'逻辑装饰'——清楚性和明晰性的理论——也许是很漂亮的，但是现在已经是把这种古代的装饰品（bijou）送入我们的珍宝陈列室，让我们穿上某些更适合于现代用途的新装的时候了"④。

皮尔士所谓的"适合于现代用途的新装"⑤ 则是第三种清楚，亦称为"实用的清楚"⑥，"传授的是也许我可能获得允许称之为实用的'充分性'（'Adequacy'），意思是，并非已是什么，而是在问题中，这个概念或者指号的物质或者意义应该是什么，以达到它的真有用性可以被满足"⑦。在皮尔士1910年对"第三种清楚"写下这样的定义时，一方面表达了，在其心中，唯有第三种清楚才是其实用主义思想的展现，且应该称之为"实用的清楚"⑧。另一方面，皮尔士也揭示了此种清楚的核心所在，即对概念或指号的实际意义于各维度下向外作用力表现和真正有用性（实际意义）的满足的探索。可见，皮尔士的第三种清楚是根据概念于各维度下外部表现的实际意义以及是否能达到满足感来做判断，其超出了第一种感觉状态的清楚，也超出了第二种逻辑定义分析式的清楚。

所以，笔者认为，皮尔士的第三种清楚，本质上来说就是同时满足两条规则，一是对概念于各维度下向外作用的实际意义进行探索，而实际意义本身即是此概念的清楚性（充分性）所在；二是所获实际意义必定能够满足某种用途，或者说必然具有表现于外在的效果。于此可见，皮尔士第

---

① W 3. p. 258. 《皮尔斯文选》，第87页。
② W 3. p. 258. 《皮尔斯文选》，第87页。
③ W 3. p. 271. 《皮尔斯文选》，第99页。
④ W 3. p. 260. 《皮尔斯文选》，第88—89页。
⑤ W 3. p. 260. 《皮尔斯文选》，第88—89页。
⑥ 皮尔士的手稿 MS 649 第2页。
⑦ 皮尔士的手稿 MS 649 第2页。
⑧ 皮尔士的手稿 MS 649 第2页。

三种的清楚，亦是实用的清楚，与其外部实际意义与效果的满足紧密相关。皮尔士在1905年也直言，实用主义所想要的"就是一个用来确定任一概念、主义、命题、词汇或者其他指号真正意义的方法"①。之后，1906年皮尔士再次直言，"实用主义本身不是一种形而上学学说，它不试图决定任何关于事物的真理。它只不过是一种用以弄清楚一些难解的词或者抽象概念的意义的方法"②。可见，皮尔士在1878年第一次提出实用主义原则时，所定义的要达到第三种清楚的规则，本质上就是对概念的实际意义获取的规则，即意义的规则。怀特也评价，"皮尔士的实用主义的主要目的，在于帮助我们解释一般名词，即科学家们所用的普通的名词和形容词的意义；这里有这样一种含义，即：假如我们不能用这种方法去确定一种意义，那么从科学的观点来看，这一名词就是没有意义的"③。说到底，皮尔士实用主义原则对第三种清楚的追求，亦可谓对解释物向外表现的意义的探求。

具体来说，皮尔士以"硬""重量"和"力"等概念对其实用主义第三种清楚的规则（意义的规则）进行了说明。在对概念进行第三种清楚性阐明时，皮尔士借"意味"或"意义"（mean）来联结效果，从而澄清概念。比如，硬这个概念，硬的对象，即硬东西（如钻石）意味着"它不会被其他许多物体划破"④；重量这个概念，重量的对象，即一个重的东西，意味着"如果没有一种与之相反的力，它就会掉下来"⑤；力这个概念，力的对象，即经历运动变化的事物，意味着"知道力的效果是什么，我们就认识到在说一种力存在时所意指的每一件事实，再也没有什么更多的东西需要知道了"⑥。可见，第三种清楚最终将以意义得以澄清而展现。

同时，根据皮尔士对这些实际意义的获取可知，无论是澄清"硬"、"重量"还是"力"的意义，都是根据不断的实验探究，事实检验与分析得出。这意味着，皮尔士对外部意义的获取仍诉诸科学探究的方式。皮尔士于1906年对实用主义的核心要点阐述中，指出，"所有的实用主义者都进一步同意，他们用以弄清楚词和概念的意义的那种方法，不外是所有那

---

① CP 5.6 （p.4）.
② CP 5.464 （p.317）.《皮尔斯文选》，第44页.
③ [美]怀特：《分析的时代》，杜任之译，商务印书馆1981年版，第139页.
④ W 3. p. 266.《皮尔斯文选》，第95页.
⑤ W 3. p. 267.《皮尔斯文选》，第96页.
⑥ W 3. p. 270.《皮尔斯文选》，第99页.

些取得成绩的科学"①。可见,皮尔士将其实用主义原则对概念的意义寻求,完全面向科学。关于科学实验的方法,皮尔士指出,"通过这种方法,这种科学达到了那种分别为它们所固有的确定性程度"②,并且"这种实用方法本身不过是对'根据它们的成果去了解它们'这条相当古老的逻辑原则做了一种特殊的应用"③。

正如詹姆斯评价,皮尔士为达到第三种清楚的实用主义意义原则为,"我们思想中对一个东西达到完全明白,那么,我们只需要看一看这个东西可能包含什么样的实际效果"④,而关于这些包含实际效果的概念,"就这个概念的肯定意义来说,就是我们对于这个东西全部概念"⑤。这总结出,皮尔士实用主义原则要澄清概念的第三种清楚的要旨,就是根据概念所具有的各维度下向外展现的实际效果来澄清该概念的所有意义。而要达到此要旨则如皮尔士1906年所宣扬的,必然要继续诉诸科学探究方法。简言之,1878年皮尔士提出的实用主义原则要旨在于通过科学探究的方式探寻概念的第三种清楚,即概念的实际意义所在。

而关于概念之所以能够成为概念,皮尔士认为此源自于信念。"能够成为一种信念,否则我们就不可能有酒的概念。"⑥我们之所以能够探寻和确定概念的第三种清楚,在于我们相信此概念所具有的效果即是其实际意义。进一步说,皮尔士的实用主义原则要探寻关于概念的第三种清楚,本质上来说,就是相信概念所具有的第三种清楚,即相信其包含的所有实际意义。因此,皮尔士实用主义原则与信念紧密相连。实用主义原则辅助信念,依据科学探究的方式,澄清信念的第三种清楚。正如皮尔士于1905年直言,"信念构成了实用主义"⑦,并且源自于真概念(信念)所可以想象的实践结果则是理智概念(信念)的意义⑧。说到底,实用主义原则可谓是设立了一套彻底澄清信念第三种清楚以及信念外部呈现的意义理论。

自1878年之后,皮尔士于1903年和1905年两次重提实用主义原则,

---

① CP 5.464(p.317).《皮尔斯文选》,第44页。
② CP 5.464(p.317).《皮尔斯文选》,第44页。
③ CP 5.464(p.317).《皮尔斯文选》,第44页。
④ WJ 1.p.29.《实用主义》,第28页。
⑤ WJ 1.p.29.《实用主义》,第28页。
⑥ W 3.p.265.《皮尔斯文选》,第94页。
⑦ CP 5.9(p.6).
⑧ CP 5.9(p.6).

一方面，再次重申了 1878 年原初的实用主义原则；另一方面，补充强调要以条件句的方式来说明实用主义原则中应该如何获得"实际意义"。皮尔士在 1903 年《关于实用主义的演讲》中写道："实用主义是一个这样的原则，其每一个理论判断都以陈述语气在句中表达，这是一个令人困惑的思想形式，如果思想有很多意义，而其唯一的意义存在趋于强迫符合实践的原则，可以以条件句包含命令语气在内的条件句结论句的方式表达。"①这意味着，在皮尔士看来，信念应诉诸条件命令式（命题）予以陈述，这样能够更清楚表达意义。胡克威也指出，"我们可以修改皮尔士声称的实用主义原则是一种对命题的澄清而非作为一个工具对概念的澄清的系统阐释"②。一方面可以说，在皮尔斯看来，条件命令式（命题）是实用主义原则意义真正澄清的方式；另一方面，所谓对概念的澄清，最终必然要诉诸条件命令式（命题）来实现。

1905 年皮尔士再次对实用主义原则进行阐释时，又一次强调以条件命令式来消解未知困惑。皮尔士写道："它将以陈述的语气：任一指号的完全理智支持在于理性行动的所有整体形式的统一，这些条件性地依据所有可能的不同情形与渴望，而这些理性行动的所有整体模式将保证指号的接受。"③ 在皮尔士看来，对指号的接受在于根据不同条件下，人们的行动模式的统一来说明。

对此，笔者认为，皮尔士实用主义原则对信念的意义（第三种清楚）的规范式必然要以条件命令式予以体现，即"如果……那么……"。张庆熊就指出，"皮尔士认为，直陈式往往会模糊我们的概念和混乱我们的思想，而正确的途径是从功能方法考虑词和句子的含义，即要把直陈式改写为条件——命令式，通过相关条件下实施的实验结果来考察其确凿的含义"④。

具体关于条件命令式，即"如果……那么……"应该如何运用于信念的意义阐释方面，怀特认为，"皮尔士主张，当我们将一个术语应用于一个客体（如'这是硬的'），做一个普通定言单称陈述时，我们就该将它

---

① CP 5.18（p.15）.
② Christopher Hookway, *The Pragmatic Maxim*, Oxford: Oxford University Press, 2012, p.9.
③ CP 5.438（p.293）.
④ 张庆熊：《经典实用主义的问题意识——论皮尔士、詹姆斯、杜威之间的关联和区别》，《云南大学学报》（社会科学版）2014 年第 4 期，第 22 页。

翻译成一个有条件的或假设性的陈述,就是说,要将它翻译成如同下列形式的一个'假如—那么'的陈述:'假如动作 O 施于其上,那么 E 就将被经验到'。根据这一观点,'这本书是重的',要翻译成'假如移去了支持这本书的所有的力量(等于一个人为了它拿在手里所需要耗费的力量),这本书就会跌落下来'"①。相似的观点,还有穆尼茨。穆尼茨指出,"我们用'C'代表某一个概念。用'R'代表某个操作(或一套操作,实验及观察条件)。用'E'代表'可感觉的效果'(即实际结果)。这样,实用主义解释'C'意义的公式就是 C =(如果 R 则 E)"②。以"硬"作为例子,解释穆尼茨提出的等式为,"C('硬')= 如果进行操作 R(用适当的刀刃进行切削实验),那么当事人可以感觉得到效果 E(被试的石头不会出现被刮破、切开和压陷的结果)"③。

显然,怀特的"假如动作 O 施于其上,那么 E 就将被经验到"④ 和穆尼茨的"'C'意义的公式就是 C =(如果 R 则 E)"⑤ 已经非常明晰地把握住了皮尔士实用主义原则中考察信念意义的核心之处。但笔者认为,可以再进一步按照米萨克关于皮尔士信念意义理论中强调的三部分⑥,更加完善皮尔士信念的意义规范式。

首先,米萨克指出,要"挑出这个术语要直指的对象或者知道这个术语的指示"⑦。这意味着要确定信念的意义(第三种清楚)首先要确定其所指称的对象。皮尔士在实用主义原则阐释时,也提出我们要构思"我们概念的对象"⑧。具体来说,对"硬"的信念解读,就要首先确定"硬"所指的对象,即硬的东西(如钻石)才能够进一步对"硬"的意义进行探索。所以,在笔者看来,关于某一信念的意义规范式的确立,首先要找到该信念所指对象,即信念的对象。

---

① [美]怀特:《分析的时代》,杜任之译,商务印书馆1981年版,第139页。
② [美]穆尼茨:《当代分析哲学》,吴牟人、张汝伦、黄勇译,复旦大学出版社1986年版,第65—66页。
③ 郑伟平:《当代信念伦理学的"第四条道路"——论皮尔士的信念规范理论》,《哲学分析》2014年第1期,第44页。
④ [美]怀特:《分析的时代》,杜任之译,商务印书馆1981年版,第139页。
⑤ [美]穆尼茨:《当代分析哲学》,吴牟人、张汝伦、黄勇译,复旦大学出版社1986年版,第65—66页。
⑥ Cheryl J. Misak, *Truth and the End of Inquiry*, New York: Oxford University Press, 1991, p. 12.
⑦ Cheryl J. Misak, *Truth and the End of Inquiry*, New York: Oxford University Press, 1991, p. 12.
⑧ W 3. p. 266. 《皮尔斯文选》,第95页。

其次，米萨克指出要"给予这个术语一个定义或者知道这个术语的内涵"①。言外之意，就是根据上文提到的，"借'意味'或'意义'（'mean'）来联结效果，从而澄清概念"②，获取信念的实际意义。这也正是怀特与穆尼茨所强调的部分，根据对信念对象所实行的操作，所获得的实际效果来"意味"此信念的意义。亦可通过皮尔士对"硬"定义时，所用的推进语句，"我们说一种东西是硬的，这意味着什么"③ 来联结信念的对象与信念的对象意味的内容。关于这个推进句，笔者认为，可以更具体地表达为"（信念的对象）意味着（产生）什么效果"，从而更加准确地表达皮尔士所要发现的信念的实际意义。

再次，米萨克提出的第三条关于解释者对信念的意义把握需要满足的规定是，"知道期望什么，如果这个假设包含的术语为真"④。关于这条规定，笔者认为，其一定程度上是在重复第二条关于"意味"的规定，但进一步强调了假设该信念为真的一种米萨克所谓的"期望"状态。此正是笔者在第一章第三节关于信念与真中，认为要达到皮尔士所谓真信念的"希望"状态。因此，笔者认为，准确地说，关于信念的意义规范式的第三条规定，应该是进一步对信念"意味"的内容"希望"为真，换言之，就是对第二条规则中，信念"意味"的内容要求态度至真。此中，一方面强调信念的意义所追求的方向为至真；另一方面，也符合皮尔士自1905年起，决定把"将"改为"要"的转变。在1907年，皮尔士在论述实用主义原则时，也指出信念的意义"传达某种不只是感觉的东西，而是传达某种比任何存在事实更多的东西，也就是传达习惯行为的'要如何行动'（would-acts）、'要如何行事'（would-do）。没有任何实际的偶然事件的聚集物能够填满'要如此'（would-be）的意义"⑤。此时的皮尔士已经更加确认，信念对象与其意味内容的关系并非具有永恒而完全的确定性，而只是针对当下的认知程度确立信念的意义。从一定程度上来说，也是皮尔士反对基础主义，坚持探究及信念具有可错性的体现。

---

① Cheryl J. Misak, *Truth and the End of Inquiry*, New York: Oxford University Press, 1991, p. 12.
② 上文，"具体来说，皮尔士以'硬'、'重量'和'力'对其实用主义第三种清楚的规则，亦为意义的规则进行说明。在对概念进行第三种清楚性阐明时，皮尔士借'意味'/'意义'（mean）来联结效果，从而澄清概念"此段的论证。
③ W 3. p. 266.《皮尔斯文选》，第95页。
④ Cheryl J. Misak, *Truth and the End of Inquiry*, New York: Oxford University Press, 1991, p. 12.
⑤ CP 5.467（pp. 318-319）.《皮尔斯文选》，第45页，翻译略作修改。

第二章 皮尔士：信念于实用主义之中

最后，笔者认为，应该聚焦于皮尔士于 1905 年在重新提及 1878 年的实用主义原则时，将"我们"完全替换为"你们"①的考虑。皮尔士在后来《什么是实用主义》一文中也提到，其于 1905 年在重提实用主义原则的定义时，"仅仅把第一人称改为第二人称"②。笔者认为，当皮尔士在 1905 年对 1878 年实用主义原则进行重述，仅对论述的人称进行修改，而其他词汇未做调整。这意味着皮尔士已经注意到"你们"比"我们"更能表达人们对信念及其意义的探究。

笔者认为，皮尔士之所以转换 1878 年实用主义原则论述中的人称为"你们"，其主要原因在于，"你们"更能完美地将共同体思想融入信念意义的把握中。一方面，"你们"代表了不仅仅是皮尔士这一代对信念意义把握的观念，而且还具有更远的朝向，其比"我们"更具有面向未来无限希望的用意。另一方面，"你们"在包含无限希望的同时，一定有可错论的意味在其中，于此可推，皮尔士关于信念的意义把握与信念的确立相似，都将以探究的方式确立，且都将基于在先认知与新的经验获取而不断转变和发展。所以，笔者认为，当皮尔士将"我们"替换为"你们"时，其用意远不止字面上仅是一个人称的转变，其本身具有丰富的用意。因此，在对信念的意义规范式表达中，必将加入"你们"来规范信念意义的把握，而非像怀特与穆尼茨那样，仅关注信念的意义内涵，而忽视皮尔士对信念意义获取过程的关注。

因此，根据在先我们对 1878 年皮尔士第一次提出实用主义原则的要旨和方向的阐释，可得实用主义原则为信念提供了意义确定（第三种清楚）的规范式，并且此规范式完全遵从科学探究模式。关于此信念的意义（第三种清楚）的规范式具体确定，首先要如米萨克强调的要挑出信念的意义"直指的对象"③，即信念的意义对象。

另外，笔者认为，为顺利由信念意义的对象过渡到对信念的意义所具有的实际意义的确定，应该借用笔者在先论证出的"（信念的对象）意味着（产生）什么效果"来联结。于此，方可更加准确地过渡到皮尔士于 1903 年与 1905 年强调的，要以条件命令式来规范信念的意义。

借鉴怀特和穆尼茨对意义规范式的定义，并结合二者对信念意义对象

---

① CP 5.438（p.293）.《皮尔斯文选》，第 22 页。
② CP 5.422（p.281）.《皮尔斯文选》，第 12 页。
③ Cheryl J. Misak, *Truth and the End of Inquiry*, New York: Oxford University Press, 1991, p.12.

的关注，笔者认为，可得关于信念的意义的条件命令规范式为，"如果对信念对象执行操作 R，那么就会构想为效果 E"。而此中，之所以用"构想"而非怀特的"被经验到"①或者穆尼茨的"可以感觉得到"②，抑或是米萨克所谓的"观察到"③，则在于皮尔士于1905年再次提及1875年定义时，将"构想"（conceive）④ 斜体强调。这意味着，皮尔士强调唯有"构想"一词才能真正体现信念的意义中对效果的把握方式。其从一定意义上既包含了像怀特、穆尼茨和米萨克所用的词汇中所具有的已经感知到的特征，而且更重要的是要突出人们已经获取或者说已经拥有某种在先认知进而做判断的状态。因此，笔者认为，用"构想"一词更符合皮尔士的真正用意。

此外，条件命令式还需进一步强调的是，正如米萨克所谓，此条件命令式作为"意味"的获取，其更表示一种"期望"⑤ 的状态。信念的意义确定与信念的确立一样，同样强调面向"未来"的希望，且具有其可错性。因此，皮尔士的信念意义的规范式必然也要包含皮尔士1905年后对"要"与"你们"的转变。所以，皮尔士对信念的意义条件规范式应为，"如果你们要对信念对象执行操作 R，那么就要构想效果 E"。

据此，皮尔士信念的意义规范式就可以根据本部分的论证得为：

1. 确定信念的意义对象。
2. 以回答"（信念的对象）意味着（产生）什么效果"来联结对信念的意义规范式的补充。
3. 信念的意义（第三种清楚）规范式＝完全遵从科学探究模式之上，如果你们要对信念对象执行操作 R，那么就要构想效果 E。

笔者认为，此三步为皮尔士信念的意义得以获取的规范整体式。若以简化形式确定，仅为第三步即可称为皮尔士信念的意义规范式。但为了使

---

① ［美］怀特：《分析的时代》，杜任之译，商务印书馆1981年版，第139页。
② ［美］穆尼茨：《当代分析哲学》，吴牟人、张汝伦、黄勇译，复旦大学出版社1986年版，第65—66页。
③ Cheryl J. Misak, "Charles Sanders Peirce", in Cheryl J. Misak, ed., *The Cambridge Companion to PEIRCE*, Cambridge: Cambridge University Press, 2004, p. 3.
④ W 3.266. 《皮尔斯文选》，第95页，翻译略作修改。
⑤ Cheryl J. Misak, *Truth and the End of Inquiry*, New York: Oxford University Press, 1991, p. 12.

信念的意义获取更加顺畅且符合皮尔士的论证思路，笔者认为，此三步总和能更完全和具体地表达出皮尔士实用主义原则于信念的意义获取得以规范化进行的过程。

总之，皮尔士实用主义思想产生，源于对康德"实用的"关于实验经验、技艺运用以及立足于科学探究的发展。皮尔士实用主义原则与其反基础主义用科学探究方式确立信念的思想相容并进。并且，一定程度上来说，皮尔士实用主义原则具有一定的反基础主义的科学探究背景。这也正是皮尔士信念的意义规范式中强调的，即要完全遵从科学探究模式之上，才能够对信念的意义进行确定。

关于根据皮尔士实用主义原则所确立的信念意义规范式，亦是信念第三种清楚的规范式，一方面在继续延续反基础主义信念观特征，坚持以科学探究的模式发展，并且尊重共同体"你们"，以"要"而非"将"来确定信念的意义。另一方面，以条件命令式对具体化信念对象进行把握，构想其余各维度下向外体现的实际效果。总结可得，皮尔士信念的意义（第三种清楚）的一般规范式为：完全遵从科学探究模式之上，如果你们要对信念对象执行操作 R，那么就要构想效果 E。关于实用主义原则信念的意义（第三种清楚）规范式中第二种视角的解读，即信念及其意义本身具有的向内约束力于外的表达，将于下一节"信念与表达"中进行集中阐释。

第二节　信念与表达

根据皮尔士于 1878 年、1903 年、1905 年与 1907 年对实用主义原则的阐释以及上节确立的皮尔士信念的意义（第三种清楚）规范式，本节将聚焦于皮尔士实用主义原则关于"实际意义"[①] 所表现的具体形式，及对信念外显表达与其本质于各维度下的约束力存在的关系进行讨论，从而就所确立的信念的意义（第三种清楚）规范式中条件命令式的内容部分进行分层解读。

---

① Christopher Hookway, *The Pragmatic Maxim*, Oxford: Oxford University Press, 2012, p. 171. 此节主要聚焦于胡克威所谓的第二种视角，即从实际意义表现的具体形式的视角，对信念的意义（第三清楚）规范式中条件命令部分进行深入解读。

笔者认为，对于探究信念的意义（第三种清楚）来说，"实际意义"表现的具体形式就是信念自我本质的表达，由每一信念及其对应意义于各维度下向内的约束力决定。换言之，信念的意义（第三种清楚）唯有通过其自身"实际意义"表现出的具体形式而被揭示。关于"实际意义"表现的具体形式，胡克威定义为"行动"[①]乃至类行动（习惯）。但笔者认为，不应仅有行动与习惯，准确地说，"实际意义"表现的形式应为现象的第三范畴指号，"皮尔士的指号学贯穿着他的实用主义原则"[②]，具体表现为图像（icon）、标志（index）与象征（symbol）。其中，行动与习惯包含于指号中，主要体现为象征。因此，从"实际意义"的视角考察信念的意义（第三种清楚）的关键在于对信念自身表达形式的研究，即指号的研究。同时，尤其需要关注的是第三性指号，即包含行动与习惯的象征为信念意义的主要揭示。而且由于习惯具有连接信念的意义与信念本质的作用，所以信念的意义得以揭示其所直指的信念。

一 信念与指号

基于上一节以整体视角对实用主义原则考察得出的信念的意义（第三种清楚的）规范式，本节聚焦于对实用主义原则中"实际意义"所表现的具体表达形式进行考察。本部分则从宏观视角，对信念"实际意义"表达及所居于的形式范畴进行分析。笔者认为，皮尔士提出的第三性范畴，即指号，是信念的完全表现形式。此中，指号不但包括行动与习惯于第三性指号（象征）之中，而且还包括第一性指号（图像）与第二性指号（标志）。根据信念"实践意义"的完全表达形式，笔者将对信念的意义规范式中条件命令式部分，从第一性、第二性与第三性进行更细致的分层规定，得出更加具有针对性的信念意义规范式。

根据皮尔士对人认知现象方式的定义可知，分为第一性范畴、第二性

---

① Christopher Hookway, *The Pragmatic Maxim*, Oxford: Oxford University Press, 2012, p. 171. 根据胡克威所谓的第二种系统阐释就是从实际意义的视角，参考胡克威写道："the second kind of formulations takes the additional step of saying what it is for something to have practical bearings: it must have 'a tendency to enforce' practical maxims, conditionals which specify how we ought to act in various circumstances, given our desires." 可见，胡克威所认为的实际意义的视角聚焦于行动乃至类行动（习惯）。

② 李国山：《实用主义：同一准则下的理论纷争》，《河北学刊》2014年第6期，第9页。

范畴与第三性范畴。皮尔士指出:"我认为有三种存在方式,我们能从任何时间、以任何方式呈现于心中的任何事物的成分中直接观察它们。它们是真实的、质的可能性的存在,是确有事实的存在,是那种用以统御未来事实的法则的存在。"① 在皮尔士看来,任何现象进入人们心灵中,都只会寓于这三种认知范畴情况之中,"我们并不会经历任何超出这三个范畴之外的任何经验"②。

其中,关于现象的"第一性范畴",米萨克指出,"第一性是一个简单的、单一的因素——一个感觉的性质、一种想象,或者仅是一种可能性"③;而笔者认为,皮尔士的第一性范畴主要是对外部的客体进行的感觉把握。皮尔士指出,所谓第一性是"存在于主体的真实存在之中,与其他任何事物无关。这只能是一种可能性。因为只要事物之间不相互发生作用,关于这些事物有任何存在的说法都不会有意思或意义,除非它们存在于自身之中,这样它们才能与其他事物发生关系"④。这意味着,第一性仅存在于事物自身之中,而且唯有这种感觉质的可能性发生了,即其与其他事物发生关系时才有意义。虽然"什么地方存在现象,什么地方就有性质"⑤,但是"这些性质自身只是'可能'、而不是必然被实现"⑥,对感觉质的把握仅在于被人们感觉到的性质而决定。一切第一性范畴的认知都源于人们对外部客体产生的感觉质。因而,皮尔士直言,"我们自然地把第一性归之于外部的客体"⑦。

关于第一性范畴的认知,皮尔士以红色举例,指出"当在宇宙中任何红的事物出现之前,红的存在方式永远不会有真实的质的可能性"⑧,不具有红这一属性的事物出现,就不会具有红这一性质存在的可能性,红这一性质仅存于事物现象之中才会予以体现。可见,事物作为外部的客体,其所具有的性质,本质上来说,与其自身有关,其只是一种质的可能性。因此,第一性范畴所得的认知,并非信念(思想),而是外部客体自身具有

---

① CP 1.23 (p.7).《皮尔斯文选》,第168页。
② Cheryl J. Misak, *Truth and the End of Inquiry*, New York: Oxford University Press, 1991, p.71.
③ Cheryl J. Misak, *The American Pragmatists*, Oxford: Oxford University Press, 2013, p.38.
④ CP 1.25 (p.7).《皮尔斯文选》,第169页。
⑤ CP 1.418 (p.228).《皮尔斯文选》,第170页。
⑥ CP 1.304 (p.150).《皮尔斯文选》,第174页。
⑦ CP 1.25 (p.7).《皮尔斯文选》,第169页。
⑧ CP 1.25 (p.7).《皮尔斯文选》,第169页。

的某一感觉质被人们认知。皮尔士也指出,"我们只认识感官提供给我们的感觉,它们向我们揭示自己"①,通过感官与事物现象的感觉质相联,才得以使我们把握事物现象的质得以可能。

简言之,第一性范畴所得认知只是一种对外部事物本身具有的感觉质的把握,是人们获得的立即感觉,而并非思想②。因此,在第一性范畴的认知中,并非能够产生信念,只是能够获取一些对外部事物的感觉性把握。

关于"第二性范畴",米萨克描述其为,"一种相互作用的动态元素:行动与反应,或者冷酷的力的二元"③。笔者认为,皮尔士的第二性范畴认知不但是关于二元的动态讨论,更是结合两个事物之间所发生关系与其所产生的事件(event)④或事实(fact)⑤的讨论。虽然皮尔士对第二性范畴的定义聚焦于二元的动态关系,即"有一种事物的存在方式,它存在于第二个客体如何存在之中"⑥,但关于这种关系产生的结果,皮尔士都在强调事件或事实所包含的现实性、对抗性、偶然性与非理性。

皮尔士举例,"当行政司法长官把手放在我肩膀上时,我就开始对法庭的决定有了现实性感觉"⑦,或者,"把肩靠在门上并使劲想把它推开,就会感到一种看不见的、无声的和不可知的阻力"⑧。前者为手放于肩上,后者用肩推门,两个例证都揭示了两个事物之间的对抗力。关于这些由对抗力构成的事件或事实,皮尔士指出"我们不能看见事实,像我们看见性质那样,即是说,它们不存在于潜在性和感官的本质中"⑨。不同于第一性范畴是感受性的获取,第二性范畴是以两个事物之间发生作用而产生的事实为表现形式。其次,这些事实本身是由对抗的力量作用产生,皮尔士描述,"我们体察到事实抵抗我们意志的情况,这就是为什么我们把事实称

---

① CP 1.418 (p.228).《皮尔斯文选》,第170页。
② 更详尽阐释参见附录,2018年11月13日、2019年3月13日、2019年3月27日普劳德福特教授对笔者讲解的记录。
③ Cheryl J. Misak, *The American Pragmatists*, Oxford: Oxford University Press, 2013, p.38.
④ CP 1.24 (p.7).《皮尔斯文选》,第169页。
⑤ CP 1.419 (p.228).《皮尔斯文选》,第17页。
⑥ CP 1.24 (p.7).《皮尔斯文选》,第169页。
⑦ CP 1.24 (p.7).《皮尔斯文选》,第169页。
⑧ CP 1.24 (p.7).《皮尔斯文选》,第169页。
⑨ CP 1.419 (p.228).《皮尔斯文选》,第170—171页。

之为无情的理性的原因"①,其中的作用力具有抵抗原本状态的"斗争的成分"②。再次,事实出现本身具有偶然且非理性。皮尔士将第二性范畴中两种事物间对抗力产生的事实描述为,"逻辑学家们称之为'偶然的'(contigent)东西,即意外地成为现实的东西"③;并且指出这类作用力"是任何包含无条件的必然性的事物,也就是一种没有法则和理性的无情的力量"④。可见,第二性范畴所得观念仅是由两事物之间产生对抗作用的力构成的偶然性且非理性的事实。显然,认知的第二性范畴与第一性范畴一样,不可能产生思想或信念。

不同于第二性范畴仅聚集于对二元事物之间对抗力所产生的具有偶然性和非理性事实的讨论,第三性范畴增加了第三者,即解释方。这意味着,"我们所经历的任何解释,都使我们进入到第三范畴"⑤,而这种第三性"并不可能源于第一性(性质)和第二性(事实)的关系,而确实源自于任何二元关系"⑥。所谓第三性范畴,笔者认为,是基于第二性范畴中两个事物之间具有的对抗力关系之上,对此关系包含的意义与规则进行揭示。皮尔士认为现象的第三性范畴就是"由我们称之为法则的东西所构成"⑦。而人们对于法则的寻求所运用的就是思想,"当我们只是从外部来思考它们时,我们称之为法则,而当我们看见这个防护装置的两面时,我们称之为思想"⑧。对于皮尔士来说,法则与思想就是人们对现象理解的一体两面。法则作为第三性范畴的构成要素,其是"绝对第一者和最后者之间的中介或联系纽带"⑨,存在于两个事物发生作用之间。而思想就是对法则的发现、揭露与解释。

比起认知现象的第一性范畴是对外部事物感觉质的揭露,第二性范畴是发现两个事物之间发生关系的事实,仅有第三性范畴是基于之前两个范畴之上,对两个事物发生关系的法则进行揭露,从而产生思想。因此,思

---

① CP 1.419 (p.228).《皮尔斯文选》,第171页。
② CP 1.322 (p.161).《皮尔斯文选》,第182页。
③ CP 1.427 (p.233).《皮尔斯文选》,第183页。
④ CP 1.427 (p.233).《皮尔斯文选》,第183页。
⑤ Cheryl J. Misak, *The American Pragmatists*, Oxford: Oxford University Press, 2013, p.38.
⑥ Richard J. Bernstein, "Action, Conduct, and Self-Control", in Richard J. Bernstein, ed., *Perspectives on Peirce*, New Haven and London: Yale University Press, 1965, p.100.
⑦ CP 1.420 (p.229).《皮尔斯文选》,第171页。
⑧ CP 1.420 (p.229).《皮尔斯文选》,第171页。
⑨ CP 1.337 (p.170).《皮尔斯文选》,第173页。

想仅属于认知现象的第三性范畴。

关于思想，皮尔士认为，其与信念有着密切的关系。皮尔士指出，思想的"唯一的动机、观念和功能在于产生信念"①，即使思想会有诸如使人愉悦的功能，但最终必然会与伴随其中的其他功能分开，因为思想"的灵魂和意义却只能是把它自身引向产生信念，绝不是引向任何别的目的。处于行动中的思想把使思想获得安宁作为它的唯一可能的动机；任何与信念无关的东西都不属于思想本身"②。思想处于活跃的状态，而当思想处于安宁状态，意味着信念达成，"因此信念既是思想的一个终点，同时又是它的一个新的起点"③。可见，思想就是达到信念的通道，没有思想，信念就不可能确立。

同时，思想还有另一个代名词，即指号。皮尔士直言，"只有通过外部事实才可能对思想有所认识。因此，唯一可能加以识别的思想，就是指号中表达出来的思想，那种不可能加以识别的思想是不存在的。因此，一切思想都必定不可避免地在指号中表达出来"④。思想从外部事实中来，但以指号的表达被认知。笔者认为，指号是皮尔士所谓思想得以呈现的依据。从一定意义上来说，指号即是外部实在得以被把握的中介。皮尔士解释，"一个指号作为指号而言有三种指称：（1）对于某个对它做出解释的思想而言，它是一个指号；（2）它是某个在那种思想中于它等值的对象的指号；（3）它是那样一个指号，它在某个方面或者某种品质中使这个指号与它的对象连接起来"⑤。这意味着，指号联结思想者、指号本身与对象，从而使思想表达与交流得以可能。

依据上文可得，思想仅属于现象的第三性范畴，思想的唯一功能在于产生信念，而且思想也是信念得以确立的通道。根据思想的表达唯有通过指号，可以进一步推理得出，指号与思想一样于认知现象的第三范畴中，并且作为思想得以表达和交流的媒介。信念得以表达或者得以体现，也必然通过指号完成。由此可知，按照信念自身的表达或者体现来考察信念的意义（第三种清楚），本质上来说，就是从揭示信念的指号所产生的实际

---

① W 3. p. 263.《皮尔斯文选》，第 92 页。
② W 3. p. 263.《皮尔斯文选》，第 92 页，翻译略作修改（其中，"thought"改译为"思想"而非"思维"）。
③ W 3. p. 263.《皮尔斯文选》，第 92 页，翻译略作修改。
④ W 2. p. 207.《皮尔斯文选》，第 120 页。
⑤ W 2. p. 223.《皮尔斯文选》，第 130 页。

效果来考察信念所包含的"实际意义"。

皮尔士对指号的定义为,"对某个人来说,它在某个方面或以某种身份代表某个东西"①。关于指号有三种三分法,其中第二种,关乎指号与其对象的关系,最能体现信念的意义。② 因此,笔者将聚焦于指号的第二种三分法,即"存在于指号自身具有的某种特性中,或存在于与对象的某种关系之中,或存在于与解释者的关系中"③,从指号的图像(icon)、标志(index)与象征(symbol)三个视角,对信念的意义(第三种清楚)包含的"实际意义"进行考察。米萨克也指出,"他(皮尔士)实用的意义并不与一个指号的实际效果相联系,而是与如果这个指号被'恰当的理解'所产生的这些效果相联"④。

指号于第三性范畴之中,联结思想解释者、思想解释对象与对象本身;同时指号还具有第一性、第二性与第三性范畴。当指号与其对象的关系表现为第一性,指号借助其本身特征来表征对象,即以指号的第一性图像表达信念。关于图像,皮尔士将其定义为,"图像是一种表象,它的质是它作为第一者的第一性(firstness)。即是说,它作为物所具有的那种质使它适合于成为表象,因而任何东西都适于成为与它相似的东西的替代物(替代物的概念包含目的概念,因为是真正的第三性 [thirdness])"⑤。指号的第一性以图像表达表象,图像通过其本身质的特征来传递其所要代表的东西或相似物,当然这种对目的的表示,是指号第三性的表达。

可见,指号的第一性范畴,即以图像本身质的特征表达其要传递的信息或信念。同时,图像是"直接传达观念的唯一方式"⑥。比如,一个以大括号方式表示的不同类的指号间关系,或者借助代数指号表达的数量关系⑦等都是图像直接传递指号对象实际意义的表达。关于指号的第一性图像的功能,皮尔士在1903年《关于实用主义演讲》中第三讲,关于《范

---

① CP 2.228(p.135).《皮尔斯文选》,第277页。
② 由于信念就是要与外部实在这一对象趋于一致,信念以指号得以表达和体现出来,聚焦于指号第二种分类中,即关乎指号与对象的关系,此视角与信念的获取相吻合。同时,指号的这一视角得出的图像、标志与象征,其本身也体现其他两种分类。因此,从指号的此种视角考察信念的意义,可以更加清楚和全面地揭示信念的意义。
③ CP 2.243(p.142).《皮尔斯文选》,第279页。
④ Cheryl J. Misak, *Truth and the End of Inquiry*, New York: Oxford University Press, 1991, p.20.
⑤ CP 2.275(p.157).《皮尔斯文选》,第283页。
⑥ CP 2.278(p.158).《皮尔斯文选》,第284页。
⑦ 两个例子参考:CP 2.282(pp.159-160).《皮尔斯文选》,第285页。

畴的继续》中进行了定义。皮尔士认为，图像"是一种通过拥有其本身特征的品质来完成表征功能的再现，而且它可以通过并不存在的对象来拥有相同的功能"①。于此可见，图像确实是一种表达，其通过自身包含的特征能够进行意义的表现。普劳德福特指出，"关于图像的例子，就比如一个笑脸的图像、一个太阳的图片，或者出现在计算机中的表情图片等等。它们是一些并不依赖于语言，而只是一些图片。但每个在这个世界上的人都会明白，并不依赖于人们说什么，却能被全世界认知"②。图像作为第三范畴中指号的第一性，其通过自身的特征进行完全表达，可以得到犹如第一性范畴感觉质的可能性所具有的直接能够让人们把握的特质。因此，人们可以直接通过图像及其自身所表达的内容把握其意义。

于此，笔者认为，信念得以表达的第一性范畴的方式，事实上就是第三性范畴指号的第一性图像。图像通过其自身特征将内容直接传递，人们得以获得信念。笔者认为，通过图像指号的表达确立的信念，可以称为第一性信念。由于图像的"实际意义"以其自身揭示，因此信念得以从图像本身把握意义。

进一步分析，笔者认为，从第三性范畴指号的第一性图像的表达得出的是第一性信念，而由此得出的信念意义（第三性清楚）规范式应该基于上节所证信念的意义（第三种清楚）一般规范式"信念的意义（第三种清楚）规范式＝完全遵从科学探究模式之上，如果你们要对信念对象执行操作 R，那么就要构想效果 E"，进一步具体为"当信念以指号第一性图像的方式表达，信念的意义（第三种清楚）规范式＝完全遵从科学探究模式之上，如果你们要对信念对象直接认知为 R，那么就要构想效果 E"。

具体来说，当我们面对如指号第一性图像这样的形式体现信念时，比如，当我们面对路灯显示红色这一图像时，我们就会"直接认知为红色路灯，那么就要构想出效果为停"；再比如，当我们面对计算机中笑脸这一图像时，我们会"直接认知为笑脸，那么就要构想出效果为快乐"。笔者认为，当第三性范畴指号以第一性图像的方式表达信念时，信念的意义是通过图像本身所具有的质或者属性直接获得。人们有能力根据之前认知，对图像指号给予判断，从而构想出指号对象的效果，从而把握信念的意义。很显然，这是信念意义得以把握的最直接亦是最简方式。笔者

---

① CP 5.73（p.50）.
② 详细阐述参见附录，2019 年 3 月 27 日普劳德福特教授对笔者讲解的记录。

认为，其虽然是信念意义的最简单把握方式，但是其存在的价值不可忽视。

当指号与其对象的关系表现为第二性范畴，指号则存在于与其对象之间的关系中，指号第二性标志通过揭示与对象的关系来将信念表达或体现。关于标志，皮尔士将其定义为，"通过被某个对象所影响而指示那个对象"①。标志不同于图像，其不是通过自身直接表示对象的质或者属性；但不得不说，标志一定"与那个对象共同具有某种质"②，但"不仅仅与它的对象相似"③，其一定"被那个对象做了实际的调整"④。而所谓调整，是基于与该对象所具有的共同质，以及受其影响而产生的关系中确定。

可见，指号的第二性方式，是以与对象相似的质与关系中确立的标志来表达信念。皮尔士举例，以摇摆步态走路断定其为水手的标志、根据着装判断为职业赛马骑师或相似类人物标志、以空气潮湿气压表骤降为下雨标志、风信标为风向标志、北极星为指北标志⑤等等。对此，皮尔士在1903年解释道，标志"是一种完成再现功能的一种再现，其通过这样的特征品质，即如果它的对象不存在，它不可能有；但是它将继续只是有相同的，无论是否它被解释为再现"⑥。这意味着，对于标志来说，其直指的对象不可以不存在，但是可以解释者不存在，因为无论解释者存在与否，其所揭示的关系都存在。于此，普劳德福特指出，"谈论天气预报针、通过树轮知南北看阴阳、看太阳的南北等等，这些东西，都是即使没有人，它们也存在着，即使没有人在那里进行相关解释。它们并不是通过其本身，或者图片就能显示意思，它们所显示的意思则是由于它们由自然法则而引起。即使没有人在那里，或者发现那种所显示的规律，它仍然在那里"⑦。可见，标志意味着，在对象事物之间关系中存在着的自然法则被揭示，其无关与解释者是否存在。米萨克更进一步认为，"标志是这样的指号，它

---

① CP 2.248（p.143）.《皮尔斯文选》，第 281 页。
② CP 2.248（p.143）.《皮尔斯文选》，第 281 页。
③ CP 2.248（p.143）.《皮尔斯文选》，第 281 页。
④ CP 2.248（p.143）.《皮尔斯文选》，第 281 页，翻译略作修改（其中，"actual modification"改译为"实际的调整"而非"现实的修正"）。
⑤ 例子参考：CP 2.285 – 286（pp.160 – 161）.《皮尔斯文选》，第 287 页。
⑥ CP 5.73（pp.50 – 51）.
⑦ 参见附录，2019 年 3 月 27 日普劳德福特教授对笔者的讲解记录。

们表明它们的对象于一种因果的方式中"①。所谓因果的方式，说到底就是标志与对象存在的关系，或者说对关系的揭露。

于此，笔者认为，信念得以表达的第二种方式，就是第三性范畴指号的第二性标志。标志是通过揭露对象间关系与之中存在的自然法则，来使人们获取对象间关系的信念。通过标志指号的表达所确立的信念，可称之为第二性信念。由于标志的"实际意义"存在于对象之间的关系中，因此，可以从标志中把握信念的意义。

进一步分析，笔者认为，从第三性范畴指号的第二性标志的表达所得出的是第二性信念，根据信念意义（第三种清楚）一般规范式基础上进行改写。其应改写为，"当信念以指号第二性标志的方式表达，信念的意义（第三种清楚）规范式＝完全遵从科学探究模式之上，如果你们要对信念对象揭露其间法则（原因）R，那么就要构想效果 E"。因为，标志不仅仅是一种图像，更能够揭示对象间的关系法则（原因）。

具体来说，当我们面对如指号第二性标志这样的形式体现信念时，比如，当我们面对温度计温度上升这样的标志时，我们就会"揭露其间温度数字上升，天气会转暖（的法则），那么就要构想出效果为温度变热"，所以温度计数字上升是转暖的标志；当我们看到远处山顶冒烟时，我们就会"揭露冒烟为起火的原因，那么就要构想效果为山顶起火"，所以烟是火的标志；当我们面对空气潮湿气压表骤降，我们就会"揭露其间气压下降，天气要下雨（的法则），那么就要构想出效果为天要下雨"，所以气压骤降是下雨的标志。

因此，笔者认为，当第三性范畴指号以第二性标志的方式表示信念时，人们通过信念的标志寻找产生标志的对象间关系中的自然法则或原则，从而确定信念的意义。关于信念以标志的方式进行表达，有一点值得关注，就是从某种意义上来说，以标志揭露信念的意义会基于图像把握之上，进而探究与对象（图像）的关系，根据其间所存在的自然法则或原

---

① Cheryl J. Misak, "Charles Sanders Peirce", in Cheryl J. Misak, ed., *The Cambridge Companion to PEIRCE*, Cambridge: Cambridge University Press, 2004, p. 8. 米萨克不但认为标志表示他们的对象在因果方式中，同时认为"标志的本质是它强迫注意力的能力。一个指向手指、敲门，或者一个指示代词，比如"那儿"或"那"，使注意力聚焦到他的对象，通过使解释者聚焦到对象上"。对于米萨克认为，标志的最主要特质在于直指对象的注意力的观点，笔者并不认同。很显然通过上述论证，标志不仅仅只是关于对象注意力的聚焦，更是与对象关系的原因和自然法则的讨论。

因，从而通过第三范畴指号的第二性标志的表达，发现信念的意义。

当指号与其对象关系表现为第三性，指号存在于与解释者的关系中，根据惯例或习惯性方式对对象解释（复制），即是以指号的第三性象征的方式来表达信念。关于象征，皮尔士将其定义为，"象征（symbol）是这样一种指号，它借助法则和常常是普遍观念的联想去指示对象，这种法则使那个象征被解释为指示那个对象。所以，它自身是一种普遍的类型或法则，即法则指号。它通过复制品而活动"①。象征中包含标志和图像这样的成分②，通过约定俗成的规则解释对象。更确切地说，象征是通过已形成的惯例规则对对象的复制。

指号的第三性方式象征是针对对象或对象间关系，以习惯性方式对其进行的解释。比如，关于什么是气球，可被描述为"它像一个很大的肥皂泡"③，使此形象成为象征的一部分。再比如，关于爱、给予、鸟和婚姻等作为象征的实例，皮尔士指出，"它（象征）适用于任何被看作与这个词相关的观念的东西，它自身并不等同于这些东西"④。因此，象征与对象的相联必定建立在解释的心灵之上，"若没有心灵，那样一种联系就不能存在"⑤。皮尔士于1903年，直接指明象征的功能为"象征是一种再现，此再现完成其功能，不管任何与其对象相似或者类似，以及同样的不管在其中任何事实的联系，而是单独地和简单地，因为它将被解释为一种再现"⑥。这意味着，象征作为一种指号，其仅与解释相关，且并不关注对象及其所产生的事实本身。"真正的指号是象征。它比较像语言，但它也不一定为语言"⑦，普劳德福特指出，"比如在日本的文化，当我给你一个礼物，这就意味着非常不同与美国文化。因为在日本的文化，如果我给予你一个礼物，那么你需要给我一个礼物，而且礼物要值差不多的价钱。那可能不一定非要是语言，但在特定的文化中，……给礼物就具有不同的意义"⑧。象征不同于图像能够直接通过自我就能表达思想，象征需要人们去

---

① CP 2.249（pp.143-144）.《皮尔斯文选》，第281页.
② CP 2.293（p.166）.《皮尔斯文选》，第291页.
③ CP 2.293（p.166）.《皮尔斯文选》，第291页.
④ CP 2.298（p.168）.《皮尔斯文选》，第292页.
⑤ CP 2.299（pp.168-169）.《皮尔斯文选》，第293页.
⑥ CP 5.73（p.51）.
⑦ 详细阐述参见附录，2019年3月27日普劳德福特教授对笔者讲解的记录.
⑧ 详细阐述参见附录，2019年3月27日普劳德福特教授对笔者讲解的记录.

解释进而达到彼此对对象的认知。

于此，笔者认为，信念得以表达的第三种方式，事实上就是第三性范畴指号的第三性象征。象征通过对对象及其间关系和法则的解释，从而确立信念及其意义。通过象征指号的表达所确立的信念，笔者认为，可以称之为第三性信念。

据此，笔者认为，从第三性范畴指号的第三性象征的表达所得出的是第三性信念，根据信念意义（第三种清楚）一般规范式基础上进行改写。笔者认为，其应改为："当信念以指号第三性象征的方式表达，信念的意义（第三种清楚）规范式 = 完全遵从科学探究模式之上，如果你们要对信念对象解释为 R，那么就要构想效果 E。"

具体来说，当我们面对如指号第三性标志这样的形式表达信念时，比如问什么是气球时，我们就会"对气球解释为像一个很大的肥皂泡，那么就要构想效果为很大的肥皂泡"；当我们疑问什么是给予时，我们就会"对给予解释为一个对象把某（些）东西转给另一对象，那么就要构想效果为前者不再拥有此（些）东西而后者将拥有"；当我们想知道学生为什么给老师送花这一行动的意义时，我们就会"对学生送花给老师这一行动解释为学生爱戴和感恩老师，那么就要构想效果为老师收到花感受到学生的尊敬和感激"，等等诸如此类。当然，无论是第一性指号图像、第二性指号标志还是第三性指号象征，其都会"成长和发展"[①]。正如皮尔士所谓，"比如，力、法则、财富、婚姻这些词对我们的意义，不同于它们对我们的远古的祖先所具有的意义"[②]。这也是信念的意义（第三种清楚）规范式起初必须"完全遵从科学探究模式之上"的原因所在，其对意义的确定必然要诉诸当下科学实验的考证。

因此，笔者认为，当第三性范畴指号以第三性象征的方式表达信念时，人们通过科学探究模式，对对象以及对象间关系进行解释，从而把握住信念的意义。同时，以指号第三性象征来把握信念的意义还会包含第一性图像和第二性标志的作用。

总之，思想仅于现象的第三范畴中，以能够连接思想者、指号本身与对象的指号而表达。信念作为思想的产物与唯一动力，与思想相同，通过指号得以表达。指号分为三性，分别对应表达出三种性质的信念。第一性

---

① CP 2.302（p. 169）.《皮尔斯文选》，第 293 页。
② CP 2.302（p. 169）.《皮尔斯文选》，第 293 页。

信念的意义通过指号第一性图像表达，根据直接认知对象本身来习得；第二性信念的意义通过指号第二性标志表达，根据揭露与对象间法则（原因）得以获得；第三性信念的意义通过指号第三性象征表达，通过对对象或与对象间关系的解释得以确定。因此，笔者认为，信念的意义（第三种清楚）所具有的"实际意义"，在皮尔士看来完全于指号的三性形式而体现，此亦可谓信念的意义以指号的形式被揭露，从而确定每一信念的是其所是。

二 信念与行动

基于"实际意义"以指号三种性质，即图像、标志和象征体现，皮尔士于 1905 年重述 1878 年的实用主义原则时，再次强调行动作为象征表现的"实际意义"。皮尔士将其实用主义原则以直陈式语气将其表述为，"任何一个象征的全部理性内涵（intellectual purport）就在于合理行为的各种普遍模式（mode）的总和，它依据于各种可能的、不同的环境和愿望，从而引导人们接受这个象征"[1]。在皮尔士看来，行动乃至习惯（行为）作为实际意义的象征，是信念在日常个体乃至共同体生活中的典型体现。

关于皮尔士信念观对行动的论述，郑伟平认为，"皮尔士的这种观点与倾向主义的表征概念是一致的，'表征之所以对信念来说是重要的，乃是因为这些表征支持了这样一种方式'"[2]，这种方式指的是进行实际和潜在行动的方式。按照以上分析与叙述，在信念本质问题上，皮尔士应当被看作一位传统倾向主义者[3]。于此，郑伟平得出，"皮尔士的信念主题 2：信念表现了当事人进行特定行动的倾向"[4]。对此，笔者赞同郑伟平以皮尔士信念观为行动倾向主义的观点。同时，笔者进一步认为，行动对于皮尔士的信念观来说，不仅具有信念倾向行动的特征，而且对于皮尔士来说，

---

[1] CP 5.438（p.293）.《皮尔斯文选》，第 22 页，翻译略作修改（其中，"symbol"改译为"象征"而非"指号"）。
[2] 郑伟平：《当代信念伦理学的"第四条道路"——论皮尔士的信念规范理论》，《哲学分析》2014 年第 1 期，第 40 页。
[3] 郑伟平：《当代信念伦理学的"第四条道路"——论皮尔士的信念规范理论》，《哲学分析》2014 年第 1 期，第 40 页。
[4] 郑伟平：《当代信念伦理学的"第四条道路"——论皮尔士的信念规范理论》，《哲学分析》2014 年第 1 期，第 40 页。

行动更是信念意义的表达。

准确地说，笔者认为，皮尔士信念观中信念与行动的关系更确切对应的是信念与信念的意义的具体表达（体现）。据此，笔者将从行动为信念的具体指号的视角，以及信念指导行动两个视角论证出信念的意义具体表达为行动，并且行动使皮尔士信念观中信念的意义得以确定。

从行动为信念的具体指号的第一视角来看，皮尔士于 1905 年再述实用主义原则时就已直接指出，理性行为整体模式的总和就是象征的全部理性内涵。① 在笔者看来，行为作为信念表达的指号，不仅表现为指号的第三性象征，事实上也会体现为第一性图像和第二性标志。比如，一个行动可以如笑脸一样，作为图像表达开心；走路的姿态这样的行动亦可以作为标志，来揭示个体的职业。

总之，笔者认为，准确地说，理性行动以指号来表达其所具有的信念意义，并非仅为第三性象征。并且，理性行动"因为人的实践、行为与动物式的应付环境的活动不同，它渗透了意向性、目的性，已经不属于纯粹自然世界，而和意义融合在一起了。事实上，纯粹的自然世界，我们只能感受到它的存在，却无法对其形成判断，因为当我们对其进行判断时，它就已经从第二范畴进到第三范畴，已经存在于意义空间中"②。因此，在皮尔士看来，比起天花乱坠的言辞，行动揭示人们对应坚持的信念。笔者认为，原因在于行动之中包含着信念的意义。例如，在选举中，有的人会口头上表达，对某位候选者十分喜爱，一定会对其投票，但当真正投票的时候，却行为与言语相悖，并没有投给之前自己大肆宣扬喜爱的候选者，而是投给了其他人。甚至有的时候，人们做出这样的行为与语言不符的事情时，并没有一丝思考或犹豫③。再比如，有人声称自己很怕坐飞机，认为坐飞机会导致死亡，虽然他们声称自己害怕这些，但是依然会选择坐飞机。人们的行为之所以与其所声称的信念完全相悖，原因在于其真正的信念并不是所声称的那样。这些最终选择坐飞机的人，真正的信念还是相信飞机的安全性。因为，行动已经完全表达了其所坚持的信念所包含的意义。

从信念指导行动的视角来考察，皮尔士晚期 1906 年对实用主义的

---

① CP 5 438（p.293）.《皮尔斯文选》，第 22 页。
② 陈亚军：《古典实用主义的分野及其当代效应》，《中国社会科学》2014 年第 5 期，第 66 页。
③ 参见附录，2018 年 9 月 5 日普劳德福特教授对笔者讲解的记录。

第二章　皮尔士：信念于实用主义之中

《历史的亲缘与起源》一文中，指出信念关于行动的定义最初源于尼古拉·圣·约翰·格林（Nicholas St. John Green）对柏因信念定义的强调，"他（格林）经常强调把柏因关于信念的下述定义加以应用的重要意义：信念是'人们准备以其为行动依据的那种东西'"①，并且因为柏因关于信念的定义，皮尔士"倾向去把他（柏因）看作实用主义的先驱"②。柏因认为，"关于我们确定准备去行动被承认将成为信念唯一的、真正的和不可错的标准"③。柏因信念观的核心观点是信念的评判标准就是行动。

于此，皮尔士更加明确地认为行动是区分信念与其对立面怀疑的分界。皮尔士认为，信念决定我们的行动，而怀疑不具有这样的效果，"每一种信念都是如此，只是相信的程度有所不同。这种相信的感觉肯定在或多或少的程度上表明，在我们的本性中已经形成某种对我们的行动做出决定的习惯。怀疑绝不会产生这样的效果"④。人们在怀疑中，不会产生行动，唯有行动可以。因此，皮尔士得出关于信念与行动关系的核心观点为，"我们的信念指引我们的愿望，形成我们的行动"⑤。信念是行动的法则。信念作用于行动，于行动中展现。如果某信念不形成任何行动或任何实践结果，在皮尔士看来，此所谓信念为空信念，仅为信念的空壳，没有任何价值和意义。真正的信念必然指导行为，而行为揭露信念及其意义。

虽然并非任何时候信念都会完全转化为行动，但信念必然具有要行动的倾向。皮尔士于1877年《信念的确定》中指出，"信念并非使我们立即行动，而是使我们处于一种状态，即当有关的情况发生时，我们将以某种特定的方式采取行动"⑥。这意味着，有很多时候人们事实上已经接受或者相信一些东西，但是并未真正意识到这些信念，直到特定情形下一些状况的发生。比如，当人们面对突发地震，人们会顺势趴到钢筋混凝土非常坚硬的地方，以作暂时的躲避和自我保护。事实上，在地震未来临之前，人们并不会意识到自己已经习得了一些地震中自我保护的信念，而在地震触发的瞬间，紧急条件下，人们之前储备的信念被激发，信念及其意义以行动展现。

---

① CP 5. 12（p. 7）.《皮尔斯文选》，第 42 页。
② CP 5. 12（p. 7）.《皮尔斯文选》，第 42 页。
③ Alexander Bain, *The Emotions and the Will*, London: Longmans, Green, and Co., 1875, p. 505.
④ W 3. p. 247.《皮尔斯文选》，第 72 页。
⑤ W 3. p. 247.《皮尔斯文选》，第 72 页。
⑥ W 3. p. 247.《皮尔斯文选》，第 72 页。

关于信念于特定条件下转化为行动的论证，皮尔士于1892年《规范的科学》一书中，进一步将在重要危机时刻乐意行动命名为"完全的信念"（*full belief*）①。皮尔士指出，"我们相信这个我们以之准备行动的命题。完全的信念就是乐意在重要危机时刻以之行动的命题，意见（主张）就是乐意在相对不重要的事上以之行动"②。关于重要与否的判断，皮尔士指出，科学不包含其内，"对于科学来说没有什么是重要的；没有什么可以是"③。由此可见，一定意义上来说，这打破了一些学者认为，"他（皮尔士）心中的行动仅仅限于科学探究中的各种构想及操作，超出实验室的带有人类目的性和功利性的行动并不是皮尔士所关心的"④ 的观点。对于皮尔士而言，信念的意义以行动体现，而行动并非仅局限于其所宣扬的科学，且远超于此。皮尔士坚持的是以科学探究的方法确立信念以及把握信念的意义，而非将信念确立的范围聚焦于科学之中；相反，皮尔士同样关注生活，尤其是生活中重要而危机的时刻。在皮尔士看来，重要时刻的行动才是信念的意义价值最重要的体现，亦是"完全的信念"不同于一般意见或主张所在。

总之，理性行动不仅以指号的第三性象征，还以指号的第一性图像和指号的第二性标志的方式表达其所具有信念的意义。同时，皮尔士的信念思想还源于柏因以行动为信念的评判思想，认为真正的信念指导行动，尤其在重要危机时刻具有行动倾向。由此可见，尤其于重要危机时刻行动的实现，更是信念及其意义真正展现。进一步说，理性行动就是信念意义的完全体现，同时是信念于各个维度下向内约束力的本质表达。于此，笔者认为，对于皮尔士来说，行动所意指的就是信念与其信念意义于各维度下的实现与表达。

三 信念与习惯

根据上文论证，笔者认为，行动就是信念及其意义于各维度下的实现

---

① CP 1.635（p.347）.
② CP 1.635（p.347）.
③ CP 1.635（p.347）.
④ 徐陶、胡彩云：《实用主义起源于一场误会吗？——对古典实用主义的产生于内在谱系的历史考察》，《中南大学学报》（社会科学版）2019年第1期，第52页。

与表达。但不乏学者认为，反复行动所确定的习惯才能够表达信念的意义。罗森塔尔在其《意义作为习惯：皮尔士实用主义的一些系统的含义》一文中就认为，"对于皮尔士来说，意义将被明白，作为从行为模式中出现的理性的结构；作为从活着的生物通过人类生物体与宇宙本身的相互作用中出现。或者，换言之，人类行为就是有意义的行为，并且那种组成概念意义的理性模式扎根于行为中"①。罗森塔尔认为，人类理性行为（习惯）具有意义，并且意义唯有通过理性行为模式而非行动才可知。罗森塔尔强调唯有行为习惯才具有信念的意义。

笔者认为，按照皮尔士的解释，行动已经可以表达信念的意义，而习惯除了表达信念的意义之外，习惯同样还作为思想中的推理指导原则及信念的本质而存在。"皮尔士对待信念作为行动的习惯"②，而非仅有表达信念的意义作为具体指号这一层意义。因此，笔者很认同夏皮罗（Gary Shapiro）在指出皮尔士的习惯思想，既具有普遍性又具有条件性时，认为"这个强调的重要性在于其给予皮尔士一种建起在思想和行动之间鸿沟的桥梁"③。言外之意，皮尔士的习惯思想连接了思想与行动。对此，笔者非常认同，得以将皮尔士实用主义原则所强调的信念的意义（第三种清楚）与信念相连，并真正发挥于各维度下信念向内约束力的是习惯。

接下来笔者将从行动不同于行为、行为不同于习惯以及习惯的改变，递进地论证得出习惯既包含行动所具有的信念意义表达的呈现，还存在于科学探究模式的确立过程中。由于习惯连接信念的意义与信念确立的本质，因此使得信念的意义得以确切地表达信念的其所是。

首先，行动（action）不同于行为（conduct / behaviour）。"与粗糙的行动不同，行为本质上是普遍的。粗糙的行动是单个的，行为是一类或一种行为。"④ 行为显然不同于行动，但是行为与行动密切相关，唯有通过反

---

① Sandra B. Rosenthal, "Meaning as Habit: Some Systematic Implications of Peirce's Pragmatism", *The Monist*, Vol. 65, No. 2, 1982, p. 230.
② Richard Rorty, "Religious Faith, Intellectual Responsibility, and Romance", in Ruth Anna Putnam, ed., *The Cambridge Companion to William James*, Cambridge: Cambridge University Press, 1998, p. 84.
③ Gary Shapiro, "Habit and Meaning in Peirce's Pragmatism", *Transactions of the Charles S. Peirce Society*, Vol. 9, No. 1, 1973, p. 26.
④ Richard J. Bernstein, "Action, Conduct, and Self-Control", in Richard J. Bernstein, ed., *Perspectives on Peirce*, New Haven and London: Yale University Press, 1965, p. 77.

复行动，形成一类或一种行动才能成为行为。"行为是与皮尔士习惯的中心观念紧密相连"①，皮尔士1878年实用主义原则强调以"行动模式"②确立习惯，从而习惯作为行动中的规则而存在。皮尔士1907年最后一次强调实用主义原则时，更清晰地指明"理智的概念——它们是那种适当地命名为'概念'的唯一指号负荷（sign-burdens）——从本质上说具有某种涉及意识的生物或者无生命的对象的一般行为的意义"③，并对一般行为的意义描述为，其"传达某种不只是感觉的东西，而是传达某种比任何存在事实更多的东西，也就是传达习惯行为的'要如何行动'（would-acts）、'要如何行事'（would-dos）。没有任何实际的偶然事件的聚集物能够填满'要如此'（would-be）的意义"④。于此可见，行为比行动还多一层稳定性和面向未来的确定性。

之所以行为比行动更加稳定，在于其形成了习惯。习惯之于行为的定义，皮尔士指出，"在知觉和想象以相似的方式组合起来的情况下，多次地重复同一种行为就会产生一种倾向，即习惯，也就是在未来的相似情况下将以相似的方式行动"⑤。这意味着，同一行动的重复形成行为，而行为具有形成习惯的趋向。同时，习惯会在一定程度上决定未来将进行何种行动乃至行为。

虽然习惯不同于行为，但不可否认习惯以行为乃至行动得以表达。习惯会通过行为（行动模式）得以信念的意义表达和阐释。从外部实在的表现意义来说，行为（行动模式）与习惯相等同。关于习惯对信念及其意义的解释，皮尔士描述道："在某些特定条件下，当解释者期望某种特定的结果时，他将以特定的方式形成某种习惯，那个真实的、有生命力的逻辑结论就是那种习惯；语言表达式只不过对它做出表述。"⑥ 于此，"习惯作为其逻辑解释物的那个指号而言是一个指号"⑦。习惯在这层意义上，与外部行为一致，具有表达信念意义的指号作用。

---

① Richard J. Bernstein, "Action, Conduct, and Self-Control", in Richard J. Bernstein, ed., *Perspectives on Peirce*, New Haven and London: Yale University Press, 1965, p. 77.
② W 3. p. 264.《皮尔斯文选》，第92页，翻译略作修改。
③ CP 5. 467 (p. 318).《皮尔斯文选》，第45页。
④ CP 5. 467 (pp. 318–319).《皮尔斯文选》，第45页，翻译略作修改。
⑤ CP 5. 487 (p. 334).《皮尔斯文选》，第57页。
⑥ CP 5. 491 (p. 341).《皮尔斯文选》，第60页。
⑦ CP 5. 491 (p. 341).《皮尔斯文选》，第60页。

第二章　皮尔士：信念于实用主义之中

　　反过来，信念之间相同抑或相异，也通过行为（习惯）来体现。"不同的信念是通过它们所引起的不同的行动方式加以区分。假如信念在这方面没有区别，假如它们是通过产生同样的行动规则来平息同样的怀疑，那么在关于它们的意识状态中就没有纯粹的差异能使它们成为不同的信念。"① 若信念相同则行动必然一致，而信念不同则行动一定不同。皮尔士做出了这样的比喻，相同的乐谱在不同的钢琴上演奏不能称之为不同曲调。② 通过行为或行动模式相同，信念的意义得以表达和体现。

　　但习惯并非仅体现于外部行为，笔者认为，皮尔士的"信念的本质在于建立一种习惯"③ 以及"信念具有习惯的性质"④ 的观点根源于将习惯付诸心灵思想之中。皮尔士指出，"使我们从特定的前提中引出这一种推论而不是另一种推论的那种东西，是某种思想习惯，不论这种习惯是生来俱有的还是习得的"⑤。在皮尔士看来，人们的思想本身就具有习惯性，"作为在人的本性中依据以决定他将如何行动的某种普遍原则"⑥，同时其能够以命题方式把思想习惯表达，"可以用一个命题把那种支配这种或那种的特定思想习惯表述出来，这个命题的真理性取决于这种习惯所决定的推论的有效性，这样一个公式被称为推理的指导原则"⑦。根据思想习惯具有的这条推理指导原则，我们即可由一块铜板发生的情况推导出另一块铜板或者铜属性的物质具有相同的情况。可见，习惯不单单于行为（行动模式）中表现，同样寓于思想之中，思想本身就具有习惯。

　　因此，习惯本身具有两层属性。一层与行为（行动模式）一样，能够表达思想的产物，即信念的意义，"要揭示思维的意义，我们只需确定它产生什么习惯就行了，因为一个事物的意思不外乎就是它所包含的习惯"⑧。通过外部行为习惯，可以获取信念的意义。另一层则在于习惯寓于思想之中，能够引导和决定行动，"习惯的同一性取决于它将如何引导我

---

① W 3. p. 264.《皮尔斯文选》，第 92 页。
② W 3. p. 264.《皮尔斯文选》，第 92 页。
③ W 3. p. 264.《皮尔斯文选》，第 92 页。
④ W 3. p. 248.《皮尔斯文选》，第 74 页。
⑤ W 3. p. 245.《皮尔斯文选》，第 70 页。
⑥ CP 2. 170（p. 100）.《皮尔斯文选》，第 264 页。
⑦ W 3. p. 245.《皮尔斯文选》，第 70 页，翻译略作修改（其中，"inference"改译为"推理"而非"推论"）。
⑧ W 3. p. 265.《皮尔斯文选》，第 93 页。

· 115 ·

们去行动,不仅在那种好像会发生的情况下,而且在那种尽管好像不会出现、但又可能出现的情况"①。这意味着,习惯与信念本质相同,习惯的内容和意义也是"看它在什么时候和以怎样方式促使我们行动"②;而且反过来,信念的本性就如同习惯一样,信念也是"建立起一种行动规则"③。习惯在以行为这一具体模式表达信念的意义同时,其本身也正如皮尔士所谓是"信念的本质"④,可以直接代表信念。皮尔士在一篇未出版的文章中指出,"在给定情形下,在给定动机的驱使下准备以某种方式行动,这就是一种习惯,而一种经过思考的、自我控制的习惯,恰恰就是一种信念"⑤。根据习惯同时具有以上两层属性可知,习惯可连接内心世界与外部世界,"这两个世界的相互作用主要由外部世界对内心世界的直接作用和内心世界通过习惯的作用对外部世界的间接作用所组成"⑥。因此,习惯既表达信念的意义又决定信念的本质,是内部思想与外部行为(行动)实在的连接桥梁。

同时,习惯虽然作为一种行动反复而稳定进行的行为模式,但习惯与信念一样并非永恒不变,其仍然处于科学探究的模式之中。首先,习惯虽然具有稳定性,但其仍然具有可错与可修正性。皮尔士指出,"每个人都可以通过修改自己的习惯而对他自己进行或多或少的控制"⑦。作为具有多次重复同一行为倾向的习惯来说,"习惯——变化往往由习惯的力量升高或降低所组成"⑧,当重复性增多一定程度上会加大习惯转变的难度,但作为信念构成的向内约束力,与信念一样,习惯也寓于科学探究模式之中,当面对外部实在对成见的质疑时,仍然会发生改变。

其次,习惯变化的产生与信念发生转变一样,都源自于"成见"。皮尔士指出,"习惯——变化意指一个人的行为倾向发生变化,这种变化或者产生于以前的经验,或者产生于以前他的意志运作或动作,或者产生于

---

① W 3. p. 265.《皮尔斯文选》,第 94 页。
② W 3. p. 265.《皮尔斯文选》,第 94 页。
③ W 3. p. 263.《皮尔斯文选》,第 92 页。
④ W 3. p. 264.《皮尔斯文选》,第 92 页。
⑤ CP 5. 480 (p. 330).《皮尔斯文选》,第 54 页。
⑥ CP 5. 493 (pp. 342 – 343).《皮尔斯文选》,第 61 页。
⑦ CP 5. 487 (p. 334).《皮尔斯文选》,第 57 页。
⑧ CP 5. 477 (p. 327).《皮尔斯文选》,第 51 页。

这两者的组合"①。笔者认为,皮尔士所谓习惯变化与信念对应的怀疑产生的原因相一致,都源自于人类经验和认知等的不断扩大,进而通过发现问题和错误以及惊喜等,诉诸外部实在进行科学探究而确立或转变。

再次,习惯也具有信念至真的希望。一方面,习惯与信念相同,其本身对未来行动具有自我控制力。皮尔士指出,"在读者作为一个理性的人没有怀疑的那些事情当中,有一件事情是,他不仅有习惯,而且能够对他的未来行动采取一种自我控制的措施"②。这意味着在未来可能出现的特定问题下,人们能够"通过重塑和调整行为"③而自我控制。另一方面,习惯也与信念一样,对至真怀有希望,并且反过来希望发生的习惯也决定信念的意义。米萨克就指出,"'信念——习惯'表明它们自己在期望中:如果我们相信 H,那么我们就习惯性期望当这个恰当的情况出现,源于 H 得出的结果或预言"④。

因此,习惯作为类行动的行为,一方面具有以外部行动(行为)代表信念意义的表达;另一方面,习惯本身亦为推理的指导原则于心灵中,如信念一样能够指导人们的行动及行为。同时,习惯与信念一致,于科学探究的模式之中,源自于成见并由经验的扩大而发生转变或修正,且对未来具有自我控制与希望。可见,从外部看,习惯表达信念的意义;从内部看,习惯作为信念的本质而存在。所以,笔者认为,皮尔士以习惯连接了信念的意义与信念,使信念的意义得以完全表达信念。

总之,信念的意义(第三种清楚)仅于第三性范畴中以指号的方式予以表达,其中第一性图像根据直接认知对象本身来表达,第二性标志以揭露与对象间法则来表达,第三性象征通过对对象或与对象间关系的解释得以表达。理性行动作为指号典型的具体表现,其包含图像、标志与象征三性特征,是信念的意义完全体现。因此,行动本身就是信念意义的实现。作为类行动的行为习惯,其不但具有行动的信念意义表达,而且其本身作为心灵的推理指导原则,是信念的向内约束力。所以,习惯将信念的外部表现与其内部约束力完全连接,一方面习惯作为认知第三性范畴的象征指

---

① CP 5.476 (p.327).《皮尔斯文选》,第50—51页.
② CP 5.418 (p.279).《皮尔斯文选》,第10页.
③ Richard J. Bernstein, "Action, Conduct, and Self-Control", in Richard J. Bernstein, ed., *Perspectives on Peirce*, New Haven and London: Yale University Press, 1965, p.81.
④ Cheryl J. Misak, *Truth and the End of Inquiry*, New York: Oxford University Press, 1991, p.48.

号，将信念的本质于各个维度下的约束力传达到了信念的意义外部表现上；另一方面，作为信念本质的表达，其在约束信念意义的外部表现的基础上，揭示了信念本质内涵的是其所是。在笔者看来，此亦是皮尔士信念观构成的第四部分，即信念为点于各维度下，以指号、行动及习惯作为本质表达，并通过其意义向外的表现得以确立信念的是其所是。

第三章　詹姆斯：皮尔士信念观之承袭

詹姆斯的信念观一方面承袭皮尔士反基础主义与实用主义此二路线继续发展，另一方面突破了皮尔士仅以科学探究模式和完全排斥个体主观因素来确定信念。本章将聚焦于第一方面，即对詹姆斯承袭皮尔士信念观而发展确立出的信念观进行讨论，从而就詹姆斯信念观是什么以及詹姆斯信念观与皮尔士信念观之间的承袭关系进行研究。

关于詹姆斯对皮尔士信念观的承袭，笔者认为，詹姆斯顺延了皮尔士反基础主义与实用主义的路径，并且把皮尔士信念观的实用主义思想的运用范围更加扩大，将反基础主义部分几乎融入实用主义之中进行讨论。首先，詹姆斯沿袭皮尔士反基础主义主要成果是从心理学视角进一步论证，认为信念的对立面仍是怀疑，且可感与可知。其次，詹姆斯将皮尔士反基础主义所得真信念的观点融入实用主义之中进行讨论。这意味着，詹姆斯实用主义思想之中包含对真之论证。因此，詹姆斯对皮尔士的沿袭，一方面表现为延续皮尔士的信念意义（第三种清楚）理论为关注实际效果的实用主义方法；另一方面表现为延续皮尔士真信念观点，继续重视真与实在的紧密关系，确立证实为真的观点；继续坚持可错论，并将其完全运用于真信念之中，认为真信念按照"最小程度的振动和最大限度的连续"[①] 逐变；认同共同体的同时，关注人本与个体的作用，将多元与其产生的善的效果纳入真之考虑。

接下来，本章将聚焦于詹姆斯承袭皮尔士信念观中信念的对立面为怀疑、信念与实用主义的方法，以及真信念三方面进行讨论，进而论证得出詹姆斯确立信念意义的规范式和确定"真"信念的规范式，以及其信念观

[①] WJ 1. p. 35. 威廉·詹姆斯：《实用主义》，李步楼译，商务印书馆2011年版，第36页。（后文简写为《实用主义》，第36页。）

古典实用主义奠基者的信念观研究

承袭皮尔士信念观主要的两方面表现：信念为点探究至真与信念为点于各维度内外作用力确定是其所是。

第一节　信念与其对立面

皮尔士信念观的产生源自于对笛卡尔式基础主义的怀疑开始，针对近代传统哲学家坚持的人们依据直观力、内省力以及非认知概念确立信念的观点进行批判，坚持要"抛弃假装的怀疑"（Dismiss make - believes），[①]确立以成见为前提于认知领域内的真正的怀疑。从感受层与行动层把握，皮尔士的信念观具有既可感又可知的属性。对此，笔者认为，詹姆斯在一定程度上延续了皮尔士批判基础主义而确立真正怀疑，以及人们具有可感与可知的能力分辨与把握怀疑与信念的观点。虽然少有哲学家对詹姆斯继承皮尔士信念观中此部分展开研究，但笔者认为，虽然此部分的考察看似简单且易被忽视，但作为二者信念观研究得以深入考察的前提，此对于继续研究信念的确立及其意义十分重要。

接下来，笔者将从詹姆斯反基础主义与坚持信念具有可感可知的属性，此二视角展开论证。从第一视角来看，笔者认为，詹姆斯的著名意识流理论就是对皮尔士反基础主义怀疑论中不存在非认知概念的最好支持性补充论证。在詹姆斯的意识流理论中，皮尔士真正的怀疑所强调的"成见"被直接化成了意识状态（思想）产生的前提条件与特性。詹姆斯强调真正的怀疑产生于矛盾，本质来说就是思想流中发生的波动。

首先，笔者认为，詹姆斯的意识流理论就是对皮尔士批判基础主义怀疑论的延续，并且更有力地为反基础主义提供理论支持。比起皮尔士反对人们具有直观力、内省力和非认知的概念来批判笛卡尔式基础主义怀疑论，笔者认为，詹姆斯更加彻底地从意识的定义和特性研究入手，指出思想及信念得以确立的前提完全打破了基础主义的条条框框。詹姆斯于其《心理学原理》第九章"意识流"（"思想流"）一开篇就指出，"大多数的书籍将感觉作为最简单的心理事实开始研究，接着再综合地继续下去，

---

① CP 5 416 (p. 279).

每个更高级的阶段都是由比它低一级的阶段构成,但这样做就抛弃了经验的研究方法"①。如洛克等一些传统经验主义哲学家,通常直接把简单感觉作为之后负责或者进一步研究的最基本心理事实。更本质一些说,就是将感觉作为之后复杂研究最基础的依据。詹姆斯认为,"没有人经历过一个自身就很简单的感觉。从我们出生的那一天起,意识就是关于各种对象和关系的复合体,我们称之为简单感觉的东西,只是我们的注意力常常厚此薄彼而产生的结果"②。感觉并非最简且能作为复杂要素的基础之物,因为人们自出生之日起,获取的仅是各种对象和关系的混合物,唯有在注意力聚焦与其中一点之后,人们才有可能产生感觉。

"从詹姆斯的观点看,这种原子式(以'简单观念'为基础)的心理学思维方式其实是一种理论反思的产物,并不是事情的真正所是。"③ 当经验主义者以简单观念作为表述事实的基础时,其本质上已经倒向了以反思结果为核心的理性主义。詹姆斯坚持彻底的经验主义,反对传统经验主义者把所获反思结果(感觉)作为思考的前提。更准确地说,"詹姆斯是从直接描述的角度来看心灵或意识,那么当下的意识一定是一个整体而不是由简单感觉合成的拼图"④。感觉没有可能作为构成意识的基础,其只是注意力聚焦而使其从原本混沌的状态中抽离出来。换言之,感觉是注意力的产物。⑤ 感觉并非意识的最简单的基础,其是我们使用注意力区分得出,并非一开始人们就能够直接区分感觉于意识之外。可见,詹姆斯更彻底地认为,即使如传统经验主义者所宣称的看似最简单的意识基础,也并非存在。感觉只是注意力乃至反思的产物,并非意识的基础。反过来,如果连这种看上去最简单的感觉都不能称为意识的基础,事实上,也找不到任何意识的基础所在。因此,詹姆斯坚持,意识就是混合各种对象和关系的河流,连绵不断且没有任何最简的基础性事物存在。

所以,詹姆斯在正式描述意识流(思想流)五种⑥特性之前,就明确

---

① WJ 8. p. 219. 威廉·詹姆斯:《心理学原理》(上册),方双虎等译,北京师范大学出版社 2017 年版,第 174 页。(后文简写为《心理学原理》(上册),第 174 页。)
② WJ 8. p. 219.《心理学原理》(上册),第 174 页。
③ 何安娜、陈亚军:《从心理学走向形而上学》,《江海学刊》2011 年第 3 期,第 53 页。
④ 何安娜、陈亚军:《从心理学走向形而上学》,《江海学刊》2011 年第 3 期,第 53 页。
⑤ 参见附录,2019 年 5 月 21 日普劳德福特教授对笔者的讲解记录。
⑥ 在詹姆斯两年后出版的《心理学简明教程》中,去掉了原来于《心理学原理》中的第四点,改为四点。参见 WJ 14. p. 140.

指出"我们不能这么说[''思想了'（it thinks）]，所以我们只能简单地说思想在进行中（thought goes on）"①。詹姆斯之所以要在真正论证意识流特征之前，强调"思想在进行中"而非"思想了"，笔者认为，一方面，詹姆斯想要强调思想是保持一直进行中的状态，而非仅通过注意力或反思获得某种结果，如"下雨了"和"刮风了"等这样的结论就停止。另一方面，詹姆斯通过比对"思想在进行中"与"思想了"两种状态，更加强调且保留前者，这从一定意义上更加肯定意识进行处于延续状态，且并非以某刻注意力或反思结果作为基础而进行。思想（意识）恒处于一直变动且延续状态，并不以任何感觉或其他结论为基础。詹姆斯对意识流整体的把握更彻底地摧毁了近代传统认识论以感觉作为最简依据的基础，此与皮尔士一样坚持反基础主义的论调。

其次，笔者认为，皮尔士强调产生真正怀疑源自于"成见"，一定程度上被詹姆斯转化为了意识（思想）流中的"矛盾"产生的依据。詹姆斯一方面继承了柏因"信念的引领事实是我们最原始的轻信"②，人们起初接受和获取的信息都形成了原始的信念。但是这种原始信念将不久受到检验，"一个不愉快的经历导致新的见解。遭遇挫折或反对是我们最早最频繁的痛苦"③，原始信念在遭遇质疑和反对等这种痛苦与不愉快的经历之后，会产生新的信念，或者原始信念被再确定。信念的确立也并非一蹴而就，"现在我们被说服去坚信那些从没有否认过的东西，因为我们不信那些已经被抵触的东西。我们相信，在破晓之后，一段时间的光明就会来到，我们也不信光明会永远持续下去"④。柏因指出，重复在信念转变的过程中作用极小，"信念中至关重要的事是从没有被驳斥过——永远不会失

---

① WJ 8. p. 220.《心理学原理》（上册），第 174 页。（括号内为笔者补充）
② Alexander Bain, The Emotions and the Will, London: Longmans, Green, and Co., 1875, p. 511. WJ 9. p. 946.《心理学原理》（下册），第 790 页，略作修改，此处为詹姆斯在《心理学原理》中对柏因的引用。
③ Alexander Bain, The Emotions and the Will, London: Longmans, Green, and Co., 1875, p. 512. WJ 9. p. 946.《心理学原理》（下册），第 791 页，略作修改，此处为詹姆斯在《心理学原理》中对柏因的引用。
④ Alexander Bain, The Emotions and the Will, London: Longmans, Green, and Co., 1875, p. 512. WJ 9. p. 946.《心理学原理》（下册），第 791 页，此处为詹姆斯在《心理学原理》中对柏因的引用。

去信念"①，信念的失去或者再确立源自于其受到驳斥、反对或挫折等，但经历了此种痛苦之后，新的信念确立。

此亦为詹姆斯对意识流五个特征中前三个结合的体现，"每一个思想都是个人意识的一部分；在每一个个人意识中，思想都在不断地变化；在每一个个人意识中，思想都是可感知的连续的"②。思想（意识）属于个体之中，没有不属于个体的思想。并且，思想会处于变化与连续的状态中。因为人们将不断经历且面对新的经验产生，所以人们会不断获取信念，同时也会遭遇不同的和对立的因素出现，进而使信念再确立。此过程与皮尔士所谓探究模式相同，无尽且连绵不断于人们的意识（思想）流中。

詹姆斯另一方面延续了皮尔士怀疑源于"成见"的表现形式的论断，并且突出强调"它们（拥有观念与信念）只有在与经验相矛盾的情况下才会在心理上形成怀疑"③。虽然詹姆斯与皮尔士一样，都聚焦于对真正怀疑表现形式的考察，但詹姆斯更加侧重于对矛盾的关注，而非如皮尔士那样"于文集中，127 次出现'惊喜'（以及其相关术语）"④，来强调惊喜作为怀疑的表现形式。笔者认为，詹姆斯之所以没有对惊喜进行如皮尔士般重点考察，在于詹姆斯把怀疑的"惊喜"表现形式已经纳入"矛盾"之中。人们之所以具有惊喜的表现，本质上，即是人们在获得更多经验和认知等之后，与在先认知发生冲撞。广义地说，这种冲撞就是矛盾。

詹姆斯对矛盾于信念确立的讨论，并非仅如皮尔士那样直指怀疑的产生。詹姆斯还通过矛盾确定了相信与不相信的区别。詹姆斯指出："'不相信'的心理内容的内部稳定性特征与'相信'相同。但我们现在明白了，我们从不相信任何东西，除非我们相信另外一些东西，而这些东西与第一件东西相矛盾。因此，不相信是相信附带的难题，没必要去单独研究。"⑤

---

① Alexander Bain, *The Emotions and the Will*, London: Longmans, Green, and Co., 1875, p. 512. WJ 9. p. 946.《心理学原理》（下册），第 791 页，略作修改，此处为詹姆斯在《心理学原理》中对柏因的引用。
② WJ 8. p. 220.《心理学原理》（上册），第 175 页。
③ WJ 9. p. 946.《心理学原理》（下册），第 784 页。（括号内为笔者补充）
④ Jaime Nubiola, "Abduction or the Logic of Surprise", *Semiotica*, Vol. 153, 2005, p. 124.
⑤ WJ 9. p. 914.《心理学原理》（下册），第 760 页，翻译略作修改（其中，"as…as"改译为"与……相同"而非"并存"；"disbelief"改译为"不相信"而非"怀疑"。值得注意的是"disbelief"是内容与"相信"相对，而非心理因素与"相信"相对）。

不相信与相信对同一内容会具有对立相反的态度，但二者的心理都具有稳定性，"相信和不相信是一种心理状态的两个方面"①。于此，在詹姆斯看来，不相信只作为对相信内容相悖的态度存在，而并非对内容存在不能确定的质疑，或者无法做出判断。换言之，不相信也是相信（信念）中的一类，其代表与相信内容相悖态度的信念。不相信只是与相信的态度相悖，佢不相信并未激起内心的不稳定因素。因此，不相信与相信的矛盾仅存在于对同一内容的不同态度，一定程度上可谓不相信也是一种相信（信念）。

詹姆斯关于矛盾于信念确立作用的另一分支讨论，聚焦于从感受层与行动层视角考察信念与怀疑的差异，并进一步论证得出信念具有可知且可感的属性。从感受层考察，詹姆斯早在1890年《心理学原理》中指出，"心理学认为，信念的真正对立面是怀疑和探究，而不是不相信。在这两种状态下，我们的心理内容是不稳定的，因此，产生的情绪好像信念本身的情绪一样，十分清晰，却完全难以用言语来形容"②。詹姆斯继续皮尔士的观点认为怀疑作为信念的对立面，处于"不安宁和不满足的状态"③。并且，詹姆斯进一步认为，从心理学角度说，怀疑所处的心理状态非常不稳定，人们同样有能力感受到怀疑和信念的差异。而信念对应的"'同意'和'相信'的特征都是理论性焦虑的中断，尽管头脑中出现了内在稳定的观念，使心理稳固，并排除相对立的观念"④。信念所持有的都是稳定的心理状态，排除一切内心不安宁之处。詹姆斯还以研究心理状态的分析法对信念进行定义，进一步证明信念与其对立面可以通过感受层心理把握。

詹姆斯认为："每一个命题，只要它被相信、被质疑或不被相信，四个成分就可以区分出来，主语、谓语以及它们的关系（无论是哪种关系）——这些构成了信念的对象——最终我们对命题的心理态度是将其作为一个整体，而这就是信念本身。"⑤ 可见，詹姆斯强调信念的构成不仅仅拘泥于对象本身，更重要的是对命题的心理态度。因此，从心理感受层，

---

① WJ 9. p. 914.《心理学原理》（下册），第761页，翻译略作修改。
② WJ 9. p. 914.《心理学原理》（下册），第760—761页，翻译略作修改（其中，"doubt"改译为"怀疑"而非"疑惑"；"inquiry"改译为"探究"而非"质询"）。
③ W 3. p. 247.《皮尔斯文选》，第72页。
④ WJ 9. pp. 913 - 914.《心理学原理》（下册），第760页。
⑤ WJ 9. p. 917.《心理学原理》（下册），第762页，翻译略作修改（其中，"questioned"改译为"被质疑"而非"被争论"；"disbelieved"改译为"不被相信"而非"被怀疑"）。

人们根据其对命题所持的心理态度就可以把握出信念、怀疑和不相信的区别之所在。

从行动层考察，詹姆斯于1898年明确表示，其赞同皮尔士于1878年将信念作为一种安宁状态，"信念作为我们理智生活交响乐中一个音乐片段结束的暂停"①，并且信念居于此种状态之下，"在这个对象上，我们的行动可以坚定的和安全的开始。简言之，信念是行动真正的法则；并且思想的整个功能就只是行动信念产物中的一步"②的观点。事实上，早在1890年，詹姆斯于《心理学原理》中就已经指出，"'同意'和'相信'状态依托纯粹的理智为特征，与随后的实际活动密切相关"③。而所谓"实际活动"事实上就包括行动、行为和习惯等。

同时，詹姆斯更进一步将信念于行动层（行为）的表现作为信念为真的表达。詹姆斯指出，"对于我们来说，真的最终的验证依据事实上在于其所表明和激发的行动"④。对于詹姆斯来说，如果一个信念于行动层，尤其以行为方式展现，意味着该信念为真。反过来说，行为本身亦可以直接表达出信念为真。因此，虽然詹姆斯比皮尔士更进一步强调行为于信念的作用，但其与皮尔士一样，坚持于行动层，人们可以理解和把握信念。

总之，詹姆斯从心理学视角，以意识流理论对反感觉主义做了论证，进一步瓦解基础主义，提出思想正在进行且延绵不断，不以任何事物为基础。同时，詹姆斯继续皮尔士强调"成见"于怀疑中的作用，并更加强调"矛盾"这一表现形式。一方面，继承柏因针对原始信念发生转变时挫折和反对等作用，结合意识流前三点特征，从整体的视角论证得出詹姆斯的信念确立同样处于不断探究和不断确立的状态。另一方面，指明"矛盾"的作用分为两支，一支直指针对相同的内容持矛盾的态度，而区分相信与不相信，于此不相信从属于相信（信念）；另一支则指矛盾的心理状态，与皮尔士观点一致，詹姆斯也同样认为怀疑为内心的不稳定，人们可以通过感受以及表现于外的行动把握信念。因此，詹姆斯的信念观承袭了皮尔士的反基础主义基调，并且更加关注"矛盾"于怀疑中的作用，同样得出

---

① WJ 1. p. 259.
② WJ 1. p. 259.
③ WJ 9. p. 914.《心理学原理》（下册），第760页，翻译略作修改［其中，"intellectual"改译为"理智（的）"而非"智力（的）"］。
④ WJ 1. p. 259.

古典实用主义奠基者的信念观研究

信念能够被感受且能够通过行动而可知，即信念具有可感且可知的属性。

第二节　信念与实用主义方法

早在詹姆斯《实用主义》一书发表之前，1898年詹姆斯于伯克利加利福尼亚大学的哲学协会演讲中指出，其实用主义思想源于皮尔士的指引，"多年前，我就被一个家住东面的美国哲学家（此正是皮尔士）指引到这个方向（实用主义的方向）"[1]，并且这种思想"如同线索或罗盘，跟随其，我发现自己越来越坚信我们可以继续这条恰当的道路前进"[2]。而关于对皮尔士实用主义的继承，詹姆斯直言"我认为我自己（实用主义思想）应该比皮尔士表达的更加广泛"[3]。

所谓"广泛"，笔者认为主要表现为两方面。一方面，从狭义上看，詹姆斯将皮尔士的实用主义原则（第三种清楚）发展至实用主义的方法。另一方面，从广义上看，詹姆斯把皮尔士实用主义的内容和范围扩大，将真纳入实用主义的讨论中，并重视非科学之外的因素对信念确立的作用。本节将聚焦于狭义层面展开研究。下一节聚焦于詹姆斯将真置于实用主义之中进行讨论，而下一章则针对詹姆斯突破皮尔士认同科学的观点而提出的意志信念观进行辩护。

具体说来，笔者认为，从狭义上看，詹姆斯对皮尔士实用主义原则的延伸，亦是皮尔士所谓对信念意义的讨论。詹姆斯继续发展皮尔士反基础主义与形而上学问题的讨论，并更加聚焦于对具体的实际结果兑现和对个体经验更加深入地考察，确定信念意义的规范式。同时，与皮尔士相似，詹姆斯同样关注行动与习惯对信念的意义的表达，并加入了心理因素进行探讨。于此可证得，詹姆斯也同样坚持信念为点于各维度下向外实际意义的表现与信念于行动和习惯的向内约束力表达相呼应，并与之得以确定每一信念的是其所是。

---

[1] WJ 1.258.（括号内为笔者补充说明）
[2] WJ 1.258.
[3] WJ 1.258.

第三章 詹姆斯：皮尔士信念观之承袭

一 实用主义方法

关于詹姆斯的实用主义方法，笔者认为，其是基于皮尔士实用主义原则的理解，延续皮尔士规定的把握信念意义的路径之上，主要补充强调实际具体结果、排中性方法以及个体经验三方面，从而确立得出信念意义的规范式。这意味着笔者不赞成将"詹姆斯的推广成为一种（对皮尔士实用主义思想的）误读"①，以及将古典实用主义运动归为"一场以詹姆斯对皮尔士的误解为起点的运动"②，乃至认为"因为詹姆斯对皮尔士观点的误解，以至于詹姆斯发展的（实用主义）并非由皮尔士自己的发展而来"③的观点。简言之，笔者不同意将詹姆斯的实用主义方法看作对皮尔士实用主义原则的误读，以及认为詹姆斯的实用主义是皮尔士要予以抛弃的"实用主义"④的观点。

对此，笔者首先就此类观点产生的原因进行分析，得出其中矛盾之处，从而通过更细致地文本考察，得证皮尔士事实上认同詹姆斯实用主义方法的绝大部分，而詹姆斯也并非误解皮尔士的实用主义原则。其次，笔者将进一步论证詹姆斯实用主义原则同样具有反基础主义和反形而上学的特色，且更加强调实际具体结果和个体经验等，进而确定詹姆斯继承和发展皮尔士的信念意义理论，并证得詹姆斯信念意义的规范式。

首先，笔者将对把詹姆斯实用主义当作对皮尔士实用主义原则误解而形成和发展的观点进行分析。关于此立场的观点，其一方面认为皮尔士仅将实用主义原则聚焦于意义理论，而非詹姆斯以为可涉及真理的领域。孟斯指出，"威廉詹姆斯已把实用主义原则扩展到并非简单的意义理论，而且包括真理理论"⑤。在孟斯看来，詹姆斯的实用主义比皮尔士实用主义

---

① 张留华：《实用主义准则的符号学解读》，《社会科学家》2016年第3期，第153页。
② Richard J. Bernstein, "American Pragmatism: The Conflict of Narratives", in Herman J. Saatkamp, ed., *Rorty and Pragmatism*, Nashville & London: Vanderbilt University Press, 1995, p.57. （翻译采用［美］伯恩斯坦《美国实用主义：诸叙事的冲突》，载海尔曼 J. 萨特康普编《罗蒂与实用主义》，张国清译，商务印书馆2003年版，下同，不再赘述。）
③ Howard O. Mounce, *The Two Pragmatisms: From Peirce to Rorty*, London and New York: Routledge, 2002, p.2.
④ CP 5.414 (pp.276–277).《皮尔斯文选》，第7页。
⑤ Howard Mounce, *The Two Pragmatisms: From Peirce to Rorty*, London and New York: Routledge, 2002, p.37.

"更加广泛"① 的部分，是对皮尔士实用主义原则的"误解"。伯恩斯坦更加细致地将此种"误解"具化为，"不像詹姆士，皮尔士小心地区分了意义问题和真理问题。詹姆士似乎对皮尔士的范畴无动于衷，尤其是对皮尔士区分第二性和第三性、行动（action）和行为（conduct）、实存（the existent）和实在（the real）、特殊和普遍的方式无动于衷。这不单纯地是一个逻辑或概念技巧的问题。詹姆士对他所谓的'皮尔士的原理就是实用主义的原理'的理解在本质上是唯名论的，那是皮尔士花了其一生中的大量时间来反对的一种唯名论类型"②。不可否认，詹姆士确实并没有如皮尔士那样关注逻辑推理乃至逻辑指号对信念的确立和信念意义的作用，但是詹姆斯也继续如皮尔士一样延续柏因对行动和行为对信念意义的表达。同时，詹姆斯也并非没有关注实在与普遍的作用，其对信念为真的首要判断就是确证。而且，詹姆斯也并非没有区分意义问题与真理问题，而仅是将二者同时放入实用主义之中进行讨论，"实用主义的范围是这样的：第一，是一种方法；第二，是一种真理的发生论"③。从另一个角度说，詹姆斯比皮尔士要更广泛表达实用主义之处还在于，其不但想如皮尔士那样仅于信念的意义中体现实用主义，詹姆斯更加彻底地想于信念的确立之时就体现实用主义。换而言之，就是于信念确立之时就将意义纳入考察。因此，如果将詹姆斯更彻底更广泛地发展皮尔士实用主义原则称作是对皮尔士实用主义的"误解"显然不甚妥当。

关于把詹姆斯实用主义当作对皮尔士实用主义"误解"而形成的最极端的后果，就是认为皮尔士之所以于 1905 年要抛弃"实用主义"，原因在于詹姆斯对实用主义的误解。伯恩斯坦在论证了詹姆斯不同于皮尔士实用主义所强调之处以后，就指出"难怪皮尔士在其 1905 年发表在《一元论者》上的文章《什么是实用主义》中要为他的学说正名了"④。张留华也指出，1902 年皮尔士于《哲学与心理学字典》中关于"实用的和实用主义"词条中就写道"笔者（皮尔士）后来看到该原则很容易被误用，为了扫除不可通约的整个主义，以及事实上，关于数学的整个魏尔施特拉斯方

---

① WJ 1 p. 258.
② Richard J. Bernstein, "American Pragmatism: The Conflict of Narratives", in Herman J. Saatkamp, ed., *Rorty and Pragmatism*, Nashville & London: Vanderbilt University Press, 1995, p. 57.
③ WJ 1 p. 37. 《实用主义》，第 39 页。
④ Richard J. Bernstein, "American Pragmatism: The Conflict of Narratives", in Herman J. Saatkamp, ed., *Rorty and Pragmatism*, Nashville & London: Vanderbilt University Press, 1995, pp. 57 – 58.

式。1896 年，詹姆斯发表他的《信念的意志》一文，后来又发表他的《哲学的观念与实际的结果》，从而把该方向推向一种极端，令我们不得不叫停"①。在张留华看来，正是皮尔士对詹姆斯"此种不满，最终使得皮尔斯在 1905 年的《实用主义的后果》一文中决定跟他的孩子'pragmatism'吻别将其交与命运之神"②。

事实上，在张留华引用皮尔士 1902 年文本的下一句话，皮尔士已经委婉地表达了对詹姆斯实用主义核心要义与自己观点近乎相同的肯定。虽然詹姆斯将概念的意义聚焦于结果（upshot）而非实际事实（practical fact），③"然而，在许多年的实验之后，（实用主义）原则已经证明其自身于作者（皮尔士），作为在引领一个相当高层次的思想清晰性上具有巨大效用"④。言外之意，虽然詹姆斯的实用主义看似与皮尔士要探求信念清晰性的方向相反，但詹姆斯聚焦于具体结果所产生的作用，本质上也同样能够达到皮尔士所要诉求的最高程度（第三种）的清楚性。这也致使皮尔士在一年后，即 1903 年指出，自 1878 年提出实用主义原则之后，"我把我的鸽子（指实用主义原则）放飞；并且确实在后来的每一天，那鸽子从未回到我身边。但是在后来相当一窝雏鸽已经展翼，从它们的羽毛中我可以想象，我放出的鸽子已经孵了一窝"⑤。显然，这"一窝"中包含詹姆斯的实用主义。可见，在皮尔士心中，其并非排斥或者认为詹姆斯的实用主义是误解；相反，笔者认为，皮尔士事实上是把詹姆斯的实用主义看作自己思想的延续。形象地说，詹姆斯的实用主义是皮尔士自己放出的鸽子（实用主义原则）的后裔，并且此后裔已羽毛丰满且展翼高飞。这也正是，1897 年詹姆斯将《信念的意志和大众哲学的一些其他文章》一书寄送给皮尔士之后，当月皮尔士直接在回信中给出"正是一切都要以其实际结果

---

① CP 5.4（p.2）.参考张留华《实用主义准则的符号学解读》，《社会科学家》2016 年第 3 期，第 153 页的引用与翻译，下同，不再赘述（其中，从"误用"至"1896 年"之间为笔者补译；"Will to Believe"改译为"《信念的意志》"而非"《相信的意志》"）。
② 张留华：《实用主义准则的符号学解读》，《社会科学家》2016 年第 3 期，第 153 页。
③ 参考 CP 5.4（p.2）."他（詹姆斯）的那个学说似乎以为人的目的就是行动——这个斯多葛公理对于六十岁的我来说没有在三十岁时那样有说服力。相反，如果承认行动需要一种目的而且目的得是某种具有一般描述的东西，那么该准则的精神——它是说为了能够正确把握概念我们必须去看概念的结果——将把我们引向一种不同于实践事实的东西即一般观念，以作为对于我们思想的真正解释。"
④ CP 5.4（p.2）.（括号内为笔者补充）
⑤ CP 5.17（p.14）."但是……"之前为笔者补充译。

作为检验的观点是我早期论文的大部分文本;所以,据我现在已读书中的这么多的部分,我所获知的你的总体目标来看,我在大体上与你观点一致"① 这样的评论。

因此,在皮尔士看来,詹姆斯的实用主义并非是对其实用主义原则的误解,而且皮尔士之所以要抛弃"实用主义"一词也并非源于詹姆斯。皮尔士于 1905 年明确指出要以"实效主义"代替"实用主义"之时,其指出"为了扼要表示我的学说的原本定义,请允许我宣布'实效主义'(pragmaticism) 这个新的名称的诞生,它丑陋异常,足以免遭绑架"②。而皮尔士之所以要摒弃"实用主义"并如伯恩斯坦③和张留华④认为——源于詹姆斯误解皮尔士的实用主义。相反,皮尔士认为,"著名心理学家詹姆斯率先接受这种学说,认为他的'彻底的经验主义',本质上同我的实用主义定义是一致的,尽管两者在观点上有一定的差异"⑤,但"情况还算令人愉快"⑥。皮尔士并未承认詹姆斯对其实用主义进行了误读,只是略有差异,而真正促使皮尔士要放弃"实用主义"这一术语的原因在于:其创作的实用主义一词在文学期刊和英国哲学中遭到文字游戏的嘲讽。皮尔士指出,"目前随着这个用语(实用主义)普遍地见诸文学报刊,它在那里遭到了文字游戏中那种无可幸免的恣意歪曲。英国人对这个词竭尽挖苦之能事"⑦,并且"拿这个词来开美国哲学的玩笑,这已成为英国人的一种时尚"⑧。因为这个原因,皮尔士无法忍受"目睹自己亲生的'孩子'被人们如此肆意滥用,我别无他法,只好与他吻别,放手让他追寻自己的好运"⑨。

正如苏珊·哈克也指出,皮尔士之所以要抛弃"实用主义","不是把他本人与詹姆斯或杜威划清界限,甚至也不是与英国的激进实用主义者 F. C. S. 席勒划清界限,而是要让自己与充斥在文学期刊中的对'实用主义'

---

① CWJ 8. p. 243.
② CP 5. 414(pp. 276 – 277).《皮尔斯文选》,第 7 页。
③ Richard J. Bernstein, "American Pragmatism: The Conflict of Narratives", in Herman J. Saatkamp, ed., *Rorty and Pragmatism*, Nashville & London: Vanderbilt University Press, 1995, pp. 57 – 58.
④ 张留华:《实用主义准则的符号学解读》,《社会科学家》2016 年第 3 期,第 153 页。
⑤ CP 5. 414(p. 276).《皮尔斯文选》,第 6 页。
⑥ CP 5. 414(p. 276).《皮尔斯文选》,第 7 页。
⑦ CP 5. 414(p. 276).《皮尔斯文选》,第 7 页。
⑧ CP 5. 414(p. 276).《皮尔斯文选》,第 7 页。
⑨ CP 5. 414(p. 276).《皮尔斯文选》,第 7 页。

一词的滥用划清界限"①。进一步说,皮尔士并不认为詹姆斯的实用主义是基于误解而发展出来。换言之,詹姆斯也并非误读皮尔士的实用主义;但不可否认的是,二者之间确实存在一定差异。然而关于此种差异的来源,笔者认为,其是詹姆斯基于皮尔士实用主义理解之上,为进一步深化与发展实用主义而产生。

据此,笔者认为,詹姆斯的实用主义方法对皮尔士实用主义原则的发展主要集中在三点上。第一点在于继续延续皮尔士反基础主义和反形而上学的特征,并将实用主义作为一种化解实践和形而上学争论的方法。苏珊·哈克在2003年答陈波的访谈中就指出,"皮尔斯总是坚持认为,实用主义'不是一个学说,而是一种方法',即浓缩在实用主义准则中的那种方法。根据该准则,意义是有关经验后果的事情。詹姆斯也使该实用主义准则成为中心"②。皮尔士认为,实用主义并非一种学说,而是对信念意义(第三种清楚)的把握,据此而形成了本质上为一种方法的实用主义原则。詹姆斯对此原则进行了继续探讨,并延伸为化解实践和形而上学矛盾的方法。

在詹姆斯看来,"实用主义的方法绝无什么新奇之处"③,自苏格拉底和亚里士多德以来,很多哲学家都已开始或者零碎地以实用主义作为证实的方法,只是"直到我们这个时期,它才普遍化起来,成为对一种普适使命的自觉意识,敢于说具有赢得普遍接受的结果"④。在詹姆斯看来,实用主义作为一种方法并非凭空抑或当下才产生,早于古希腊时期,哲学家们已经开始或多多少少采用过这种方法做论证,只是于今我们对此方法才真正加以强调。

詹姆斯比皮尔士更加明确地指出,"实用主义一开始并不代表一种特殊的结果。它除了方法之外,并没有什么独断的信条和理论"⑤。詹姆斯借用巴比尼的走廊比喻,写道:"实用主义在我们的各种理论中间就像旅馆里的一条走廊,许多房间的门都和它相通。你会看到,在一个房间里有一

---

① 孙咏:《美国实用主义:演变及其当代走向——苏珊·哈克教授访谈录》,《广东社会科学》2014年第2期,第63页。
② S.哈克、陈波:《苏珊·哈克访谈录——一位逻辑学家、哲学家的理智历程》,《世界哲学》2003年第5期,第107页。
③ WJ 1. p. 30.《实用主义》,第30页。
④ WJ 1. p. 30.《实用主义》,第30页。
⑤ WJ 1. p. 31.《实用主义》,第32页。

个人在写无神论著作；在隔壁的房间里，住着一个人在跪着祈求信仰和力量；在第三个房间里，一个化学家在研究物质的属性；在第四个房间里，有人在构想唯心主义形而上学的体系；在第五个房间里，有人在证明形而上学的不可能性。但他们都共同拥有这条走廊，如果他们要找到一条进出各自房间可行的通道，那就必须经过这条走廊。"① 可见，实用主义作为一种方法，其是通达任一理论的必经之路。无论是无神论者、宗教学家、还是化学家、形而上学者，抑或是反形而上学者等等，"他们所共有的唯一事物即是这个走廊，那是走进或者走出他们房间的实际道路"②。实用主义作为一种通达各个理论的方法，其本身"并不是指什么特别的结果，只不过是确定方向的态度"③。这种态度詹姆斯比皮尔士更加明确，实用主义作为一种方法，其不代表任何一种具体的主义或者结果，但是其是通达任一主义和结果必经的路径。一方面，"实用主义是你们所需要的中道的思想方法"④，或者说为调节路线；另一方面，每一次实用主义方法所获的结果，作为"实际的兑现价值"⑤ 都会在之后作为工具改造自然。

詹姆斯将实用主义作为一种方法的强调，笔者认为，其比皮尔士更注重辨别每一信念的特殊性。换言之，詹姆斯的实用主义之所以可以作为通向任一理论的"走廊"，在于其本身具有"排中性"，即能够帮助任一信念（理论）确定其不同于他者独特之处。具体说，笔者认为，詹姆斯确立信念的意义不但包括"如果……那么……"的条件式，还在此后补充了"否则/如果不……，就不……"的排中式。

关于詹姆斯将实用主义作为一种具有排中性质的方法，笔者将结合詹姆斯发展皮尔士实用主义原则所体现的第二点和第三点来论证。笔者认为，詹姆斯发展皮尔士实用主义原则确立信念的意义的第二点在于其将皮尔士强调的"构想"（conceive）⑥ 与"效果"转化为"实际"与"具体结

---

① WJ 1. p. 32.《实用主义》，第32页。
② Charlene Haddock Seigfried, "Anti-Dogmatism as a Defense of Religious Belief", in Henrik Rydenfelt and Sami Pihliström, eds., *William James on Religion*, London: Palgrave Macmillan, 2013, p. 31.
③ WJ 1. p. 32.《实用主义》，第32—33页。
④ WJ 1. p. 26.《实用主义》，第25页。
⑤ WJ 1. p. 32.《实用主义》，第32页。
⑥ W 3. p. 266.《皮尔斯文选》，第95页，翻译略作修改。其中，本书第二章第一节对conceive之所以被译为"构想"已进行了详细解读。

果"；第三点则在于扩大皮尔士仅聚焦于科学经验（实验）为"具有个人性质的经验"①。接下来，笔者将按照詹姆斯对实用主义方法论证的时间顺序，进一步论证得出詹姆斯理解了皮尔士规定的信念意义（第三种清楚）规范式，并基于以上三点进一步发展，得出其信念意义的规范式应为"有权遵从个人经验，如果你们要对对象执行操作 R，那么就要有实际具体结果 C，否则/如果没有实际具体结果 C，就不是该信念的意义"。

早在 1898 年，詹姆斯发表《哲学的概念与实际的结果》一文演讲中，针对上面笔者提出的三点做出了对皮尔士实用主义原则初步的发展。詹姆斯基于皮尔士实用主义原则对信念意义的研究，指出"通过谈及任一哲学命题效果意义的皮尔士原则始终可以落入到某种具体的结果里，在我们未来实际的经验里，无论是积极的还是被动的；关键在于，准确地说，事实在于经验一定是具体的而非它一定是积极的"②。詹姆斯肯定皮尔士实用主义原则对信念意义的"效果"强调，并且进一步认为其最终将于"具体的结果"为真正表现而为人所把握。这是关于第二点，从"效果"直接聚焦到"具体的结果"，更加具象化地发展了皮尔士的实用主义。同时，关于该"具体的结果"，詹姆斯认为，其必然于（未来）实际经验之中。关于"实际"的描述，詹姆斯一方面与皮尔士运用的"构想"一样，詹姆斯以未来加以修饰，具有面向未来的含义；另一方面，詹姆斯所谓"实际"不但具有皮尔士宣扬的科学经验（主动的经验），还包括人们被动获得的经验。这是关于第三点的表现，把被动经验同样纳入考察。而关于人们要尊重的经验，詹姆斯将其再次回归到"具体的结果"，认为信念意义所考虑的经验也必然要以第二点所强调的"具体的结果"作为任一信念意义的最终落脚和体现。事实上，这就意味着，像道德和宗教等被动经验如果带来具体结果，那么其于信念意义讨论中也应该具有合法性位置。

关于该段于 1898 年的演讲内容，詹姆斯在之后的《真理的意义》一书中，进行了再解读，并对第二点关于"具体的结果"展开了进一步地明确，指出"具体的结果可以完全是理论性质的。我们从观念所推导出来的

---

① WJ 1. p. 44.《实用主义》，第 47 页。
② WJ 1. p. 259.

每一个遥远的事实，都是在我们心灵实际作用下具体的理论结果"①。这意味着，在詹姆斯的晚期，其思想非常成熟之时，认为"具体的结果"本质上就是信念（或理论）最完全的体现，信念具有何种意义事实上就是其所直指的事实所包含和产生作用的具体结果。

再回到1898年《哲学的概念与实际的结果》中，詹姆斯针对第一点，即将皮尔士实用主义原则中加入排中性方法也进行了论证。詹姆斯指出，唯有区分出不同的实际意义才能把握住信念间的差异，进一步才能化解实际或形而上学中争论。从本质上看，詹姆斯化解争论的关键应为把握每一信念所具有的不同于其他信念的排中性。詹姆斯指出，"为什么两个不同的命题没有区别——那只是一种似是而非和语言上的不同，并不值得进一步争论。两个命题彻底地意味着相同的事物，虽然人们可能说它用不同的词汇。令人吃惊地发现，那么多的哲学争论，如果你诉诸它们于探索其具体结果的简单实验，其就立刻变得无足轻重"②。相似的论证，詹姆斯于1907年《实用主义》中也予以了强调，③ 事实上詹姆斯对信念意义把握的排中性与第三点相同，最终都落脚于第二点，即信念将产生何种"实际具体的结果"的问题上。

比起1898年，詹姆斯对皮尔士实用主义原则的发展，1907年詹姆斯在《实用主义》一书中，进一步就实践与形而上学中存在的争论，给予了具体的论证。詹姆斯以人是否绕着松鼠跑引出的对立两派争论举例，指出"只要遇到矛盾，就得做出一种区别"④，"如果是看不出任何实际差别，这两种见解实际上就是一回事，全部争论全都是废话。只要这一项争论是认真严肃的，我们总应当能够指出，这一方对或那一方对必定会引起某种实际上的差别"⑤。找寻差别的关键正是每一信念具有的排中性所在。1907年詹姆斯进一步将上文强调的第一点与第二点完全融合，把对信念意义所包含的"实际具体结果"完全纳入发现每一信念不同于他者的排中性之中。关于对实践或形而上学中争辩的解决，詹姆斯也明确指出，"对这些

---

① WJ 2. p. 113. 威廉·詹姆斯：《真理的意义》，刘宏信译，广西师范大学出版社2007年版，第116页。（后文简写为《真理的意义》，第116页）本处翻译略作修改（其中，"particular"改译为"具体的"而非"特定的"；"mind"改译为"心灵"而非"心智"）。
② WJ 1. p. 260.
③ WJ 1. p. 30.《实用主义》，第30页。
④ WJ 1. p. 27.《实用主义》，第26页。
⑤ WJ 1. p. 28.《实用主义》，第27页。

见解进行争论永无休止。在这种情况下，实用主义的方法就是力图找到每一种见解的实际后果来说明这种见解"①。因此，在如人是否绕着松鼠跑这样的实践中抑或形而上学矛盾的解决中，关键就是找寻矛盾争论中实际具体结果之间的排中性所在，即"所说的'绕着'松鼠跑实际上指的是什么"②，是以松鼠为中心由其北—东—南—西方向为定义，还是以前—右—后—左为规定。此二者对"绕着"的实际意义得出了完全不同的两种具体结果，同时该二者都具有排中性。于此，人们可以根据所要求的具体结果的不同进行取舍，从而化解争论。

关于以实际具体结果为信念意义的考量依据，詹姆斯认为，"实用主义愿意采纳任何东西，既遵从逻辑，也遵从感觉，并且重视最卑微、最具个人性质的经验。要是神秘经验有实际的效果，它也愿意重视神秘经验"③。詹姆斯扩大了皮尔士仅以科学实验经验为依据对信念确立及信念意义的探索，并将一切能够提供实际具体结果的因素纳入考虑范围之内。最终诉诸实际具体结果的考虑致使人们有权遵从个体所获的任一经验，并非仅为皮尔士科学实验所指的主动经验。这亦体现了詹姆斯对皮尔士实用主义原则发展的第三点。

总之，詹姆斯的实用主义并非对皮尔士实用主义原则的误解而形成；相反，其源自于皮尔士实用主义原则对信念意义规范式的理解之上，继续发展而形成。这集中体现于三点：第一点，詹姆斯继续承袭皮尔士反基础主义确立信念的特色，更加确定对信念意义的把握是作为一种方法而非某一基础性事物而存在，指明实践或形而上学中争论的化解不但要关注条件式对实际意义的发现，还要关注其本身的排中性。因此，"否则/如果没有实际具体结果 C，就不是该信念的意义"应该补充在信念意义的条件式之后。第二点，既是第一点排中性得以可能的归宿，亦是第三点得以立足的前提，即将皮尔士认为的"构想效果 E"更加深入聚焦于"实际具体结果 C"。一方面，詹姆斯推动了实用主义对"实际的"更加关注；另一方面，在基于皮尔士对普遍性研究基础上，詹姆斯更加重视具体事例及其得到的实际具体结果。当然，从普遍到具体的转向也必然导致，所遵从的经验并非仅要普遍且共同体具有，个体的经验也应纳入考量。此亦为詹姆斯的第

---

① WJ 1. p. 28.《实用主义》，第 27 页。
② WJ 1. p. 27.《实用主义》，第 26 页。
③ WJ 1. p. 44.《实用主义》，第 47 页。

三点补充。

因此，詹姆斯信念的意义的规范式是基于皮尔士实用主义原则发展确立，具体表达应为："有权遵从个人经验，如果你们要对对象执行操作 R，那么就要有实际具体结果 C，否则/如果没有实际具体结果 C，就不是该信念的意义。"此亦是詹姆斯信念的意义于各维度下向外作用力的体现。

二 信念与行动、习惯

皮尔士继承柏因，将行动乃至习惯（行为）作为其实用主义原则中实际意义的重要表达。于此，本书第二章第二节已论证得出，皮尔士以理性行动作为第三性范畴指号的具体表现，包含图像、标志与象征特征，是信念及其意义的本质表达。而作为类行动的行为倾向形成的习惯，于外部表现来看，习惯与行动相似，都是信念意义的表达；于内把握，习惯为心灵中的推理指导原则，作为信念的本质存在。因此，皮尔士以习惯联结了信念的意义与信念的本质，使信念的意义能够表达所指信念得以可能。

皮尔士的实用主义思想非常强调行动与习惯的表达。笔者认为，在继承与发展皮尔士实用主义原则而形成的实用主义方法中，詹姆斯同样关注行动与习惯于实用主义方法中的表达，并且进一步聚焦于"实际具体结果的不同"（排中性）确证行动（行为）即是其所对应的信念的意义与该信念为真的表达。同时，詹姆斯更进一步从心理学视角，论证了外部表现的行为习惯本质为神经系统中的心智习惯。这种心智习惯若未转化为行动，则为潜在真理，且具有可塑性。

虽然詹姆斯并没有如皮尔士那样对理性行动所具有的指号特质进行继续研究，但笔者认为，詹姆斯对皮尔士实用主义原则的承袭与发展，更具象化从"实际具体结果的不同"（排中性）[1]角度，对行动表达信念的意义做了论证。詹姆斯对"实际的"（practical）（行动）的关注，早在1898年，在"对实用主义第一次演讲中"[2] 就初现雏形，其在对皮尔士实用主

---

[1] 第三章第二节第一部分已论证得出詹姆斯继承与发展皮尔士实用主义原则于三点，其中第一点与第二点的结合，可简写为"实际具体结果的不同"（排中性），即为詹姆斯确证行动得以表达信念意义的核心落脚点。

[2] WJ 1. p. 255.

义描述中，直接将皮尔士的实用主义同义为"实际（实用）主义的原则"（the principle of practicalism）。① 而之后1907年，詹姆斯就坦言实用主义源自于"实际的（行动）"一词，"Pragmatism（实用主义）这个名词来源于希腊语 πράγμα，意思是行动，英语的 practice（实际行动）和 practical（实际的）都是由这个词引申出来的"②。通过詹姆斯对实用主义一词于希腊语词源的解读可以看出，其比皮尔士更进一步将行动与实用主义所强调的"实际具体结果的不同"（排中性）紧密结合。

事实上，詹姆斯也确实比皮尔士更紧密地将行动与信念的本质及其意义的表达相结合。早在1898年，詹姆斯以最简方式对皮尔士实用主义原则介绍于众时，就直接以信念的意义与其产物（行动）结合的方式予以表达，"他（皮尔士）介绍它（皮尔士实用主义原则）如下：他（皮尔士）说到，思想（信念）的灵魂和意义永远不可能指向其本身与任何事物，除了信念的产物"③，所谓信念的产物，詹姆斯又做了进一步的补充，"当关于一个对象，我们的思想已被安歇形成了信念，那么关于这个对象上，我们的行动可以坚定地和稳定地开始。简言之，信念是行动的真正准则；并且思想的整个功能与行动习惯产物仅差一步"④。在1907年，詹姆斯也重申了皮尔士实用主义原则本意的落脚点即是信念（思想）的意义于行动的表现，皮尔士在"指出我们的信念实际上都是行动的准则，然后说，要说明一种思想的意义，我们只需要确定它（这思想）适于产生什么样的行为：那种行为对于我们来说就是思想的唯一的意义"⑤。通过詹姆斯两次对皮尔士实用主义原则的描述可见，皮尔士实用主义原则于詹姆斯心中最深

---

① WJ 1. p. 258.
② WJ 1. p. 28.《实用主义》，第27页，略作修改［其中将原翻译中"实践"（practice）和"实践的"（practical）分别改译为"实际行动"（practice）和"实际的"（practical）］。一方面，詹姆斯的实用主义方法得出源自于皮尔士的实用主义原则，皮尔士在1878年实用主义原则中也强调了"practical bearing"，而关于此词的翻译，笔者非常认同涂纪亮将其翻译为"实际意义"（W 3. p. 266.《皮尔斯文选》，第95页），寓指包含行动等实践活动所产生确实具有的一切，因此"practical"更准确和贴切的翻译应为"实际的"；另一方面，詹姆斯在对"practice"与"practical"提出时，明确指明其出自于古希腊语中意思为"行动"（πράγμα）一词的派生。根据第一方面与第二方面的结合，"practice"本质分解应为"practical"＋"action"，因此，practice的翻译应为"实际行动"更符合詹姆斯的本意。
③ WJ 1. p. 259.
④ WJ 1. p. 259.
⑤ WJ 1. p. 259.《实用主义》，第28页。（括号内为笔者补充）

的烙印，即信念及其意义与行动（或行为）的紧密结合。

关于詹姆斯对信念及其意义与行动（或行为）之间关系的考量，笔者认为，其完全聚焦于所确立的实用主义方法所强调的"实际具体结果的不同"（非中性）之中。并且，有一点需要明确的是，在讨论不同信念具有不同意义的本质把握时，詹姆斯与皮尔士相似，更愿意诉诸行动反复形成的行为来予以说明。这一方面表明了行动寓于行为之中，任何的行动必将是行为中的一粟；另一方面，行为之所以能够成为区分不同信念的意义也在于其本质为心智习惯，并是信念本质的表现。

关于信念及其意义与行动（行为）关系的考虑，詹姆斯还将不同信念必然引发行动方式（行为）的不同归根到信念（思想）所产生的"实际结果"方面，指出"如果思想有任何部分没有产生思想的任何实际结果，那么那部分将不是那个思想重要性中特有的元素"①。这意味着如果一个信念（思想）没有产生任何不同于其他信念（思想）的实际结果，那么这个信念区别于其他信念（思想）的独特之处就没有体现。关于实际结果的重要考量依据，对于古典实用主义奠基者来说，都必将最终诉诸行动模式（行为）。詹姆斯总结，"为揭露思想的意义，我们仅需要决定它（思想）适合产生什么样的行为：对我们来说，那种行为有其独特的重要性。并且，从根本上来说，我们一切思想的区分，无论多么微小，有形的事实都非常完美存在于实际行动的不同可能性"②。行动的模式（行为）的不同决定了产生的实际具体结果的差异，也揭示了对应信念的意义。

关于由行动揭示的信念意义的区分，詹姆斯比皮尔士更加明确地指出，信念间意义的差异之所以得以表现于行动（行为）的差异，原因在于具体情况下产生的实际结果的相互排中性。詹姆斯也直言，把握信念意义的最终指向，仅于其所"制造的不同"③有关。而所谓"制造的不同"，就是信念产生的实际结果的差异，具体来说这种差异取决于"应用于某人、某种方式、某地和某时，具体事实以及依据于事实的行为结果的不同"④，归根结底就是在具体情况下行为差异导致的实际具体结果不同。

关于从具体视角审视每一行为（行动）所对应的信念意义之区别，詹

---

① WJ 1. p. 259.
② WJ 1. p. 259.
③ WJ 1. p. 260.
④ WJ 1. p. 260.

姆斯于 1898 年①与 1907 年②都给予了完全相同的陈述与强调。詹姆斯对行动（行为）于信念的意义把握如其确立的实用主义方法一样，比皮尔士更加强调在具体情形下，产生的实际结果不同，或者可称为每一信念排斥其他信念所具有的排中性之处。詹姆斯在后来 1909 年"《实用主义》续篇"——《真理的意义》中，进一步提出人与人之间得以交流的根源在于每一信念及其表达出的行动（行为）背后的实际具体结果。詹姆斯写道："他们行动的原因大致上是我们行动的原因，他们的身体跟我们的身体一样。他们使用语言和姿态，如果那是我们使用的，在这些语言与姿态的背后是有思想的——根本（*überhaupt*）不只是一般思想，而是确实具体的思想。"③ 每一信念（思想）意义直指的具体实际结果，具体表现于信念的意义对应的每一行动（行为）。根据每一行动（行为），人们获得彼此的真实信念，从而进行交流。作为信念的表达，行动本身就与信念及其意义向外的实际结果相连，通过行动亦可以得出信念及其意义所在。

詹姆斯与皮尔士一样，不但从行动的视角理解信念的意义，还从信念的视角确立信念直指行动。而詹姆斯比皮尔士更进一步的地方在于，詹姆斯不仅仅坚持皮尔士认为的"我们的信念指引我们的愿望，形成我们的行动"④，信念对行动的指导作用；同时认为怀疑所导致的不行动或行动的悬置，本质上也是一种行动。詹姆斯在 1895 年发表的《生活值得过吗？》一文中就指出，"正如心理学家告诉我们的，这是因为信念与怀疑都是生活的状态，都包含着我们的行动。例如，我们怀疑或者拒绝相信某事实的唯一方式就是继续行动，仿佛它不是事实"⑤。在詹姆斯看来，信念与怀疑都指导我们的行动，只不过怀疑与不再相信所导致的行动相似，会出现不再行动或者行动悬置的状态，但是从本质上来看，这也都属于行动。因此，怀疑、不相信与相信（信念）都对行动产生作用，而比起怀疑所产生的仅为消极地不（再）行动或悬置行动的状态，詹姆斯指出在特定状态下（真正的选择时）应该鼓励人们确立信念（信仰）。

---

① WJ 1. p. 260.
② WJ 1. p. 30. 《实用主义》，第 30 页。
③ WJ 2. p. 30. 《真理的意义》，第 13 页。
④ W 3. p. 247. 《皮尔斯文选》，第 72 页。
⑤ WJ 6. p. 50. 万俊人、陈亚军编：《詹姆斯文选》，万俊人、陈亚军等译，社会科学文献出版社 2007 年版，第 409 页。（后文简写为万俊人、陈亚军编译，第 409 页。）

皮尔士在1892年时提出了"乐意在重要危机时刻以之行动的命题"①为完全的信念（Full Belief）的概念。笔者认为，此与詹姆斯于1879年《理性的情感色彩》一文就提出的信仰所包含的特性具有异曲同工之处。事实上，詹姆斯于1896年《信念的意志》中提出"真正的选择"（a genuine option）②状态，就既包含了皮尔士所谓危机时刻预予之行动的完全信念的状态，同时还补充强调了人们在不充足证据下，具有勇气与冒险去确立信仰（信念）的含义。信仰作为在不充足证据下人们仍愿意坚持相信（信念）的一种体现，詹姆斯在1879年将信仰定义为"信仰意味着相信某件在理论上可能还存在疑问的事物"③。信念包含信仰，而具有信仰特征的信念同样作用于人们的行动，这致使詹姆斯明确"对信念的检验是是否愿意去付诸行动，所以有人会说，信仰即愿意在一个它的兴旺成功的情况没有事前得到保证的事业里行动"④。可见，詹姆斯实际上比皮尔士进一步认为，信念不单单在证据充足与重要危机时刻具有指导行动的作用，而且在证据不充足与真正的选择时，愿意行动也是信念确立的重要衡量标准。

此外，詹姆斯还将信念产生的真正行动作为信念为"真"的判断。詹姆斯在1898年的演讲中指出，"对于我们来说，真的最终的验证依据事实上在于其所表明和激发的行动"⑤。从詹姆斯将信念为真聚焦于行动的真正实现来看，这一方面揭示了詹姆斯的实用主义以"实际具体结果的不同"（排中性）为考察信念的意义的最终落脚点；另一方面，詹姆斯直接以行动的实现作为确立信念为真的标准，亦为其对宗教信仰的辩护奠定了基础。在《信念的意志》中，詹姆斯针对把宗教看作"仿佛宗教是不真"的观点批驳的注释中直接指出，"由于信念（主要指信仰）是受行动调节的，禁止我们相信宗教真实性的人必然也禁止我们由这种相信所采取的行动，整个对于宗教信仰的捍卫是以行动为转移"⑥，信念（信仰）为真以其能

---

① CP 1.635（p.347）.
② WJ 6. p.14. 万俊人、陈亚军编译，第438页。
③ WJ 6. p.76. 万俊人、陈亚军编译，第204页，翻译略作修改。笔者认为，faith应翻译为"信仰"而非"信念"，而belief可以翻译为"信念"，或者如果在证据不充足条件下确立的，可译为"信仰"。笔者认为在詹姆斯看来，从信念（belief）的广义层面看，其包括证据充足下确立的信念（belief）以及在证据不充足下确立的信仰（faith），具体论证笔者将第四章第二节第一部分将对信念与信仰的关系进行集中阐明。
④ WJ 6. p.76. 万俊人、陈亚军编译，第204页，翻译略作修改。
⑤ WJ 1. p.259.
⑥ WJ 6. p.32. 万俊人、陈亚军编译，第457页。（括号内为笔者补充）

够兑现行动而达到区分与他者的"实际具体结果"为目标。

詹姆斯比皮尔士更加坚持在不充足证据之下,人们面临真正的选择时,仍有权利确立信念(信仰),以获得更好的实际具体结果。而当信念真正以行动呈现时,詹姆斯认为此即表明信念为真。于此可知,詹姆斯比皮尔士进一步以"实际具体结果的不同"(排中性)为纽带使信念的意义与其对应的行动更紧密结合。事实上,詹姆斯在《宗教经验之种种》中命名为"医心运动"(Mind-cure movement)① 由英国传入,而风靡当时美国的康复心理的激流,本质上就是詹姆斯所谓信念的意义与行动紧密结合的最好运用和价值体现。正如詹姆斯写道,"这个运动(医心运动)是个刻意乐观的人生方策,兼有理论的与实行的两方面"②,它以所构想预达到的积极与乐观的"实际具体结果"为目标,将心灵或者更确切地说为心灵所产生的实际信念(的意义)与其对应的行动结合,以协助病者康复。而心灵产生的信念(的意义)与其行动能够得以真正结合,就如詹姆斯引用一位医心家的话"世上除了心,没有东西;我们都是唯一的心的表现;身体只是人的信念;一个人怎么样想,他就是那么样做(存在)"③。因此,任何于心灵之外的理性表现(行动)本质上都是其内心信念及其意义的体现。归根到底,在詹姆斯看来,行动本身就源于心灵内的信念,是对信念的表达,更是对得以于各个维度下产生实际具体结果的表现。

关于信念之所以能够完全决定行动所产生的"实际具体结果"的问题,詹姆斯与皮尔士相似,都诉诸对习惯的论证。笔者认为,詹姆斯从心理学的角度,将皮尔士把习惯作为心灵"推理的指导原则"④ 的观点从客观存在的神经系统以及心灵外存在的事实继续推进,更加明确习惯确实于个体心智中,而之所以看上去能够以行为(行动)实现,在于二者能够相意指。

詹姆斯指出无论从心灵内部的神经系统还是之外的任何现象来说⑤,

---

① WJ 15. p. 83. 威廉·詹姆斯:《宗教经验之种种》,唐钺译,商务印书馆 2011 年版,第 90 页。(后文简写为《宗教经验之种种》,第 90 页。)
② WJ 15. p. 83.《宗教经验之种种》,第 90 页。
③ WJ 15. p. 91.《宗教经验之种种》,第 99 页。
④ W 3. p. 245.《皮尔斯文选》,第 70 页,翻译略作修改(其中,"inference"改译为"推理"而非"推论")。
⑤ WJ 8. p. 110. 参考注释部分(《心理学原理》(上册),第 96 页,习惯"不仅适用于内部结构,而且适用于外部形式")。

"生物具有习惯现象是因为组成其身体的有机体具有可塑性"①。具体来说，从最根本的心灵内神经系统来看，当受到外界刺激"神经流一旦流入，就一定会找一条渠道流出来，并在其流过的地方留下印记"②，有机体所具有的可塑性导致反复运作必然形成相对稳定的模式。此模式于心灵中会形成固定的思维模式，詹姆斯后来称之为"心灵习惯"③。而关于反复行动形成的习惯，詹姆斯将其抽象化为"审慎"，意味着"把这个人惯常的行动习惯、持久性的特质抽象化，称他为审慎，用这种一般性的说法而非特定的意义，且把行动说成是跟随着这先存的审慎而来，是比较方便的事情"④。从本质上来说，由习惯性行动抽象而来的审慎即心灵习惯，是经过反复运行下形成的相对稳定的、能意指行动（行为）的思维方式（信念）。

关于心灵习惯与实际行为（行动）的关系，詹姆斯以潜在的真理与实际的真理作阐释。1908年《实用主义者对真理的解释及其误解者》一文中，詹姆斯通过比对理智主义者的真理观，指出"理智主义者的真理只是潜在的（in posse）实用主义者的真理"⑤。实用主义者并不认同理智主义者"行动中的真理是从属的、次要的"⑥，而心灵中的真理占据主导地位的观点；相反，在实用主义者看来，在心灵中的真理只是未显现的潜在真理，其与行动中的真理居于同样地位。詹姆斯直言，"实用主义者认为潜在的真理只能够意指（means）行动中的真理，无论在存有的秩序上还是逻辑的秩序上，行动中的真理处于优先的地位"⑦。这进一步说明，行动表现出的实际真理与心灵习惯所形成的潜在真理表达的信念意义相同，只是形式不同，一个于内一个于外。因此，从本质上来看，詹姆斯将皮尔士所谓信念（心理）之所以得以指导行动做了实质性论证，认为其真正源于信念（心理）与其对应的行动所表达的意义（所具有的实际具体结果）相同，只是表现形式有差。一个于内，可谓潜在的；另一个于外，可谓实际的。但二者都作为信念决定各维度下的向外实际意义表现的向内约束力。

---

① WJ 8. p. 110.《心理学原理》（上册），第79页。
② WJ 8. p. 112.《心理学原理》（上册），第80页。
③ WJ 2. p. 58.《真理的意义》，第52页，翻译略作修改（其中，"mental"改译为"心灵"而非"心智"）。
④ WJ 2. p. 84.《真理的意义》，第85页。
⑤ WJ 2. p. 111.《真理的意义》，第114页。
⑥ WJ 2. p. 111.《真理的意义》，第114页。
⑦ WJ 2. p. 111.《真理的意义》，第114页。

第三章 詹姆斯：皮尔士信念观之承袭

总之，詹姆斯对信念意义规范式的确立源自于对皮尔士实用主义原则的继承与发展，并更加聚焦于个体经验，以"实际具体结果的不同"来将每一信念及其意义，从与他者排斥的角度，进一步以排中的方式确立。行动与行为（习惯）作为信念意义的表达，詹姆斯比皮尔士更进一步将能够实现"实际具体结果的不同"所直指的行动与行为（习惯）的信念定义为真，以心灵习惯与行为习惯所表达的信念意义（实际具体结果）相同为桥梁，确证出于心灵中的习惯作为潜在的真与其所实现的行为（行动）所表达的实际"真"本质上只是同一事物的两种形式。信念若于行为（行动）以实现，则表示于心灵中的思维习惯所形成的信念于其对应的外部行为（行动）中得以真实表达。所以，对于詹姆斯来说，行动以及习惯本身直接表达信念，并且对向外作用于各个维度下的实际具体结果具有向内的约束力。此种以各维度下内外力的方式确立每一信念的是其所是，在笔者看来，亦为詹姆斯信念观构成的第四部分。笔者认为，詹姆斯信念观中，每一信念可看作点，其是由各维度上"实际具体结果"与思维习惯作为向外表现与向内约束性表达确定得出每一信念的是其所是。因此，在笔者看来，对于詹姆斯来说，每一信念为点确立于意义的外部表现与心灵习惯共同作用之下。并且，从微观各维度下可知，每一信念意义的外部表现都与其对应的信念本质于心灵习惯的向内约束一一对应。每一信念向外与向内于各维度下得以达成的平衡之处即该信念的是其所是，此是其与他者相区别的特殊所在，亦为詹姆斯信念观构成的第四部分。

第三节 真信念

1907 年，詹姆斯在《实用主义》一书中明确提出，"实用主义的范围是这样的：第一，是一种方法；第二，是一种真理的发生论"[①]。这意味着，詹姆斯的实用主义不但承袭了皮尔士把实用主义作为一种方法的观点，而且将皮尔士实用主义规定下的信念意义规范式强调的"至真"条件

---

① WJ 1. p. 37《实用主义》，第 32 页。

明确为实用主义的重要一部分①。事实上，探索信念的意义本身就是信念确立的过程②，而詹姆斯承袭皮尔士把信念至真纳入实用主义的考察，表面上看是对信念的意义为真的探索，本质上却是对信念为真的探索。

本节将继续从考察皮尔士信念为真的三个视角，就詹姆斯对皮尔士真信念强调的"实在"进行内容考察，得出詹姆斯的"实在"意指经验，而"真"信念即为证"实"的结果。进而，就詹姆斯对"真"信念至真发展的过程以及至真过程对信念的规定，对"真"信念的确立进行规范，从而得证詹姆斯同样也坚持信念为点探究至真的过程中不断可错与修正。

一 证"实"即"真"

由上文证得，皮尔士探究确立的真理理论为非符合论的观点，从皮尔士汲取的唯名论和实在论的观点可知，每一个个体心灵都能够认知实在，但外部实在与心灵认知之间必将一直存在距离，唯有个体寓于的共同体最终达到趋于一致的结论才为真信念。对此，笔者认为，詹姆斯同样遵从皮尔士的真信念非符合论的观点，将外部实在与心灵认知之间的空隙以经验为媒介连接，赋"实在"以"经验"的意味③，并进一步论证得出个体能够认知实在。同时，詹姆斯还通过强调证实（verification）的作用，来确定证"实"所得信念为"真"，且能达到詹姆斯实用主义方法要求的信念意义具有的实际具体结果。

与讨论皮尔士的真理理论一样，詹姆斯的真理理论也不乏被学者当作符合论，主要以莱文森和斯莱特等为代表。莱文森以詹姆斯的真理理论为符合论而辩护④，而斯莱特进一步试图论证，"无论成功与否，詹姆斯提出的真理理论的目标在于对真理保持某种实在论者的直观，此包括在我们的信念、陈述与独立于心灵的世界之间，真理必需的某种一致和符合的观点。在此之间也同样要以现代科学的洞察力对本质作为工具和假设的概念和理

---

① 虽然有学者认为，詹姆斯将真理理论纳入实用主义是皮尔士以澄清信念意义为目标的实用主义的误读，但不可否认，皮尔士实用主义原则确立信念意义的规范式的前提就是"真"。
② 事实上，在人们探索某一信念具有的意义时，确定该信念的意义本身也是在确立信念，或者说相信该信念具有的意义。
③ 詹姆斯的实在并非皮尔士仅指的外部实在，而赋予了实在不同的指代。
④ Henry Samuel Levinson, *The Religious Investigations of William James*, Chapel Hill: University of North Carolina Press, 1891, p. 230.

论做正义裁决，为了不同的目的，我们（或者在一些事例中，我们的心灵）会运用这些工具和假设去处理实在"①。言外之意，在斯莱特看来，詹姆斯的真理理论之所以为符合论，关键在于詹姆斯通过现代科学对信念与外部实在进行一致性判断。进一步说，考察信念与外部实在是否满足一致是詹姆斯真理理论的目标。因此，斯莱特认为，詹姆斯的真理理论为符合论。

无可置疑，詹姆斯的真理理论确实强调信念与实在的一致性，并用证实来验证。但通过比对一般意义上的符合论定义，詹姆斯在晚年的《实用主义》与《真理的意义》二书中都强调，其真理理论既不认同符合论的"摹写"（copy）②观点，又不同于符合论认同的静态性。具体来说，詹姆斯以摹写墙上的挂钟为例，指出"你把眼睛闭上，去想挂在那边墙上的钟，你所想到的正是这个钟面的这样一个真的图像或摹本。但是你对钟的'活动部件'的观念（除非你是一个钟表匠）就够不上一个摹本了"③。在詹姆斯看来，真理符合论要求的摹写只是对外部实在的表面把握，而对如钟表内部如何工作这样的问题并不能摹写。简言之，在通常情况下，我们的观念不能够完全复制钟表整个实在。这就好像即使谷歌地图上一些地址和比例尺等能够指导我们抵达某地，但这并不意味着这些地图是完全复制整个世界这个实在。因为我们不能够真地简单复制这个世界，也不可能画一张与地球一样大的地图，所以在詹姆斯看来，符合论的"摹写"观点并不能表达其真理理论。

更进一步说，符合论与理智主义坚持的"我们的观念愈是接近于绝对永恒思想方式的摹本，就愈有真理性"④，与"认为真理的意思主要是指一种惰性的静态关系"⑤的观点是詹姆斯真理理论不认同的。李国山指出，"'符合'一般被理解为静止的摹写关系，而这种关系若仔细追究下去，就会导致荒谬的结论"⑥，而这正是詹姆斯真理理论所要避免和抛弃的。尚新建指出，詹姆斯若坚持符合论，也是对"符合"定义下"不同于理智主义

---

① Michael R. Slater, *William James on Ethics and Faith*, Cambridge: Cambridge University Press, 2009, p. 187.
② WJ 1. p. 96.《实用主义》，第 111 页与 WJ 2. p. 50.《真理的意义》，第 43 页。
③ WJ 1. p. 96.《实用主义》，第 111 页。
④ WJ 1. p. 96.《实用主义》，第 111 页。
⑤ WJ 1. p. 96.《实用主义》，第 112 页。
⑥ 李国山：《实用主义：同一准则下的理论纷争》，《河北学刊》2014 年第 6 期，第 10 页。

的静态临摹"① 的规定。因此,笔者认为,詹姆斯的真理理论与皮尔士一样都不是符合论,而是诉诸无限探究。按照詹姆斯的说法,其反对思想对实在的摹写和复制的符合论,其支持的是真理理论目标在于"丰富原有的世界"②、对存在"增加和提高"③,进而"逐步地由人类创造"④。

对于将詹姆斯的真理理论看作符合论的观点,笔者与马戈利斯(Joseph Margolis)、普特南观点相同,都持反对意见。马戈利斯认为,詹姆斯拒绝真理符合论,坚持的是"建设性实在主义"⑤,通过不断探究实在进而丰富和创造世界。普特南则更一针见血地把符合论真理观评价为"声称真理是'与实在相符合'的观点并没有错误,只是空洞(empty)"⑥,因为我们无法言说符合是什么,其是"一个神秘的东西"⑦。从本质来看,詹姆斯与皮尔士一样,都认为"真理是什么一定在于我们可以说出我们可以怎样抓住它(我们设想的样子)"⑧。这意味着真理的模样在于人们的设想以及如何达到它的方式。换言之,詹姆斯对符合论的否定意味着其真理理论必然是强调人的参与作用,并且探求真信念必然是一个无限动态的过程。而詹姆斯强调的这两个方面又与皮尔士确立真信念定义时分别借助的唯名论(强调个体认知)和实在论(强调无限探索至最趋近的结果)二视角不谋而合。此亦与斯莱特⑨和菲利斯对姆⑩所坚持的要从人本主义和实在论的角度分析詹姆斯的真理观不谋而合。

---

① 尚新建:《实用主义是相对主义吗?——评威廉·詹姆斯的真理观》,《中国高校社会科学》2015 年第 5 期,第 56 页。
② WJ 2. p. 50.《真理的意义》,第 44 页。
③ WJ 2. p. 50.《真理的意义》,第 43 页。
④ WJ 2. p. 52.《真理的意义》,第 46 页。
⑤ Joseph Margolis, *Pragmatism Without Foundations: Reconciling Realism and Relativism*, Oxford: Blackwell, 1986, p. 257 与 Joseph Margolis, *Reinventing Pragmatism: American Philosophy at the End of the Twentieth Century*, Ithaca, NY: Cornell University Press. 2002, pp. 24 – 29. 参考 Michael R. Slater, *William James on Ethics and Faith*, Cambridge: Cambridge University Press, 2009, p. 186 中对 Margolis 观点的引用与阐释。
⑥ Hilary Putnam, *Pragmatism: An open Question*, Cambridge: Blackwell, 1995, p. 10.
⑦ Hilary Putnam, *Pragmatism: An open Question*, Cambridge: Blackwell, 1995, p. 10.
⑧ Hilary Putnam, *Pragmatism: An open Question*, Cambridge: Blackwell, 1995, p. 10.
⑨ Michael R. Slater, *William James on Ethics and Faith*, Cambridge: Cambridge University Press, 2009, p. 198.
⑩ Sami Fihlström, "Pragmatic Realism and Pluralism in philosophy of Religion", in Henrik Rydenfelt and Sami Pihliström, eds., *William James on Religion*, London: Palgrave Macmillan, 2013, p. 82.

第三章 詹姆斯：皮尔士信念观之承袭

接下来，笔者将先从唯名论视角，进一步考察个体之所以得以认知实在确立真信念的前提依据。关于詹姆斯真理理论的唯名论特征，涂纪亮就曾指出，詹姆斯虽然有时自称为实在论者，但其"基本观点已逐渐背离传统实在论的立场，带有或多或少的反实在论色彩"①，进一步说"詹姆斯自己表示，他只是认识论意义上的实在论者，而不是形而上学意义上的实在论者，换句话说，他只承认真理的对象是实在，而不承认有一种与人的兴趣、认识和活动等等无关的客观实在"②。这意味着，在认识论意义上，詹姆斯相信皮尔士所言的真信念对象为外部实在，但在形而上学的讨论里，詹姆斯并不认同人们能够获取不带人类痕迹的任一外部实在。换而言之，詹姆斯的形而上学真理理论带有唯名论特征，关注每一个个体作为人对实在的认识。

关于强调个体人于实在的认识对真理理论的影响，普特南指出，詹姆斯真理理论"不皮尔士主义（un-peircean）的观点就是真理部分地由我们的兴趣形成"③。这意味着，在普特南看来，詹姆斯的真理理论不同于或者准确地说，有悖于皮尔士真理理论之处就是将人为因素纳入讨论。对此，笔者认为，从本质上来说，之所以詹姆斯的真理理论看上去与人为因素有关，其关键在于詹姆斯对皮尔士所谓的实在赋予了不同的指代与内容。

斯莱特认为，詹姆斯定义的实在由三部分构成，"构成实在的三个基本部分：可感的实在、心灵的实在和我们真信念的存储"④。笔者认为，此种对詹姆斯的实在定义并不正确。因为在詹姆斯看来，可感的实在得出的感觉是人们注意力的结果⑤，其本身构不成实在。詹姆斯在其早期著作《心理学原理》第九章《意识流》中，就已直接指出，"从我们出生的那天起，意识就是关于各种对象和关系的复合体，而我们称之为简单感觉的

---

① 涂纪亮：《实用主义：实在论与反实在论之争》，《云南大学学报》（社会科学版）2006年第2期，第3页。
② 涂纪亮：《实用主义：实在论与反实在论之争》，《云南大学学报》（社会科学版）2006年第2期，第4页。
③ Hilary Putnam, "James's Theory of Truth", in Ruth Anna Putnam, ed., *The Cambridge Companion to William James*, Cambridge: Cambridge University Press, 1998, p.166.
④ Michael R. Slater, *William James on Ethics and Faith*, Cambridge: Cambridge University Press, 2009, p.199.
⑤ 更详细地阐述参见附录，2020年5月21日普劳德福特教授对笔者讲解的记录。

东西,只是我们注意力常常厚此薄彼而产生的结果"①。这意味着,在詹姆斯看来,即使看上去最简单的感觉也只是人们注意力聚焦于实在的某一点而得的产物。

那么,詹姆斯定义下的实在究竟是什么?笔者认为,詹姆斯真信念之所以能够被认知在于其"实在"意指"经验"。普特南、韩宁、瞿海清和刘杰也坚持此观点。普特南认为,在詹姆斯看来,还未被证实的观点同样与实在一致,其源自于"由经验提供"②。由于经验意味着人们获得的实在,所以由经验而来的观点必然与实在一致。韩宁更直接地指明:"詹姆斯真理概念里的'实在'是指人的经验,而不是以往所理解的独立于认识者之外的一种客观存在,在此,詹姆斯并没有否认客观实体的存在,只是不从被认识者的意义来看待它。"③简言之,从对真信念把握的角度来说,人们对实在的认识就是经验。更贴切地说,人们之所以得以把握真信念,关键在于通过经验。瞿海清和刘杰进一步将经验作为真信念得以被认知的工具,"人类不但造成真理,也有造成真理的工具——'人的经验之流'。在詹姆斯的哲学中,经验之流具有无比重要的作用,它制造实在"④。

对于瞿海清和刘杰将詹姆斯的经验作为把握真信念的工具,且能创造实在的观点,笔者非常认同。对此,笔者将进一步结合詹姆斯对经验的定义,从唯名论个体可以感知世界的视角,论证詹姆斯之所以认为真信念可以被把握,关键在于其将形而上学意义上的"实在"与经验等同,于此个体可以通过经验来认知真信念。

第一,根据詹姆斯定义经验既具有主观性又具有客观性的特征,可证得经验能够连接和同时表达内部主观心灵与外部客观实在。詹姆斯在晚年收录进《彻底的经验主义》一书中的第一篇文章《"意识"存在吗?》,就提出"经验作为是'主观的'时候,我们说它'表现';作为是'客观的'时候,我们说它被表现。表现者与被表现者,这里的数目上都是同一

---

① WJ 8. p. 219.《心理学原理》(上册):第174页。
② Hilary Putnam, "James's Theory of Truth", in Ruth Anna Putnam, ed., *The Cambridge Companion to William James*, Cambridge: Cambridge University Press, 1998, p. 174.
③ 韩宁:《论威廉·詹姆斯的实用真理观》,《贵州社会科学》2013年第1期,第18页。
④ 瞿海清、刘杰:《略论詹姆斯实用主义理论的人本主义转向》,《福建论坛》(人文社会科学版)2013年第11期,第58页。

个"①。经验既可以表现个体心灵的主观思想，反过来又可以表达出外部实在。因此，在詹姆斯看来，经验本身具有联结且表现个体主观心灵的思想与外部实在的功能。

第二，根据詹姆斯对经验材料的定义，可知经验与心灵产生的思想观念和外部实在同一。在《彻底的经验主义》一书第八章"意识的概念"，詹姆斯进一步指出，"思想和实在是用同一的材料做成的，这种材料就是一般经验的材料"②。于此，思想指代的就是个体心灵的主观观念，而实在即代指外部的客观实在。在詹姆斯定义中，二者与经验为同一材料，且由经验做出。这就意味着，詹姆斯的"实在"概念与经验同义，并可以由经验得出。而像皮尔士强调的那样独立于外的实在，在詹姆斯看来，"是很难找到的"③，至于"实在是什么则取决于用什么样的视角；而采取什么样的视角取决于我们自己"④。因此，詹姆斯的"实在"只是"我们关于实在的信念"⑤，是包含人为因素，准确地说就是人们经验的实在。

第三，根据詹姆斯定义的真理为心灵产生的思想观念与外部实在之间的关系问题，基于第一点与第二点证出的经验联结且与此二者为同一材料，可推得：通过经验，个体可以认知真理。詹姆斯在《真理的意义》第七章"普拉特教授论真理"，指出"真理基本上是两种东西的关系，一边是观念，另一边是外在于观念的实在。这个关系和所有关系一样，有其根本的基础（fundamentum），意即经验状况（experiential circumstance）的母体，心理上的和物理上的，相关的词汇牢牢地嵌在其中"⑥。可见，詹姆斯对真理的定义关注的正是观念与实在的关系问题。此问题于第一点与第二点已证得，个体产生的主观观念与外部实在之间的关系都以经验联结，且以经验表现和塑造。因此，基于前三点的论证可得：詹姆斯的"实在"即为经验，而真信念之所以得以被认知，在于个体通过经验的把握。

---

① WJ 3. p. 13. 威廉·詹姆斯：《彻底的经验主义》，庞景仁译，上海人民出版社 1965 年版，第 15 页。（后文简写为《彻底的经验主义》，第 15 页。）
② WJ 3. p. 110.《彻底的经验主义》，第 149 页，翻译略作修改（其中，"Pensée" 改译为"思想"而非"思维"；"actualité" 改译为"实在"而非"现实"）。
③ WJ 1. p. 119.《实用主义》，第 139 页。
④ WJ 1. p. 118.《实用主义》，第 138 页。
⑤ WJ 1. p. 120.《实用主义》，第 141 页。
⑥ WJ 2. p. 91.《真理的意义》，第 93 页，翻译略作修改（其中，"reality" 改译为"实在"而非"现实"）。

接下来，从实在论视角考察詹姆斯的真信念确立。詹姆斯与皮尔士一样，非常关注通过对实在的认知而确立真信念。比起皮尔士强调以科学探究的模式对外部实在确立趋于一致的认知而作为真信念的目标，詹姆斯通过强调比皮尔士科学的方法运用范围更广的"证实"（verify）[1]，来确定与"实在"一致且能产生实际具体结果的信念为"真"信念。

詹姆斯在《实用主义》一书的第六讲"实用主义的真理观"以及两年后《真理的意义》一书的序言中，都对证实于确立真信念中重要性予以强调。詹姆斯指出，"真观念（信念）就是我们能够吸收、能够生效、能够确认、能够证实的那些观念（信念）。假观念就是不能这样做的观念"[2]。在这里，吸收意味着所谓的真信念与我们已有或已获的观念相适应或相一致；生效意味着可以通过测试或者检验得出，这些真信念是有效果；确认意味着从很多地方等得到证据证明为真；而证实则意味着真信念通过各种查证来证明其为真[3]。在给卡伦（Horace Meyer Kallen）的信中，詹姆斯更是直言，"真理（真信念）就是由实际的或可能的确证构成，而且无论如何达到真理（真信念），在信念可以被当作真信念之前它们不得不被证实"[4]。于此可见，詹姆斯确立的真信念必然由对信念的证实而得。关于詹姆斯对"证实"于确立真信念中的重要作用，也不乏学者将其明确归纳为，詹姆斯的"真理（真信念）意谓着只是可证实性"[5]，"真理（真信念）与证实紧密结合；事实上，在他（詹姆斯）看来，此二者在实际上没有差别"[6]，"真理（真信念）就是通过证实的过程而实现"[7]。简言之，对于詹姆斯来说，经过证实过程的信念即为真，证实直接关乎真信念的确立。

笔者认同以上将詹姆斯真信念确立与证实紧密结合的观点，对于詹姆斯对"证实"于确立真信念的强调，笔者将进一步从证实的方式开始深入

---

[1] WJ 1. p. 97.《实用主义》，第 112 页。
[2] WJ 1. p. 97.《实用主义》，第 112 页（括号内为本文作者补充说明）；以及 WJ 2. p. 3.
[3] 详细阐释参见附录，2018 年 10 月 2 日普劳德福特教授对笔者讲解的记录。
[4] CWJ 11. p. 404.
[5] Michael R. Slater, *William James on Ethics and Faith*, Cambridge：Cambridge University Press, 2009, p. 195.
[6] Michael R. Slater, *William James on Ethics and Faith*, Cambridge：Cambridge University Press, 2009, p. 213.
[7] Michael R. Slater, *William James on Ethics and Faith*, Cambridge：Cambridge University Press, 2009, p. 191.

解读，从而得出詹姆斯的"真"信念是被证实且与"实在"一致的具有实际具体结果的信念。

首先，关于"证实"的方式进行分析。詹姆斯将证实分为直接证实与间接证实两种方式，并指出二者是"同样有效的"①。人们基于节省时间经济成本以及世界具有"按类存在着"②的特征，"真理大部分是靠一种信用制度过日子的。我们的思想和信念只要不遭遇什么困难和挑战就可以'通行'"③，人们可以通过间接证实确立真信念。在詹姆斯看来，"间接证实或者只是潜在证实的过程可以与完全的证实过程同样地真"④。而间接证实所指的可证实性与直接证实的已证实也效果等同⑤。

之所以詹姆斯认为，无论是直接证实还是间接证实，二者效果都相同的原因有三，而此三原因也进一步揭示詹姆斯"证实"的本质与意义。第一，直接证实和间接证实所证实的对象都为"实在"，进而对"实在"的证实为"真"。而所谓"实在"并非皮尔士所言的外部实在，正如上文证得，对于詹姆斯来说，"实在"即是人们的经验。将"实在"放在真信念确立中讨论，詹姆斯指出，其是"对（外部）实在为真的信念（观念）"⑥。换言之，詹姆斯确立真信念的对象"实在"本身的性质为真，而人们试图通过证实的方式将其确定为"真"。因此，无论是直接证实还是间接证实，都是"证实"。詹姆斯的本意就是对具有真性质的"实在"进行证实。这种确立真信念的过程，我们也可以将其简称为证"实"。

第二，无论是直接证实还是间接证实，二者都最终以"实际具体结果"为落脚点。詹姆斯在晚年《真理的意义》中指出，"真理表示与实在一致，一致的模式是一个实际上的问题，此只单由关系的主观词汇就可以解决"⑦。言外之意，真信念证实"实在"的本质是一个实际的问题，需要聚焦于具体事例中解决。詹姆斯的证实和生效最终指向的就是"证实和

---

① WJ 1. p. 99. 《实用主义》，第115页。
② WJ 1. p. 100. 《实用主义》，第116页。
③ WJ 1. p. 100. 《实用主义》，第116页。
④ WJ 1. p. 100. 《实用主义》，第117页。
⑤ WJ 1. p. 99. 《实用主义》，第116页，参考"这钟的齿轮、钟摆、钟锤的可证实性也如证实活动一样有效"。
⑥ WJ 2. p. 106. 《真理的意义》，第110页，翻译略作修改（其中，"beliefs are true of them"改译为"对（外部）实在为真的信念（观念）"而非"现实的信念才是真的"）。
⑦ WJ 2. p. 122. 《真理的意义》，第128页，翻译略作修改。

生效的观念的某些实际结果"①。换而言之，证实最终就要落脚于某一具体实际问题需产生的实际具体结果。詹姆斯1907年以在森林迷路，延牛蹄脚印走会有住家可得救的事例证明，"真思想是有用的，因为这种真思想的对象——房子——是有用的。这样看来，真观念的实际价值首先是来自它的对象对于我们的实际重要性"②。这意味着信念之所以能够被证实为真，关键在于其包含实际具体结果。进而，通过证实可以将蕴含其中的实际具体结果显现。于此，通过证实即为"真"。1909年，詹姆斯又以"桌子存在"这个陈述指明，"实用主义所定义的'一致'是指可以是实际上的或是潜在可能的某种'发挥作用'的方式"③。对于詹姆斯来说，"桌子存在"这一陈述之所以为真，必然是因为其引发的如人们摇晃桌子等这样的证实，能够产生实际的具体结果。在《真理的意义》一书的序言里，詹姆斯也着重强调了与"实在"一致，即证实的关键在于能够直接被指导到与"实在"或与其进入的周围环境相一致，或者可以"与它（实在）保持灵活的接触以起作用"④。具体来说，真信念就是通过证"实"达到证实与"实在"的一致，从而得到某一实际具体结果。无论是直接证实还是间接证实，最终的落脚点都是实际具体结果"起作用"，因此二者必然产生的效果相同。

第三，直接证实与间接证实同为"证实"，其本身都是一种过程，而非静止状态。詹姆斯反对理智主义把真信念看作"一种惰性的静态关系"⑤，而强调真信念为发生学动态意义上的。关于詹姆斯强调的真信念确立的动态证实过程，笔者认为，可以从具体与长远两个视角解读。从具体化视角来看，"真理发生在一个观念上。观念变成了真的，是事件使它为真的。它的真实性实际上是一个事件，一个过程：也就是它证实自身的过程，它的证实活动"⑥。具体化于每一信念为真，必然由该信念对应的事件

---

① WJ 1. p. 97.《实用主义》，第112页，翻译略作修改（其中，"consequences"改译为"结果"而非"效果"）。
② WJ 1. p. 98.《实用主义》，第113—114页。
③ WJ 2. p. 117.《真理的意义》，第123页，翻译略作修改（其中，"working"改译为"起作用"而非"运作"）。
④ WJ 2. p. 4.《真理的意义》，第3页，翻译略作修改（其中，"working"改译为"起作用"而非"操纵"）。
⑤ WJ 1. p. 96.《实用主义》，第112页。
⑥ WJ 1. p. 97.《实用主义》，第112页。

和过程而证实。换言之，之所以詹姆斯的真理观为发生学意义上，从具体的视角来看，每一真信念必然由其对应发生的事件和过程而确立，而"间接证实或者只是潜在证实的过程可以与完全的证实过程同样地真"①，同样地进行证"实"过程确立"真"信念，所以二者效果相同。

此外，詹姆斯还从长远的视角对真信念进行了解读。詹姆斯在《多元的宇宙》中指出，"真实存在的不是诸多已经形成的事物，而是在形成之中的诸多事物"②。詹姆斯赞同柏格森"'实在的生成'（devenir réel），事物借着它演进和生长"③ 的观点，认为"实在萌芽而抽枝，变化而且创生"④。证实对象"实在"本身的生成与发展，人们的经验获得也在不断扩大，这会致使证"实"确立的"真"信念也会不断发展和变化。于此，普特南在1998年提出了，詹姆斯"证实的信念不应称为'真'，而只是'半真'"⑤，因为这种通过证"实"确立的真，依据的是人们对"实在"认知的经验边界。笔者认同普特南的观点，但笔者认为在基于当下经验认知能力进行证"实"而确立的并非"半真"，而只是通往真过程的具体化的小"真"。如果没有这些具体化证"实"所得的小"真"不断发展，自然也不会有无限探索后达到的真。因此，笔者更愿意以带引号的"真"表示每一具体证"实"后所得的小"真"，而以不带引号的真表示无限"真"发展之后的模样。

总之，詹姆斯确立真信念的观点与皮尔士一样，都坚持非符合论的真理观，认为对真信念的探求是具有人为因素以及无限动态的过程。詹姆斯比皮尔士更进一步从唯名论的视角论证出，经验是个体得以认知的重要材料，亦是连接个体心灵与外部实在的主要媒介，人们获得的"实在"即为经验的观点；从实在论的视角，詹姆斯进一步强调皮尔士科学方法中对实在的证实作用，证明无论是直接证实还是间接证实，证实的对象都是"经验"，最终都将落脚于实际具体结果，而每一具体证实都会产生"真"信念，但"真"信念只是通向无限至真道路中的一粟。因此，笔者根据詹姆

---

① WJ 1. p.100. 《实用主义》，第117页。
② WJ 4. p.117. 威廉·詹姆士：《多元的宇宙》，吴棠译，商务印书馆2011年版，第144页。（后文简写为吴棠译，第144页。）
③ WJ 4. p.118. 吴棠译，第144页。
④ WJ 4. p.118. 吴棠译，第144页。
⑤ Hilary Putnam, "James's Theory of Truth", in Ruth Anna Putnam, ed., *The Cambridge Companion to William James*, Cambridge: Cambridge University Press, 1998, p.181.

斯对皮尔士真信念思想承袭的唯名论与实在论视角解读，得出詹姆斯"真"信念为非符合论的，为个体通过经验认知，且被证实与"实在"一致的具有实际具体结果的信念。

二 "真"之逐变

在詹姆斯看来，被证"实"所得的信念即为"真"信念。"真"信念不同于真信念，却是通向至真必然确立的信念。事实上，詹姆斯定义的被证实的"真"信念与皮尔士科学探究模式下确立的信念一样，都具有可错性且对至真充满希望。换言之，从探究至真过程分析，詹姆斯"真"信念的确立承袭了皮尔士对信念确立定下的"平息惊喜/错误+最大的希望"的规定。

具体来说，詹姆斯认同皮尔士信念确立的可错论观点，并就其原因分析为人类个体认知能力的局限性。詹姆斯在1899年提出，"我们是实际的存在物，我们中的每一个个体在行为上都有受限的功能和责任"①。言外之意，世界上的每一个体所具有的能力都具有局限性。詹姆斯在1909年《真理的意义》中，再次强调"认识论者（Erkenntnisstheoretiker）不过是容易犯错的凡人"②。我们对实在的认识都在不断地做"人为的附加"③，而每一个个体对外部世界的认知都是"一点点地增长起来的"④。伴随着人们对世界认知的增加，在之前认知能力下判断为"真"的信念会被动摇甚至驳倒。因此，詹姆斯反对存在绝对的"真"以及理性主义宣称的可以"确切地知道什么时候我们掌握了真理"⑤。

所以，詹姆斯的"真"信念的确立同样延续了皮尔士确立信念探究至真具有的"可变的"（mutable）⑥和可塑的⑦的特征。借用米萨克的解读，

---

① WJ 12. p. 132.
② WJ 2. p. 16.《真理的意义》，第6页。
③ WJ 1. p. 121.《实用主义》，第142页。
④ WJ 1. p. 82.《实用主义》，第92页。
⑤ WJ 6. p. 33.《詹姆斯文选》，第457页。
⑥ Michael R. Slater, *William James on Ethics and Faith*, Cambridge: Cambridge University Press, 2009, p. 193.
⑦ WJ 1. p. 35.《实用主义》，第36页，略作修改（其中，"plastic"改译为"可塑的"而非"弹性的"）。

"与皮尔士一样，詹姆斯想要改正这错误的假设（理智主义的惰态真理理论）"①，而坚持皮尔士以不断探究的方式确立信念。

关于詹姆斯确立"真"信念的规范，笔者认为，其同样继续了皮尔士信念确立的"最大的希望与最小的惊喜"②的规则。从"最大的希望"角度分析，詹姆斯将其实用主义定义为"改善论"③，并指明"真"信念至真的唯一走向"就是对这个世界的结果有一个更好的希望"④。简明地说，詹姆斯和皮尔士一样，规定人们对至真与未来更好的结果要抱有"最大的希望"。从"最小的惊喜"的视角分析，笔者认为，詹姆斯比皮尔士更进一步就"已平息惊喜/错误"执行的过程进行了"最低程度的振动和最大限度的连续"⑤规定。关于这一规定，笔者认为，其包含了詹姆斯对"真"信念确立的三方面要求。

第一，"真"信念源于在先信念进行行动发现的新经验（事实）⑥，而"真"信念的确立则在于此新经验与在先信念发生的相互作用。简言之，"真"信念的产生与在先信念之间实质上存在紧密的作用关系，由在先信念产生的新经验联结。詹姆斯指出，"这些信念使我们产生行动，而在决定我们的行动的同时，它们又使新的事实（经验）出现或存在，这些新的事实（经验）又相应地决定我们的信念。这样卷起来的全部真理的线圈和线球，都是双重影响的产物"⑦。进一步说，"真"信念来自于在先信念产生的新经验，"真理从事实（经验）中产生，又投入事实（经验）之中而增加了事实（经验）；这些事实（经验）又创造或显示新的真理（用什么词来表示并不重要），如此等等，以至无穷"⑧。换言之，当下"真"信念

---

① Cheryl J. Misak, *The American Pragmatists*, Oxford: Oxford University Press, 2013, p.59.
② 皮尔士的手稿 MS 693 第 166 和 168 页。可见拓展皮尔士解释网站［Scalable Peirce Interpretation Network（SPIN）］: https://fromthepage.com/jeffdown1/c-s-peirce-manuscripts/ms-693-n-d-reason-s-conscience/guest/13075.
③ WJ 1. p.63.《实用主义》，第71页。
④ WJ 1. p.63.《实用主义》，第71页。
⑤ WJ 1. p.35.《实用主义》，第36页。
⑥ 根据原文，WJ 1. p.108《实用主义》，第126页，原文用的是"事实"（fact）一词，但笔者认为从本质上来说，詹姆斯想要表达的应该是"经验"，即人们信念发生过程中，会伴随"经验"的不断扩大。"真"信念的逐渐变化归根到底是与"经验"相互作用，而事实只是人们把握实在的"经验"中的一个表现。因此，准确说，应为新经验在"真"信念渐变中发挥作用。
⑦ WJ 1. p.108.《实用主义》，第126页。（括号内为笔者补充说明）
⑧ WJ 1. p.108.《实用主义》，第126页。（括号内为笔者补充说明）

在产生新经验时就已成为了在先信念，为更新一轮的"真"信念确立，人们继续"滚雪球"①。

第二，关于"真"信念确立至真滚雪球的过程，詹姆斯坚持改善而非变革的原则。詹姆斯要求对先前确立的"真"信念要秉持"最低程度的振动"②，尽可能地坚持先前的"真"信念，使其波动最小。对于詹姆斯来说，他非常看重且尊重先前"真"信念于确立真信念过程中的作用。他认为，"真理大部分是由先前的真理造成的"③，"旧的真理具有绝对支配性的影响"④，对于"真"信念转变的过程"信守旧的真理是一个首要的原则——在多数情况下，是唯一的原则"⑤。与皮尔士一样，詹姆斯坚持极大程度保留旧的"真"信念，认为从"真"至真的过程是逐渐改善而非革命式转化。因此，詹姆斯提出了要尽可能减少新经验对在先真理的影响，"使许多旧知识像许多旧的成见、旧的信念一样保持不变。我们更多的是做修补的工作，而不是全面更新"⑥的观点。归根到底，对"真"信念确立的首要原则就是最大程度坚持先前"真"信念。

基于对在先"真"信念的坚守，詹姆斯提出的第三则要求，笔者认为是面向未来对至真目标的追求，确立"真"信念要秉持"最大限度的连续"⑦。言外之意，"真"信念作为新的经验与旧真理作用的结果⑧要能够最大限度推动未来"真"信念的继续确立。在詹姆斯看来，每一"真"信念都是通向真信念的中介，"新的真理总是一种进行调和的中介，总是便于过渡的缓冲器"⑨。对于每一"真"信念来说，保证最大限度地对未来的"真"信念确立具有持续推动性，是确立信念达到至真目标的另一要求。

总之，詹姆斯承袭了皮尔士信念可错论且最大化希望至真的观点。詹姆斯从人类个体认知能力具有局限性的视角，进一步论证了，伴随个体经

---

① WJ 1. p. 108. 《实用主义》，第127页。
② WJ 1. p. 35. 《实用主义》，第36页。
③ WJ 1. p. 107. 《实用主义》，第126页。
④ WJ 1. p. 35. 《实用主义》，第36页。
⑤ WJ 1. p. 35. 《实用主义》，第36页。
⑥ WJ 1. p. 83. 《实用主义》，第94页。
⑦ WJ 1. p. 35. 《实用主义》，第36页。
⑧ WJ 1. p. 83. 《实用主义》，第94页。
⑨ WJ 1. p. 34. 《实用主义》，第36页。

验的增加,"真"信念至真是一点点逐步改善而非变革的过程。关于此过程,笔者认为,詹姆斯一方面遵从皮尔士"信念的确立＝已平息惊喜/错误＋最大的希望"的规定;另一方面就"平息惊喜/错误"的过程进行了更深入的规范,指出此过程基于先前"真"信念以及获得的新经验,而"真"信念的确立秉持"最大程度坚持先前'真'信念"以及"最大程度推动之后'真'信念确立"的原则。

三 善与多元

詹姆斯与皮尔士一样,坚持"真"信念具有可错性且至真的道路具有无限希望。那么在詹姆斯定义下,何谓"真"信念至真的"希望"呢？以及应该如何面向希望呢？关于这两个问题,笔者认为,詹姆斯承袭了皮尔士的回答并继续发展,进而得出至真的"希望"是善,并要求尊重每一个个体确立当下为"真"的信念。

关于第一个问题,詹姆斯对至真为何种"希望"的考察,笔者认为,詹姆斯与皮尔士相同,坚持的"希望"都包含具体意和长远意两层含义。关于至真"希望"的第一层含义,与皮尔士聚焦于具体问题解决相同,詹姆斯认为,真"希望"是针对具体事例产生的实际具体结果,以个体经验认知为依据。关于詹姆斯从具体层面对"真"信念的定义,常常会引发研究者以为詹姆斯的真信念仅与个体判断的有用性紧密相连[1],而忽视詹姆斯强调的证"实"在"真"信念确立中的作用。换言之,将"真"信念与有用性画等号的误区在于错误理解了詹姆斯"真信念定义的充足条件"[2]。对此,笔者认为,詹姆斯确立"真"信念的充足条件就是被证实与"实在"一致,亦可谓证"实"优先于所产生的实际具体结果。因此,对于詹姆斯"真"信念确立的规定,要依次补充两点,一是要得以证"实";二是要达到实际具体结果。

关于"希望"的第二层意,是从长远的视角考察,真预要达到的目标

---

[1] 此观点主要以摩尔(G. E. Moore)等为代表。参考 G. E. Moore, "Professor James''Pragmatism'", *Proceedings of the Aristotelian Society*, Vol. 8, 1907–1908, p. 76。

[2] Roderick M. Chisholm, "William James's Theory of Truth", *The Monist*, Vol. 75, No. 4, 1992, p. 569.

为善、更善与至善。詹姆斯指出，"真是善的一种"①，二者互相协调，"凡是在信念上证明本身是善的，并且依据某些明确的、能够指出的理由也是善的，那么，我们就称它是真信念"②。斯莱特对此中"善"的目标解读为确保人们"获得有价值的实际结果"③。笔者认为，其中的"善"不但包含第一层至真"希望"中强调的证"实"而得实际具体结果，还包含了道德和宗教等各领域获取"更重大的好处"④。因此，在詹姆斯的定义里，"善"的目标本身就包含了对"更善"的追求。

詹姆斯指出，实用主义者对真理的定义就包含着"'使它们更善'"⑤的意味。所谓"更善"，就是许诺要"对这个世界的结果有一个更好的希望"⑥，詹姆斯也称之为"改善主义"（meliorism）⑦。事实上，当詹姆斯将真理解读为"更善"时，就见证了"在他（詹姆斯）的道德改善主义视角与其实用的真理理论的重大连接"⑧。换言之，詹姆斯关注证"实"的实际具体结果的真理观与道德和宗教等领域的人文伦理价值观的结合，目的在于试图救赎每一个个体，而获得更善的结果。

而关于"至善"（supreme good）⑨，詹姆斯将其寓于宗教领域。詹姆斯指出，"宗教生活就是由无形不可见的组织产生的信念构成，并且我们的至善在于将我们调整到与这些信念相和谐的状态"⑩。换言之，真信念的本质在于让人们于世界各领域，即使是无形不可见的组织下能够将自我与世界和谐。在詹姆斯看来，如果人们在无形不可见的宗教里可以调节自我以

---

① WJ 1. p. 42. 《实用主义》，第 44 页。
② WJ 1. p. 42. 《实用主义》，第 44 页，翻译略作修改（其中，"The True"改译为"真信念"而非"真的"）。
③ Michael R. Slater, *William James on Ethics and Faith*, Cambridge: Cambridge University Press, 2009, p. 180.
④ WJ 1. p. 43. 《实用主义》，第 45 页，翻译略作修改（其中，"benefit"改译为"好处"而非"利益"）。
⑤ WJ 2. p. 141. 《真理的意义》，第 154 页，翻译略作修改（其中，"better"改译为"更善"而非"更好"）。
⑥ WJ 1. p. 63. 《实用主义》，第 71 页。
⑦ WJ 1. p. 63. 《实用主义》，第 71 页，翻译略作修改（其中，"meliorism"改译为"改善主义"而非"改善论"）。
⑧ Vincent Michael Colapietro, "William James's Pragmatic Commitment to Absolute Truth", *The South Journal of Philosophy*, Vol. 24, No. 2, 1986, p. 190.
⑨ WJ 15. p. 51. 《宗教经验之种种》，第 50 页。
⑩ WJ 15. p. 51. 《宗教经验之种种》，第 50 页，翻译略作修改。

达到和谐，那么这就是最高的善。这意味着，"对于人类来说，最高的善只有通过宗教的再定位和个体本质的扩张可达到"①。詹姆斯"真"信念的确立是以证"实"达到实际具体结果为确切目标，并以更善与至善为无限探求的真正"希望"。从证"实"到至善的过程，在詹姆斯看来，都必然要回归到每一个个体的判断，即遵从多元的结果。因此，不乏学者认为，詹姆斯的实用主义真理观就是要求人们坚持一个"多元——改善主义的观念"②看世界。

对此种詹姆斯真理观的解读，笔者非常认同。笔者认为，詹姆斯至真"希望"的本质就是尊重每一个个体经验，坚持"真"信念确立的可错性与无限性，通过不断改善而试图确立真信念。因此，詹姆斯确立"真"信念至真的过程，就是世界上每一个个体所获"经验"不断改善的过程，会呈现多元的表现。

詹姆斯强调"真"信念确立的多元，但并不意味着其反对皮尔士的共同体观点；相反，詹姆斯认为，在未来某一天，每一个个体会联合，"一个知者、一个根源，一个在一切可以设想的方面都结合在一起的宇宙，会变成令人最可接受的假设"③。在詹姆斯看来，个体的联合这样的共同体观念在未来可能会实现，只是在当下，人们"必须诚恳地接受相反的假设。认为世界远不是完全统一的，也许永远保持这种不完全统一的状态。这后一种假设就是多元论的观点"④。换言之，在詹姆斯看来，当下每一个个体都在不断认知实在的阶段，所认知经验还没有达到联合的成熟度，"真"信念的确立必然要遵从个体对实在的把握，因而必定要坚持多元原则。

之所以詹姆斯非常尊重"真"信念确立的多元化，笔者认为，本质原因必然要回归到詹姆斯"真"信念确立的充足条件，即对实在认知经验的证实上。在詹姆斯看来，每一"真"信念的确立，必定"是在一切有限的经验里生长起来的"⑤，每一个个体对实在的认知必然包含该个体所具有的

---

① Michael R. Slater, *William James on Ethics and Faith*, Cambridge: Cambridge University Press, 2009, p. 118.
② Michael R. Slater, *William James on Ethics and Faith*, Cambridge: Cambridge University Press, 2009, p. 224.
③ WJ 1. p. 79. 《实用主义》，第 90 页。
④ WJ 1. p. 79. 《实用主义》，第 90 页。
⑤ WJ 1. p. 125. 《实用主义》，第 147 页。

"阈限"（threshold）①。言外之意，每一个个体都具有各自的特质以及不同于他者的差异所在，并且居于各自的经验流之中。詹姆斯认为，"除了这个经验之流以外，没有什么东西能保证它（真理）的产生"②，而每一个个体都具有自己连续的经验之流，与他者相别。詹姆斯也指出，"自然界中最大的裂缝可能是一个心灵和另一个心灵之间的裂缝"③。因此，在没有达到每一个个体为共同体的联合之前，每一个个体遵照其所在经验流所确立的"真"信念都具有合法性。于此可证，詹姆斯对个体经验的关照，必然导致其实用主义真理论坚持多元原则。

所以，根据詹姆斯承袭皮尔士对至真所包含的"希望"的定义可知，詹姆斯的"真"信念尊重每一个个体的经验，坚持多元的"真"信念观点。同时，关于"真"信念的确立，詹姆斯一方面认为，要通过证"实"达到实际具体结果；另一方面，要以善、更善与至善为目标来确立"真"信念。因此，基于上文得出的詹姆斯"真"信念定义以及"真"之逐变所遵从的准则，詹姆斯对"真"信念确立的规范式应为：尊重每一个个体的经验，根据先前"真"信念得出的新经验，秉持"最大程度坚持先前'真'信念"以及"最大程度推动之后'真'信念的确立"，完成证"实"并达到实际具体结果，且试图至善。

由詹姆斯确定"真"信念的规范式可得，詹姆斯确立信念的过程与皮尔士一样，都坚持寓"真"信念于不断改善和修正的过程中，进而朝向真，即"更善"④和"至善"⑤的方向发展。在笔者看来，此亦为詹姆斯信念观构成的第三部分。笔者认为，在詹姆斯看来，每一真信念并非在确立后就静止不动，而是伴随个体认知的"一点点地增长"⑥，已确立的"真"信念会发生转变。若把"真"信念看作点，原本证"实"的"真"信念会成为在先"真"信念。当新经验与此刻坚信的"真"信念产生碰撞或矛盾时，詹姆斯坚持"最低程度的振动和最大限度的连续"⑦的原则，即最低程度改变旧的（在先的）"真"信念且最大程度保持旧的（在先

---

① WJ 15. p. 115.《宗教经验之种种》，第 133 页。
② WJ 1. p. 125.《实用主义》，第 147 页。（括号内为笔者补充）
③ WJ 8. p. 23.《心理学原理》，第 183 页。
④ WJ 2. p. 141.《真理的意义》，第 154 页，翻译略作修改。
⑤ WJ 15. p. 51.《宗教经验之种种》，第 50 页。
⑥ WJ 1. p. 82.《实用主义》，第 92 页。
⑦ WJ 1. p. 35.《实用主义》，第 36 页。

的)"真"信念的连续性而推动新的"真"信念产生。于此可知,与皮尔士相似,詹姆斯信念观构成的第三部分,都坚持以"真"信念看作点,于至真的方向不断转变和发展。

总之,笔者认为,詹姆斯不但承袭了皮尔士反基础主义确立信念的思想,还发展了皮尔士以实用主义作为方法规范信念意义的确立。具体来说,在信念的确立方面,詹姆斯继续了皮尔士对实在的强调、信念可错论以及不败信念的思想,进而发展为证"实"、两个"最大程度"的改善原则以及至善的观点。在信念意义的确立方面,詹姆斯继承了皮尔士以实用主义为方法、落脚于构想效果以及遵从科学探究模式,补充强调了排中性、实际具体结果与被动经验。因此,从詹姆斯确立的实用主义思想的角度考察,詹姆斯的信念观源自于对皮尔士信念观的继承,进而补充和发展。

第四章　詹姆斯：皮尔士信念观之突破

詹姆斯的信念观一方面延续了皮尔士从反基础主义和实用主义角度对信念的考察，另一方面又对皮尔士信念观做了突破性发展。笔者将在本章围绕詹姆斯对皮尔士信念观突破之处展开研究，一方面继续回答詹姆斯的信念观是什么的问题，另一方面对皮尔士和詹姆斯信念观之间相悖之处进行阐述。

据此，笔者首先基于詹姆斯对克利福德证据信念观的反驳进行分析，证得詹姆斯意志信念观的内涵以及个体有权运用意志确立信念的必要性。其次，就意志确立的信仰与信念的关系以及信仰应该存在于（大）信念确立的讨论中进行分析。最后，针对以皮尔士为代表的哲学家对詹姆斯意志信念观的批判，从对"信念的意志"的内涵，以及意志与理智在信念确立中的关系两方面为詹姆斯意志信念观辩护。

第一节　意志信念观

詹姆斯突破皮尔士信念观而确立意志信念观的直接推动力在于克利福德的证据信念观。具体来说，詹姆斯不满意克利福德证据论的核心点在于克利福德以避免错误为确立信念的首要原则，以充足证据为信念确立的基础，并以抛弃个体因素确立具有公共性信念为主要表现。对此，笔者认为，詹姆斯主要从在先"真"信念具有可错性，以及在特定状况下人们有权运用意志这样的个体主观因素此二方面对克利福德的证据信念观进行驳斥，最终得出比起避免确立错误的信念，追求真信念才应该是人们确立信念的目标。

进而，结合詹姆斯对意志的定义、意志发挥作用的条件以及个体之所以有权运用意志确立信念的原因三方面进行论述，得证个体有运用意志确立信念的权力以及詹姆斯意志信念观的真正内涵。

一 反克利福德证据信念观

关于信念的确立，皮尔士强调要排除一切个体主观因素，试图确立与外部实在最趋于一致的信念。对此，詹姆斯认为，在信念确立的过程中，不应该对个体主观因素完全摒弃，而且在特定状况下，个体主观因素，如意志在信念确立中会发挥决定性作用。关于人们有权运用意志确立信念的论断，笔者认为，詹姆斯是针对克利福德证据信念观的反驳而建立。虽然皮尔士不会认同克利福德以充足证据为确立信念的绝对基础的观点，但克利福德证据信念观里秉持了一些与皮尔士信念观一致的观点，比如坚信证据和摒弃个体主观因素等。因此，詹姆斯对克利福德证据信念观的驳斥，从另一视角解读，也是对皮尔士信念观的回应与碰撞。

笔者认为，詹姆斯对克利福德的证据信念观的反驳主要集中于两点，一是对克利福德以充足证据为基础而确立真信念的驳斥；二是对完全忽视个体因素于信念确立中作用的辩驳。对此，下文将聚焦于克利福德证据信念观于此两点的论述，证出詹姆斯反驳克利福德证据信念观，以及詹姆斯于何处认同而又于何处突破了皮尔士的信念观。

首先，笔者认为，对于詹姆斯来说，克利福德证据信念观主要体现在两个方面。其中第一点是：任何的信念确立必然以充足的证据为基础，否则为错。克利福德在《信念的伦理学》一文中明确指出，"在任何地方，对任何人来说，依据不充足的证据而相信的任何事情都永远是错误的"[1]。克利福德以船主在没有充足证据保证下而出船，致使船沉落、人员伤亡等惨痛代价为例[2]，指出在证据不充足的条件下人们不应该确立信念。在克利福德看来，没有充足证据支撑下确立的信念都为错，会导致不道德和恶

---

[1] William Kingdom Clifford, *The Ethics of Belief and Other Essays*, New York: Prometheus Books, 1999, p. 77.
[2] William Kingdom Clifford, *The Ethics of Belief and Other Essays*, New York: Prometheus Books, 1999, pp. 70–71.

的出现。在出船的例子里，无论船最终出事与否，只要船主在没有确保船安全的充足证据下出船都是不道德的，因为船主"必须对它（是否出船的信念）负责"①，否则错误的信念或者致命的错误会导致冲击力巨大和负面影响广泛地"恶诞生"②。

对于克利福德来说，"信念是怎么得来的"③ 远比信念的内容、会带来何种结果等方面更重要。克利福德在论述了出船的例子之后，就明确指出，"对与错的问题不得不与其信念产生的来源有关，而非与信念本身有关；并非它（信念）是什么，而是他如何获得它（信念）；并非它（信念）是否转化为真或假，而是他是否有权力去相信在他面向如此的信念"④。换言之，在克利福德看来，人们都要"对自己的信念负有某种责任"⑤，而这种责任归根到底就是一种认知责任⑥，"依据认知证据或认知理由柜信命题的责任"⑦，即对形成信念所依据的来源负责。显然，皮尔士以科学探究模式确立信念的观点，一定会认同克利福德对证据的强调。但是，对于克利福德提出的以充足证据为信念确立的基础主义的观点，无论是皮尔士还是詹姆斯都持否定态度。

虽然有学者认为，如普兰丁格那样把克利福德的证据信念观归为基础主义的观点是"没有给出文本的支持"⑧，但笔者认为，克利福德在《信念的伦理学》最后明确提出的论断就是其以证据为基础确立信念的文本支撑："在所有的情况下，依赖不充足证据确立信念都是错误的；并且如果

---

① William Kingdom Clifford, *The Ethics of Belief and Other Essays*, New York: Prometheus Books, 1999, p. 71.
② William Kingdom Clifford, *The Ethics of Belief and Other Essays*, New York: Prometheus Books, 1999, p. 76.
③ 舒卓、朱菁：《证据与信念的伦理学》，《哲学研究》2014年第4期，第107页。
④ William Kingdom Clifford, *The Ethics of Belief and Other Essays*, New York: Prometheus Books, 1999, p. 71.
⑤ 王庆原：《信念伦理学：概念、问题与构架》，《西南民族大学学报》（人文社会科学版）2012年第2期，第52页。
⑥ 王庆原：《信念伦理学：概念、问题与构架》，《西南民族大学学报》（人文社会科学版）2012年第2期，第52页。
⑦ Louis P. Pojman, "Introduction to the Ethics of Belief", in Louis P. Pojman, ed., *The Theory of Knowledge: Classical and Contemporary Readings*, Belmont: Wadsworth Publishing Company, 1999, p. 543.
⑧ William Alston, "Epistemology of Religious Belief", in Tames E. Tomberlin and Peter van Inwagen, eds., *Alvin Plantinga*, Boston: D. Reidel, 1985, p. 295.

哪里有推测要怀疑、要调查，那么那儿就没有比要去相信更糟糕的了。"①这意味着，在克利福德看来，唯有依据充足的证据确立的信念才不会出错，但凡对所依赖的证据有怀疑或者需要调查的地方，就不能依此而确立信念。克利福德是完全把充足证据作为确立信念的基础，因此其证据信念观是基础主义的。

显然，皮尔士会认同证据在信念确立中的重要地位，但一定会反驳证据具有绝对性和基础性。在皮尔士看来，能够确立信念最掷地有声的是"非常有力的证据"②，通过事实的指引，人们才会获取趋于与实在一致的认知。米萨克也指出，皮尔士"对证据的回应就是'信念的本质（没有它将不会成为信念）'之一"③，信念的确立必然诉之于证据。

但是，皮尔士并不会认同克利福德坚持的以"充足证据"为基础的论断。在皮尔士看来，没有人能够判断确立信念的证据是否为充足。这源自于每一个个体的认知都在不断扩大，而且任何证据都不是最终的或静止不变的。普劳德福特就指出，"克利福德则是比较天真，认为证据在那，你接受它们或一点都不相信。皮尔士在这一点上，与克利福德不同。皮尔士认为，虽然我们确立的信念基于证据，但是事实上，证据也会改变"④。换言之，在皮尔士看来，每一当下看似"充足"证据确立的信念，在未来都会面临可错和待修正的命运，因此根本不存在克利福德所谓的"充足证据"。进一步说，克利福德试图要达到的避免错误，在坚持可错论信念观的皮尔士来说，根本就是不可能实现的。因为在皮尔士看来，"避免错误倾向于探究的最终目标"⑤，此目标上文称之为"不败的信念"，即为真的信念，其并非人们通常确立的一般信念，而是一个人们预要无限追求的"希望"。

与皮尔士对克利福德证据基础主义秉持的态度相似，詹姆斯也认为不存在绝对充足和不变的证据。对此，詹姆斯通过个体经验在不断扩大事实

---

① William Kingdom Clifford, *The Ethics of Belief and Other Essays*, New York: Prometheus Books, 1999, p. 96.
② CP 2.171 (p. 191).《皮尔斯文选》，第 265 页，翻译略作修改（其中，"pretty" 改译为 "非常" 而非 "相当"）。
③ Cheryl J. Misak, *Truth and the End of Inquiry*, New York: Oxford University Press, 1991, p. 62.
④ 参见附录，2019 年 5 月 21 日普劳德福特教授对笔者讲解的记录。
⑤ Issac Levi, *The Fixation of Belief and its Undoing*, Cambridge: Cambridge University Press, 1991, p. 162.

进行论证。詹姆斯指出，"我们必须不断地去经验，并不断地对我们的经验加以思考，因为惟其如此，我们的意见才能愈加真实；但是要固执于其中的某一个经验——我绝对不管它是哪一个——仿佛它永不可能被再诠释或再修正，我相信这是一种非常错误的态度"①。在詹姆斯看来，每一个个体获得的经验都是连续而不断变化的，不存在静止或完全达到充足状态的证据。因此，詹姆斯认为，"我们找不到任何一直被人们当作明确无误从而根本未被称作错误的命题"②，"那种赞美有加的客观证据绝不可能轻松喜悦地等在那里。它是一种激励或极限概念（Grenzbegriff），标志着我们思维生活的无限遥远的理想"③。换言之，詹姆斯与皮尔士一样，都认为克利福德坚持充足证据要达到的避免错误仅是无限遥远的理想和希望，在当下的人们唯一能做的仅是通过不断提高认知和不停获得更多经验，对可错的信念进行修正。简言之，错误不可避免，但是人们"并不因此就放弃了对于真理本身的追求或希望"④，而追求至真的希望远置于避免错误之上。

对于詹姆斯来说，克利福德证据信念观集中体现的第二点在于强调每一信念都具有公共性，排斥一切个体主观因素对信念确立的影响。克利福德在《信念的伦理学》中指出，"在任何情况下，没有一个人的信念是一个仅关于他自己的私人事务。我们的生活是由具有普遍性概念产生的事物指引，而这些事物是被以社会共同目的为目标的社会创造。我们的词汇、我们的短语、我们思想的形式、过程和模式都是公共产物，世世代代流行而完美"⑤。简言之，每一信念都是社会共同体的公共产物，其只与共同体确立的具有普遍性的事物有关，与个体主观或具有个体私有性质的影响因素无关。

于此，罗蒂把克利福德信念公共性观点最小化为，"虽然你们的情绪是你们自己的事情，但是你们的信念是每一个人的事物"⑥，人们没有权力

---

① WJ Ɛ. p. 22.《詹姆斯文选》，第 446—447 页。
② WJ Ɛ. p. 22.《詹姆斯文选》，第 447 页。
③ WJ Ɛ. p. 23.《詹姆斯文选》，第 447 页。
④ WJ Ɛ. p. 23.《詹姆斯文选》，第 448 页。
⑤ William Kingdom Clifford, *The Ethics of Belief and Other Essays*, New York: Prometheus Books, 1999, p. 73.
⑥ Richard Rorty, "Religious Faith, Intellectual Responsibility, and Romance", in Ruth Anna Putnam, ed., *The Cambridge Companion to William James*, Cambridge: Cambridge University Press, 1998, p. 88.

第四章　詹姆斯：皮尔士信念观之突破

根据个体主观因素确立为共同体共有的信念。关于克利福德对个体主观因素的摒弃，奥康奈尔更是直言，"事实上，克利福德的非常'法则'就是在我们的信念形成过程中，我们应该排除我们的'意志本质'"[1]，不允许人们运用意志这样的个体主观因素来确立具有公共性的信念。

显然，克利福德这样强调以共同体为依据，摒弃一切个体因素干扰信念确立的观点，与皮尔士不谋而合。皮尔士对信念的确立一直秉承以"共同体的最终决定"[2]为依据，并且强调信念的确立与个体主观因素无关，应排除一切人为个体因素的影响。伯恩斯坦甚至将皮尔士信念确立描述为客观探究的结果，"皮尔士确实认为，从长远看，一个人可以逐步相信这个客观探究得到证明的结果，除非这个人成功与其私有的观点保持孤立、完全独立、偏见和局限的状态"[3]。简言之，人们唯有尽可能摆脱个体的主观因素的干扰，才能确立为共同体所有的信念。

虽然詹姆斯并不反对以共同体方式确立信念，但对于詹姆斯来说，个体主观因素于信念确立中的作用不应该被忽视甚至摒弃。詹姆斯对个体主观因素的强调一方面是对克利福德坚持信念公共性的驳斥，另一方面是在突破和重新考察原本皮尔士摒弃的个体主观因素的作用。

笔者认为，从以下两方面，詹姆斯论证得出个体主观因素于信念确立中具有不可被忽视的作用。第一，个体主观因素本来就存在于每一信念确立的过程中，人们没有能力将其完全摒弃，而且该因素也并非某一个个体私有而是每一个个体都具有。詹姆斯早在1897年《信念的意志》一文中指出，"主张某些真理现在就具有客观证据，实际上就是说，当你认为它们是真的并且它们就是真的时候，那么它们的证据就是客观的，否则它们的证据就是不客观的。但实际上，人们所依照的证据是真正客观的这一信念，只不过是添加在意见总体上的一个更加主观的意见"[4]。换言之，人们得出的所谓具有客观性的信念本身就已添加了个体主观因素。詹姆斯在《宗教经验之种种》中，更进一步对人们认知世界的"经验"构成进行了阐述，指出伴随每一思想的产生，"我们经验的世界，在一切时节，都含

---

[1] Robert J. O'Connell, *William James on the Courage to Believe*, New York: Fordham University Press, 1997, p. 11.
[2] W 2. p. 241.
[3] Richard J. Bernstein, "Action, Conduct, and Self-Control", in Richard J. Bernstein, ed., *Perspectives on Peirce*, New Haven and London: Yale University Press, 1965, p. 106.
[4] WJ 6. p. 23. 《詹姆斯文选》，第447页。

两部分，客观的和主观的部分；客观部分也许比主观部分更广博无数倍，但是主观部分始终是不能省略或抹杀的。客观部分是我们在任何时候所想的一切对象的总和；主观部分是这个思想在其中发生的那个内心'状态'（state）"①，主观部分与客观部分一样，都是每一个个体经验的重要组成部分。

同时，对于每一个个体来说，"欲望、希望以及其他非认知状态可以在不需要证据的情况下，合法地被拥有，而且可以合法地转化为詹姆斯称为'我们意志的本性'"②。进一步说，个体主观因素转化成的意志并非某一个个体所私有之物，而是作为"相同的真理候选物为每一个个体所有"③。因此，由意志这样的主观因素确立的信念并非如克利福德所称的私有之物。相反，每一个个体都具有意志这样的主观能力，人们能够互相理解此种能力，并且此种能力作用于每一经验形成和信念确立的过程中。因此，不应忽视以意志为主要表现的个体主观因素在信念确立中的作用。

关于不能忽视个体主观因素于信念确立的第二点原因在于，在一些特殊情况下，我们不得不根据当下仅有的证据做出判断，而此时相信个体主观因素并使其充分发挥作用要远比害怕发生错误而不做判断所得的益处更大。这揭示了是否要坚持克利福德充足证据论的关键所在，"为什么信念必须是认知确证的才是道德确证的？换言之，道德地持有信念为什么必须符合认知确证的标准"④。

具体来说，克利福德的充足证据论是通过共同体的认知确证确保道德确证。这意味着通过充足证据的支撑，共同体获得了认知确证，那么根据认知确证就直接保证了道德已确证。但是，为什么道德确证一定需要认知确证作为前提呢？或者说，为什么道德确证要作为与认知确证相捆绑或者附属的存在呢？笔者认为，这个质疑就是詹姆斯敢于突出个体主观因素于

---

① WJ 15. p. 393.《宗教经验之种种》，第494页。
② Richard Rorty, "Religious Faith, Intellectual Responsibility, and Romance", in Ruth Anna Putnam, ed., *The Cambridge Companion to William James*, Cambridge: Cambridge University Press, 1998, p. 88.
③ Richard Rorty, "Religious Faith, Intellectual Responsibility, and Romance", in Ruth Anna Putnam, ed., *The Cambridge Companion to William James*, Cambridge: Cambridge University Press, 1998, p. 88.
④ Allen W. Wood, "W. K. Clifford and the Ethics of Belief", Timothy J. Madiga, ed., *Unsettling Obligations: Essays on Reason, Reality and the Ethics of Belief*, Stanford, California: CSLI Publications, 2002, p. 15.

信念确立中作用的核心原因所在。因为，在詹姆斯看来，在证据不充足条件下，或者说人们达不到认知确证的时候，在不得不进行选择时，人们可以发挥个体主观因素进行道德确证。换言之，对于詹姆斯来说，道德确证并不需要以认知确证为前提，根据个体主观因素的作用，人们有能力对道德问题做出判断。进一步说，"区分认知的判断与道德的判断"[1] 是化解克利福德与詹姆斯对充足证据和个体主观因素于信念确立中应居于何种地位的关键。

其中，认知的判断主要直指科学领域，此是以充足证据为主要支撑，尽量排除一切主观因素的干扰，试图确立最具有普遍性和客观性的信念。此种判断以与实在达到最趋于一致的认识为目标，没有时间或者其他情势的压力。而道德判断则通常置人以被动不得不做出选择的情形，"超越狭窄的'科学的'界限之外"[2]，甚至没有具有普遍性的证据支持。显然在这种判断情形下，积极地发挥每一个个体通有的主观因素的作用要比害怕犯错而搁置不动获益的机会大。这源自从一定意义上说，在个体处于被动的状态下，不做判断的本身就是在做消极的判断。正如詹姆斯举的火车上遇强盗劫掠的例子[3]，在每一名乘客都没有充足证据证明自己的反抗会招致何种后果的情况下，若每一乘客都秉持克利福德证据论要求的因害怕犯错而畏缩不动，最终可能全车被劫；若每一乘客面对劫匪都充分发挥各自的主观积极作用，最终可能全车获胜，劫匪被抓。

由此可见，在非科学领域的问题中，人们并不需要基于充足证据才进行信念的确立。而且，在没有充足证据支持之下且不得不做出判断的特定状况时，个体积极发挥主观因素确立的信念要远比克利福德坚持的因为害怕犯错而不做判断所得的益处大。因此，之于个体主观因素于信念确立中发挥的巨大作用，对于以"实际具体结果"[4] 为其哲学最终落脚点的詹姆

---

[1] Susan Haack, "'The Ethics of Belief' Reconsidered in philosophy of Religion", in Henrik Rydenfelt and Sami Pihlström, eds., *William James on Religion*, London: Palgrave Macmillan, 2013, p. 120.

[2] WJ 15. p. 408.《宗教经验之种种》，第 508 页。

[3] WJ 6. p. 29.《詹姆斯文选》，第 454 页。

[4] 详细论证见于第三章第二节第一部分。与之相似意思的表达，王庆原将詹姆斯以"实际具体结果"为落脚点来确立信念的原则称为"实用确证的原则"，即"通过某一信念所预期取得的效果和用途，来评价这一信念的形成和保持等的道德性"。详见王庆原《信念伦理学的"克利夫特/詹姆斯之争"——兼论信念伦理学的建构》，《哲学动态》2010 年第 6 期，第 97 页。

斯来说，必然要予之以重要地位。

总之，笔者认为，詹姆斯主要从对克利福德证据信念观中以充足证据为基础以及摒弃一切个体主观因素进行驳斥。据此，一方面得出，由于个体经验的增加，并不存在绝对充足或不变的证据，避免错误仅是关于真的"希望"，应将追求"真"信念置于避免错误之上。另一方面得出，个体主观因素本来就伴随每一信念的产生，其是每一个个体都通有的能力且无法完全摒弃，而且在特定情况下，发挥意志这样的个体主观能力确立信念还会获得超出搁置判断更大的益处。简言之，基于詹姆斯对克利福德证据信念观的驳斥，可得詹姆斯意志信念观确立的前提及结论：在非认知判断中，应置相信真理于避免错误之上，伴随个体经验的增加，人们只能根据已知的证据做判断，并不存在绝对充足和基础性的证据；同时，在特定条件下，人们有权使用意志这样的个体因素来确立信念（信仰）。

二　意志的权力

关于信念确立的问题，詹姆斯突破皮尔士以科学探究模式确立信念之处在于要对个体运用主观因素，即以意志确立信念赋予合法权利。基于詹姆斯对克利福德证据信念观的驳斥，上文已证得，詹姆斯秉持：不存在充足的证据，并且在非认知领域的特定条件之下，根据当下已知证据，人们有权运用意志这样的主观因素确立信念。杜威曾在1925年发表的《美国实用主义的发展》一文中，对詹姆斯以意志确立信念的思想给予了很高评价，"詹姆斯实现了对实用主义的新推进（a new advance）"[1]，且指明了"一个人不仅在有证据或确凿事实的情况下，而且在缺少所有这样的证据的情况下，都有权选择自己的信念"[2]。

詹姆斯意志信念观在个体确立信念的问题上具有重要作用，而且推进了美国实用主义的发展。那么，詹姆斯的意志信念观究竟是什么？据此，本部分将聚焦于詹姆斯对"意志"的定义、运用"意志"的条件以及个体之所以有权发挥意志的原因进行阐述。

首先，关于詹姆斯意志信念观对"意志"的定义，笔者认为主要集中在两点。第一点，意志包含影响信念确立的一切主观因素，且会发挥刺激

---

[1]　LW 2. p. 6.《杜威全集·晚期著作1925—1953·第二卷1925—1927》，第6页。
[2]　LW 2. p. 10.《杜威全集·晚期著作1925—1953·第二卷1925—1927》，第8页，翻译略作修改。

（冲动）与抑制（阻塞）①的作用而引致行动。早在 1890 年《心理学原理》中，詹姆斯对意志进行了定义，"意志是一种纯粹的和简单的心理的或精神的事实，并且等观念处于稳定状态时，意志就绝对完成"②。对于詹姆斯来说，意志作为心理的或精神的状态，其包含一切非理智但能够塑造人们信念的状态，普劳德福特将詹姆斯意志的作用描述为，"信念被塑造以这样的方式，从某种程度上，通过利益、通过一些除了逻辑和证据之外的东西"③。归根到底，意志包含一切影响人们信念确立的非认知判断要求的因素，詹姆斯在后来 1897 年《信念的意志》中，将意志包含的主观因素具体描述为，"诸如恐惧和希望、成见和激情、摹仿和偏袒、我们的等级和阶层所带来的整个压力等等之类的所有影响信念（确立）的因素"④。

关于这些包含于意志之中的主观因素对信念确立的作用，詹姆斯直言，此作用是这样的一种存在："我们发现自己在相信，我们几乎不知道怎么和为什么相信。"⑤换言之，这种意志发挥的作用并不像认知判断所依据的逻辑或科学证据那样，非常清楚且可以直接推理论证出所得信念。这看似很难发觉和辨清意志是如何在信念确立中发挥作用，但对于詹姆斯来说，其将此再次落脚于"实际具体结果"，甚至直接化简为"我们意志的唯一直接外部效果为身体的移动"⑥，以意志发生作用所产生的最简结果来考察，此亦是詹姆斯信念得以确立的规范力。

关于意志的作用，詹姆斯在《心理学原理》中明确指出，"只要人们用一个更独特、更有理想的冲动，去克服其他更本能的更习惯性的冲动

---

① 在 1901 年《宗教经验之种种》中 WJ 15. p. 240《宗教经验之种种》，第 292 页，詹姆斯用 "stimulation" 和 "inhibitions" 来表达意志的作用，而在之前 1890 年《心理学原理》中 WJ 9. p. 1154.《心理学原理》，第 947 页。詹姆斯采用的是 "impulse" / "explosive" 和 "inhibitions" / "obstructive" 来表达，依据詹姆斯晚年更加成熟的思想，因此可将意志的作用表达为刺激与意志。
② WJ 9. p. 1165.《心理学原理》（下册），第 955 页，翻译略作修改（其中，补译 "pure and simple" 为 "纯粹的和简单的"；去掉原译多译的 "作用" 一词）。
③ Wayne L. Proudfoot, "Religion and Pragmatism from 'The Will to Believe' to Pragmatism", in Henrik Rydenfelt and Sami Pihliström, eds., *William James on Religion*, London: Palgrave Macmillan, 2013, p. 16.
④ WJ 6. p. 18.《詹姆斯文选》，第 442 页。
⑤ WJ 6. p. 18.《詹姆斯文选》，第 442 页。
⑥ WJ 9. p. 1098.《心理学原理》（下册），第 910 页，翻译略作修改（其中，"movement" 改译为 "移动" 而非 "动作"；简化原译中部分累赘翻译）。

时，意志就起作用了；凡是强有力的爆发倾向受到抑制或阻塞的状态被克服时，意志也必然做了努力的"①。而在11年后，詹姆斯在《宗教经验之种种》中，更是明确指出，"所谓实行中的意志，我们知道它是一个很复杂的作用。它含有刺激与抑制二种作用；它遵循一般化了的习惯；它有反省的评判护送它，并且它随着实行的方式，留下一种对它自身好的或者坏的余味"②。由此可见，对詹姆斯来说，意志于信念确立中的作用主要表现为刺激与抑制，而最终落脚于人们的行动及其产生的实际具体结果。詹姆斯还以"敢作敢当"性格的来源进行分析，得出此种性格就在于"他的冲动会在其抑制还来不及发挥作用的时候，迅速地变成行动"③。意志发挥的抑制作用在于控制其中潜在的刺激（冲动），而刺激（冲动）作用在于突破抑制的阻塞。抑制与冲动作为意志发挥作用的两种相反方向的力，二者相互能够抵消最后得到一种力，而此种力最终将以个体的行动为最简表现，此亦是意志塑造信念的体现。

因此，对于詹姆斯来说，意志作为非理智的表现，其包含了一切能够影响信念确立的主观因素。虽然意志并不如理智那样，能够非常清楚以证据的方式论证信念如何确立，但是意志通过刺激与抑制两种作用得于行动与实际具体结果而表现。

第二点，意志开始于注意某一客体，且必然基于在先记忆。关于定义意志的另一重要角度，詹姆斯则聚焦于"注意力"。普劳德福特对此总结为，"意志是一种确定注意力且让它（注意力）集中在一个特定的点或者结果上"④。笔者认同普劳德福特以注意力来描述詹姆斯意志的观点，并进一步结合詹姆斯在《心理学原理》中对意志与注意力关系的两方面描述论证：詹姆斯定义的意志以注意力为本质表现，且开始于注意力。

第一，在詹姆斯对意志的定义里，注意力是意志中首要且最基础的事物，作为意志的本质现象而存在。詹姆斯指出，"注意力是意志首要且基

---

① WJ 9. p. 1154.《心理学原理》（下册），第947页。
② WJ 15. p. 240.《宗教经验之种种》，第292页，翻译略作修改（其中，"a good or a bad"改译为"好的或坏的"而非"好受的或难受的"）。
③ WJ 9. p. 1144.《心理学原理》（下册），第940页。
④ Wayne L. Proudfoot, "Pragmatism and "an Unseen Order", in Varieties", in Wayne L. Proudfoot, ed., *William James and a Science of Religions*, New York: Columbia University Press, 2004, p. 36.

第四章　詹姆斯：皮尔士信念观之突破

础的事物"①，并且"注意力的努力因此是意志的本质现象"②。这意味着对于詹姆斯来说，注意力是意志产生的必要条件且是意志得以表现的本质依据。进一步说，亦是詹姆斯对意志与注意力关系定义的第二点，在詹姆斯看来，注意力作为唯一能实现的意志行为，意志作用开始于个体的注意。詹姆斯指出，"任何意志作用都包含着注意的努力。简言之，意志的主要成就就是它最'有意志'的时候去注意一个复杂对象并将其固定于心上"③。换言之，发挥意志的作用与注意力的努力处于同步的状态，这源自于在詹姆斯看来，"注意是意志行为，也是我们能实行的唯一内在的意志行为"④。当意志开始时意味着我们可以实行的唯一行为，即注意开始发挥作用。因此，注意作为意志的本质，意志开始的唯一行为表现，即注意的开始。

然而，任一注意的开始并非凭空产生，而是基于之前的在先认知。换言之，之所以人们具有意志，比如某种欲望，一定源于之前无意的经历。意志产生的行动"是人们所期望的、有准备性的，因而当然能在动作发生的过程中预见其发展情况"⑤。所以，对于詹姆斯来说，"意志的行动必定是第二级的功能，而非我们机体的原始功能"⑥。意志只能基于机体的原始功能而产生。如果没有之前经验中动作的记忆，在詹姆斯看来，人们就"不清楚如何利用意志去完成这个动作。所以通过非意志表现留下的经验会在记忆中保留各种动作观念，而它们才是意志活动的首要前提条件"⑦。因此，意志的产生必然基于在先留下的记忆。

因此，根据以上两点对詹姆斯意志定义的分析，笔者认为可以将詹姆斯定义的意志总结为：基于在先记忆，个体注意于某一客体时，意志开始发挥刺激或者抑制的作用，最终以行动为表现，以实际具体结果为落脚。

---

① WJ 9. p. 1172.《心理学原理》（下册），第959页，翻译略作修改（"attention"改译为"注意力"而非"注意"；"volition"改译为"意志"而非"立志"；"the first and fundamental thing"改译为"首要且基础的事物"而非"首要基本因素"）。
② WJ 9. p. 1167.《心理学原理》（下册），第955页，翻译略作修改。
③ WJ 9. p. 1166.《心理学原理》（下册），第955页。
④ WJ 9. p. 1172.《心理学原理》（下册），第958页。
⑤ WJ 9. p. 1199.《心理学原理》（下册），第910页。
⑥ WJ 9. p. 1099.《心理学原理》（下册），第910页，翻译略作修改（其中，"voluntary movement"改译为"意志的行动"而非"有意动作"；其他部分略作更细致地补充翻译）。
⑦ WJ 9. pp. 1099 – 1100.《心理学原理》（下册），第911页，翻译略作修改（其中，"involuntary performance"改译为"非意志表现"而非"不随意行为"）。

基于对詹姆斯意志信念观中对"意志"定义的第一个问题的回答，现在来分析第二个问题，即在这样对"意志"的定义下，詹姆斯认为，人们在何种情况下，有权运用意志确立信念呢？笔者认为，詹姆斯以"意志"确立信念的合法性情况必然是在非认知的判断之内，基于不充足证据之下的真正选择时，此亦不同于皮尔士确立信念的界域。

罗蒂曾指出，"在认知的和非认知之间，在信念与欲望之间存在着非常分明的区分，此正是一种二元，然而这是詹姆斯需要去模糊的"①。言外之意，对于詹姆斯来说，其确立的意志信念观试图淡化认知判断与非认知判断之间的界限，从而使个体有权运用意志。笔者对这一观点并不苟同。笔者认为，詹姆斯并没有要淡化认知判断与非认知判断之间界限的意图，而且在上文论证詹姆斯反克利福德证据信念观中得出，詹姆斯对科学领域的认知判断并不纳入到个体强制的选择范围内。换而言之，詹姆斯一直秉持认知判断并不是个体意志应该有权作用的合法范围。因此，詹姆斯的意志信念观作用的主要范围仅为非认知判断，如道德和宗教等领域内。

关于意志在非认知判断作用的具体条件，笔者认为是詹姆斯规定的真正的选择。这种真正的选择的判断，仅于个体本身有关。一方面源自于个体的心理学因素，另一方面源于个体所接受的外部影响。虽然有学者认为，个体所受的外部因素属于客观因素，"超出个体的控制，包括广泛的文化的、社会的和历史的因素"②。但笔者认为，这些所谓的外部客观因素，只有转化为个体所得才能对所面临的选择做出判断。换言之，意志发挥作用的条件必然是非认知领域，并且其是由个体的心理主观因素与个体从外部客观要素所获经验共同作用，才能对所面临的问题做出判断，进而断定出其是否为真正的选择。

所谓真正的选择，詹姆斯认为，要从任何有意向成为信念的命题开始，我们可以先称这些命题为假设。关于这些假设，詹姆斯对其进行比喻，称它们好似电线，分为活线和死线，能够真正触动人们激情火花的，可称为活的和有生命力的假设。此整个判断的过程，将完全依赖于个体本

---

① Richard Rorty, "Religious Faith, Intellectual Responsibility, and Romance", in Ruth Anna Putnam, ed., *The Cambridge Companion to William James*, Cambridge: Cambridge University Press, 1998, p. 88.
② Michael R. Slater, *William James on Ethics and Faith*, Cambridge: Cambridge University Press, 2009, p. 31.

身来决定。对于这些假设,詹姆斯给予了从具有生命力、强制性的和重大的三个角度的衡量标准进行判断。如果这个假设是具有生命力、强制性的和重大的,那么对于进行该判断的个体来说,就是真正的选择。于此,人们可以运用意志来确立信念。关于真正的选择,詹姆斯定义为,"如果一个选择是强制性的、具有生命力的和重大的,我们就把它称作一种真正的选择"①。

由此可知,对假设是否能够成为真正的选择的标准,第一个判断就是关于是否具有生命力。在詹姆斯看来,"一个有生命力的假设,就是当一个人面对这个假设时,这个假设激起了他真实的可行性"②,如果假设能够对个体具有很强吸引力,激起人们兴趣或激情,乃至(想要)行动,那么这个假设就可以被称为具有生命力的选择,"假设方面最大程度的有生命力,指的就是不可改变的行动的意愿。实际上,这就意味着信念;但在任何有行动意愿的地方都有某种信念的趋向"③。当个体对假设判断为有生命力时,就是以意志确立信念的第一步。詹姆斯以帕斯卡尔赌注④论证选择具有生命力的重要性。詹姆斯指出,即使帕斯卡尔赌注看上去给予人们很大的利润——即使不能保证一定会获得巨大收益,但不相信也不会有任何损失。这乍一感觉,相信这一赌注是有百利而无一害的,但如果个体对此赌注,内心不起任何波澜,那么即使它有众多好处也无济于事。詹姆斯认为,这个赌注在该个体心中,已成为一种无生命力的选择——该个体无意相信,更无意愿对此采取行动,进而更不会因此确立信念。

判断是否为真正选择的第二个标准,是衡量该假设是否为强制性选择。所谓强制性选择,詹姆斯描述为"任何一种以完全的逻辑选言命题为基础的、不能不做选择的两难推理,都属于这种强制性选择"⑤。此意味着个体面对假设时,虽然没有完全充足证据证明选择何者更有利,但又没有余地不进行选择,不得不进行选择其中一方的状态。詹姆斯亦指出,关于是否带伞出门、爱与否的判断、真假判断等这样可以回避的选择都不属于强制性的选择。只有对于那些不得不做出选择,除此之外没有其他选项的

---

① WJ 6. p. 14.《詹姆斯文选》,第 438 页,翻译略作修改(其中,"forced"改译为"强制的"而非"最强制性的";"living"改译为"具有生命力的"而非"充满活力的")。
② WJ 6. p. 14.《詹姆斯文选》,第 438 页,翻译的顺序略作修改。
③ WJ 6. p. 14.《詹姆斯文选》,第 438 页,翻译略作修改。
④ WJ 6. pp. 16 – 18.《詹姆斯文选》,第 440—442 页。
⑤ WJ 6. p. 15.《詹姆斯文选》,第 439 页。

状态才是强制性选择,比如"要么接受我的这一真理,要么弃绝这一真理"①。换言之,唯有完全的逻辑选言命题才能够构成强制性选择。

第三个标准是重大的选择。所谓重大的选择,是指个体人生中唯一一次选择,并意义重大而不可逆,如果错过了就好像经历了巨大的失败一样。詹姆斯以加入北极探险队这一选择为例,指出"因为类似的机会你可能只有唯一的一次,你现在的选择要么完全把你从探险北极的那种不朽中撇开,要么至少使你自己有了某种机会。拒绝拥抱这一唯一机会的人,就像尝试了并遭到失败一样,肯定失去了奖赏"②。这意味着重大的选择对于个体来说具有重要意义和价值,即使当下个体没有充足证据证明一定会得到多大程度的奖赏,但错过就一定会后悔且不可悔改。对此,詹姆斯以科学为例,指出科学中的选择为非重大的选择。詹姆斯指出,"如果机会不是唯一的,如果赌注是微不足道的,或者如果一旦后来证明是错的,决定还可以悔改的话,那么选择就是非重大的。这种非重大的选择在科学生活中俯拾即得"③。具体来说,科学上的发现需要花大量的时间进行验证,但如果试验证明假设无效,此对个体来说不会造成损害,甚至从一定意义上还推进了科学进一步发展。因此,认知领域的科学问题不应纳入重大选择的判断中。言外之意,詹姆斯对重大的选择定义,亦是将认知判断领域的问题排除在意志有权发挥作用的真正选择之外。

因此,意志有权发挥作用的领域一定完全排除如科学这样的认知判断,而是聚焦于非认知判断的领域。具体来说,此非认知判断要共同满足有生命力的、强制的和重大的此三个要求,即满足真正的选择的要求。唯有在非认知判断领域的真正选择下,个体才有权运用意志确立信念。

基于以上对詹姆斯"意志"定义的总结以及对可发挥"意志"作用的情况的梳理,接下来将针对个体之所以可以在相应情况下发挥意志的权力进行论证。笔者将分别从人本身具有主观意志判断的能力以及在非认知领域的真正选择判断里需要个体发挥意志来解决,并且运用意志信念观所得的实际具体结果优于科学的方法,此两方面论证在真正的选择情况下,个体有权运用意志确立信念。

个体有权运用意志确立信念原因之一,每一个个体本身都具有主观意

---

① WJ 6. p. 15.《詹姆斯文选》,第 439 页。
② WJ 6. p. 15.《詹姆斯文选》,第 439 页。
③ WJ 6. p. 15.《詹姆斯文选》,第 439 页。

志的判断能力。一般学者认为,之所以詹姆斯意志信念观能够成立在于其依赖于人们的心理状态,"詹姆斯的意志信念观依据的是对人类心理学的解释"①。换言之,意志作为客观存在的心理学现象,所以使之具有存在的合法性。对此,笔者认为,在詹姆斯看来,真正确定每一个个体都具有主观意志这种判断能力的根源并非在于心理学依据,而是源于生理学依据。詹姆斯在《心理学原理》中明确指出,"它的根不在于心理学,而在于生理学"②,意志这种心理上的现象依据的是功能在心灵之外的"执行的神经节"③这样的生理现象为根基。因此,詹姆斯在七年后《信念的意志》中明确指出,意志对信念确立所产生的影响"必定被看作就是不可避免的又是对我们的选择起合法的决定性作用的"④。归根到底,每一个个体是以其本身的生理现象决定了心理反应,进而于心理现象中的意志才得以发挥作用。因此,每一个个体只要具有生理现象,那么意志就会产生作用。换言之,每一个个体之所以具有主观意志的判断能力,在于每一个个体本身必然具有生理现象。

原因之二,在非认知领域的真正选择规定下的问题需要个体发挥意志来解决,并且运用意志信念观确立信念所得的实际具体结果要有益于在科学认知判断中所用的方法。由詹姆斯对个体意志得以发挥作用的条件可知,其必然要满足为真正的选择的要求。这意味着意志有权发挥的情况必然是有生命力的、强制的且具有重大意义的。而反过来看,当规定了该问题为真正的选择,就意味着该个体必然处于强制性状态,即不得不进行选择确立信念的情况。换言之,意志本身就是"我们许多信念的不可消除的特征"⑤,而这种特征的存在使得"我们理论上和实际上的需要得以满足"⑥。

进一步说,非认知领域没有充足证据支撑的真正选择需要每一个具有

---

① Michael R. Slater, *William James on Ethics and Faith*, Cambridge: Cambridge University Press, 2009, p. 36.
② WJ 9. p. 948.《心理学原理》(下册),第 785 页。
③ WJ 9. p. 1165.《心理学原理》(下册),第 955 页。
④ WJ 6. p. 25.《詹姆斯文选》,第 450 页。
⑤ Michael R. Slater, *William James on Ethics and Faith*, Cambridge: Cambridge University Press, 2009, p. 36.
⑥ Michael R. Slater, *William James on Ethics and Faith*, Cambridge: Cambridge University Press, 2009, p. 36.

古典实用主义奠基者的信念观研究

"他认为是最好的那样去行动"①，需要鼓起运用意志确立信念的勇气。关于意志于非认知领域中的重大的需要性，詹姆斯在《信念的意志》的最后，以菲茨詹姆斯·斯蒂芬（Fitzjames Stephen）的话结尾时，非常清楚地表明了态度，"'坚强并十分勇敢'，朝最好的方面努力，抱最乐观的希望，承受面临的事物……如果死亡结束了一切，我们也不可能找出比这更好地面对死亡的方式"②。

在詹姆斯看来，在非认知领域不得不进行选择的强制状态下，继续以科学认知判断及理智的方式进行处理，只会无果而终。因为在詹姆斯看来，非认知领域的问题"只能适用于那些个人理智本身不能决定的充满活力的选择"③，理智作用于这些问题并无效果。换而言之，唯以意志的方式才可以解决这些非认知问题，且能够产生积极的效果。由于个体具有主观意志判断的能力，且能够运用意志信念观以最大收益的方式解决非认知判断的问题，因此可证得个体有权运用意志确立信念。

总之，基于本节第一部分对詹姆斯于克利福德证据信念观批驳所得，以及此部分对詹姆斯"意志"定义、发挥"意志"作用的条件以及对个体有权发挥意志作用的原因的分析和论证，笔者认为，可将詹姆斯意志信念观总结为：在非认知判断里的真正选择情况下，要坚持相信真理置于避免错误之上，个体有权基于在先记忆，在注意于某一客体时，开始发挥一切主观因素的刺激或者抑制的作用，最终以行动及其实际具体结果为确立信念（意义）的内部表达与外部表现。

第二节　信念与信仰

詹姆斯早在1890年《心理学原理》描述信念与意志的关系部分就指出，"简而言之，意志与信念（Belief）意味着在客体与自我之间的特定关系，是一个或同一心理学现象的两个名称"④。于此可见，在詹姆斯定义

---

① WJ 6. p. 33. 《詹姆斯文选》，第458页。
② WJ 6. p. 33. 《詹姆斯文选》，第458页。
③ WJ 6. p. 32. 《詹姆斯文选》，第457页。
④ WJ 9. p. 948. 《心理学原理》（下册），第785页，翻译略作修改。

中，意志与此大写表示的信念能够表示同一心理学现象。换而言之，以个体意志确立的判断可称为大写的信念。然而，七年后在《信念的意志》中，詹姆斯又指出，如激情和欲望等包含于意志中的一切主观因素影响我们观念而确立的信念为信仰（faith）[①]。

这就引出了一系列关于信念与信仰关系问题的讨论。在非认知判断中，发挥个体主观意志的权力而确立的观念究竟应该称为大写的信念？还是信仰？大写的信念与信仰之间有怎样的关系？为何二者都能够表达意志确立的观念？而此与皮尔士坚持的仅于认知判断领域依据科学探究模式确立的信念之间存在何种关系？

本节将首先聚焦于信念与信仰的关系进行阐明，具体对大写的信念、大写的信仰、小写的信念、小写的信仰与超信念所包含的内容及其之间的关系进行分析和论证。进而，就詹姆斯突破皮尔士强调的以个体主观因素确立的信仰具有的力量进行阐释，从而得出信仰于大写的信念中具有不可忽视的重要地位。

一 信仰与信念的关系

国内对詹姆斯文本中"*Belief*"一词的翻译，存在以"信仰"混淆"信念"的翻译。笔者认为，此一定程度上误解且曲解了詹姆斯的本意。比如，关于1890年詹姆斯对意志与信念的关系定义中，有学者就将詹姆斯大写的"*Belief*"翻译为了"信仰"[②]，很大程度上抹掉了詹姆斯所要表达的大写信念包含信仰，信仰作为大写信念的一个重要组成部分，此种强调大写信念的意味。

再比如，更典型的是将詹姆斯"The Will to Believe"一文的题目翻译成《信仰的意志》[③]。虽然不可否认，以个体意志发挥作用所确立的观念，准确来说是信仰，但我们不能依此就直接或不加解释地将题目中的"Believe"翻译为信仰。进一步说，詹姆斯在题目中所写下的是"Believe"并

[①] WJ 6. pp. 25 – 33.《詹姆斯文选》，第450—458页。主要参考，"个体获得可靠信仰的充满激情的愿望"（WJ 6. p. 26.《詹姆斯文选》，第451页）；"以欲望为基础的信仰"（WJ 6. p. 29.《詹姆斯文选》，第454页）等。

[②] WJ 9. p. 948.《心理学原理》（下册），第785页。

[③] WJ 6. p. 13.《詹姆斯文选》，第437页。

非是"Faith",或者任何信仰的动词形式。换而言之,詹姆斯确立此题所要强调的并非仅信仰一层含义,而是指代(大写)信念这一层更加广阔的含义。更具体地说,詹姆斯在该文的前七节都在围绕"信念"(*Belief*)一词做阐释,而只是在后三节将该种大写的信念具化为"信仰"(faith)进行论证。对于詹姆斯来说,"信仰"包含于大写的"信念"之中,而詹姆斯所要表达的是"用意志去相信",或者说,"用意志确立(大写)信念",而非"信仰的意志"。

那么,对于詹姆斯来说,"信念"与"信仰"之间存在何种关系呢?大写的"信念"又是由哪些部分构成的呢?笔者认为,可以将具有统称意义的(大写)信念,简称为(大)信念,并以三角形的方式将其构成部分予以表达(见图4-1)。如图所示,(大)信念主要分为认知领域与非认知领域两部分构成:认知领域主要指依据皮尔士科学探究模式,以科学证据、实验以及逻辑推理而确立的每一观念,此所得为(大)信念中的(小)信念,准确地说为认知信念或认知领域的信念;非认知领域是指超出认知范畴之外,詹姆斯突破皮尔士排斥一切主观因素的界限,而确立的在真正选择判断下,运用一切主观因素面对没有充足证据的支持却确信的观念,詹姆斯描述为,"意味着相信某件在理论上可能还存在疑问的事物"[①]。笔者认为,此种相信的总称为(大)信仰,准确地说为非认知领域的(大)信仰。

笔者之所以将非认知领域确立的(大)信念称为(大)信仰,在于此(大)信仰亦由两部分构成:一部分由可证验的心理学与生理学秩序为主观依据,于道德领域发挥作用确立的(小)信念,准确地说为(大)信念于非认知领域(大)信仰中确立的(小)信仰;另一部分以看不见的秩序为主观依据,且于宗教和神学领域发挥作用,确立的为超信念(over-belief)[②],准确地说为(大)信念于非认知领域(大)信仰中确立的超信念。

基于笔者以上对(大)信念于认知领域与非认知领域的构成解析,可知统称意义上的(大)信念主要以(小)信念、(小)信仰与超信念三部

---

① WJ 6. p. 76. 《詹姆斯文选》,第204页。
② WJ 5. p. 407. 《宗教经验之种种》,第506页,略作修改,唐钺将"over-belief"译为"格外信条",笔者认为此翻译并没有凸显出超越认知领域(小)信念以及(小)信仰的意味,并且还模糊了其中强调为一种信念的韵味。为强调"over"所具有的超越意味以及"belief"信念的含义,笔者将此翻译为"超信念"。

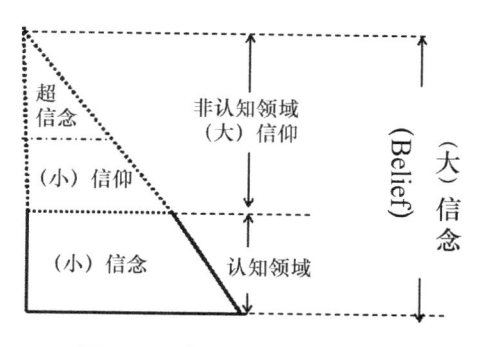

图 4-1　詹姆斯：信念构成图

分构成，其中（小）信仰与超信念组成（大）信仰。关于三者之间的内部关系，笔者将从纵向视角，以对比的方式分析出三者之间存在的递进关系；并从横向视角，论证出从最普遍的视角看，非认知领域的（大）信仰部分会伴随着认知领域（小）信念的扩大和发展而进一步扩展。

首先，笔者将以纵向视角，对（小）信念、（小）信仰与超信念就是否以认知证据为依据、是否依据个体主观因素以及行动实施的领域三方面进行比对。进而，试图论证得出，于认知领域确立的（小）信念以证据为依据，而（小）信仰与超信念则位于非认知领域，三者之间存在愈来愈具有非认知性、神秘性且难以被他者证（实）的关系。

第一，关于认知判断中（小）信念的考察，之于（小）信念确立是否依靠证据，笔者在本章第一节反克利福德证据信念观的后半部分已经论证清楚。詹姆斯不否认如皮尔士和克利福德坚持以证据为依据确立认知领域的信念，但否认在非认知领域真正的选择情况下，仍坚持等待证据的充足且要排除一切个体主观因素的干扰，进而导致错过或搁置判断。因此，笔者认为，在詹姆斯看来，（小）信念确立的依据正是皮尔士和克利福德坚持的科学证据、逻辑推理和实验经验。（小）信念确立作用的领域为科学领域，并且确立（小）信念要试图排除一切主观个体因素的干扰而确立共同体内每一个个体探究都会确立的普遍性信念。

第二，关于（小）信仰的考察，对于詹姆斯来说，（小）信仰的确立必然要基于当下已有的证据以及个体对世界感知所得之上而确立。换言之，（小）信仰的确立尊重认知领域证据的支撑作用，但由于对证据的认知通常在个体对世界感知所得的经验中，因此看上去个体感知所得的经验发挥的作用会覆盖证据的作用。斯莱特也指出，"证据支持和反对一个特定信念是客观上包含于我们积极的'信仰趋势'里，正如詹姆斯称它们，超出证据且驱使我们去接受相信的态度"①，证据包含于（小）信仰确立的作用力中，但（小）信仰确立"并非严格地被证据决定"②，其受到个体感知所得经验的整体决定。归根到底，（小）信念既依据认知证据的支撑，又侧重于个体感知所得的经验而确立。正如詹姆斯在《信仰与有权相信》中对信仰阶梯③的定义，强调通过认知逻辑与心理学上的感知性共同作用。由此可见，居于非认知判断（大）信仰中的（小）信仰既具有认知判断中（小）信念的一些特征，又融合了非认知判断中对个体主观感知④的获得。

（小）信仰确立于无形秩序领域，主要围绕道德范围内的问题。正如普劳德福特对詹姆斯无形秩序于道德方面的解读，"存在一个无形的道德秩序，我们可以与之接触，并且它可以帮助我们解决我们面临的问题，但是它并不先于或独立于人们的思想和行为。这种秩序是由社会和文化世界，这样的历史产物而构成"⑤。笔者认同普劳德福特对（小）信仰于道德领域所依据的无形秩序的解读，并认为之所以人们对道德领域的问题解决不能如认知领域确立的那么明确或者具有普遍统一性，关键在于该种无形秩序是历史中社会和文化的产物，需要时间的沉淀，而非简单证据可以判断。换言之，之所以（小）信仰在图中居于（小）信念之上，在于其要考虑的因素不单单为认知领域的证据，还有非科学认知领域的人文因素。

因此，笔者认为，（小）信仰于非认知判断领域的（大）信仰中，且过渡了（小）信念与超信仰。（小）信仰以证据为依据，同时更关注个体主观因素对无形秩序的解读，最终主要于道德领域内发挥作用。

第三，关于超信念的考察，笔者认为，詹姆斯的超信念是证据无力作

---

① Michael R. Slater, *William James on Ethics and Faith*, Cambridge: Cambridge University Press, 2009, p. 55.
② Michael R. Slater, *William James on Ethics and Faith*, Cambridge: Cambridge University Press, 2009, p. 64.
③ WJ 7, p. 113.
④ 詹姆斯在多篇著作中都对个体在（小）信仰确立中个体要发挥主观因素作用进行陈述，比如 WJ 5, p. 156, p. 225, p. 398, p. 59; WJ 7, p. 113.
⑤ Wayne L. Proudfoot, "Religious belief and naturalism", in Nancy Frankenberry, ed., *Radical Interpretation in Religion*, Cambridge: Cambridge University Press, 2004, p. 85.

用而完全以无形的秩序为依据,由个体主观获得的神秘经验为支撑,于宗教和神学以及更神秘领域发挥作用。关于超信念以无形的神秘秩序领域发挥作用,詹姆斯在《宗教经验之种种》中指出,"超信念从这里开始:这里是神秘主义、与皈依的极乐状态、与吠檀多主义以及超验唯心主义呈出它们的一元论的解释"①。超信念与认知领域的证据无关,其发生于非认知领域中产生(小)信仰的更"上"方区域。所谓更"上"方是指,更加神秘的领域。詹姆斯认为,这一领域"似乎突进一个完全与可感觉的并仅是'可了解的'(understandable)世界不同的生命维度(dimension)内去。把这维度叫作神秘区域,或是超自然的区域"②。此种神秘或超自然的区域不是认知证据存在之处,而是高于认知之上以无形的秩序为支撑的领域。詹姆斯也指出,"这里所指的无形世界,不是仅仅理想的;因为它会在这个有形世界内产生结果。在我们与这个无形世界通感之时,实际对于我们有限的人格上有作用;因为我们变成了新的人物,并且在我们起更生的变化之时,在有形的自然世界内发生行为上的效果"③。换言之,超信念作用的领域是超越认知证据之上的无形神秘区域,斯莱特描述为"超越经验证据"④ 的领域,奥康奈尔分析为"不需要过度技术分析"⑤ 的领域。

关于超信念的确立,詹姆斯认为此与(小)信仰相同之处在于,超信念亦是由个体主观因素把握,准确地说,"救赎的经验由大我而来"⑥,即通过更宽广的自我获取神秘经验。于此可见,之所以神秘经验得以获取在于大我。普劳德福特进一步指出,"此可能部分地诉诸潜意识,它并不会通过某种自然的解释而释放"⑦。简言之,超信念源于个体自我中大我超自然能力的释放。

---

① WJ 15. p. 404.《宗教经验之种种》,第 503 页,翻译略作修改(其中,"overbeliefs" 改译为 "超信念" 而非 "格外信仰";"begins" 改译为 "从这里开始" 而非 "就开头了";"transcendental idealism" 改译为 "超验唯心主义" 而非 "超绝的唯心主义")。
② WJ 15. p. 406.《宗教经验之种种》,第 504—505 页。
③ WJ 15. p. 406.《宗教经验之种种》,第 505 页。
④ Michael R. Slater, *William James on Ethics and Faith*, Cambridge:Cambridge University Press, 2009, p. 158.
⑤ Robert J. O'Connell, *William James on the Courage to Believe*, New York:Fordham University Press, 1997, p. 71.
⑥ WJ 15. p. 405.《宗教经验之种种》,第 504 页。
⑦ Wayne L. Proudfoot, "William James on Religion in philosophy of Religion", in Henrik Rydenfelt and Sami Pihlström, eds., *William James on Religion*, London:Palgrave Macmillan, 2013, p. 26.

关于个体大我超自然能力的释放，詹姆斯认为，这种个体是具有神秘经验的人，而所谓个体所得的神秘经验如证据之于（小）信念的确立一样，亦是一种"证据"①。但笔者认为，神秘经验的证据显然为非认知领域的证据，此与科学认知的证据不同，但二者都具有证"实"的作用。詹姆斯指出，在神秘经验里，"我们的感官为我们保证有某些事态；可是神秘经验对于有这种经验的人是直接知觉，也像任何感觉对我们的直接知觉一样"②。进一步说，超信念就是由个体所得的"直接宗教和神秘经验"③确证而得，能够"超越科学和哲学的局限"④，于宗教、神学乃至更加神秘的领域发挥作用。

因此，笔者认为，超信念于非认知判断领域的（大）信仰的（小）信仰上方，亦谓一种信仰状态⑤。超信念作为以个体神秘经验对无形秩序的解读，在（大）信念中最具有个体性、神秘性和非科学认知性。而关于认知领域（小）信念与非认知领域（大）信仰中包含的（小）信仰和超信念之间的于证据、个体主观因素以及实施领域三方面的比对，笔者以表4-1为简明归纳。

表4-1　　　　（小）信念、（小）信仰与超信念的比对

对比方面 \ 信念名称	认知领域（小）信念	非认知领域（大）信仰	
	（小）信念	（小）信仰	超信念
是否以（认知）证据为依据	完全依据认知证据	基于认知证据，但更以个体对无形秩序所得的非认知性证据为依据	基于认知证据，但认知证据几乎无能为力，因此完全以个体对无形秩序所得非认知证据为依据

---

① WJ 15. pp. 335-336.《宗教经验之种种》，第414页。
② WJ 15. p. 336.《宗教经验之种种》，第414页。
③ Michael R. Slater, *William James on Ethics and Faith*, Cambridge: Cambridge University Press, 2009, p. 116.
④ Michael R. Slater, *William James on Ethics and Faith*, Cambridge: Cambridge University Press, 2009, p. 20.
⑤ WJ 15. p. 336.《宗教经验之种种》，第415页。詹姆斯指出，"信仰状态（faith-state）与神秘状态是实际上可以交换的名词"，而神秘状态意指超信念，于此可见超信念于（大）信仰中，亦可谓信仰。

续表

对比方面 \ 信念名称	认知领域（小）信念	非认知领域（大）信仰	
	（小）信念	（小）信仰	超信念
是否依据个体主观因素	否，且试图排除一切个体主观因素影响	是，且关注个体主观因素的发挥	是，且强调个体自我中大我超自然能力对神秘经验的把握
行动实施的领域	科学	道德	宗教、神学及更神秘领域

基于对（小）信念、（小）信仰和超信念三者纵向的比对，笔者认为此三者于横向同样具有由认知领域（小）信念的发展带动其上方（小）信仰乃至超信念扩大的现象，具体的形象表示，如图4-2所示。

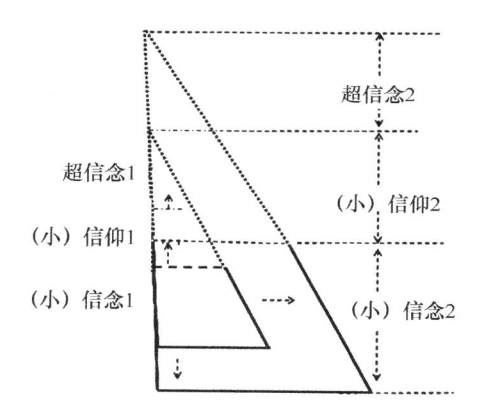

图4-2 詹姆斯：信念扩大图

詹姆斯对信念的定义与真紧密相连，正如第三章第三节第二部分所证，詹姆斯承袭了皮尔士信念可错论且通过无限科学探究方法可至真的思想。詹姆斯与皮尔士一样，反对基础主义，认为信念并非静止不变或不可更改。詹姆斯坚持，信念的确立为一个无限的过程。此过程由先前"真"信念得出的新经验促发，确立的"真"信念秉持"最大程度坚持先前'真'信念以及"最大程度推动之后'真'信念确立"的原则。进一步，对于詹姆斯来说，（大）信念框架中每一层级的信念伴随着新经验的产生都会扩大。其中，关于（小）信念、（小）信仰与超信念的扩大过程，笔者认为最具普遍性的扩大是伴随着个体认知能力的提升所引致的扩大。

具体来说，此种最具普遍性的扩大是基于最低层（小）信念的扩展所得。如图4-2所示，人们在认知领域有了新的发现，新的经验会使个体原本具有的（小）信念1扩大到（小）信念2。伴随这一过程，个体认知水平的提高会促进认知领域的扩大，一定程度上也会化解个体在非认知领域本来无法解决的问题。以此类推，（小）信仰1至（小）信仰2，超信念1至超信念2，其中划分线都会逐步提升，而个体的感知范围依此也不断扩大。

因此，笔者认为，基于詹姆斯反基础主义和"真"信念逐变的思想，从横向看（小）信念、（小）信仰与超信念之间还存在主要以（小）信念不断扩大，带动整体（大）信念发展的关系。

总之，基于以往学者对"Belief"一词的误译，笔者以三角形图4-1与表格对比的方式得出，不同于皮尔士信念的界域只由认知领域构成，在詹姆斯看来，信念的界域应由认知领域与非认知领域两部分构成，此亦为詹姆斯信念观构成的第一部分。同时，对于詹姆斯来说，信念的总称可谓（大）信念，其自下而上由认知领域的（小）信念与非认知领域的（小）信仰与超信念组成，其中非认知领域亦可总称为（大）信仰。从纵向看，自（小）信念至（小）信仰和超信念为愈来愈不依靠认知证据为依据确立信念，而逐步加大个体主观意志对无形秩序以及越来越神秘的经验进行把握，在科学、道德、宗教乃至更神秘领域发挥作用而确立信念。从横向看，（小）信念、（小）信仰以及超信念都处于相互影响的状态，其中最普遍的形式是以认知领域（小）信念为底层依据，伴随（小）信念的扩展顺次带动之上（小）信仰与超信念的扩大和提升。

二 信仰的力量

对于詹姆斯来说，（大）信念作为统称，既包含皮尔士信念观直指的认知领域的（小）信念，还突破皮尔士对信念观定义的界域，将非认知领域的（大）信仰纳入（大）信念之中。詹姆斯突破了皮尔士仅以认知领域作为信念观界域的观点，提出了在不充足证据的真正选择情况下，个体有权运用个体主观意志确立信念。詹姆斯的意志信念观显然有悖于皮尔士摒弃个体主观因素确立信念的原则，但詹姆斯仍执意将由主观意志确立的（大）信仰纳入（大）信念之中，并认为（大）信仰在（大）信念中具有重要地位。

究竟非认知领域的（大）信仰为何能够在信念确立中居于重要地位？进一步说，（大）信仰能够发挥怎样的作用使之于信念确立中具有如此重要的地位？笔者将于此部分就（大）信仰本身具有的超越认知领域（小）信念的作用、对信仰定义、特性以及信仰起作用的表现过程进行规范，论证得出（大）信仰具有认知领域（小）信念无法具有的力量，应于信念确立中居于一席之地。

首先，关于（大）信仰于（大）信念确立中具有的重要作用之一，（大）信仰能够在（小）信念无法发挥作用的非认知领域内发挥力量。（大）信仰虽然无法用科学证据证实，但在个体生活，尤其于道德、宗教、神学乃至神秘领域具有不可否认的力量。

詹姆斯在《生活值得过吗？》一文的最后指出，"在你做出判断（或者在你达到你的判断可以象征性表达的某一存在阶段）之前，那种你认为是正确的'科学证据'可能并不清楚"[1]。在生活中的非认知领域并没有清楚的科学证据能够协助个体做出判断。进一步说，不属于认知领域的非认知问题，既没有清楚的科学证据能予以支持，也没有科学证据用武之处。对于非认知领域的真正选择情况下，个体唯有通过发挥意志主观因素对无形秩序进行解读，才能突破以认知方法无法解决的困境。简言之，当问题处于非认知领域，个体唯有发挥主观因素才能确立认知领域无法证实的观念，即通过确立（大）信仰而继续发挥（大）信念对行动和习惯的作用，最终达到个体想要的"实际具体结果"。

并且，在詹姆斯看来，（大）信仰之所以能够发挥这样的力量是客观上与生俱来且真实存在的。詹姆斯指出，"（大）信仰因此保持了我们心灵与生俱来的不可分割的一种权力"[2]。（大）信仰作为每一个个体主观意志的产物，是个体与生俱来在解决实际问题时可以运用的一种能力。詹姆斯还引用托尔斯泰的话指出，"信仰就是生活之感——因为有此感，人才不自戕而继续活下去。生活之感，是我们所借以生活的力量"[3]，（大）信仰寓于每一个个体心灵且与生活同在。（大）信仰之所以能够发挥（小）信念无法作用的地方，还在于（大）信仰与每一个个体心灵同在，且与整个

---

[1] WJ 6. p. 56.《詹姆斯文选》，第 415 页。
[2] WJ 7. p. 113.
[3] WJ 15. p. 153.《宗教经验之种种》，第 180 页。

经验流同在。因此,(大)信仰于(小)信念无法作用的非认知领域能够发挥力量。

进一步说,(大)信仰优于(小)信念于非认知领域发挥的力量的确真实存在。詹姆斯指出,"很可能,在座的人缺乏显著的这种感想的,不止一个。可是假如你真有这种感想,并且它有点力量,那么,大概你就不得不承认它是真正地对真理的感知;它所显示的那一种实在,没有什么反证能够使你不相信(不管你觉得这些反证,多么不能够用言语回驳)"①。(大)信仰发挥的力量如认知领域确立的(小)信念一样,能够改造实在,产生实际具体结果。詹姆斯在 1897 年写给埃文斯(Elizabeth Glendower Evans)的信中,在描述完自己的病痛及妻子生病等不幸之后,信末忍不住抒发出了自己对信仰所具有的力量的真实感叹,"对于'(大)信仰',不要对待它为一种技术词汇。它简单意味着这样一种(大)信念,一个人可能居于怀疑的实例中,而且可能带着一种'心在嗓子眼'做好准备要去作用于外部的感觉;或者具有一种激情去拒绝放弃,或者任何在以上两者间的感觉,并且当运用到某种你自己的实际事实上,或者对于一个神学结果来说,他们是相同的状态"②。无论是基于詹姆斯的理论论证还是其自身经历的表达,都可得出,(大)信仰对于每一个个体来说确实存在,并能够作用于非认知领域且真实发挥作用。

第二点,从詹姆斯对(大)信仰的定义和特性来论证(大)信仰于(大)信念确立中具有重要作用。基于本节第一部分对(大)信念构成的结构分析可知,(大)信仰作为非认知领域所确立的信念的总称,其是由(小)信仰与超信念构成。此二者之所以可以统称于(大)信仰之下,在于二者具有成为(大)信仰的共通性,亦可谓满足成为信仰的要求:在非认知状态下,真正的选择中,个体发挥一切主观意志能够对无形秩序确立出产生"实际具体结果"的观念。詹姆斯在《理性的情感色彩》一文中,更形象的将信仰定义为,"信仰等同于正在起作用的假说"③。

对于詹姆斯来说,非认知领域的总称(大)信仰不同于认知领域确立的(小)信念的关键在于(大)信仰并非能够完全通过科学证据的支持而

---

① WJ 5. p. 66.《宗教经验之种种》,第 69 页。
② CWJ 8. p. 288.
③ WJ 6. p. 79.《詹姆斯文选》,第 207 页,翻译略作修改(其中,"is synonymous with" 改译为"等同于"而非"是")。

第四章　詹姆斯：皮尔士信念观之突破

确立。换而言之，（大）信仰并非是认知领域科学证据得以确定出的能够达到共同体内居于普遍性的信念，即达到每一个个体在同一情况下必能确立同一信念的程度。通过比对（小）信念具有的普遍性可知，（大）信仰并没有充足的证据确定某一结果的必然发生。因此，（大）信仰如同"假说"。

但（大）信仰又有与（小）信念相似之处，此在于二者都最终要落脚于"实际具体结果"。即使（大）信仰没有（小）信念那么大程度地能够确定必然产生何种"实际具体结果"，但（大）信仰确立的最终归途仍然是"实际具体结果"，亦谓"起作用"。因此，笔者认为，关于詹姆斯对（大）信仰的定义就可以直接援引"信仰等同于正在起作用的假说"[①]进行表达。

从以上（大）信仰与（小）信念之间异同的比对分析詹姆斯对信仰的定义，亦可从中得出关于信仰的两方面特性，进而论证出（大）信仰对个体获得"实际具体结果"的力量所在。

对比（小）信念，（大）信仰具有的第一方面特性就是个体性。（大）信仰并非如（小）信念那样，能够在相同情况下使每一个个体获得同一结果，因此詹姆斯也予之谓"假说"，即针对不同个体并非能够确保每一个个体产生相同（大）信仰及实际具体结果。詹姆斯在《宗教经验之种种》中以"暗示"来说明（大）信仰的力量时指出，"'暗示'只是观念力量的另一名字，只要他们证明在（大）信念与行为之间是奏效的。观念在有些人上有效，而在另一些人上无效"[②]。之所以有些（大）信念会对一些人有效而对另一些人无效则在于个体与个体之间本来就存在着差异，而此差异导致不同个体以主观意志确立的信念之间存在差异，且对每一个个体的影响不同。因此，（大）信仰的确立具有个体性，所产生的力量或影响也会依据个体差异而不同。

从（大）信仰与（小）信念共同落脚于"实际具体结果"的角度来看，（大）信仰的第二方面特性就是在（大）信仰失灵之前，如果相信的时间越长，个体越坚信其效果终将产生。换而言之，在某一（大）信仰真正实践之前，相信某一（大）信仰的时间越长，个体就会愈加相信这一（大）信仰会产生期望的实际具体结果。詹姆斯在《理性的情感色彩》一

[①] WJ 6. p. 79.《詹姆斯文选》，第 207 页，翻译略作修改。
[②] WJ 15. p. 97.《宗教经验之种种》，第 106 页，翻译略作修改。

文中指出,"失望越迟来,他对这种理论的信仰就会变得更强"①。伴随着个体相信某一(大)信仰的时间不断延长,笔者认为此种思维方式就逐步成为习惯,个体就愈加相信这一(大)信仰,有助于(大)信仰的兑现,即(大)信仰得以发挥力量。

因此,由(大)信仰为"一个正在起作用的假说"的定义,分析出(大)信仰具有两个特性:第一,(大)信仰具有个体性;第二,个体相信某一(大)信仰的时间越长,相信的程度越强。此二特性致使(大)信仰发挥力量会因个体不同而具有差异,并且伴随时间的增加,个体相信某一(大)信仰程度的增加,更有助于(大)信仰兑现"实际具体结果"。

基于对(大)信仰优于(小)信念能够发挥的作用、(大)信仰的定义及其特性的探讨可知,(大)信仰对于个体来说与生俱来且真实存在,能够发挥兑现"实际具体结果"的力量。那么,(大)信仰应该如何发挥自身力量呢?(大)信仰发挥力量是如何表现的呢?

论证(大)信仰重要性第三点,笔者要聚焦于通过规范(大)信仰发挥力量的作用过程和表现,确定(大)信仰影响个体行动且达到"实际具体结果"的规范式。笔者认为,詹姆斯信仰起作用的过程和要达到的结果可规范为"需要勇气去冒险:创造/证实具有可能性的事实"。詹姆斯主要以火车遭强盗劫掠②和阿尔卑斯山上一跳③两个例子来论证,指明(大)信仰可以创造或者证实在个体想象中具有可能性的事实,但事实兑现的整个过程并没有普遍性的支持,唯有个体鼓足勇气去冒险才得以实现。

因此,整个(大)信仰作用的过程及其达到的结果主要分为两个部分,一是,个体通过确立(大)信仰,要创造/证实具有可能性的事实;二是,在没有保证普遍发生,即唯有可能性的情况下,需要勇气去冒险才能有可能使这仅具有可能性的事实实现。同时,此两部分唯有紧密结合才能使(大)信仰的力量得以发挥。

首先关于第一部分,(大)信仰发挥的作用表现为创造/证实具有可能性的事实。奥康奈尔指出,"信仰可以'创造'接下来的事实,而这些事

---

① WJ 6. p. 79.《詹姆斯文选》,第 208 页,翻译略作修改。
② WJ 6. p. 29.《詹姆斯文选》,第 454 页。
③ WJ 6. p. 80.《詹姆斯文选》,第 208 页。

实可以作为它的（信仰的）最终证实"①，简单地说，"信仰可以'创造事实'，而这些事实可以服务于信仰的确证"②。笔者认同奥康奈尔对詹姆斯（大）信仰发挥作用中创造和确证的强调，但笔者进一步认为，（大）信仰发挥作用中，创造与证实二者为并行发挥作用，而非创造在先，证实在后。换言之，当个体发挥（大）信仰开始创造事实之时，即是对（大）信仰证实的开始。

詹姆斯在火车上遇强盗劫掠的例子中，揭示在没有已确定或具有普遍性证据支撑的情况下，每一乘客以个人意志对无形秩序确立的（大）信仰决定了之后会产生的事实和结果。詹姆斯直言，"在某些场合，除非对于某事实的出现预先存在有一种信仰，否则事实根本就不可能出现"③。换言之，（大）信仰的力量由其对某一事实的相信而致使该事实的呈现，即"信仰一个事实可以有助于创造那个事实"④。并且，在创造这个事实的过程，就是对预先设想相信会发生的事实的证实过程。

詹姆斯以阿尔卑斯山上最后一跳的例子，进一步论证（大）信仰的力量表现在于预先相信可能发生的事实被创造且被证实。关于阿尔卑斯山上的最后一跳，在詹姆斯看来，"没有这些主观的情感，这一跳可能不会成功"⑤。换言之，在非认知领域的问题，唯有得到个体主观因素的支持，预先相信会发生的事实才有可能实现。比起颤颤巍巍失望地一跳，詹姆斯认为，用尽全力鼓足勇气和希望地积极一跳更会成功。因此，詹姆斯直言，"在这个例子中（它是一个大类中的一个），很明显，部分的智慧在于相信我们所希望的，因为信念是实现目标的不可或缺的初步条件之一。在有些情形下，（大）信仰创造出了对它自己的证实。相信自己，你是对的，因为你将拯救自己；怀疑自己，你也是对的，因为你将死去。唯一的不同是去相信将极大地有利于你的"⑥。（大）信仰发挥作用本身就是创造和证实之前预先可能会发生的事实。所以，（大）信仰力量的表现就是创造和证

---

① Robert J. O'Connell, *William James on the Courage to Believe*, New York: Fordham University Press, 1997, p. 73.
② Robert J. O'Connell, *William James on the Courage to Believe*, New York: Fordham University Press, 1997, p. 181.
③ WJ 6. p. 29.《詹姆斯文选》，第 454 页。
④ WJ 6. p. 29.《詹姆斯文选》，第 454 页。
⑤ WJ 6. p. 80.《詹姆斯文选》，第 208 页。
⑥ WJ 6. p. 80.《詹姆斯文选》，第 209 页，翻译略作修改。

实同时发生，对之前预想具有可能性的事实进行兑现的过程。简言之，（大）信仰力量的展现就是创造/证实具有可能性的事实。

关于规范（大）信仰发挥力量的第二部分，即是基于预想达到的事实之上，鼓起勇气去冒险。奥康奈尔指出，"詹姆斯经常将（大）信仰与勇气相联系"①，（大）信仰的力量发挥与个体的勇气密切相关。对此，笔者进一步认为，之所以（大）信仰要与勇气相联，关键在于非认知领域里的问题并没有充足证据支持，更没有普遍性而言。因此，个体所确立的（大）信仰直指的事实都仅具有可能性。这意味着每一（大）信仰的实现并非完全能够达到所预想获得的事实，其间具有的仅是可能性与不确定性。正如詹姆斯直言，"信仰即愿意在一个它的兴旺成功的情况没有事先得到保证的事业里行动。它实际上与我们的实际事物中所说的勇气有着同样的道德品质；并且在生性有活力的人当中，必定有许多人趋于享受他们哲学信条里一定数量的不确定性"②。换言之，在詹姆斯看来，（大）信仰就是与勇气这样的德性紧密捆绑在一起，是那些愿意在不确定性事件中向成功努力的个体愿意坚信的。

当（大）信仰开始兑现所要相信的不确定性事实时，（大）信仰必然与勇气相联，且要经历冒险。詹姆斯指出，"信任的力量，在超过事实的证据之外冒一点险的力量是一种很重要的（信仰的）功能。求助于这种宏大的力量，使人显得好像他正独自地帮助创造出真理——他愿意假设这种真理具有形而上学的实在性——的现实性，任何这种设想宇宙的方式将必定引起很多人的响应"③。进一步说，个体鼓起勇气将（大）信仰兑现的过程，事实上就是（大）信仰发挥出在具有可能性而不确定事件上冒险的力量。因此，笔者认为，詹姆斯（大）信仰力量的发挥，不单单是要求个体鼓起勇气，更重要的是要践行于冒险过程。简言之，詹姆斯（大）信仰力量的发挥必然表现在，需要个体鼓起勇气进行冒险，进而使预想的可能性事实得以创造或证实。于此可见，（大）信仰发挥的力量重大且不可忽视。

总之，（大）信仰作为（大）信念中非认知领域确立的观念的总称，

---

① Robert J. O'Connell, *William James on the Courage to Believe*, New York: Fordham University Press, 1997, p. 120.
② WJ 6. p. 76.《詹姆斯文选》，第 204 页。
③ WJ 6. p. 76.《詹姆斯文选》，第 205 页。

（大）信仰位于（小）信念之上，能够在（小）信念无法确立的情况下，发挥（小）信念无法具有的重要作用。并且，根据詹姆斯定义（大）信仰为"正在起作用的假说"可知，（大）信仰同样能够产生（小）信念于认知领域可得的"实际具体结果"，而且具有两个性质。一是根据每一个体的差异，每一个个体确立的（大）信仰产生的力量不同；二是每一（大）信仰持续使人相信的时间越长，个体愈加相信。而整个（大）信仰发挥作用的过程和表现，笔者认为可以规范为，"需要勇气去冒险：创造/证实具有可能性的事实"。因此，基于（大）信仰优于（小）信念在非认知领域发挥作用的论证、对（大）信仰的定义、两个性质的确定以及对（大）信仰力量发挥过程的规范可证，（大）信仰于整个（大）信念确立中具有重大且不可忽略的作用和力量。此亦构成了詹姆斯信念观中信念界域的重要组成部分之一。

第三节 答复以皮尔士为代表的批判

詹姆斯的意志信念观主要以其 1897 年发表的《信念的意志与在大众哲学中一些其他文章》一书为代表。当年，该书一出版，詹姆斯就寄送给了其挚友皮尔士一本。而皮尔士更是在接到书的第二天（阅读完该书最具詹姆斯意志信念观代表性的第一篇文章《信念的意志》后）就给詹姆斯写了回信。在回信中，皮尔士一方面表达了非常开心詹姆斯把这本书的献词写给了自己；但另一方面也直言不讳地指出，自己并不认同詹姆斯的意志信念观，甚至认为，"你（詹姆斯）的信和献词以及你给我的这本书给予我的快乐远远大于你想要相信（的意志信念观思想）"[1]。

自此开始，皮尔士与詹姆斯就意志信念观的讨论延续了近十二年，直至詹姆斯去世。而詹姆斯也因为意志信念观思想遭到了很多同时代哲学家如米勒（Dickson Sergeant Miller）[2]、鲍德温（James Mark Baldwin）[3]、斯蒂

---

[1] CWJ 8. p. 243.
[2] Dickson Sergeant Miller, "'The Will to Believe' and the Duty to Doubt", *International Journal of Ethics*, Vol. 9, No. 2, 1899, pp. 171–172.
[3] James Mark Baldwin, *Handbook of psychology: Feeling and Will*, New York: Holt, 1891, p. 171.

芬（Leslie Stephen）①、萨利（James Sully）②、斯特朗（Charles Augustus Strong）③、罗素（Bertrand Russel）④ 和布莱德利（Francis Herbert Bradley）⑤ 等批判。在1899年给皮尔士的信中，詹姆斯也倾诉道，"因为《信念的意志》一文，我近来已经置身在水深火热之中"⑥。皮尔士一方面同情詹姆斯被批驳的处境；另一方面俞至晚年，皮尔士对于詹姆斯的意志信念观亦越发反对，甚至为此担忧难眠，想让詹姆斯断了那样的思想，"我认为，你的《信念的意志》是一个非常夸张的表达，就如同使一个严肃的人受了很严重的伤；而且评价一下你现在做的比自杀更严重。我已经连续几个夜晚处于悲痛和失眠，因为你竟然对自己说话内容如此不小心"⑦。

到底詹姆斯《信念的意志》里什么内容让皮尔士如此既同情，却又毫不动摇地坚持己见而批驳詹姆斯呢？笔者认为，以皮尔士为代表驳斥詹姆斯意志信念观主要集中于两个问题：一是关于"信念的意志"这一题目所指内容的理解问题；二是关于信念的确立是否需要意志的问题，亦可谓（大）信念这一统称中应不应该包括（大）信仰的问题。对此，本节将围绕以上两个问题，一方面为詹姆斯"信念的意志"这一题目的内涵进行澄清；另一方面对詹姆斯以意志确立信念，（大）信仰在（大）信念中应具有重要地位的必然性进行论证。

一 "信念的意志"与"想要相信"

以皮尔士为代表批驳詹姆斯意志信念观的第一个焦点，是对詹姆斯"信念的意志"一文的标题理解上，即把"*the Will to Believe*"⑧（《信念的意志》）理解为"想要（倾向于）相信"⑨，进而将詹姆斯意志信念观认作

---

① Leslie Stephen, "'The Will to Believe'", *Agnostic Annual*, 1898, pp. 14–22.
② CWJ 8. p. 259.
③ CWJ 11. p. 334.
④ CWJ 12. p. 379.
⑤ CWJ 10. p. 450.
⑥ CWJ 8. p. 493.
⑦ CWJ 12. p. 171.
⑧ WJ 6. p. 13.《詹姆斯文选》，第437页，翻译略作修改。
⑨ CWJ 8. p. 243.

个体主观主义、意志主义以及"充满渴望的思想"（wishful thinking）[1]而进行批判。对于以皮尔士为代表如此对詹姆斯意志信念观的批判，笔者并不认同。

据此，本部分将分别从詹姆斯对题目的修改、意志处于个体探究过程、理智一直发挥作用、詹姆斯意志信念观本质具有义务论特征以及以行动习惯为表现这五方面揭示出詹姆斯"信念的意志"这一题目所包含的本意。于此得出，这一标题的本意并非以皮尔士为代表的哲学家认为的个体主义、意志主义或者"想要相信"，而是要鼓励个体在真正选择下有权运用意志确立信念，并将意志发挥作用的过程与个体理智探究的过程同一，以至善为目标，通过行动与习惯为表现，进而兑现实际具体结果。

关于以皮尔士为代表的哲学家把詹姆斯《信念的意志》一文的题目乃至主旨解读为"想要相信"，此开始于1893年3月13日——皮尔士收到詹姆斯寄书的第二天。当皮尔士阅读完《信念的意志与在大众哲学中一些其他文章》中第一篇文章《信念的意志》后，给詹姆斯的信中，就将詹姆斯强调意志的信念思想归为"想要（倾向于）相信"（apt to believe）[2]，认为詹姆斯坚持以个体主观意愿为依据而确立信念。关于像皮尔士这样，直接将詹姆斯确立信念观的思想归为主观主义、意志主义和"想要相信"观点，并不为少数。詹姆斯的好友米勒[3]和希克[4]等，还进一步把詹姆斯以意志确立信念的观念看作"充满渴望的思想"。所谓"充满渴望的思想"是指"相信一个命题为真不是因为证据证明其为真，而是因为渴望它为真"[5]，仅是包含个体主观意愿和渴求而确立的观点。

关于批判者将詹姆斯意志信念观思想归为主观主义、意志主义以及"想要相信"的观点，迪安达笼统总结为，这些批判者把詹姆斯意志信念观看作"对不负责任的放纵的信念的拥护，而这种信念通许不负责任的或

---

[1] Michael R. Slater, *William James on Ethics and Faith*, Cambridge: Cambridge University Press, 2009, p. 21.

[2] CWJ 8. p. 243.

[3] Dickson Sergeant Miller, "'The Will to Believe' and the Duty to Doubt", *International Journal of Ethics*, Vol. 9, No. 2, 1899, p. 172.

[4] John Hick, *Faith and Knowledge*, Ithaca, New York: Cornell University Press, 1957, pp. 56–57.

[5] Stephen T. Davis, "Wishful Thinking and 'The Will to Believe'", *Transactions of the Charles S. Peirce Society*, Vol. 8, No. 4, 1972, p. 234.

危险的偏见、无知或愚昧"①。换言之，批判者们通常将詹姆斯"信念的意志"看作个体主观为所欲为地想要相信任一想要相信的观点。更具体地说，罗素把詹姆斯的"信念的意志"看作"主观主义的疯狂"②，盖尔（Richard M. Gale）将詹姆斯信念的确立看作"不需要证据证明我们所相信的，而意志帮助最大化满足欲望而确定信念"③，而米萨克把詹姆斯确立信念的特征归为对"个体的需要和想要"④。简言之，在以皮尔士为代表的批判者看来，詹姆斯以意志确立信念的观点，就是不考虑证据和理智因素，仅以个体主观意志为完全依据，对个体"想要相信"的观点予以确立的信念。笔者并不认同以上这些批判者把詹姆斯信念思想看作主观主义、意志主义和"想要相信"的观点。

首先，笔者对詹姆斯将"信念的意志"更名为"有权去相信"这一决定进行分析和论证，试图得出詹姆斯"信念的意志"的本意：在詹姆斯看来，其意志信念观并非意指"想要相信"，而是在为特定条件下人们有权使用意志的权力来辩护。詹姆斯第一次提出更名是在 1904 年给霍布豪斯（Leonard Trelawney Hobhouse）的信中，写道"不幸被称为《信念的意志》［它应该被叫作《有权去相信》（the *right* to believe）］"⑤。而后，在 1907 年发表的《实用主义》一书中，詹姆斯再次提及并阐明了改名的本意，"我曾经写过一篇关于我们有权去相信（大信仰）的文章。倒霉的是，我用了《信念的意志》这一标题。所有的批判者都抛开文章本身，专门攻击这个标题，说它不仅在心理上是不可能的，而且在道德上也是不正当的。他们还挖苦地提出把它改为'欺骗的意志'、'假装的意志'"⑥。然而，詹姆斯用"信念的意志"作为文章的题目，本意并非强调意志于信念确立的

---

① Alexis Dianda, "William James and the 'Willfulness' of Belief", *European Journal of Philosophy*, Vol. 26, No. 1, 2018, p. 648.
② Bertrand Arthur William Russell, *A history of modern philosophy*, New York: Simon and Schuster, 2008, p. 818.
③ Richard M. Gale, *The divided self of William James*, Cambridge: Cambridge University Press, 1999, p. 11.
④ Cheryl J. Misak, *The American Pragmatists*, Oxford: Oxford University Press, 2013, p. 160.
⑤ CWJ 10. p. 449.
⑥ WJ 1. p. 124.《实用主义》，第 145—146 页，翻译略作修改［其中，"right to believe"改译为"有权去相信（大信仰）"而非"信仰的权利"；"essay"改译为"文章"而非"论文"；"the *Will* to believe"改译为"《信念的意志》"而非"信仰的意志"；"make-believe"改译为"假装的"而非"装假的"］。

万能性，或者说对于每一个个体来说的主观性和任意性；相反，詹姆斯的本意在于强调运用意志的权力。换言之，詹姆斯原本以"信念的意志"为题所要强调的是个体有权运用意志来确立信念，并非在任意情况下随着运用意志确立信念。

詹姆斯在《信念的意志》一文的开篇，对个体有权发挥意志作用的条件进行了定义，即在非认知判断中的真正选择情况下，个体才能够被赋予运用意志的权力。于此可知，此种权力本质上可称为"一种特权"①，正如1908年和1925年杜威的解读，此种特权"尽管不能在科学中但却可以在特殊的场合，比如宗教中，被运用"②，"一个人不仅在有证据或确凿事实的情况下，而且在缺少所有这样的证据的情况下，都有权选择自己的信念"③。换言之，对于詹姆斯来说，其为每一个个体在不具有充足证据的非认知领域里确立信念的权力赋予了合法性。准确地说，詹姆斯《信念的意志》的本意在于为每一个体在非认知判断中真正选择下确立（大）信仰的权力而辩护。然而，很多批判者似乎都忽视了詹姆斯赋予个体有权运用意志的标准，"无论是米勒还是希克看起来都没有对真正的选择给予特别仔细的关注。对于米勒，他甚至在1899年的文章和1927年的评论都没有提及（真正的选择）这一标准"④。这必然导致了这些批判者误以为詹姆斯意志确立的信念仅是"充满渴望的思想"，是在任意条件下都可以根据个体主观意愿确立信念。

因此，笔者认为，从詹姆斯的本意以及更名过程的再阐释可得，《信念的意志》并非意指在任意条件下的"想要相信"，而是在为意志得以发挥作用的范围划界，进而为个体能够运用意志来确立信念的权力辩护。进一步说，詹姆斯《信念的意志》要为个体在真正的选择情况下，有权运用意志确立信念的权力而辩护，而非为个体依据主观意愿于任意情况下试图确立"充满渴望的思想"而辩护。

其二，笔者认为，詹姆斯的意志信念观并非由主观臆断确立信念的原因在于意志发挥作用和确立信念的过程为类探究，并非凭空的"想要相

---

① MW 4. p.114. 《杜威全集·中期著作 1899—1924·第四卷 1907—1909》，第89页。
② MW 4. p.114. 《杜威全集·中期著作 1899—1924·第四卷 1907—1909》，第89页。
③ LW 2. p.10. 《杜威全集·晚期著作 1925—1953·第二卷 1925—1927》，第8页，翻译略作修改。
④ Stephen T. Davis, "Wishful Thinking and 'The Will to Believe'", *Transactions of the Charles S. Peirce Society*, Vol. 8, No. 4, 1972, p.236.

信"。迪安达指出，詹姆斯不可能完全掉入主观主义和意志主义的范畴，原因在于詹姆斯的信念观坚持融贯性，每一信念的确立"与其他信念相融贯"①，并且"我们的探究或感知会与我们之前的信念、目标和情绪相触"②。每一信念的产生源自于之前的认知所得，并且坚持与周围信念融贯，因此詹姆斯的信念观必然不是主观的"想要相信"。

笔者认同迪安达以上的观点，并进一步推进认为，詹姆斯以意志发挥作用并确立信念的过程本质上亦秉持着探究的模式，只是此种探究摒弃了皮尔士强调的要仅以纯粹科学的形式予以支撑。因此，笔者将詹姆斯以意志确立信念所坚持的原则称为"类探究"。此种类探究一方面由詹姆斯坚持的意识思想流为支撑，表明一切信念的确立由在先认知决定，而非个体主观意愿的"想要相信"；另一方面詹姆斯同样秉持信念确立的过程连绵延续，且具有可错性，会伴随新经验的获取而发生修正，最终以至善为目标。

因此，笔者认为，根据詹姆斯意志信念观中坚持意志发挥作用的过程秉持类探究模式，亦可证得詹姆斯鼓励个体运用意志确立信念并非个体主观臆断的"想要相信"，而是要对此信念之前的认知、之后继续的探究至真以及与周围其他信念保持融贯性等付责任。换言之，发挥意志确立的信念以类探究为模式，同样具有可靠性而非随意按照主观意向确立。

其三，笔者认为，詹姆斯的意志信念观并非不负责任的"想要相信"的原因，还在于在任一信念确立过程中，意志一直发挥作用且与理智相互作用。詹姆斯在《信念的意志》临近结束之处，明确指出，"你们把'相信我们愿意相信的东西'的自由运用在某些明显迷信的事例上，你们所想到的信仰是被小学生定义为'信仰就是相信某种你明知道不是真实的东西'的信仰。我只能再次重申，这是错误的理解。具体地说，相信的自由只能适用于那些个人理智本身不能决定的充满活力的选择；充满活力的选择对于思考它们的人来说绝不会显得荒谬"③。在詹姆斯看来，以意志确立的信念并非抛弃理智，而是与理智相互作用，进而帮助理智解决单靠理智

---

① Alexis Dianda, "William James and the 'Willfulness' of Belief", *European Journal of Philosophy*, Vol. 26, No. 1, 2018, p. 652.
② Alexis Dianda, "William James and the 'Willfulness' of Belief", *European Journal of Philosophy*, Vol. 26, No. 1, 2018, p. 654.
③ WJ 6. p. 32.《詹姆斯文选》，第 457 页，翻译略作修改。

无法解决的状况。换言之，每一意志确立的信念必然已经经过理智的检验。因此，詹姆斯才会得出个体不可能相信被理智确认为不真实的东西。

进一步说，詹姆斯意志信念观中不包含个体理智已判断为不真实的观念。这意味着，不负责任地"想要相信"理智判断为假的观念，在詹姆斯意志信念观中不可能发生。因此，如盖尔等认为詹姆斯的意志信念观为"普罗米修斯式"不受约束①，或以为"意志控制我们的信念"②，"我们可能想要去相信我们知道为假的信念"③ 等论断都在一定程度上曲解了詹姆斯的本意。

因此，詹姆斯意志信念观并非"想要相信"什么就相信什么，而是伴随理智的过滤，不存在由于意志作用而相信理智判断为假的情况。结合理智一直伴随意志发挥作用的论证，以及上面已经论证的詹姆斯对自己"信念的意志"这一题目的澄晰与把意志作用过程看作类探究模式这两点，可证得詹姆斯意志信念观并非"想要相信"、主观主义或意志主义，而是在为个体得以于特定情况下有权运用意志的权力辩护。

其四，笔者认为，詹姆斯以意志为权力确立的信念具有为"更善"④和"至善"⑤的目标。换言之，个体在运用意志确立的信念具有向"善"的目标性，而非随意无指向的"想要相信"。库普曼就指出，詹姆斯强调的个体"意志"的价值还在于"它会使我们生活过得好"⑥。斯莱特也认为，当我们用意志去相信一些证据无法证实的超自然东西时，此会"帮助我们为提高这个世界作出努力"⑦。这意味着赋予个体运用意志的权力会促进我们对世界的改善，以意志确立的信念本身具有向"善"的意向，能够兑现为实际具体结果。

---

① Richard M. Gale, *The Divided Self of William James*, Cambridge: Cambridge University Press, 1999, pp. 93 – 116.
② Alexis Dianda, "William James and the 'Willfulness' of Belief", *European Journal of Philosophy*, Vol. 26, No. 1, 2018, p. 649.
③ Alexis Dianda, "William James and the 'Willfulness' of Belief", *European Journal of Philosophy*, Vol. 26, No. 1, 2018, p. 649.
④ WJ 2. p. 141.《真理的意义》，第 154 页，翻译略作修改。
⑤ WJ 15. p. 51.《宗教经验之种种》，第 50 页。
⑥ Colin Koopman, "The Will, the Will to Believe, and William James: An Ethics of Freedom as Self – Transformation", *Journal of the History of Philosophy*, Vol. 55, No. 3, 2017, p. 499.
⑦ Michael R. Slater, *William James on Ethics and Faith*, Cambridge: Cambridge University Press, 2009, p. 49.

关于詹姆斯意志信念观中包含的向"善"意向，奥康奈尔则更进一步将这种向"善"的意向看作詹姆斯对意志确立信念的道德义务和责任，并指出"正是这种义务论倾向使得詹姆斯的'信念的意志'免于成为一种'充满渴望的思想'"①。正是由于詹姆斯把向"善"作为个体运用意志确立信念的义务和责任，才使得个体不至于确立"充满渴望的思想"。奥康奈尔还认为："可以确信的是：詹姆斯的伦理学足够地综合包含功利主义和目的论的原则；但是没有他（詹姆斯）认为的战斗士、英雄和烈士——即没有这'义务论的倾向'——詹姆斯将不能被认知出来。"② 换言之，詹姆斯以意志确立的信念包含功利主义和目的论的色彩，但最根本的在于具有义务论特征。

笔者认同奥康奈尔的观点，并进一步认为詹姆斯意志信念观中之所以义务论特征占据主要地位在于詹姆斯规定了每一信念长远指向为"善"。虽然每一确立的信念具体化实践必然要落脚于"实际具体结果"，完成了一定意义上的功利主义和目的论需求，但其确立的大方向为"善"。这种义务论上对意志信念观的要求决定了每一信念并非个体的"想要相信"，而是要以"善""更善"以及"至善"为确立信念的义务和责任。

因此，笔者认为，詹姆斯确立信念的方向为"善"，每一个个体确立每一信念秉持以"善"为义务和责任，必然可得：个体以意志确立的信念并非个体任意地"想要相信"，而是以"善"为心灵义务和责任的确信。

其五，笔者认为，詹姆斯"信念的意志"之所以并非个体的"想要相信"还在于其以意志确立的信念会以证"实"于实践以及达成某一实际结果或以行动乃至习惯为表达。这亦可以打破一些批判者认为，个体的"想要相信"会带来相悖结果的共存，以致不可知论的发生。

与詹姆斯同时代的哲学家斯蒂芬直言："既存在一个地狱与不存在一个地狱不可能两者为真；她的存在不可能依赖于我们的希望（wishes），而且这个'想要相信'（will to believe）可能平等导致任一确信。我没有看到詹姆斯教授试图对这个最明显的问题给出直接的答案。"③ 在斯蒂芬看来，

---

① Robert J. O'Connell, "'The Will to Believe' and James's 'Deontological Streak'", *Transactions of the Charles S. Peirce Society*, Vol. 28, No. 4, 1992, pp. 829 – 830.
② Robert J. O'Connell, "'The Will to Believe' and James's 'Deontological Streak'", *Transactions of the Charles S. Peirce Society*, Vol. 28, No. 4, 1992, p. 829.
③ Leslie Stephen, "'The Will to Believe'", *Agnostic Annual*, 1898, p. 19.（参考 CWJ 8. p. 344 注 2 内引用）

第四章 詹姆斯：皮尔士信念观之突破

个体"想要相信"确立的信念都秉持着每一个个体主观意愿的渴望，但人们并没有进行判断的标准。换言之，即使个体间秉持相悖信念，也没有可知的标准能够对其进行真假判断。对此，詹姆斯回复，"你（斯蒂芬）在你接下来的评述里逻辑地和合法地利用这个形势去拒绝朝向不可知论，正如同我，在我看来，使用我的相似特权支持宗教"①。詹姆斯通过强调个体间差异来说明不同个体确立相对立信念具有可能性。

对此，笔者认为，詹姆斯可以更进一步就每一信念将落脚于"实际具体结果"的角度对斯蒂芬的批判进行驳斥。进一步说，詹姆斯对信念的批判并非没有评判标准，也并非可以跟随个体差异而完全遵从个体意愿确立"想要相信"的信念，原因在于这些信念最终将以"实际具体结果"为真正信念意义的表现和评判标准。

不乏詹姆斯的批判者指出，希望与实际具体结果为两件事，"我们的希望和我们的目标是一件事；我们不得不通过行动获得对这个世界的顽固本质是另一件事"②。事实上，这亦从本质上揭示，通过希望确立的显然为"想要相信"的"充满渴望的思想"，此与落脚于实际具体结果而展现的信念并不相同。笔者认为，根据是否以实际具体结果为依据可以区分以意志确立信念与以想要相信而确立观念。

进一步说，通过实际具体结果的证"实"也"使我们积极地证实了什么将是真的"③，此亦驳斥了希克（John Hick）认为的"因为真对于我们来说是未知的，所以我们可以相信我们喜欢的东西并且当我们思考它时，我们可以相信我们最喜欢的"④，这种把詹姆斯意志确立信念看作"想要相信"的观点。对于詹姆斯来说，真并非未知，它是通过证"实"可得，因此并非通过个体喜欢或者想要相信什么就可以确定；相反，每一个个体通过意志确立的信念都要经历实际具体结果的证"实"检验，才能确立为真信念。所以，实际具体结果的证"实"使得每一信念的确立并非"想要相信"。

于此，库普曼甚至认为，"詹姆斯意志理论的背景就是行动的观念发

---

① CWJ 8. p. 343.
② Dickson Sergeant Miller, "James's Doctrine of 'The Right of Believe'", *Philosophical Review*, Vol. 51, 1942, p. 554.
③ Colin Koopman, "The Will, the Will to Believe, and William James: An Ethics of Freedom as Self-Transformation", *Journal of the History of Philosophy*, Vol. 55, No. 3, 2017, p. 506.
④ John Hick, *Faith and Knowledge*, Ithaca, New York: Cornell University Press, 1957, p. 57.

动理论（the ideo - motor theory of action）"①，更本质来说，是意志作用下的自我习惯重塑（willful rehabituation）②，亦可谓"自我的转变"（self - transformation）③。言外之意，行动乃至习惯一方面作为实际具体结果的表现，另一方面也是每一个个体运用意志确立的信念的表达。换言之，个体意志确立的并非"想要相信"的观念，而是与科学探究模式证得的信念一样，落脚于实际具体结果，并通过个体的行动与习惯表达。

因此，笔者认为，詹姆斯以意志确立的信念终将以实际具体结果为考验，并以个体的行动和习惯的变化为体现。此亦区别于批判者认为的仅是个体主观意愿的"想要相信"。

总之，笔者从对詹姆斯"信念的意志"的更名、意志作用的过程、理智的伴随、以"善"为目标的义务论倾向、证"实"于实际具体结果以及通过行动与习惯的表达——这五个方面论证得出：詹姆斯以个体主观意志力量确立信念并非以皮尔士为代表的批判者以为的个体主义、意志主义和以"想要相信"的观点确立信念。相反，笔者认为，詹姆斯所谓"信念的意志"的本意应为：在真正的选择情况下，个体有权运用意志确立信念，而此意志作用的发挥遵从类探究模式且与理智相结合，以"善""更善"与"至善"为目标，落脚于"实际具体结果"以个体具体行动和习惯为表达。

二 意志与理智

以皮尔士为代表批判詹姆斯意志信念观聚焦的第二个问题，是关于确立（大）信念是否需要意志？而由意志确立的（大）信仰是否应该包含在（大）信念的确立范围内？对于这些问题，笔者认为，确立（大）信念不但需要理智也需要意志，由意志为主发挥作用而确立的（大）信仰应该包含在（大）信念中。并且，在詹姆斯确立（大）信念的过程中，意志与理智共同作用，只是二者发挥作用的大小有差别。

---

① Colin Koopman, "The Will, the Will to Believe, and William James: An Ethics of Freedom as Self - Transformation", *Journal of the History of Philosophy*, Vol. 55, No. 3, 2017, p. 497.
② Colin Koopman, "The Will, the Will to Believe, and William James: An Ethics of Freedom as Self - Transformation", *Journal of the History of Philosophy*, Vol. 55, No. 3, 2017, p. 497.
③ Colin Koopman, "The Will, the Will to Believe, and William James: An Ethics of Freedom as Self - Transformation", *Journal of the History of Philosophy*, Vol. 55, No. 3, 2017, p. 497.

接下来，笔者首先将对以皮尔士为代表的批判者的观点进行解读，进而从理智无法解决一切现实问题以及个体有能力通过主观意志能力解决理智无法解决的问题此两方面，论证得出：主要由意志力量确立的（大）信仰应该纳入（大）信念的界域之内。进一步就（小）信念与（大）信仰确立过程中，意志与理智的作用大小进行分析，证得：意志与理智在确立每一信念中都发挥作用，只是作用的力量大小有差，具体笔者以图 4-3 体现。

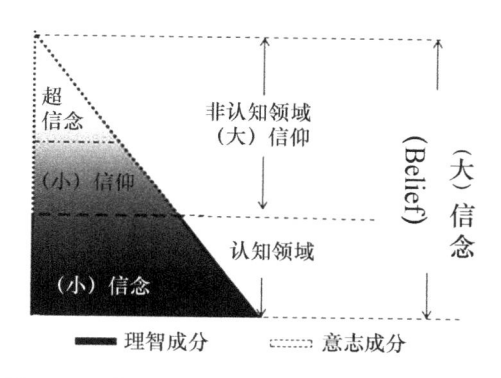

图 4-3 詹姆斯信念确立中理智与意志分析图

关于皮尔士对詹姆斯意志信念观的质疑二，即有关确立（大）信念是否需要意志以及（大）信念中是否应该包含（大）信仰的问题，笔者认为在皮尔士早期1868年对笛卡尔式怀疑的批判中，已经非常明确地反对以个体主观意志作为信念确立的依据，并指出"把某些个别的人看作真理的绝对评判者，那是极其有害的"[1]。而且，在当时的手稿里，皮尔士也认为，"事情并非正好如我们选择去相信他们的那样。因此，那些由意志的直接效果决定信念的人所得论述与其寻求的并不相同"[2]。进一步说，以个体意志确立的观点与个体实践所得并不一致。可见，皮尔士自早期开始，就试图将个体的主观意志因素排除在信念确立的考虑范围之外。

直至1887年，皮尔士确定了唯以科学的方法才能确立信念的观点。笔者认为，此为皮尔士正式宣告：信念的确立要抛弃一切个体主观意志的

---

[1] W 2. p. 212.《皮尔斯文选》，第126页。
[2] W 2. p. 356.

因素。在《信念的确定》中,皮尔士直言,信念的确定要依据的方法"不是取决于任何人为的东西"①,要刨除一切个体主观因素的影响,从而达到"使每个人得出的最终结论将是相同的"② 这样的结果。

皮尔士如此排斥个体主观因素于信念确立的作用,也必然导致其在 1897 年 3 月 13 日——刚读完詹姆斯寄来的《信念的意志与在大众哲学中一些其他文章》一书的第一篇《信念的意志》一文,给詹姆斯的信中就直接指明,对于以意志确立的于道德和宗教等领域发挥作用的(大)信仰不应该纳入信念的讨论中。换言之,于道德和宗教这样无充足证据支撑的非认知领域内,以个体主观意志确立的(大)信仰不应包含在(大)信念的讨论之内。皮尔士直言,"宗教本身看起来对于我(皮尔士)来说是一个粗野的迷信"③,而道德领域的问题更加复杂还需要非常丰富的相关经验,"所以,哲学家应该考虑从道德问题中解脱出来"④。简言之,在皮尔士看来,非认知判断中的道德和宗教领域的观念确立都不应归属于哲学家考虑的问题。

对于皮尔士来说,属于哲学家研究的领域应该仅于认知领域,准确地说,就是科学得以探究的领域。事实上,早在 1893 年《科学的宗教》一文中,皮尔士就指出,"那些受到科学精神激励的人匆匆向前迈进,而那些热衷于宗教的人却易于被推到后边"⑤。皮尔士不反对宗教乃至(大)信仰的存在⑥,其反对的是哲学家将这种科学无法探究的领域纳入信念的讨论中。用安德森(Douglas Anderson)的解释,就是在皮尔士看来,"宗教的观点'太容易被怀疑'"⑦,不适于科学探究模式。唯有适于科学探究的问题和领域才是哲学家关于信念确立应该考虑的范畴。

俞至晚年,皮尔士对科学的坚持越发强烈,在 1903 年 3 月给詹姆斯的信中,皮尔士甚至指出,"在我看来,哲学是或者应该是、绝对是科学,

---

① W 3. p. 253.《皮尔斯文选》,第 81 页。
② W 3. p. 254.《皮尔斯文选》,第 81 页。
③ CW 8. p. 245.
④ CW 8. p. 245.
⑤ CP 6. 430 (p. 303).《皮尔斯文选》,第 350 页。
⑥ W 1. pp. 74 - 79. 见《皮尔斯文选》,第 199—201 页,皮尔士对信仰的描述和论证。
⑦ Douglas Anderson, "Peirce's Common Sense Marriage of Religion and Science", Cheryl J. Misak, ed.. *The Cambridge Companion to PEIRCE*, Cambridge: Cambridge University Press, p. 181.

而非万花筒似的梦"①。于此可见，在皮尔士看来，哲学直指的领域仅是科学，而非如道德和宗教等非认知"如梦"的领域。因此，皮尔士认为，哲学中讨论的信念确立问题，不应该包含詹姆斯宣扬的于非认知领域里，依据个体主观意志确立的（大）信仰这一部分。

关于皮尔士的反驳，詹姆斯显然并不认同。詹姆斯在《信念的意志与在大众哲学中一些其他文章》一书的开篇就直接指明，要带来为信仰正名的文章，要"为我们有权在宗教问题上采取信仰态度的辩护"②。换言之，詹姆斯写下《信念的意志》一文就是为个体有权运用意志确立信仰于信念中的权力辩护。在詹姆斯看来，即使科学家也不能否认个体具有主观意志且有权确立信仰，"今天的科学哲学家坚决地坚持信仰作为我们精神态度一个成分的必要性"③。并且，认知领域的科学与非认知领域的道德和宗教等应于确立（大）信念中并存，"宗教和科学这两件，时时刻刻，生生世世都各自以各自的方式证实，它们将成为永远并存的"④。对于詹姆斯来说，非认知领域如宗教的问题与认知领域科学的问题同等重要，"宗教成为我们生命的一个主要器官，它的功能是我们本性的任何其他部分所不能履行得成功的"⑤。因此，由个体主观意志确立的于非认知领域内的（大）信仰应该与认知领域确立的（小）信念一样，具有同等地位且都寓于（大）信念确立的讨论中。

关于对詹姆斯意志信念观得出的（大）信仰有权居于（大）信念之中的辩护，笔者将分别从现实生活中问题需要意志而非仅依靠理智，以及个体依靠意志确立的（大）信仰能够同样落脚于"实际具体结果"解决问题，此两个方面进行论证。

詹姆斯意志信念观确立的（大）信仰之所以应该寓于（大）信念之中，原因论证之一在于生活是由认知领域与非认知领域构成，而非认知领域的问题并不是仅运用认知领域内理智和科学探究方法就可以解决。具体

---

① CWJ 12. p. 171.
② WJ 6. p. 13.《詹姆斯文选》，第437页。
③ WJ 6. p. 76.《詹姆斯文选》，第205页。
④ WJ 15. p. 105.《宗教经验之种种》，第115页，翻译略作修改（其中，"from hour to hour"改译为"时时刻刻"而非"从一个小时到一个小时"；"from life to life"改译为"生生世世"而非"一个人到一个人"）。
⑤ WJ 15. p. 49.《宗教经验之种种》，第48页。

来说，认知领域的科学与非认知领域的道德和宗教等并不相同，"科学讲的是事物是其所是；道德讲的是某些事物比另一些事物更好，而宗教从根本上讲的是两件事"①。科学仅能揭示事物的实在，道德和宗教关注价值和至善等非认知领域的问题。然而，在道德和宗教这样的非认知领域中的问题仅运用理智和科学探究模式无法解决。不可否认，非认知领域内的道德和宗教等问题包含在个体生活中，与认知领域的问题一样，都是人们需要解决的。不同之处在于，非认知领域的问题并非能够通过认知领域内理智或科学探究模式得以解决，而需要个体运用意志而确立。而个体意志的发挥，或者说是个体注意力的聚焦，源于在先已获得的"历史的、政治的和社会文化的因素"②。简言之，当个体把注意力自然地聚焦于一点时，此为在先获得一切经验共同作用的结果。这些经验并非仅以科学实验中获得，还受到教育、历史和政治等社会文化因素的影响。因此，个体在处理认知领域以外的复杂问题时，会自然地且亟须地运用其已获的一切包含科学以及其他社会文化因素在内的经验，且使这些经验一起发挥作用并协助信念的确立。而这种主要由意志确立的信念，准确应称之为"信仰"。

于此可见，由个体发挥意志确立的"信仰"能够解决生活中非认知领域里单凭理智和科学探究模式无法解决的问题。因此，从解决生活中问题需要意志的角度来看，（大）信念的确立显然需要意志，并且由意志确立的信仰应该寓于（大）信念中。詹姆斯意志信念观确立的（大）信仰之所以应该寓于（大）信念中，原因论证之二在于个体在运用意志确立（大）信仰的过程本身具有自身优势，并且该（大）信仰与所确立的（小）信念一样，能够落脚于"实际具体结果"，以行动与习惯表达，进而向"善"的方向解决问题。

关于运用意志确立（大）信仰的优势，笔者认为体现之一在于意志确立的（大）信仰具有个体性或者私人性，并非要经历共同体或者公共的普遍性检验，从而能够比较及时地发挥作用和兑现结果。在非认知领域运用意志确立的（大）信仰并非如"科学最后是完全排斥私人的观点的"③；

---

① WJ 6, p. 29.《詹姆斯文选》，第 454 页，翻译略作修改（其中，"says" 改译为 "讲的是" 而非 "告诉我们"；"things are" 改译为 "事物是其所是" 而非 "事物存在"）。
② Michael L. Raposa, "Instinct and Inquiry", in Matthew Bagger, ed., *Pragmatism and Naturalism*, New York: Columbia University Press, 2018, p. 27.
③ WJ 15, p. 387.《宗教经验之种种》，第 491 页。

相反,"宗教思想是以人格的方式进行的;在宗教界内,这是唯一的基本事实"①,在非认知领域中,每一个个体根据已获经验可做判断。正如普特南总结,对于詹姆斯来说,(大)信仰确立最有价值的共同之处就在于它们"应该是个体们做出选择"②。

运用意志确立(大)信仰的优势之二在于,(大)信仰可以直接通过感官所得而确定。在《宗教经验之种种》中,詹姆斯反复强调,"上帝的知识不会是按步而进的,一定是直观的,那是说,它的结构一定是更多由我们自己称为直接感触的模型构成"③,并且"我们的激情和我们的神秘直观预先决定我们的信仰"④。换言之,在非认知领域确立的(大)信仰可以通过个体直接主观感知而确立,并非需要理智、逻辑推理或者反复科学实验验证后确立。简言之,个体运用意志确立(大)信仰可以仅从个体主观所得感受而确立。

之所以(大)信仰得以确立于(大)信念之中,还在于其与认知领域确立的(小)信念一样,会产生"实际具体结果"且以行动与习惯表达,甚至"愿意在一个它的兴旺成功的情况没有事先得到保证的事业里行动"⑤。换言之,由意志确立的(大)信仰与由理智和科学探究模式确立的(小)信念一样,都具有产生实际具体结果的作用,且都能够决定行动与习惯,"都是支配行为的因素"⑥。

于此可见,在非认知领域,个体有权发挥主观意志的作用确立(大)信仰,解决单凭理智和科学探究模式无法解决的问题;并且,(大)信仰的确立具有优于(小)信念确立的优势,且能够与(小)信念一样,落脚于实际具体结果并以行动与习惯表现。因此,(大)信念的确立一定包含能够解决非认知领域问题的(大)信仰,而确立(大)信念的因素也必然包含意志。

---

① WJ 15. p. 387.《宗教经验之种种》,第 491 页。
② Hilary Putnam, *Renew Philosophy*, Cambridge, Massachusetts, London, England: Harvard University Press, 1992, p. 194.
③ WJ 15. p. 322.《宗教经验之种种》,第 399 页,翻译略作修改。
④ WJ 15. p. 344.《宗教经验之种种》,第 437 页,翻译略作修改(其中,"passions"改译为"激情"而非"情欲";"intuitions"改译为"直观"而非"直觉";删除"都是")。
⑤ WJ 6. p. 76.《詹姆斯文选》,第 204 页。
⑥ WJ 15. p. 397.《宗教经验之种种》,第 497 页。

然而，詹姆斯对意志的强调是否意味着在（大）信仰的确立中并无理智作用？而在（小）信念的确立中完全没有意志的作用呢？关于此，詹姆斯在1896年答复米勒，有关"信念依据的'内部证据'和信念依据的'渴望'之间鲜明的区分"①时，直言他"找不到任何鲜明的区分"②。换言之，詹姆斯坦言自己无法清楚找到理智和意志的清楚划分界限。

关于詹姆斯对确立信念时，理智与意志作用的界限问题，普特南和迪安达都做了进一步阐释。普特南认为，对于詹姆斯来说，"在认知的和非认知的，（小）信念与渴望之间画一条清晰的界限的动机……是假信念（因为无用）的残渣"③。对于詹姆斯来说，划分理智与意志界限这样的问题，既不能产生任何"实际具体结果"，也无法深究考察。因此，关于这种界限的考察没有任何意义价值，甚至可谓"残渣"。迪安达将普特南的观点更进一步推进，指出詹姆斯"避免在激情（意志）和理智之间做出二元区分"④，并且詹姆斯所要坚持的是"认识论的关注与我们所谓'理智的本性'不可以整齐地从我们'激情（意志）的本质'和实践的关注中分离。准确地说，模糊这两个'本性'之间的界限就是《信念的意志》的目标"⑤。

笔者非常认同迪安达的观点，并进一步用图4-3揭示，对于詹姆斯来说，在信念的确立过程中，理智与意志一直在相互作用，只是对于问题居于认知领域还是非认知领域，在信念确立中，理智或意志发挥的决定性作用会不同；换言之，无论是在认知领域还是非认知领域，理智与意志都在相互发挥作用，而它们作用的共同落脚点是詹姆斯实用主义强调的"实际具体结果"，即在实践中产生具体的结果。

笔者绘图4-3以说明理智与意志在詹姆斯信念确立中相互作用的构成表现。从（大）信仰确立的非认知领域来看，伴随着非认知程度的提

---

① CWJ 8. p. 194.
② CWJ 8. p. 194.
③ Hilary Putnam, "James's Theory of Truth", in Ruth Anna Putnam, ed., *The Cambridge Companion to William James*, Cambridge: Cambridge University Press, 1998, p. 90.
④ Alexis Dianda, "William James and the 'Willfulness' of Belief", *European Journal of Philosophy*, Vol. 26, No. 1, 2018, p. 651.
⑤ Alexis Dianda, "William James and the 'Willfulness' of Belief", *European Journal of Philosophy*, Vol. 26, No. 1, 2018, p. 650.

第四章 詹姆斯：皮尔士信念观之突破

高，意志（图中白色表示）所占决定性比例在不断增高。一般来说，非认知领域内，意志对于（大）信仰的确立发挥主要且具有决定性的作用。"理性主义对建立信念［意指（大）信仰］的力量低微"①，理智与科学探究的模式在（大）信仰的确立中无法发挥作用，正如斯莱特所谓"我们有科学的命题，但这（或詹姆斯这样认为）并不能为人类价值提供充足的解释"②。换言之，运用理智或科学探究的模式并不能解决在道德和宗教等领域的非认知问题。

然而，即使理智看上去在非认知领域内无法发挥决定性作用，但并不意味着理智不作用于（大）信仰的确立过程。詹姆斯在1897年之后的作品中，多次强调在确立（大）信仰中，理智与意志是相互作用的。在《信念的意志》中，詹姆斯指出"如果有人因此假定理智的洞见就是在希望、意志和情感偏爱之后所遗留下来的东西，或者纯粹理性就是平息我们意见的东西，那么他就直接完全与事实相抵触"③，意志的发挥不会忽略理智的作用，更不会与理智的结果相悖。詹姆斯甚至在之后的《宗教经验之种种》中指出，"在一切神秘的著作内，这个道德的神秘与这个理智的神秘互相缠结、互相结合"④。于此可见，即使在非认知领域，理智（图4-3中黑色表示）也一直在发挥作用。

进一步说，詹姆斯还认为，在非认知领域里，在意志发挥主导作用时，理智亦同时发挥作用，能帮助意志确立的（大）信仰找确证而增加确信感、甚至起到颠覆的作用。詹姆斯在论证了意志能够预先决定（大）信仰之后，就直接指明"理智帮我们的确信找论据"⑤。可见，理智在意志发挥主导作用时，会辅助且为意志确立的（大）信仰寻找更可靠的证据支持；但同时，在詹姆斯看来，在看似意志为主导确立（大）信仰时，理智仍会具有推翻乃至颠覆已确立（大）信仰的作用。詹姆斯指出，"当我们观察其他一些事实时，又似乎理智一旦说出了它的想法，情感和意志就不

---

① WJ 15. p. 67.《宗教经验之种种》，第70页，翻译略作修改（括号内为笔者补充）。
② Michael R. Slater, *William James on Ethics and Faith*, Cambridge: Cambridge University Press, 2009, p. 170.
③ WJ 6. p. 18.《詹姆斯文选》，第442页，翻译略作修改。
④ WJ 15. p. 331.《宗教经验之种种》，第409页，翻译略作修改（其中，"interwines and combines"改译为"互相缠结、互相结合"而非"互相纠结，互相联合"）。
⑤ WJ 15. p. 344.《宗教经验之种种》，第437页。

能有任何作用了"①，这就好像即使我们的意志很想让我们相信兜里的两美元合起来是一百美元，但我们的理智会将此推翻②。因此，由意志确立但有悖于理智的观念一定不会成为信念。

而且，关于理智作用的发挥，詹姆斯在晚年（1907年）给布拉德（Benjamin Paul Blood）的信中，指出理智会在整个确立信念，乃至追求真理的过程中一直发挥作用，"理智仅处理连贯性；真则是连贯性加事实；信念本身是事实的一部分并且是事实的部分创造者；生活如洪水包含着这所有的要素，并滚动着伴随其中的理智、包裹着理智，而非被理智包裹"③。詹姆斯晚年对理智在每一信念确立中连续性作用的强调，事实上也更进一步澄清了其以意志确立信念的本意，并非仅考虑个体主观意志的因素，也并非抛弃理智的作用；相反，其坚持理智在每一信念的过程中一直发挥作用。普特南将此看作詹姆斯与维特根斯坦相似之处，"詹姆斯相信，正如维特根斯坦认为，宗教信念既非理性的也非无理性的，而是处于理性状态的"④。然而，詹姆斯常常被误解为只看重个体意志的作用而忽视理智的作用。进一步说，在詹姆斯的意志信念观中，在非认知领域，以白色为代表的意志看似发挥主导作用的时候，以黑色为代表的理智也同样作用其中，二者相互结合才是（大）信仰确立的真实过程。

结合对（大）信念范畴非认知领域（大）信仰的考察，笔者认为，詹姆斯在认知领域（小）信念的确立过程中，并非如皮尔士那样仅肯定理智的作用；詹姆斯坚持以理智为主导确立（小）信念，但并不否认意志会不可避免地在此过程中发挥作用。詹姆斯在1909年写道："意志的因素从头至尾决定着何种假设将被相信。"⑤ 当理智开始确立假设时，意志也同样开始发挥作用。

进一步说，即使在科学实验中，人们也无法避免会在确立假设时运用个体主观意志，比如人们之所以想要进行这样的实验而非其他，之所以最初要进行这样的项目而非其他等等。虽然科学家试图摆脱这样的个体主观

---

① WJ 6. p. 15. 《詹姆斯文选》，第439页。
② WJ 6. p. 15. 《詹姆斯文选》，第440页。
③ WJ 11. p. 460.
④ Hilary Putnam, *Renew Philosophy*, Cambridge, Massachusetts, London: Harvard University Press, 1992, p. 192.
⑤ CWJ 12. p. 242.

人为因素的影响,但是不可否认的是这些因素并不可能完全被去除掉。因此,董山民在讨论詹姆斯关于"因何而信"中指出,"在詹姆斯看来,科学家与其说是因为看到了客观的经验事实而相信,还不如说是由于他们在意志上达成了一致而相信"[①]。换言之,在认知领域内,保证个体的意志相同,进而共同体内所得结果一致且具有普遍性,进而确保(小)信念的确立。事实上,这个过程并没有真正清除意志的作用,而人类认知水平的局限性也决定了人无法彻底排除意志的作用。归根到底,人之所以为人是由理智与意志共同构成,不可能存在不具有意志能力的人,也不可能确立完全或彻底刨除出意志的信念。

正如图4-3中所示,在认知领域内,伴随着人认知水平的提升,意志(以白色表示)对(小)信念确立的影响会被尽可能地降低,而理智(以黑色表示)所占比例会升高。进而可得,在(小)信念的确立过程中,受意志影响越小,理智主导地位越强烈,所得(小)信念越具有认知程度,于图中越居于稳定的下层深色区域。但即使最下层的区域里也包含不可彻底避免的意志作用。简言之,无论是非认知领域以意志为主导确立(大)信仰区域,还是在认知领域以理智为主导的确立(小)信念区域,理智与意志都在相互结合发挥作用,只是针对的问题不同,二者发挥力量的大小有差异,但最终都是为了"实际具体结果"的实现。

总之,詹姆斯《信念的意志》并非"想要相信",而信念的确立都需要意志,且每一信念需要意志和理智的共同作用才能确立。不管是以理智为主导的(小)信念,还是以意志为决定因素的(大)信仰都应该涵括在整个信念确立之中。此既是现实生活的需要,亦是得以到达"实际具体结果"的有效途径。因此,詹姆斯并非要抛弃理智仅以意志确立信念,而是在为个体谋得运用意志权力的同时,坚持理智与意志的联合,进而共同面向"实际具体结果"且向"善"的解决好现实生活中的每一问题。由此可知,詹姆斯信念观中确立每一信念的真正规范力和落脚点为"实际具体结果",此亦构成詹姆斯信念观的第二部分。

在詹姆斯信念观中,笔者认为,每一信念确立朝向的规范力为"实际具体结果"。此亦是詹姆斯信念观中个体有权运用意志、信仰应该寓于信

---

① 董山民:《论威廉·詹姆斯对宗教经验的现象学诠释》,《扬州大学学报》(人文社会科学版)2018年第3期,第46页。

念之中以及意志和理智在信念确立中可以协同发挥作用得以可能且具有合理性的原因所在。结合每一信念的确立必然在"实际具体结果"这一规范作用力下形成，以及上文已得詹姆斯的信念确立包含以意志发挥主要作用的非认知领域可知，詹姆斯信念观的界域为认知领域和非认知领域，此亦为詹姆斯信念观构成的第一部分。

第五章　古典实用主义奠基者信念观之比对与影响

本书前四章聚焦于皮尔士和詹姆斯的信念观进行了集中阐述。其中，第一章与第二章从反笛卡尔式基础主义与开创实用主义思想两条路径对皮尔士的信念观进行着重阐释，第三章与第四章从詹姆斯承袭和突破皮尔士的信念观两个视角对詹姆斯的信念观以及其与皮尔士信念观的关系进行了论述。前四章的论述基本解开了开篇提出的前两个问题，即作为古典实用主义奠基者，皮尔士和詹姆斯的信念观分别是什么，以及二者信念观思想之间存在何种关系的问题。

在本书的最后一章，笔者将进一步结合上文得出的皮尔士和詹姆斯信念观的四部分构成，对皮尔士和詹姆斯的信念观进行比对，更清晰而具体地揭示二者信念观之间的异与同以及其间关系所在。进而，通过分析皮尔士和詹姆斯信念观对后来古典实用主义者和新实用主义者信念观的影响，得出两位古典实用主义奠基者确立的信念观对后来哲学史产生的意义和价值。

第一节　比对皮尔士与詹姆斯的信念观

由上文对皮尔士和詹姆斯的信念观的论述可知，二者信念观都由对信念界域的规定、推动信念确立规范力、信念为点探究至真以及信念为点由各维度内外力决定是其所是，此四部分构成。接下来，笔者将一方面结合论文中第三章和第四章从詹姆斯承袭和突破皮尔士信念观的视角进行分析；另一方面结合皮尔士和詹姆斯信念观构成的四个部分，从比对的视角对二者信念观之间的关系进行阐述。

本节将从上文对皮尔士和詹姆斯信念观讨论得出的二者信念观共有的四个角度进行同和异的比较,进而归纳和总结二者信念观之间存在的关系。其中,关于二者信念观的异同比对,笔者认为,信念为点于探究至真和信念为点于各维度内外力固定,此二角度主要表现了皮尔士和詹姆斯信念观相同之处;而信念的界域和推动信念的规范力,此二角度主要表现了皮尔士和詹姆斯信念观相异之处。因此,笔者将从皮尔士和詹姆斯信念观同和异两个方面,就上节提出的四个角度对古典实用主义奠基者信念观之间的关系进行分析和总结。

一 皮尔士与詹姆斯信念观之同

关于皮尔士和詹姆斯信念观表现的相同之处,笔者认为,主要体现于皮尔士和詹姆斯信念观中关于信念为点探究至真的过程和信念为点由其外部表现和内部本质于各个维度相交之处确定是其所是,即二者信念观构成的第三、第四部分。当然,针对皮尔士和詹姆斯信念观关系中相同之处的讨论需要明确的一点就是所谓相同之处并非完全一模一样,而是包含差异的相同。换言之,所谓相同是同中有异,但同所占权重更大。笔者将在本部分围绕皮尔士和詹姆斯信念观中信念为点探究至真与内外力相交之处确立是其所是,此侧重于二者信念观之同的二方面进行分析。

首先,关于皮尔士和詹姆斯信念观相同之处表现的第一方面,即信念为点探究至真。笔者认为,皮尔士和詹姆斯信念观都揭示了伴随人认知水平的提升,之前确立的信念会被发现可错和可修正,进而信念确立为不断改善的过程。虽然二者在揭露信念发展过程方面存在不同,比如詹姆斯以证"实"所得"真"信念而非信念来表达、所讨论的("真")信念区域大小不同、信念发展朝向的目标(至真)所指内容不同等,但这些异都寓于信念为点探究至真发展的不断转变、改善和进步中。换言之,之所以笔者认为从信念为点探究至真的角度分析,皮尔士和詹姆斯的信念观主要表现为同,其原因并非在于二者在此方面表现得完全一样,而是存在差异性,但以同为主。

具体来说,皮尔士和詹姆斯的信念观从信念为点探究至真的角度分析,笔者认为,二者相同之处主要表现为可错和改善两个方面。关于第一

第五章　古典实用主义奠基者信念观之比对与影响

方面，笔者认为，无论是皮尔士还是詹姆斯都反对基础主义和第一性静止不变的观点，而坚持伴随认知提升，人们会基于在先认知发现错误所在。米萨克指出，詹姆斯在《人类的某种盲点》一文中已经指明，每一人类个体具有的都是受限的能力，因此，"对个体人类可错性的强调是实用主义的一个标志——我们已经看到它在皮尔士解释探究中所起的角色"[1]。普劳德福特进一步指出，詹姆斯哲学为"伴随着可错主义的经验主义的认证，或者我们可以称为反基础主义的"[2]，人类并无办法可以确切地知道何时我们真正得到真。换言之，受认知能力的限制，当下以为正确的信念会伴随认知能力等提升，而发生转变。

　　对此，笔者认为，皮尔士和詹姆斯信念观之所以于探究至真方面表现出可错论的共同特征，主要在于二者都坚持两点。一是，皮尔士和詹姆斯都承认个体乃至人类认知的能力存在局限性，且具有提升的可能性。笔者于本书第一章第三节第二部分，结合皮尔士1883年提出的人类知识伴随与生俱来的动物性本性发展而扩大[3]的观点，以及哈克[4]和米萨克[5]对皮尔士可错论发生原因的解读，可得：在皮尔士看来，由于人类本身认知能力方面，器官作用范围的局限和认知方法的缺陷等；认知外部世界方面，对比于人类来说，外部世界的广博甚至对于人类来说外部世界的不确定性因素等，必然导致在探究世界面前，人类并非能完全认知全部世界，而是在不断突破所处的范畴内不断发展。简言之，皮尔士信念观坚持，人类本身认知能力的限制和外部世界的广博导致在当下确立的信念必然具有可错性。

　　比较皮尔士信念观坚持的可错论，笔者认为，詹姆斯同样坚持这样的观点，于1899年和1909年詹姆斯分别指出，"我们中的每一个个体在行为上都有受限的功能和责任"[6]，并且每一"认识论者（Erkenntnisstheore-

---

[1] Cheryl J. Misak, *The American Pragmatists*, Oxford: Oxford University Press, 2013, p.60.
[2] Wayne L. Proudfoot, "Religion and Pragmatism from 'The Will to Believe' to Pragmatism", in Henrik Rydenfelt and Sami Pihlström, eds., *William James on Religion*, London: Palgrave Macmillan, 2013, p.16.
[3] CP 2.754（p.477）.
[4] Susan Haack, "Fallibilism and Necessity", *Synthese*, Vol.41, No.1, 1979, p.43.
[5] Cheryl J. Misak, *Truth and the End of Inquiry*, New York: Oxford University Press, 1991, p.99.
[6] WJ 12. p.132.

tiker）不过是容易犯错的凡人"①。换言之，每一个体在认知过程中受到当下具有的认知能力等因素局限，必然在之后认知提升后会发现错误所在。詹姆斯比皮尔士更进一步提出，人们对外部世界的认知把握是"一点点地增长起来的"②。这意味着，詹姆斯进一步确定了即使人类乃至每一个个人的认知存在局限性，但人们的认知水平会伴随对外部世界认识的增加而得到逐步的提高。简言之，对于外部世界来说，虽然认知能力具有局限性，但有提升的可能性，因而发现信念具有可错性。所以，笔者认为皮尔士和詹姆斯都坚持人类认知的局限性及其可提高性导致了每一信念具有可错性。

关于皮尔士和詹姆斯信念观都坚持可错论表现的第二点为二者都尊重已得的认知，且接受每一认知伴随着惊喜和错误的出现会成为在先认知的事实。换言之，皮尔士和詹姆斯都承认每一信念的产生基于在先信念，且接受已知信念伴随认知能力的提升会出现惊喜或错误的发生。皮尔士在对"真正的怀疑"的定义中，指明对信念的怀疑必然缘起于"我们实际上已拥有的那一切成见开始"③，根据成见人们会获得惊喜或错误两种表现。所谓成见恰恰就是指人们遇到新经验时的在先的认知。因此，在皮尔士看来，出现惊喜或错误（可错论）的发生必然源于尊重在先认知。

与皮尔士相似，詹姆斯也同样坚持信念可错论产生基于在先认知的观点，并且更进一步提出每一发现的新经验（皮尔士语境下的惊喜或错误）都源自于与在先信念的相互作用。④ 可见，詹姆斯比皮尔士更深入地把信念的真正确立与在先信念（认知）紧密结合。换言之，在詹姆斯看来，每一（"真"）信念发生的转变，即发觉错误或惊喜的产生，都源自于在先信念（认知）。

因此，笔者认为，之所以在信念为点探究至真方面，皮尔士和詹姆斯信念观主要体现为相似，第一方面原因就是二者都坚持可错论。并且，二者都认为，认知能力的受限以及认知能力具有的可提高性是信念转变的前提原因，而对在先认知的尊重是确保每一信念的转变（开始于惊喜或错误的获得）源于真正的怀疑。从信念为点探究至真的角度分析皮尔士和詹姆

---

① WJ 2. p. 16.《真理的意义》，第 6 页。
② WJ 1. p. 82.《实用主义》，第 92 页。
③ W 2. p. 212.《皮尔斯文选》，第 125—126 页。
④ WJ 1. p. 108.《实用主义》，第 126 页。具体论证详见本书第三章第三节第二部分。

斯信念观，第二方面相似之处在于二者都认为错误可以被修正，而且每一信念的确立于最大化希望至真的改善过程中。米萨克指出，"皮尔士的真和探究理论的核心就是对'改善主义'的坚持——这个观点就是我们总是试图提高位置，在这个位置里，我们通过确立更好信念而取代怀疑而发觉自己位置（的提升）"[1]。在米萨克看来，在至真的道路上，皮尔士基于对怀疑的化解而确立更好的信念，揭露了信念为点探究至真不断改善的过程。伯恩斯坦也指出，皮尔士整个信念为点于至真的探究过程就是"具体理性的不断增长"[2]。与皮尔士改善主义思想相似，斯莱特指明，詹姆斯真信念观念就是"一个过程"[3]，一个与皮尔士探究至真不断修正错误而最大化希望至真且充满改善主义的相似过程。

笔者进一步认为，皮尔士与詹姆斯信念为点探究至真方面揭露了信念确立为改善性过程——这一共同特征，主要表现为两点，第一点为在先认知发现的错误（产生的怀疑）具有可修正性，即错误可以修正。笔者在本书第一章第三节第二部分中，基于吸收和借鉴莱维提出的可修正理论[4]以及皮尔士坚持的"最大的期望"[5] 探究至真已证得：皮尔士确立的信念既具有可错性亦具有可修正性，因此可以使信念为点于至真的不断改善的过程中前进。

詹姆斯与皮尔士都坚持信念具有可修正性的观点。而且，詹姆斯更进一步对信念修正的过程进行了规定，即"最低程度的振动和最大限度的连续"[6]。对于詹姆斯来说，信念的转变在于最大程度上坚持在先的认知，并将修正的幅度降到最低。詹姆斯比皮尔士更明确信念为点于至真途中的转变应是逐步地改善而非颠覆性的革命，"我们更多的是做修补的工作，而不是全面更新"[7]。

因此，笔者认为，皮尔士和詹姆斯都坚持信念中的错误具有可修正特

---

[1] Cheryl J. Misak, *The American Pragmatists*, Oxford: Oxford University Press, 2013, p. 35.
[2] Richard J. Bernstein, "Action, Conduct, and Self-Control", in Richard J. Bernstein, ed., *Perspectives on Peirce*, New Haven and London: Yale University Press, 1965, p. 89.
[3] Michael R. Slater, *William James on Ethics and Faith*, Cambridge: Cambridge University Press, 2009, p. 110.
[4] Issac Levi, *Pragmatism and Inquiry*, Oxford: Oxford University Press, 2012, p. 191.
[5] 皮尔士的手稿 MS 693 第 168 页。可见网址如下：https://fromthepage.com/jeffdown1/c-s-peirce-manuscripts/ms-693-n-d-reason-s-conscience/guest/13076.
[6] WJ 1. p. 35.《实用主义》，第 36 页。
[7] WJ 1. p. 83.《实用主义》，第 94 页。

征，并且整个修正的工作是改善而非完全打破或者抛弃在先认知的变革。简言之，每一在信念中发现的错误本身都具有可修正性，进而可使每一信念于不断改善的过程中而至真。

关于皮尔士和詹姆斯信念改善观的第二点，即每一确立的信念对于整个至真过程如同中介，且发挥着最大化希望至真的改善作用。皮尔士指出，信念为点探究至真的过程要以"我们最短路径达到最大的希望与最小的惊喜"①。言外之意，每一信念的确立既连接在先认知，又面向未来至真。归根到底，对于人类探究至真的途中，每一信念的确立都是下一次更贴近真信念确立的中介，是为了确立更加真的信念的桥梁。对此，笔者认为，詹姆斯"真"信念探究至真的过程，更直接地指明了"真"信念的本质就是至真过程的中介物。詹姆斯在1907年《实用主义》一书中，直言"新的真理总是一种进行调和的中介，总是便于过渡的缓冲器"②。为了达到"更善"③，即"对这个世界的结果有一个更好的希望"④，每一当下确立的"真"信念就是试图达到更善的"真"信念的中介。

因此，笔者认为，从信念为点于探究至真考察皮尔士和詹姆斯的信念观来看，主要表现在：针对每一信念来说，从过去的角度看，既承认个体乃至共同体认知能力的局限性又尊重在先认知，肯定每一信念具有可错性；同时，从未来的角度看，每一信念能够修正已发生的错误，且作为至真的中介为更善和至善的方向发展。简言之，皮尔士和詹姆斯的信念观都坚持每一信念为点在至真的探索过程中不断前进。

关于皮尔士和詹姆斯信念观表现相同的第二方面，笔者认为是信念为点于各维度内外力相交确立是其所是，简化可为二者实用主义思想之相似。笔者认为，皮尔士和詹姆斯的实用主义思想都通过该信念于各维度下意义的外部表现和内部本质的表达所形成的相交处揭示每一信念的是其所是。虽然皮尔士和詹姆斯在揭露信念是其所是方面存在一定的差异，比如，詹姆斯以证"实"所得"真"信念而非信念来表达、讨论（"真"）信念所属界域大小不同、每一信念潜在受到的规范力方向不同等，但这些

---

① 皮尔士的手稿 MS 693 第 166 和 168 页。可见网址如下：https://fromthepage.com/jeffdown1/c-s-peirce-manuscripts/ms-693-n-d-reason-s-conscience/guest/13075.
② WJ 1. p. 34.《实用主义》，第 36 页。
③ WJ 2. p. 141.《真理的意义》，第 154 页，翻译略作修改。
④ WJ 1. p. 63.《实用主义》，第 71 页。

第五章 古典实用主义奠基者信念观之比对与影响

异都不能掩盖二者坚持信念为点于各个维度形成的相交之处确立是其所是此方面的同。换言之，并非因为二者在此方面完全一样，而是有异存在但以同为主，即同中有异。

具体来说，皮尔士和詹姆斯信念观的共同之处在于两者表达每一信念的意义都以各个维度下向外表现，并以对应信念本质的表达为制约。关于第一点意义向外的表现，笔者认为，无论是皮尔士还是詹姆斯，都坚持每一信念之所以是其所是在于其意义的实现。皮尔士在实用主义原则（第三层次的清楚性）中，直接以"我们构想我们概念的对象具有一些什么样的效果"[1]，以效果来体现信念的意义。如本书第二章第一节第一部分所证，事实上，皮尔士的实用主义原则（第三层次的清楚性）就是通过对每一信念的实际意义的探索而确定信念的清楚性，并以外部效果的方式呈现实际意义。

因此，笔者认为，皮尔士以实用主义原则规定出了每一信念的实际意义所在，并与之以向外产生的效果而展现。于此可见，"效果"既为每一信念的意义呈现，亦为每一信念是其所是于外部世界的作用。换言之，皮尔士实用主义原则以科学探究的模式得出的每一信念的实际意义，以辐射于各个维度上的向外作用的效果而展现。简言之，每一信念于各个维度上向外作用于外部世界的效果就是该信念是其所是及其意义澄清的一方面体现。

与皮尔士相似，笔者认为，詹姆斯同样坚持以信念向外作用于外部世界的意义（效果）确定每一信念的是其所是。如本书第三章第二节第一部分所证，詹姆斯将皮尔士强调的向外的"效果"更加聚焦于"实际具体结果"，即通过考察每一信念于各个维度下产生何种作用于外部世界的"实际具体结果"来确定每一信念的意义。所谓"实际具体结果"，笔者认为，这蕴含了詹姆斯比皮尔士更进一步从分析每一信念与其他信念产生的实际结果的差异的层面，更加清楚地确定每一信念的独特性，以及确定出每一信念不同于他者的差异之处。换言之，笔者认为，詹姆斯不但坚持皮尔士以每一信念向外于各个维度下作用的效果确立信念向外的表现，而且更进一步通过区分每一信念不同于其他信念所能向外直接产生的实际具体结果把握每一信念于人类认识中的位置所在。因此，笔者认为，皮尔士和詹姆

---

[1] W 3. p. 266.《皮尔斯文选》，第95页，翻译略作修改。

斯的实用主义思想都通过每一信念作用于外部世界各个维度下产生的向外表现来把握每一信念的意义。

基于每一信念于各维度向外的意义展现，笔者认为，从信念为点于内外力作用确定是其所是的角度分析，皮尔士和詹姆斯信念观第二点相似之处在于二者都坚持对应于每一维度向外表现都有向内的力与之制约。换言之，每一信念之所以能够于各维度产生向外的意义表现，根源在于每一信念的本质于各维度下以习惯等表达方式进行了制约。简言之，对于皮尔士和詹姆斯来说，习惯作为信念的本质，在各个维度下对意义于外部的表现具有内部约束作用。

为何习惯得以作为约制每一信念于各维度下意义向外表现所对应的内在制约力呢？笔者认为，无论是皮尔士还是詹姆斯，都将实用主义思想于信念的揭示回归到了从心灵思维习惯至外部行为习惯的连接。换言之，皮尔士和詹姆斯在确定每一信念之所以为该信念的规定里，本质上都以对信念（意义）的具体表达来约束或反作用于各维度下向外的意义表现。

在本书第二章第二节中，笔者已论证，对于皮尔士来说，每一信念（意义）的表达属于认知现象的第三性范畴，即以指号为方式，主要分为图像、标志和象征此三类，并且都可以以行动和习惯的方式具体表达。详细地说，每一信念通过行动和习惯以直接认知、揭露与对象间法则、解释对象或对象间关系三种不同方式能够将信念表达。皮尔士在《信念的确定》中直接指出，"我们的信念指引我们的愿望，形成我们的行动"[1]，信念（的意义）与对应的行动表达一致。从本质上来说，之所以信念能够与行动表达一致源自于行动为习惯的单一或偶性体现，而习惯作为信念的本质[2]，既是心灵内部"推理的指导原则"[3]，又是每一行动模式（行为）的呈现。因此，笔者认为，在皮尔士信念观中，居于心灵内部的习惯就是每一信念的本质，而呈现于外部肢体表现上的习惯则是其心灵要表达的信念（习惯）的"副本"。因此，习惯能够将信念向外的意义表现和向内的本质表达一一对应，所形成的各维度下的相交处，即揭示了信念的是其所是。

---

[1] W 3. p. 247.《皮尔斯文选》，第72页。
[2] W 3. p. 247.《皮尔斯文选》，第92页。
[3] W 3. p. 245.《皮尔斯文选》，第70页，翻译略作修改（其中，"inference"改译为"推理"而非"推论"）。

第五章 古典实用主义奠基者信念观之比对与影响

与皮尔士相似,笔者认为,詹姆斯同样以行动与习惯作为信念的表达,并进一步从心理学视角揭露习惯为信念的本质。虽然詹姆斯并没有像皮尔士那样,以逻辑指号的方式对信念进行解读,但最终仍然回归到以习惯揭露和表达信念的层面。

詹姆斯在1898年和1907年两次介绍皮尔士实用主义原则时,都表示认同皮尔士以行动与习惯(行为)揭示信念及其意义的观点,"信念是行动的真正准则;并且思想的整个功能与行动习惯产物仅差一步"[1],"那种行为对于我们来说是这思想的唯一的意义"[2]。进一步说,詹姆斯也同样认为:行为作为对应行动成为某一模式的体现,是心灵中习惯于身体上的展现。而心灵中的习惯就"是因为组成其身体的有机体具有可塑性"[3]而形成。因此,信念的全部内容必然由个体心灵习惯决定,且以肢体习惯为外部呈现。

因此,笔者认为,皮尔士和詹姆斯的信念观都以心灵习惯规定每一信念于各个维度下外现于肢体的呈现。换言之,二者的实用主义思想都以习惯连接了内部心灵与肢体表现,是向外产生于各个维度下的效果或实际具体结果的约束力。简言之,习惯为每一信念向外表现的向内约制力。

总之,笔者认为,皮尔士和詹姆斯信念观相同之处主要聚焦于信念为点探究至真与信念为点固定于各个维度下向外与向内作用表现和表达的相交之处。具体来说,从信念为点于探究至真的角度看,二者都认为伴随着认知水平的提升,人们基于之前的认知所得,会发现已知信念的可错性,并会与之修正,致使每一信念事实上都是奔向更善和至善,即"真"信念为中介(过渡)。从信念为点固定于各维度下向外表现与向内本质的表达形成的相交处这一视角看,皮尔士和詹姆斯都将实用主义思想运用于规定每一信念的是其所是的确定方面,以每一信念产生的意义作为各维度下向外的表现,与之对应的是以决定信念本质的习惯为其向内的制约力。于此,每一信念于各维度面上向外与向内的平衡相交处确定该信念的所在"位置",即是其所是。

---

[1] WJ 1. p. 259.
[2] WJ 1. pp. 28 – 29.《实用主义》,第28页。
[3] WJ 8. p. 110.《心理学原理》(上册),第79页。

二 皮尔士与詹姆斯信念观之异

关于皮尔士和詹姆斯信念观的相异之处,笔者认为,主要表现在二者确立信念的界域和推动每一信念确立的规范力二部分。在讨论此二部分之前,笔者需要说明,此中所谓相异是指从主流看表现为不同,并非迥异。比如,从皮尔士和詹姆斯确立信念的界域的角度看,二者的信念观都包含了认知领域的讨论;在推动每一信念确立的方向力考察中,二者也都认同科学探究模式在每一信念确立中的作用。而之所以笔者认为,此二部分即使有同,但仍然主要表现为皮尔士和詹姆斯二者信念观差异之处,在于詹姆斯在此二部分做出的突破不但有别于皮尔士还违背了皮尔士确立信念观的要求,甚至引致了皮尔士的批判。

总体来说,笔者认为,詹姆斯信念观与皮尔士信念观不同之处主要体现在从第一部分信念确立的界域来看,詹姆斯突破性地关注非认知领域;从第二部分推动信念确立的规范力的角度来看,詹姆斯信念观更彻底地以实际具体结果而非澄清概念意义为导向。接下来,笔者将从此二部分入手,对体现皮尔士和詹姆斯信念观典型的相异之处进行深入探讨。

首先,从皮尔士和詹姆斯信念观相异体现的第一部分,即信念所属界域进行考察。皮尔士信念观的界域仅是认知领域,而詹姆斯将皮尔士尽力反对的、用非理智和非科学方法确立信念的非认知领域同样纳入信念的界域内。关于非认知领域是否属于信念确立的界域是皮尔士和詹姆斯信念观差异和争论所在。笔者将围绕二者对信念确立的依据表现的不同态度,即是科学实验还是经验、理智还是意志、共同体还是个体,此三方面对皮尔士和詹姆斯信念观界域之异进行分析和比较。

关于第一方面,从皮尔士和詹姆斯信念观确立所依据的"材料"来看,二者虽然都认为信念确立要依据"实在",但二者对"实在"的定义并不相同,也正是此种差异导致了詹姆斯要将皮尔士反对的在非认知领域确立的(大)信仰纳入信念的考察中。在皮尔士看来,信念的确立必将摹仿科学,或者说应该完全以科学的方法确立信念。直至皮尔士晚年给詹姆斯的信念中甚至写道,"在我看来,哲学是或者应该是、绝对是科学,而

第五章　古典实用主义奠基者信念观之比对与影响

非万花筒似的梦"①。皮尔士对科学的坚守致使其确立信念的法则就是笔者于第一章第二节第二部分科学的方法中论证而得：信念的确立与个体主观因素无关，需达到每个个体在相同条件和状况下，所得的结论相同；并且信念确立依据外部实在，唯有外部实在是一切信念的依据。换言之，对于皮尔士来说，信念确立所依据的材料仅是"外部实在"，而且是不掺杂个体主观因素的外部实在。

为了使人类能够运用科学的方法把握"外部实在"，皮尔士还以逻辑推理理论支持，试图通过溯因推理、演绎推理和归纳推理确定具有普遍性的结论。进一步说，在本书第一章第三节第一部分中，笔者亦论证得出，皮尔士对真的定义就是指对实在的信念，即通过认知外部实在认知得到的具有不可被击败的信念。可见，皮尔士对信念确立依据的材料为"外部实在"，并且要完全诉诸探究、科学的方法和逻辑推理。

詹姆斯虽然也坚信真信念为实在的证实，但对"实在"赋予了不同于皮尔士的定义。笔者在本书第三章第三节第一部分中已论证得出，詹姆斯的"实在"意指"经验"。此经验既包含主观性又包含客观性，且与心灵产生的思想和外部实在同一。换言之，詹姆斯将皮尔士反对的非科学性部分同样纳入讨论，并认为人们对外部实在的认识都依据经验。从这个意义上说，詹姆斯已把皮尔士确立信念仅诉诸外部实在这一原则转移到了包含个体主观因素的经验上。这意味着，詹姆斯将皮尔士反对运用的主观因素同样纳入了信念确立的讨论中，并予以合法地位。

笔者认为，皮尔士确立信念依据的材料仅为"实在"，而詹姆斯同样坚持以"实在"为依据的观点，但詹姆斯赋予了"实在"不同的内含。詹姆斯认为实在就是个体的经验。以个体主观经验为主导确立的信念就是（大）信仰。由于詹姆斯对个体主观因素的重视导致其将信念界域增加了非认知领域。

分析皮尔士和詹姆斯信念观界域差异的第二方面，笔者将围绕二者确立信念所依据的"人类能力"这一视角进行考察。笔者认为，皮尔士确立信念依据的人类能力仅为理智。换言之，皮尔士在定义以科学的方法确立信念时，就明确指出要摒弃一切包含主观人为因素的影响，即"我们的信念不是取决于任何人为的东西"②。对于皮尔士来说，唯有理智是不具有主

---

① CWJ 12. p. 171.
② W 3. p. 253.《皮尔斯文选》，第 81 页。

观性质，且能够协助进行逻辑推理的论证。因此，在皮尔士看来，人类确立信念依据的唯一人类能力为理智，且唯有此不具有主观特征，并能够确立出具有普遍性和客观性的信念，即詹姆斯意义上的认知信念或称为（小）信念。

对比于此，笔者认为，詹姆斯在信念确立依据何种人类能力的讨论上更加成熟。笔者在第四章第三节第二部分答皮尔士对詹姆斯信念观批判中总结，对于詹姆斯来说，每一信念的确立都包含理智和意志，且是二者相互作用的结果。之所以整个（大）信念分为不同领域，一部分原因在于，在特定条件下，某一人类能力（理智或意志）所占比重的差异。

具体来说，在詹姆斯看来，认知领域就是皮尔士确立信念的全部界域，换言之，皮尔士对信念的确立仅居于此范围内，仅以理智为依据。但对此，詹姆斯一方面认同皮尔士在认知领域应该依靠理智确立信念；另一方面，又指出在人类运用理智之时，个人主观因素亦不可避免地在发挥作用。普劳德福特指出，"即使在一个问题可以依据詹姆斯称为'理智的基础'被决定的时候，这个问题已经被解决的方式是我们意志的产物"①。每一看上去完全被理智解决的认知问题，事实上也是混合了个体主观因素的影响，这也是每一信念确立之所以具有可错性的原因之一。

相比于认知领域以理智为主确立信念，在詹姆斯看来，在证据不充足的非认知领域，本书第四章第一节证得，如果个体面临的问题为有生命力的、强迫的和重大的真正的选择，人们具有主观意志判断的能力并且有权力运用意志确立信念。这一方面意味着，在非认知领域真正的选择条件下，以意志确立信念具有优于理智的优势，即个体性、私人性且可直接通过感官得到；另一方面，与以理智为主确立的（小）信念一样，以意志作用为主确立的（大）信仰同样能够产生实际具体结果，且能够于行动和习惯中表达。因此，从人类有权运用个体主观意志能力的视角分析，詹姆斯认为在非认知领域中真正的选择下，个体有权运用意志确立（大）信仰。

简言之，詹姆斯分析了对非认知领域中真正的选择所具有的特殊性，以及人类确实拥有意志能力、意志在真正的选择情况下能够发挥超过理智的作用且同样能产生实际具体结果并于行动和习惯表现，可证得包含个体主观因素的意志有权力确立（大）信仰于（大）信念的范畴内。换言之，

---

① Wayne L. Proudfoot, "Religious Belief and Naturalism", in Nancy K. Frankenberry, ed., *Radical Interpretation in Religion*, Cambridge: Cambridge University Press, 2004, p. 81.

第五章　古典实用主义奠基者信念观之比对与影响

从对人类确立信念的能力分析可得,詹姆斯予(大)信仰于(大)信念中以合法地位。

关于对皮尔士和詹姆斯信念界域划分呈现的差异进行分析的第三方面,即从皮尔士和詹姆斯信念观确立依据的"检验对象"来看,笔者认为,之所以皮尔士信念观中只意指(小)信念领域而反对涉及非认知的(大)信仰领域,而詹姆斯信念观既包含(小)信念领域也包含(大)信仰领域,其又一原因在于二者检验信念确立的对象不同。具体来说,笔者认为,皮尔士以共同体作为每一信念确立的检验对象;而詹姆斯则是既承认共同体对每一认知领域内检验信念确立的必要性,又肯定个体运用主观意志在非认知领域内确立信念的可行性。因此,米萨克也直言"詹姆斯和皮尔士争论的核心就是把'真'作为个体的产物对立与把'真'作为一段时间后共同体的产物的不同"[1],即詹姆斯强调个体而皮尔士强调共同体。

在皮尔士看来,每一信念都必须依据共同体的检验才得以确立。共同体既是科学探究模式得以确立具有普遍性和客观性信念的保证,又是得以突破时间和认知局限性对实在不断探究至真的条件。皮尔士在定义运用科学的方法探究至真中,就指明"这个最终注定被所有探究者同意的意见"[2]为真,并且"实在概念最原初展示了这个概念根本上包含了一个共同体,这个共同体没有限制并且可以以知识的无限增长为可能"[3]。在皮尔士看来,无论是每一信念的确立还是整个探究至真的过程,对实在的把握都"最终依赖于探究者的共同体"[4]。唯有通过共同体才能够确立每一个个体都能在相同条件下得出相同效果的信念,也才能克服时间和个体认知局限性,而这样以共同体为完全依据确立的信念必然仅为人类认知范围内每一个体在理智能力作用下得以确立的(小)信念。

相对于皮尔士仅以共同体为依据检验信念的确立,笔者认为,詹姆斯并非完全摒弃以共同体为依据确立信念,而是在对非认知领域内真正的选择情况内的问题授予个体以单独确立信念的权力,从而得以达到更善的实际具体结果。詹姆斯在《理性的情感色彩》一文中以"M + x"[5]做比喻,

---

[1] Cheryl J. Misak, *The American Pragmatists*, Oxford: Oxford University Press, 2013, p. 60.
[2] W 3. p. 273.《皮尔斯文选》,第 102 页。
[3] W 2. p. 239.
[4] Michael R. Slater, *William James on Ethics and Faith*, Cambridge: Cambridge University Press, 2009, p. 197.
[5] WJ 6. p. 83.《詹姆斯文选》,第 211 页。

指出即使 M 表示坏的事情，x 作为个体的反应，虽然个体 x 的反应在大趋势 M 面前看上去微不足道，但事实上却具有改变 M 甚至颠覆 M 的力量。而且，每一个个体都在其独特的经验流中生长，不同经验流的延绵意味着个体之间的差异。因此，在非认知领域内，赋予个体以确立信念的权力会产生多元的效果，而这些效果如第四章第一节第二部分所证，必然优于仅以科学的方法确立信念所得。

于此可见，个体的主观意志同样可以帮助人们解决生活中的难题，而且确立的信念恰是认知领域内科学的方法无法发挥作用的部分。咎于以上对皮尔士和詹姆斯确立信念观所依据的材料、人类能力和检验对象的考察，可得詹姆斯在皮尔士坚持的科学实验、理智和共同体之上，补充和扩大到对经验、意志和个体确立信念，即（大）信仰的关注。此三方面致使皮尔士和詹姆斯就信念的界域是否包括非认知领域的（大）信仰部分引发争议和产生差异。

关于皮尔士和詹姆斯信念观差异体现的第二部分，笔者认为，聚焦于二者对推动每一信念确立的方向力的定义方面：皮尔士推动每一信念确立的规范力以科学探究模式为体现，强调用效果澄清每一信念的意义，以达到确立具有普遍性和客观性特征的信念；詹姆斯推动每一信念确立的力以实际具体结果为导向，强调每一信念之所以与他者不同，关键以其产生的实际具体结果为体现。

有关皮尔士和詹姆斯信念观在确立信念的规范力上表现的差异，杜威和斯莱特等哲学家同样给出分析。杜威认为，皮尔士运用于信念确立的实用主义落脚于构想和定义对象，而詹姆斯为了实际问题。[①] 进一步说，皮尔士主要以实验的科学为主来探究各个领域内的对象[②]，而詹姆斯是以实际具体结果为目标确定每一信念。斯莱特则更直接地把皮尔士实用主义落脚于"感觉的效果"[③] 来探究每一信念的实际意义，而把詹姆斯的实用主义直接看作"实际的效果"[④]。与此同时，斯莱特还指出，詹姆斯与皮尔士最不同且不可兼容之处在于"詹姆斯在这里关注到，在两个观念的意义中

---

① MW 4. p. 101. 《杜威全集·中期著作 1899—1924·第四卷 1907—1909》，第 78 页。
② MW 4. p. 101. 《杜威全集·中期著作 1899—1924·第四卷 1907—1909》，第 78 页。
③ Michael R. Slater, *William James on Ethics and Faith*, Cambridge: Cambridge University Press, 2009, p. 173.
④ Michael R. Slater, *William James on Ethics and Faith*, Cambridge: Cambridge University Press, 2009, p. 173.

可能存在不同，即使在他们之间没有经验上地可观察的不同"①。换言之，斯莱特指明了在一些情况下，从皮尔士科学观察的视角下并不能找出两个信念的不同之处，但落脚于詹姆斯的实际具体结果方面就能够发现不同所在，而这正是皮尔士与詹姆斯信念观最大的不同所在。

对此，笔者认为，进一步从皮尔士和詹姆斯信念确立所受规范力的方向分析，可以更清楚地发觉二者信念观所属方向的差异所在。当然，在讨论二者确立信念的规范力差异之前，需要明确的是此差异并非绝对不同，而是以异为主，且包含相同。

首先从皮尔士对确立信念定义的规范力的视角进行讨论，笔者认为，虽然皮尔士与詹姆斯一样，都认为唯有每一信念产生的实际意义才可以定义该信念，用米萨克的粗略概括则为二者都以"实用的结果"② 规定每一信念确立的必要性，但二者确立信念意义的方式和侧重不同，致使二者定义每一信念至真的方向有差。正如胡克威指出，在皮尔士的定义里，"在科学的问题和实际的事物之间划着一道尖锐的区分，他鼓动理论、逻辑和'反思'对后者有很少或者说没有作用"③。换言之，即使每一信念由产生的实际效果决定存在的意义，但是对外部实在本真的探究和对某一信念能够解决何种问题并不能同日而语。

进一步来说，笔者认为，皮尔士承认每一信念产生的效果和得出的实际意义是其存在的价值所在，但这并不是皮尔士为确立信念规定的方向。在皮尔士看来，用科学探究的模式澄清出每一信念第三层次的清楚性，并试图对外部实在达成最趋近一致的认知，此为推动每一信念确立的规范力。换言之，所谓每一信念确立的规范力归根到底就是要确立的真信念的方向，而皮尔士要确立的真信念是在科学探究模式规范下，不断转变已确立的信念而达到对外部实在趋于一致的普遍性和客观性的认识。因此，笔者认为，皮尔士确立每一信念的方向以科学探究模式为规范力。

对比皮尔士，笔者认为，詹姆斯一方面认同科学探究模式在认知领域内的规范作用，也承认探究对于每一信念转变至真发挥的推进力；但另一

---

① Michael R. Slater, *William James on Ethics and Faith*, Cambridge: Cambridge University Press, 2009, p. 174.
② Cheryl J. Misak, "Charles Sanders Peirce", in Cheryl J. Misak, ed., *The Cambridge Companion to PEIRCE*, Cambridge: Cambridge University Press, 2004, p. 39.
③ Christopher Hookway, *The Pragmatic Maxim*, Oxford: Oxford University Press, 2012, p. 190.

方面更加侧重强调"实际具体结果"为每一信念确立的最终落脚点。换言之，对于詹姆斯来说，每一信念得以确立的推动力为实际具体结果。在詹姆斯对"真"信念和至真的定义中也指出，"真观念（信念）就是我们能够吸收、能够生效、能够确认、能够证实的那些观念（信念）"①，而所谓吸收、生效、确认和证实最终都指向所对应的"某些实际结果"②。对于詹姆斯来说，当该信念兑现了实际具体结果，即为"真"信念，而至真的探究是不断改善为"更善"和"至善"的过程。

因此，鉴于詹姆斯确立每一信念的落脚点以及对至真标准考察可得，詹姆斯确立每一信念的方向力为实际具体结果。虽然詹姆斯也认同皮尔士强调的探究力，但对于詹姆斯来说，每一信念得以确立起到决定性规范作用的力为实际具体结果。对此，笔者认为，杜威、普特南、斯莱特和胡克威都有类似的立场。杜威曾引用詹姆斯对确定每一信念方向的态度定义，"这种态度不是去看第一事物、原则、'范畴'和假定的必然性；而是要注意最后的事物、成果、结果和事实"③ 来予以说明：比起皮尔士，詹姆斯强调的是每一信念最后产生的实际具体结果④；普特南以"富有成果的"⑤来意指詹姆斯确立的真信念中实在具有的实际用意；斯莱特引用詹姆斯对生活有价值即为真的论述，证明詹姆斯探求的真是对生活最大价值的寻求⑥；而胡克威更具体化地将詹姆斯的真归结为"有效的利益和成功的行动"⑦。归根到底，笔者认为，无论是从詹姆斯对每一信念的态度考察，还是从实际意义、生活价值和成功的行动角度分析，回归到詹姆斯最本真的用意，事实上都是以"实际具体结果"规范每一信念确立的方向。

由此可见，皮尔士和詹姆斯信念观在确立每一信念的方向上具有本质差异：皮尔士坚持以科学探究模式作为确立信念至真的规范力，而詹姆斯坚持落脚于实际具体结果为每一信念兑现为"真"，从而经历进一步改善，

---

① WJ 1. p. 97.《实用主义》，第112页（括号内为本文作者补充说明）以及 WJ 2. p. 3.
② WJ 1. p. 97.《实用主义》，第112页，翻译略作修改。
③ WJ 1. p. 32.《实用主义》，第33页。
④ MW 4. p. 101.《杜威全集·中期著作1899—1924·第四卷1907—1909》，第78—79页。
⑤ Hilary Putnam, "James's Theory of Truth", in Ruth Anna Putnam, ed., *The Cambridge Companion to William James*, Cambridge: Cambridge University Press, 1998, p. 170.
⑥ Michael R. Slater, *William James on Ethics and Faith*, Cambridge: Cambridge University Press, 2009, p. 165.
⑦ Christopher Hookway, *The Pragmatic Maxim*, Oxford: Oxford University Press, 2012, p. 189.

第五章　古典实用主义奠基者信念观之比对与影响

乃至"更善"和"至善"。简言之，皮尔士强调科学探究模式对每一信念的规范力，而詹姆斯强调实际具体结果对每一信念的实现价值力。二者虽然都为古典实用主义奠基者，但在定义每一信念确立的规范力上的差异，亦导致了二者在如何确立和应该确立何种信念方面产生了差异。

总之，针对本书第二个问题的回答，笔者认为，詹姆斯在承袭皮尔士的信念观时，是以同为主但有发展；詹姆斯在突破皮尔士的信念观时，是以异为主但也有相似。具体来说，二者信念观相同之处主要表现在信念为点于至真之线的不断可错和修正改善的过程，以及信念为点于各维度向外和向内共同形成的相交处确立是其所是此二方面；二者信念观相异之处主要表现在对信念界域的严密划分以及推动每一信念确立的规范力此二方面。从总体来看，皮尔士和詹姆斯的信念观都认同确立信念为不断探究的过程，并且与对应的意义紧密相连，只是在对确立信念所依据的实在、人类能力和检验对象方面的规定上，詹姆斯更加落脚于对具体及特殊问题的"实际具体结果"的兑现而非如皮尔士那样更愿意探究外部实在的真实所是。进一步说，詹姆斯的信念观偏重于对每一人类生活的具体问题的解决，而皮尔士的信念观聚焦于对外部实在的彻底揭示。

第二节　古典实用主义奠基者信念观之影响

皮尔士和詹姆斯的信念观于19世纪60年代开始萌芽，七八十年代逐步确立，直至20世纪前十年左右成熟和完善。伴随着詹姆斯1910年和皮尔士1914年相继离世，古典实用主义奠基者皮尔士和詹姆斯对各自信念观的阐述逐一告终。虽然皮尔士和詹姆斯的信念观已在百年前结束，但笔者认为，此二者作为古典实用主义奠基人的信念观思想一直影响着后来的美国实用主义哲学。

具体来说，笔者以20世纪五六十年代为界[1]，认为在此之前皮尔士和

---

[1] 之所以以20世纪五六十年代为界，参考涂纪亮《从古典实用主义到新实用主义》，人民出版社2006年版。笔者将涂纪亮划分的古典实用主义萧条期直接包含于20世纪前五六十年代中，并认为以杜威1952年的离世预示古典实用主义逐步走向衰落与结束，而新实用主义逐渐兴起。于此，以20世纪五六十年代为界，划分皮尔士和詹姆斯信念观对后来美国实用主义的影响。

詹姆斯信念观的影响主要表现以杜威为代表的古典实用主义哲学家把二者于信念的界域和信念确立所受规范力中体现的差异进行融合;而在此之后,皮尔士和詹姆斯信念观的影响主要表现为以新实用主义哲学家为代表,通过结合其他流派①的哲学思想,就皮尔士和詹姆斯信念为点探究至真和内外力相交处确立是其所是二方面相同之处,聚焦于某一方面进行深化。

因此,关于皮尔士和詹姆斯信念观对美国实用主义哲学的影响,笔者主要聚焦于两个方面进行阐释。一方面,聚焦于20世纪五六十年代之前,主要以对古典实用主义倡导者杜威的信念观进行分析,得出古典实用主义奠基者在此阶段产生的影响主要表现为差异之处的融合;另一方面,聚焦于20世纪五六十年代之后,主要针对新实用主义者的信念观进行探析,得出古典实用主义奠基者在此阶段产生的影响主要表现为相同之处被深化。由此可知,笔者认为,皮尔士和詹姆斯作为实用主义奠基者对之后的美国实用主义思想的影响主要表现为融合与深化两方面。

一 异之融合

关于皮尔士和詹姆斯的信念思想于20世纪五六十年代之前美国实用主义哲学的影响,笔者认为,主要表现为以杜威为代表的哲学家,将皮尔士和詹姆斯信念观于信念的界域和每一信念所受规范力这两方面差异之中的各自侧重进行融合。换言之,笔者认为,古典实用主义奠基者信念观对后来美国实用主义哲学的影响就是促使后来哲学家对皮尔士和詹姆斯各自信念观特色之处的融合,此种影响主要体现在20世纪五六十年代之前,以杜威信念观的确立为代表。

笔者将结合上一节比对皮尔士和詹姆斯信念观得出的差异表现的两个视角,即信念的界域和信念所受规范力,来进一步论证得出:20世纪五六十年代之前,以杜威为代表的美国实用主义哲学家是通过汲取和融合皮尔士和詹姆斯信念观表现的差异和特色之处,确立了从横向看,涉及领域更加宽广和综合的信念观。简言之,笔者认为,以杜威为代表的后来古典实用主义哲学家的信念观主要表现为对皮尔士和詹姆斯信念观各自特色之处

---

① 主要指盛行的分析哲学和大陆哲学。

的融合,而此种"融合"正是皮尔士和詹姆斯作为古典实用主义奠基者对后来实用主义哲学的影响表现之一。

首先,从皮尔士和詹姆斯信念观差异表现的第一视角,即信念的界域,分析以杜威为代表的后来古典实用主义者确立的信念观是在对皮尔士和詹姆斯信念观表现的差异之处进行融合。关于该视角的论证,笔者同样结合上节中论证皮尔士和詹姆斯信念观于信念的界域视角下表现的三个不同方面进行阐释,即信念确立依据的材料、人类能力和检验对象。

笔者将从第一方面,信念确立依据的材料,即实在的内涵来分析。笔者认为,杜威确立信念所依据的材料就是既汲取皮尔士以科学的方法对外部实在的依赖又融合詹姆斯以经验的方式获取。换言之,杜威既尊重皮尔士以科学实验为外部实在的探究依据,同时又强调整个探究就是通过彻底的经验确立起宇宙观。总之,杜威的信念观依据的材料就是结合皮尔士和詹姆斯信念观强调的各自特性的融合。具体来说,从侧重于皮尔士以科学的方法对外部实在的探究分析,我们可以把杜威信念观依据的材料称为具有实验性的经验。齐格弗里德也指出,"正如杜威将在后来表达它,对于筛选和测验信念,经验有它自己的资源:经验是实验性的"①。事实上,杜威后来在1938年《逻辑:探究的逻辑》一书中,也确实更进一步地将皮尔士科学探究的实验模式更加具体化且规范化于每一信念的确立中。在杜威看来,探究具有皮尔士科学的方法确立信念追求的客观性且能协助经验的发展。换言之,杜威承认信念确立依据的经验具有实验性。

在基于对皮尔士实验性特征的汲取,笔者认为,杜威还吸收了詹姆斯彻底的经验主义的观点,指明信念确立的依据必然为经验,并且该经验既包含认知领域的主动性又包含非认知领域的被动性,是人与自然相互作用的结果。涂纪亮指出,"杜威把他以中性的经验为基础建立起来的宇宙观,称为'经验自然主义',强调经验就是人与其自然环境、社会环境之间相互作用的产物"②。一方面,杜威将经验直指自然,认为人们信念的确立就是对世界的探究,而经验就是认知世界的桥梁;另一方面,杜威认为整个探究依据的经验必然包含人的属性,即必定为人与自然发生地主动或被动

---

① Charlene Haddock Seigfried, "Anti–Dogmatism as a Defense of Religious Belief", in Henrik Rydenfelt and Sami Pihlström, eds., *William James on Religion*, London: Palgrave Macmillan, 2013, p. 34.

② 涂纪亮:《从古典实用主义到新实用主义》,人民出版社2006年版,第5页。

相互作用所得。经验晚于自然的发生,但"经验既是属于自然的,也是发生在自然以内的"①,唯有经验可以深入自然,挖掘和探索自然是揭露自然的途径和手段②。换言之,杜威承袭了詹姆斯对信念确立依据经验的观点,并进一步将经验作为人得以探究自然的手段。

由此可见,杜威确立信念依据的材料应为探究自然所得的经验。此既受到皮尔士以科学实验的方式考察外部实在的影响,又融合了詹姆斯以经验把握世界的观点。因此,笔者认为,从确立信念依据的材料的角度分析,杜威是融合了皮尔士和詹姆斯的信念观思想而确立。事实上,在皮尔士和詹姆斯之后的实用主义哲学家在信念确立依据材料方面,都多多少少受到或者融合了二者的影响,比如莫里斯倡导的"科学的经验主义"、米德对实在论中知觉对象和科学对象的关系阐释等③,都是对皮尔士强调的科学实验与詹姆斯关注的彻底经验的再考察。

基于此,笔者认为,以杜威为代表的哲学家对皮尔士和詹姆斯讨论信念界域差异的融合,表现的第二方面就聚焦于信念确立依据的人类能力方面。基于上节的比对以及第四章所述可知,皮尔士仅承认理智对信念确立的作用且反对一切主观因素对信念确立的影响;詹姆斯认为,即使在认知领域以理智为主确立信念也无法避免个体主观因素的影响,而在非认知领域真正的选择下人们有权运用个体主观意志确立信念且理智会一直发挥作用。

对此,笔者认为,杜威强调以理智的方法确立信念,一方面,汲取了皮尔士以理智仅放入科学认知领域的考察;另一方面,借鉴了詹姆斯将理智作用于更广的领域,指明由主观意志因素确立的信仰同样应该坐落于人们已经存在的理智信念中,一种信仰如果人们的理智能及就应该能够转换为理智信念④。对于杜威来说,他融合了皮尔士对理智的强调与詹姆斯非认知领域确立信念的关注,更加彻底地认为在各个领域内都可以确立信念并且事实上这些信念都是包含理智因素的信念,即使宗教也涉及理智信念。⑤

---

① LW 1. p. 12.
② 杜威还提出了经验直指的方法来探究自然。LW 1. p. 33.《杜威全集晚期第一卷》,第39页。
③ 参考涂纪亮《从古典实用主义到新实用主义》,人民出版社2006年版,第55—135页。
④ LW 9. p. 16.
⑤ LW 9. p. 21.

第五章 古典实用主义奠基者信念观之比对与影响

因此,笔者认为,在信念确立依据的人类能力方面,杜威同样是将皮尔士和詹姆斯信念观中各自侧重之处融合,进而确立出了以理智方法为主关涉更大界域的信念观。因此,杜威对理智方法的广泛运用致使信念的界域真正扩大到了科学之外的人本领域。

关于皮尔士和詹姆斯对信念界域确立的论述对杜威等实用主义哲学家产生影响的第三个方面,笔者认为就是对检验对象,即共同体和个体的关注。笔者认为,以杜威为代表的后来实用主义哲学家一方面吸收了皮尔士以共同体为依据检验和确立每一信念,另一方面又在其中融合了詹姆斯强调的对个体独特性的关注。正如菲利斯对姆描述,"驱动探究概念的皮尔士共同体是杜威'工具主义'的重要背景……多元主义与詹姆斯的实用主义有关"①。归根到底,笔者认为,杜威对信念界域的探讨融合了皮尔士的共同体和詹姆斯的个体观念,并且将信念的界域扩大到了更宽广的人本领域,主要以民主为表现。

具体来说,杜威以民主在一般社会意义中的本质表述出发,指出"从个体的角度来看,它包括个人要分担责任,根据个人的能力去帮助和指导他所在的群体的活动,并根据群体价值的需要参与其中。从群体的角度来看,群体成员的潜能的解放要与群体的共同利益和善和谐一致"②。个体作为共同体中的一员,"个体既是维系社会又是靠社会所维系的成员"③,个体与共同体紧密相连。据此,杜威还提出了"失落的个体"④ 概念,说明当个体与共同体信念观缺乏和谐时个体的表现,并进一步论证出个体只有与共同体在观念和理想保持一致时,才能重新找回自己。⑤ 换言之,个体的信念不可避免地接受共同体的影响甚至会产生摩擦,个体于共同体中且受共同体的信念观制约。

个体离不开共同体的影响。杜威认为,共同体本身就是由个体构成且能够将个体的独特性展现。杜威甚至将共同体与个体意愿相联,认为共同体中的个体可以通过符号的方式与他者交流和分享⑥,共同体的信念会由

---

① Sami Pihlström, "Peirce's Place in the Pragmatist Tradition", in Cheryl J. Misak, ed., The Cambridge Companion to PEIRCE, Cambridge: Cambridge University Press, 2004, p. 44.
② LW 2. pp. 327-328.《杜威全集·晚期著作 1925—1953·第二卷 1925—1927》,第 204 页。
③ LW 5. p. 68.
④ LW 5. p. 81.
⑤ LW 5. p. 75.
⑥ LW 2. p. 331.《杜威全集·晚期著作 1925—1953·第二卷 1925—1927》,第 267 页。

个体意志共同作用下形成。换言之，共同体虽然具有优于个体的无限性，但仍然反映的是个体"联合生活的实际状况"①，是个体实际信念的共向反映。共同体信念的确立源于个体信念的汇聚。

因此，笔者认为，在关于确立信念依据共同体还是个体的问题上，杜威同样深受皮尔士和詹姆斯信念观影响，并将二者的观念进行了融合和发展，指明尤其在信念确立的民主领域，共同体与个体在信念确立的过程中相互作用。事实上，之后的新实用主义哲学家也深受这种融合的影响，比如罗蒂提出的"团结"概念，就是试图使每一个体提高对周围他者认知的敏感度而达到。罗蒂提出，"团结不是反省所发现到的，而是创造出来的"②，是每一个体"透过想象力，把陌生人想象为和我们处境类似、休戚与共的人"③，至此而朝向共同体信念得以团结的"希望"而前进。因此，后来的实用主义者们在信念的确立问题上，也在将皮尔士强调的共同体与詹姆斯关注的个体观点上紧密结合，确立了反映那个时代特征的信念观。

以上可得，从皮尔士和詹姆斯信念观于信念界域表现的三个不同方面分析来看，以杜威为代表的实用主义者对信念界域的定义深受古典实用主义奠基者的思想影响，且是在融合二者各自侧重之处而发展形成。简言之，以杜威为代表的实用主义者在信念界域的考察中，融入了皮尔士的科学实验方法于詹姆斯的经验思想，融入了詹姆斯对意志的尊重于皮尔士理智作用的背景中，融入了詹姆斯的个体观念于皮尔士的共同体强调中，从而使信念界域内讨论的问题更加丰富，涉及民主和教育等人文（科学）领域。

以杜威为代表的古典实用主义者融合皮尔士和詹姆斯信念观差异之处的第二视角聚焦于每一信念确立至真所受的规范力方面。笔者认为，杜威在规范每一信念确立的方向方面，既坚持了皮尔士科学探究方法的规范，又融入了詹姆斯对实际具体结果的关注。

杜威规范信念确立的探究模式受到了皮尔士很大的影响。张庆熊指出，"了解皮尔士的'怀疑—信念—行动'的探究理论的人一看就知道这

---

① LW 2. p. 328.《杜威全集·晚期著作1925—1953·第二卷1925—1927》，第265页.
② Richard Rorty, *Contingency, Irony, and Solidarity*, Cambridge: Cambridge University Press, 1999, p. xvi.
③ Richard Rorty, *Contingency, Irony, and Solidarity*, Cambridge, United Kingdom: Cambridge University Press, 1999, p. xvi.

与杜威的'思想五步骤说'或'探究环节说'大同小异"①。笔者同意以上米萨克和张庆熊的观点,并进一步认为,杜威还在皮尔士的科学探究思想之上,融合了詹姆斯强调的实际具体结果。正如莱维指出,"杜威认为那是很重要地去欣赏:解决问题的科学方法可以扩展到人类经验的其他领域"②,并且杜威鼓励探究者"证明加入新的事物到他的信念状态中是合法的,因为如此的扩大最好地促进探究者应该提升的目标"③,以实际具体结果,亦可谓"目标指向"④作为了信念确立的落脚点。涂纪亮也指出,杜威也"强调观念或理论的效用,特别是詹姆斯早已提出工具主义的某些观点"⑤。由此可见,已有一些学者认为,杜威规范信念确立的方向深受皮尔士科学的探究方法影响;而还有一些学者认为,杜威坚持科学的方法结合了詹姆斯实际具体结果的指向。

据此,笔者将着重聚焦于杜威以探究模式对信念确立方向的规范,论证杜威在确立信念方向的定义上,融合了皮尔士和詹姆斯各自侧重的不同而形成。首先,杜威在《逻辑:探究的理论》一书的前言指出,"要明确地声明,我从大多数作者中学习,但最终被迫不赞成他们的立场,除了皮尔士这个突出的例外"⑥。杜威承认深受皮尔士的影响且赞同其观点。具体来说,笔者认为,杜威对皮尔士科学探究方法的汲取主要表现在确立探究的第三步和第四步,即问题的解决与推理方面,通过观察借用皮尔士科学探究方法提出的假设对问题做预判,进而继续承袭皮尔士强调的逻辑推理做论证,以确立具有客观性的信念,达到与皮尔士确立信念一致的要求:排除一切个体主观因素影响且以外部实在为唯一依据。事实上,杜威在阐释探究五步骤之前,已认同且比皮尔士更深入地指明,自己以逻辑为特征的探究"能够避免历史非常典型的三种错误"⑦,即排除主观心理的依赖、源于实验质料、从超验性和直觉中解脱——此亦是皮尔士规范信念确立所指方向的延续。因此,笔者认为,杜威对信念确立方向的规范深受皮尔士

---

① 张庆熊:《经典实用主义的问题意识——论皮尔士、詹姆斯、杜威之间的关联和区别》,《云南大学学报》(社会科学版) 2014 年第 4 期,第 29 页。
② Issac Levi, *Pragmatism and Inquiry*, Oxford: Oxford University Press, 2012, p. 34.
③ Issac Levi, *Pragmatism and Inquiry*, Oxford: Oxford University Press, 2012, p. 36.
④ Issac Levi, *Pragmatism and Inquiry*, Oxford: Oxford University Press, 2012, p. 124.
⑤ 涂纪亮:《从古典实用主义到新实用主义》,人民出版社 2006 年版,第 16 页。
⑥ LW 12. p. 5.
⑦ LW 12. p. 107.

的影响。

　　同时，根据杜威在逻辑探究模式中对各领域内情境以及所得结果的强调，笔者认为，杜威规范信念确立的方向同样受到并融入了詹姆斯规定的实际具体结果的影响。首先从杜威对探究的定义解析，杜威认为，"探究是对于一种不确定情境的受控制或有方向的转变，使其中作为构件的诸特性和关系变得如此确定，以使原有情境中的各要素转变为统一的整体"①。可见，杜威将詹姆斯关注的对每一具体问题的解决具体化为对每一情境的确定。在杜威探究模式的第一步和第二步里，杜威将情境和问题确定列为探究的先行条件②。换言之，杜威并没有像皮尔士那样，将非认知的问题排除在信念讨论之外，而是将一切引发人们质疑和未定的问题规定于某一不确定的情景来进行探究，从而进行"理智处理"③。杜威直言，"社会问题的主题是实存性的"④，广义的自然包括社会，"社会科学也是自然科学的分支"⑤。于此，杜威从皮尔士科学探究中汲取的方法运用到了詹姆斯关注的一切实际具体问题中。

　　此外，笔者认为，杜威还深受詹姆斯对"结果"的强调，认为对某一情境中问题的探究在于确立信念的意义，而意义是以作用的结果体现。杜威以机械工理解一台机器唯有理解其共同作用的结果为例，指出"是它们共同作用的方式提供了一种秩序原则，使得它们彼此关联。'共同作用'的观念包含着结果概念：事物的重要意义在于当其与别的具体事物相互作用时所产生的结果"⑥。在杜威看来，揭示信念对应事实的意义"是指与结果的关联时"⑦，当"这些特定结果是属于经过差别性地确定的事实"⑧，人们根据结果才能够把握对应信念的意义。可见，杜威亦深受詹姆斯对结果的关注，把结果同样纳入对每一信念确立的方向规范中。

　　因此，笔者认为，在对信念确立的方向规定方面，杜威深受皮尔士和詹姆斯信念观影响：杜威将皮尔士强调的科学探究模式融入于对自然内各

---

① LW 12. p. 108.
② LW 12. pp. 109 – 112.
③ LW 12. p. 488.
④ LW 12. p. 481.
⑤ LW 12. p. 481.
⑥ LW 12. p. 504.
⑦ LW 12. p. 504.
⑧ LW 12. p. 504.

个领域的情景问题的考察,并将每一问题的"实际具体结果"作为探究中预设的假设前提,且以"类属的与全称的"① 命题方式把詹姆斯对个体问题的关注与皮尔士所要到达的共同体一致结果的目标相融合,进而确立了具有逻辑特征的信念探究方向。事实上,除杜威之外,如米德等实用主义者也在信念确立的规范力方向方面融合了皮尔士和詹姆斯信念观思想。涂纪亮就指出,"与杜威相似,米德也强调要采用科学方法来考察社会问题,并积极参与社会改革活动,特别是那些与教育和社会福利有关的活动"②。

总之,笔者认为,以杜威为代表的古典实用主义者信念观确立深受古典实用主义奠基者皮尔士和詹姆斯信念观的影响,主要表现为对二者信念差异之处的融合。具体来说,在差异表现的信念界域方面,杜威融合了科学方法对实在的依赖与探究自然的经验里,融合了意志于理智方法中,融合了共同体与个体的相互作用于民主等社会科学领域。在差异表现的确立信念的规范力方面,杜威以逻辑探究理论融合了皮尔士规范每一信念的科学探究方法与詹姆斯强调的实际具体结果。

二 同之深化

关于皮尔士和詹姆斯的信念观于 20 世纪五六十年代之后对美国实用主义哲学的影响,笔者认为,主要表现为以新实用主义哲学为代表,将皮尔士和詹姆斯信念观于信念为点探究至真与信念为点于内外力作用下确定是其所是两方面相似之处进行深入发展。换言之,笔者认为,新实用主义哲学家,如刘易斯、蒯因、塞拉斯、戴维森和罗蒂等在结合分析哲学或欧洲大陆哲学之上③,对古典实用主义奠基者信念观相似之处,亦是实用主义特性主要表现之处,进行了延续和深化。简言之,新实用主义哲学家深受皮尔士和詹姆斯信念观影响,并以对二者信念观相似之处的深化为主要

---

① LW 12. p. xxv.
② 涂纪亮:《从古典实用主义到新实用主义》,人民出版社 2006 年版,第 17 页。
③ 参考涂纪亮《从古典实用主义到新实用主义》,人民出版社 2006 年版,第 22 页中指出:"从 20 世纪 60 年代起,实用主义的发展又进入一个新的时期,即'新实用主义'时期……新实用主义这种思潮的基本特征,是以不同的方式或在不同程度上把实用主义的某些传统观点与其他哲学流派的某些观点结合到一起。这种结合目前主要采取两种形式:其一是把实用主义的某些观点与分析哲学的某些观点结合到一起……另一是把实用主义的某些观点与欧洲大陆某些哲学流派(主要是后现代主义)的某些观点结合到一起。"

表现。

　　首先，笔者将从皮尔士和詹姆斯信念观相似之处表现的第一视角，即信念为点于不断经历可错和修正而至真的过程中，考察二者对新实用主义者的影响。笔者认为，在此视角下，新实用主义者们延续且更彻底地坚持了皮尔士和詹姆斯信念为点经历不断可错和修正至真的观点，此主要表现为两个方面：第一，更坚决而透彻的反基础主义；第二，从经验的角度确证信念具有可错性和可修正性，并鼓励个体大胆怀疑。

　　关于第一方面的表现，笔者认为，新实用主义在深受古典实用主义奠基者反基础主义论调的影响下，坚持且将反基础主义的观点进行了多角度更彻底地论证。1963 年，塞拉斯在《科学、知觉和实在》一书的《经验主义和心灵哲学》一文中，通过对"所与（的事物）的神话"[1] 进行批驳，论证得出传统上定义的作为经验知识的基础，即"所与的事物"并不存在。而所谓以"所与的事物"为基础确立的知识即是一个不可能的"神话"。

　　塞拉斯非常直接且概括地把皮尔士确立信念观反对的第一性、确定性、不变的基础性事物表述为"所与的事物"。塞拉斯指出，"这个术语'所与的事物'作为一个专业的——认识论的行话中的一个，它传载着大量的理论保证，并且一个人可以否认有'材料'存在或者任何事物是，从某种意义上说，不需要理性思考'被给予'就存在的。许多事物被称为'被给予'：感觉内容、物质的对象、宇宙、命题、真实联系和第一性原则，甚至是被给予事物它本身"[2]。在塞拉斯看来，所有这些不需要推理直接确定且作为其他事物基础而存在的表现形式都是"所与的事物"，而这种"所与的事物"本身就是"神话"，即不可能存在。

　　塞拉斯在"经验的知识有基础吗？"一节中，对"所与的神话"必定出现的两种结构进行了描述，认为"一、每一事实不仅不需要通过推理就能知道确系如此，而且不以其他任何关于单一事实或者普遍真理的知识为前提；二、关于这个结构所属的种种事实的知识是不需要通过推理就能获

---

[1] Ray Wood Sellars, *Science, Perception and Reality*, Atascadero, California: Ridgeview Publishing Company, 1991, p.164.

[2] Ray Wood Sellars, *Science, Perception and Reality*, Atascadero, California: Ridgeview Publishing Company, 1991, p.127.

第五章　古典实用主义奠基者信念观之比对与影响

得的，这种知识构成关于世界中一切个别的或普遍的实际要求的最高法庭"①。这意味着，相比于古典实用主义奠基者仅是通过驳斥直观、内省和非认知性概念反对基础主义来说，塞拉斯更彻底地把传统哲学中看作基础主义的事物定义为一切不需要推理而能断定其他事物的根基，并通过直接否定这样事物的存在，而完全摧毁基础主义。

之后，新实用主义者罗蒂进一步延续"塞拉斯对有关'所予'神话的严厉批评"②，将皮尔士和詹姆斯反基础主义的观点进行更彻底地延续。涂纪亮指出，在罗蒂看来，"20世纪已形成了一股强大的反基础论的思潮，他把（皮尔士）、詹姆斯、杜威、维特根斯坦、海德格尔、萨特、蒯因、库恩、费耶阿本德等等一大批哲学家，都划入反基础论者之列"③，并通过"摧毁读者对'心'的信任，即把心当作某种人们应对其具有'哲学'观的东西这种信念；摧毁读者对'知识'的信任，即把知识当作是某种应当具有一种'理论'和具有'基础'的东西的信任"④，对基础主义进行最彻底的破除。事实上，深受古典实用主义奠基者提出的反基础主义影响之下，罗蒂于1979年在《哲学和自然之镜》中，通过碾碎人们对心灵和知识的依赖而确立的反基础主义论断，在十年后的《偶然、反讽与团结》中鼓励人们成为"讽刺者"⑤。而罗蒂鼓舞出现的这种讽刺者，笔者认为，正是新实用主义者们坚持和发展古典实用主义奠基者信念为点探究至真中的第二方面表现，即承认信念具有可错性和可修正性，并鼓舞每一个个体进行大胆地怀疑。

关于第二方面，笔者认为，无论是古典实用主义者还是之后的新实用主义者都在所确立的信念观中有所表现，但新实用主义者们更深入地从经验至语言的角度，彻底地坚持且鼓舞人们对已确立的信念进行怀疑和修

---

① Ray Wood Sellars, *Science, Perception and Reality*, Atascadero, California: Ridgeview Publishing Company, 1991, p.164.
② Richard Rorty, *Philosophy and the Mirror of Nature*, Princeton, New Jersey: Princeton University Press, 1980, p.xiii.
③ 涂纪亮：《从古典实用主义到新实用主义》，人民出版社2006年版，第181页。（括号内为作者增加部分）
④ Richard Rorty, *Philosophy and the Mirror of Nature*, Princeton, New Jersey: Princeton University Press, 1980, p.7.
⑤ Richard Rorty, *Contingency, Irony, and Solidarity*, Cambridge, United Kingdom: Cambridge University Press, 1999, p.73. 翻译略作修改（其中，"ironist"改译为"讽刺者"而非"反讽者"）。

正。作为较早沿袭皮尔士和詹姆斯可错论信念观的实用主义者,杜威在1938年的《逻辑:探究的理论》一书中,直接指出信念乃至知识确立的本身就是不断渐进探究的过程,"设定信念的获得是一件渐进的事情,没有什么信念被设定为不需要进一步的探究。正是持续探究的汇聚和累积的影响,在其一般意义上为知识定义。在科学探究中,被认为已被设定或成为知识标准的设定是这样的:它可以作为进一步探究的源泉,它不是以不能在进一步探究中被修正这样的方式被设定的"[1]。换言之,杜威继续了古典实用主义奠基者对信念可错且可修正的观点,并将此运用到了设定每一信念乃至知识的确立中。

对比于杜威将皮尔士和詹姆斯信念为点不断转变和发展至真的观点的承继,笔者认为,新实用主义者从经验至语言的角度,将信念需要怀疑、需要可错和修正才能至真的观点进行得更加彻底。其中,刘易斯和蒯因等主要从经验的角度分析,认为每一信念的确立都与人们的经验密切相关,而经验处于不断增新或变化的过程,因此每一确立的信念本质上都是接下来出现怀疑的前提条件。涂纪亮将刘易斯以经验证实信念的观点[2]归为整体论,并指出在刘易斯看来"在任何时刻都存在着一个由经验概括构成的整体,这些经验概括之所以被接受下来,是由于它们具有说明价值,它们正确地描述了我们所知道的所有事实,而且没有哪一个概括由它们得出的结果而证明是错误的。当有新的事实出现时,就必须把这些概括加以扩展,以便把新事实也涵盖进来。新事实有时会与早先接受下来的经验概括所组成的整体不一致,这就需要对原有的经验概括进行补充或者修改,以便与新发现的事实相一致"[3]。可见,在刘易斯看来,由于经验会伴随新事实的出现而发生整体的扩展,所以被证实所确立的信念必然会发生修正,而证实所得的信念并非能够一直保持完全无误。

与刘易斯视角相似的还有蒯因,蒯因坚持即使是逻辑真理也离不开经验内容,"蒯因认为逻辑与数学跟自然界有程度不等的间接联系,逻辑真理是对实在的最普遍特征的概括反映,是我们关于自然界的总体理论的一

---

[1] LW 12. p. 16.
[2] Clarence Irving Lewis, *Collected Papers of Clarence Irving Lewis*, John D. Goheen and John L. Mothershead, Stanford: Stanford University Press, 1970, pp. 279–280.
[3] 涂纪亮:《从古典实用主义到新实用主义》,人民出版社2006年版,第245—246页。

第五章　古典实用主义奠基者信念观之比对与影响

部分，也能得到经验观察的间接支持"①。换言之，逻辑真理也必然由经验内容的支持才得以成立。在蒯因看来，"我们所谓的知识或信念的整体，从地理和历史的最偶然的事件到原子物理学甚至纯数学和逻辑的最深刻的规律，是一个人工织造物。它只是沿着边缘同经验紧密接触。或者换一个比喻说，整个科学是一个力场，它的边界条件就是经验。在场的周围同经验的冲突引起内部的再调整。对我们的某些陈述必须重新分配真值"②。对于蒯因来说，经验的扩大乃至变动会导致每一已确定的信念发生改变，即使是看上去具有相对普遍性和客观性特征的逻辑真理。此亦是将皮尔士和詹姆斯的可错论信念观渗透到了更彻底的逻辑层面。

虽然在后来，蒯因提出的翻译不确定原则③以及戴维森将信念讨论"限制在可理解的错误的范围之内"④都已逐步将经验与语言结合，揭露了当下确立为真的信念具有可错性，但之后塞拉斯和罗蒂更直接且从语言的本质入手，指明日常语言的观察框架作为对实在最低层描述，其本身同样可错且可修正。并且，对实在的再描述而产生的怀疑是推动人们信念不断至真发展的动力。塞拉斯指出，"经验知识具有一个作为基础的底层，可是这个底层从原则上说仍然可以被另一个严格说来没有观察谓词的概念框架所取代。我们只是从这种意义上拒绝关于观察谓词的所予性的教条"⑤。换言之，在塞拉斯看来，一切经验都可以用语言中的概念框架来表达，但是这种表达并非教条的或者恒定不变的基础，而是根据观察和认知的发展发生转变。

比塞拉斯更直接以语言的角度确定信念具有可错性的是罗蒂。罗蒂以讽刺者对"终极语言"（final vocabulary）⑥的突破明确了信念转变的来源。在罗蒂看来，"每一个人都随身携带着一组语词，来为他们的行动、他们

---

① 涂纪亮：《从古典实用主义到新实用主义》，人民出版社2006年版，第252页。
② Willard Van Orman Quine, *From a Logical Point of View*, New York, Hagerstown, San Francisco, London: Harper & Row, Publishers, 1953, p. 42.
③ Willard Van Orman Quine, *Word and Object*, Cambridge, Massachuseets, London: The MIT Press, 2013, p. 27.
④ Donald Davidson, *Inquiries into Truth and Interpretation*, Oxford: Clarendon Press, 1984, p. 35.（下文简写为 ITI. p. 35.）
⑤ Ray Wood Sellars, *Philosophical Perspectives: History of Philosophy*, Atascadero, California: Ridgeview Publishing Company, 1967, p. 363.
⑥ Richard Rorty, *Contingency, Irony, and Solidarity*, Cambridge: Cambridge University Press, 1999, p. 73.

的信念和他们的生命提供理据"①，而这就是每个人的终极语言。对于这种人们一直相信且难以怀疑和转变的终极语言，罗蒂鼓励人们成为讽刺者，指出人们"不是要遵照过去的标准生活，而是要用他自己的语言把过去再描述一番"②，"透过这不断的再描述，可以尽可能地创造出最佳的自我"③。罗蒂定义讽刺者符合三个条件：第一，由于讽刺者深受其他终极词汇的影响，因此她会对自己的终极词汇保持不断怀疑的态度；第二，讽刺者清楚自己的语汇具有局限性，无法消解怀疑的不断产生；第三，讽刺者不认为自己的语词比别人的更接近实在，也不认为自己的语词具有超能力④。对于罗蒂来说，推动人们对实在的认知不断发展的主动者就是讽刺者，也唯有通过讽刺者对实在的不断质疑和再描述才能够推进每一信念的转变至真。

因此，笔者认为，20世纪五六十年代之后的新实用主义者们承袭和深化了古典实用主义者皮尔士和詹姆斯信念观相似之处的第一视角，即反基础主义且将信念看作点不断于至真线中修正的观点。新实用主义者们用更彻底的方式对传统哲学中的第一性和基础性等进行了碾碎，并从经验至语言的角度将所确立信念具有的可错性和可修正性进行了更深层论证。

关于皮尔士和詹姆斯信念观对20世纪五六十年代之后的新实用主义影响表现的第二视角，笔者认为，主要表现为对古典实用主义奠基者信念观相似之处的第二点，即信念为点于内外力相交处确立是其所是的深化。此亦正所谓涂纪亮总结，关于规定信念意义的问题，"实用主义者侧重于研究意义与信念、行为的关系"⑤。具体来说，笔者认为，自古典实用主义奠基者确立了信念为点于意义与行为（习惯）二内外表现和表达确立的相交处确定每一信念的是其所是开始，后来的古典实用主义者以杜威为代表以及新实用主义者如蒯因和戴维森等都顺延着这条道路前进；其中，新实

---

① Richard Rorty, *Contingency, Irony, and Solidarity*, Cambridge: Cambridge University Press, 1999, p. 73.
② Richard Rorty, *Contingency, Irony, and Solidarity*, Cambridge: Cambridge University Press, 1999, p. 97.
③ Richard Rorty, *Contingency, Irony, and Solidarity*, Cambridge: Cambridge University Press, 1999, p. 80.
④ Richard Rorty, *Contingency, Irony, and Solidarity*, Cambridge: Cambridge University Press, 1999, p. 73.
⑤ 涂纪亮：《从古典实用主义到新实用主义》，人民出版社2006年版，第281页。

用主义者更进一步从语言交流的角度对信念及其意义的确定给予了更深入的研究。

首先，关于后来古典实用主义者对皮尔士和詹姆斯信念为点于内外力相交处确定是其所是的承袭，笔者认为此主要表现在以杜威为代表从信念的意义于指号表达以及通过行为而展现得以说明。杜威延续了皮尔士以指号表达信念意义的观点，并"特别重视语言这种人为的指号，认为它在传达意义方面起着非常重要的作用"①。同时，杜威将这种意义以指号的外现表达与延续古典实用主义奠基者们以习惯为桥梁将信念及其意义相结合。杜威指出，"习惯是人类行为的主要动力"②，并且"习惯的影响是决定性的，因为所有独特的人类行为都是学习来的，而学习所依赖的那个心脏、血液和肌肉却是习惯所创造的。习惯将我们约束进有秩序的、已经建立好的行为方式里"③。由此可见，在杜威看来，习惯同样是每一信念之所以为之如此的向内约束力，而行为和行动等作为习惯的又一表现，都是该信念之所以为该信念的语言表达。从这个意义上来说，杜威一方面延续了皮尔士和詹姆斯以信念为点于内外表现和表达确定是其所是的观点，另一方面开启了从语言交流的角度审视每一信念及其对应意义的思想。

虽然杜威的意义理论已经萌发了从语言交流的视角探究信念及其对应意义的观点，但笔者认为，将这一视角延续且更深入地贯彻是以新实用主义者们的意义理论为主要表现。

蒯因在《本体论的相对性》一书中延续杜威将意义看作语言的意义的观点，并进一步明确"语言是一种社会的技巧。我们大家都只是根据他人在公共地可认识的环境中的外部行为，来习得这种技巧的"④。通过外部表现的行为，让人们得以用语言表达信念对应的意义。事实上，在 1960 年《语词与对象》一书中，蒯因以对迄今未知的语言进行翻译，即彻底的翻译为例⑤，指出人们可以在言语和行为倾向相符的状态下，通过相互的交流和刺激的表现确定每一信念的意义。蒯因认为，针对未知土著人语言的

---

① 涂纪亮：《从古典实用主义到新实用主义》，人民出版社 2006 年版，第 293 页。
② LW 2. p. 334.《杜威全集·晚期著作 1925—1953·第二卷 1925—1927》，第 269 页。
③ LW 2. p. 335.《杜威全集·晚期著作 1925—1953·第二卷 1925—1927》，第 270 页。
④ Willard Van Orman Quine, *Ontological Relativity and Other Essays*, New York: Columbia University Press, 1969, p. 26.
⑤ Willard Van Orman Quine, *Word and Object*, Cambridge, Massachuseets, London: The MIT Press, 2013, p. 25.

翻译中，"语言学家所能凭借的客观材料只是他所观察到的土著人表面所感受到的外在作用力及其可见的发声行为和其他行为。这些材料仅仅显示最具客观经验性的或与刺激相联系的那种土著的'意义'。但语言学家最后似乎在一种很宽泛的意义上得出了土著语的'意义'；从而把一切可能有的土著语句都翻译出来"①。换言之，在蒯因看来，人们的每一信念的表达（语言）或是其所是的定位，近乎可以通过不断检验外在刺激与其对应的意义是否一致而得以确定。

"借用于蒯因的'彻底的翻译'（radical translation）"②，戴维森指出，"我接受那种在我看来实质上是蒯因对关于解释的难题所做的描述，而我想提出的对这个难题的解决方案显然在很大程度上也归功于他"③。戴维森一方面承认，自己确立的"彻底的解释"④思想源于蒯因的"彻底的翻译"；另一方面，戴维森认为，"蒯因主张我们应制定一种翻译手册（即按递归方式给出一个函项），这种手册用解释者的语言为说话者的每个语句提出一个相应的语句（或在说话者的语句具有含混性的情况下提出不止一个相应的语句）"⑤，从本质上来说，翻译的本质或最终目的为解释。无论是两种语言之间的转换还是在同一种语言中的交流，都最终要归于"对另外一个人的言语的一切理解"⑥，即彻底的解释。

关于彻底的解释，戴维森还"采取了塔尔斯基式的真理理论的形式"⑦，比皮尔士更直接地规定了确立信念的前提，即每一信念讨论的"一个恰当起点是那种认为语句为真、接受语句为真的态度"⑧。换言之，在戴维森看来，确立每一信念以及对每一信念对应意义的分析都应秉持为真的态度。而关于为真的态度，戴维森比塔尔斯基更具体化的联系事实和经验，进一步"把真理性视作语句、人与时间的关系"⑨，即"语句仅仅相

---

① Willard Van Orman Quine, *Word and Object*, Cambridge, Massachuseets, London: The MIT Press, 2013, p. 25.
② 张妮妮：《意义、解释和真》，中国社会科学出版社2008年版，第68页。
③ ITI p. 149.《真理、意义与方法》，第208页。
④ ITI p. 125.《真理、意义与方法》，第177页。
⑤ ITI p. 149.《真理、意义与方法》，第208页。
⑥ ITI p. 125.《真理、意义与方法》，第177页。
⑦ ITI p. 149.《真理、意义与方法》，第209页。
⑧ ITI p. 135.《真理、意义与方法》，第189页。
⑨ ITI p. 34.《真理、意义与方法》，第38页。

第五章 古典实用主义奠基者信念观之比对与影响

对于一个说话者和一个时间才为真,并且被认为是真的"①。于此可见,戴维森以彻底的解释揭露每一信念的是其所是最终必然诉诸为真态度下具体的语句(信念)对应的人与时间;换言之,在戴维森看来,每一信念意义的解释必然与该信念在某一时间于某人产生的行为有关。

戴维森在《信念与意义的基础》一文的开篇指出,"意义与信念在对言语做出解释时发挥着相互联结和相互补充的作用"②,"当我们说出一个说话者在某个使用场合所用的语词的含意时,我们便对一个语言行为做解释"③。由此可见,对于戴维森来说,彻底的解释架起了信念向外作用出的实际意义与信念本质体现在行为之间的桥梁。换言之,通过彻底的解释,人们根据信念本质于行为的向内约束以及向外实际结果的展现,确定了每一信念的是其所是。

所以,笔者认为,自古典实用主义奠基者之后的哲学家们,如杜威、蒯因和戴维森等都深受皮尔士和詹姆斯信念为点于习惯(行为)与实际外现结果此内、外力共同作用而得的面确定是其所是的观点影响,并将此种观点从语言交流的角度深化,进一步通过表达的方式把每一信念及其所具有的意义揭示清楚。

总之,通过本章的论证,笔者认为,皮尔士和詹姆斯的信念观主要集中在信念的界域、确立信念的规范力、信念为点探究至真、信念为点于内外力相交处确定是其所是四部分构成,并以前两方面为二者信念观相异之处的主要表现,以后两方面为二者信念观相同之处的主要表现。并且,作为古典实用主义奠基者,皮尔士和詹姆斯的信念观同样影响了后来实用主义者的信念观确立:20 世纪五六十年代之前以杜威为代表的古典实用主义哲学家受其影响,主要体现在对二者信念观相异之处的融合;20 世纪五六十年代之后以新实用主义哲学家为代表受其影响,主要体现在对二者信念观相同之处结合经验、语言和当下实在的深化。

---

① ITI. p. 35.《真理、意义与方法》,第 39 页。
② ITI. p. 141.《真理、意义与方法》,第 197 页。
③ ITI. p. 141.《真理、意义与方法》,第 197 页。

结　　语

　　根据本书第一章至第五章的阐述可知,作为古典实用主义的奠基者皮尔士和詹姆斯的信念观都由四部分构成,并且彼此的信念观之间存在非常密切的联系,对之后的实用主义者的信念观产生持久和深远的影响。

　　总而言之,笔者认为,古典实用主义奠基者的信念观主要由对信念的界域、确立每一信念的规范力、信念为点探究至真和信念为点于内外力相交处确定是其所是此四部分的讨论构成。詹姆斯承袭皮尔士的信念观主要表现为后两方面,而此亦是后来实用主义者,尤其是新实用主义者一直延续且结合时代背景赋予新内容的部分;詹姆斯突破皮尔士的信念观主要表现在前两方面,虽然在詹姆斯看来其是在补充和发展皮尔士的信念观,但在皮尔士或以皮尔士为代表的批判者眼中,詹姆斯此种补充就是与皮尔士秉持的观点背道而驰。然而,这种相悖的观点同样影响着之后的实用主义者们,尤其以杜威为代表的后来古典实用主义者,主要将皮尔士和詹姆斯信念观中相悖观点以融合而发展。因此,笔者认为,自古典实用主义奠基者信念观产生至今一百多年里,作为古典实用主义的奠基者皮尔士和詹姆斯的信念思想仍然生生不息,且对实用主义谱系学研究以及当代信念思想的确立和探讨具有重要价值和意义。

附　录

笔者于美国哥伦比亚大学进行联合培养博士学习的一年（2018年8月23日至2019年8月26日）中，普劳德福特教授指导笔者就皮尔士和詹姆斯信念观思想的重要文献进行了共计25次一对一的研读指导，每次通常两小时以上。每次讨论之前，普劳德福特教授会要求笔者上交一份一页纸的研读作业。笔者每次都非常认真地做这份作业，通常作业都在十页纸之上，其中包括研读文献的框架图、不明白的问题、重点难点有意义的句子摘录以及自己的感想等部分构成。

针对笔者每次提交的作业，普劳德福特教授会非常有针对性地给笔者指导。经教授允许，每次教授给笔者的指导都有音频记录。在课后，笔者会通过听录音将教授的讲解转化为笔记。根据统计，教授给笔者25次指导里，笔者基于作业和教授给予指导所记录的笔记约15万字。

其中，与本文密切相关的笔记如下（笔者翻译）：

2018年9月5日

当天，普劳德福特教授指导笔者研读的是《信念的确定》和《如何使我们的观念清楚明白》。其中在对皮尔士信念与行动的关系阐释时，普劳德福特给出的例证为："例如，在选举中，一些人可能声称他们支持某人，但当他们真正投票时，他们的行动却以不同的方式展现。他们投给了其他人而非所谓的支持者。然而，有时，人们进行这样的行动并没有任何思考，甚至犹豫。他们行动看上去没有任何理由。那是因为这个信念已经成为他的习惯，所以他们不需要意识到它。因此，我的习惯行为展示了我的信念，这比我所说和我认为我的信念是什么更有说服力。而且，无论皮尔士还是詹姆斯都同意信念的确是行动的习惯。"

2018 年 10 月 2 日

当天，普劳德福特教授指导笔者研读的是詹姆斯《实用主义》一书的《实用主义和常识》和《实用主义的真理观》此二章。其中，针对詹姆斯对"真理（真信念）"的定义，普劳德福特教授为笔者做了非常细致的讲解。

普劳德福特指出，在詹姆斯真理定义"真观念（信念）就是我们能够吸收、能够生效、能够确认、能够证实的那些观念（信念）。假观念就是不能这样做的观念"①里，吸收意味着所谓的真信念与我们已有或已获的观念相适应或相一致；生效意味着可以通过测试或者检验得出，这些真信念是有效果的；确认意味着从很多地方等得到证据证明为真；而证实则意味着真信念通过各种查证来证明其为真。而所有这些都指向找寻这些观念的实际具体结果，比如走到外面去检验是否天下雨。无论是吸收还是生效，它不可能直接得到真，而有的时候会在很久后。在不同程度上，它可能都不是真理。此外，错误的观点就是真观念的对立面，错误的观点不能够吸收、生效、确认或证实。

2018 年 10 月 31 日

当天，普劳德福特指导笔者研读的是皮尔士的《与人据说具有的某些能力相关的几个问题》和《对 4 种能力的否定所产生的某些后果》。在笔者质疑皮尔士依据实在确立信念与詹姆斯一样也考虑了心理因素时，普劳德福特教授举了发觉自我生气和确定什么是爱，两个例子给以论证。普劳德福特教授说道："例如，你说我生气了；但是我并没有生气。这里一定存在着一个事实或理由关于我为什么生气。在皮尔士看来，没有必要考虑他们自己的观点，因为所有的事物结果都源自于出自外部事物的证据。在皮尔士的观点里，如果人们想要发现他们自己，主要的事物一定要从外部世界中发掘的。另一个例子是关于爱。当我们用我们的内省去思考什么是爱时，那将是非常复杂而无任何结果的；但是如果我们思考，如果我们的另一半离去了，我们会有什么样的感觉，这个问题将得到非常清楚的答案。内省意味着一些在我们心灵中的事物，并且我们可以直接地知道它

---

① WJ 1. p. 97.《实用主义》，第 112 页。（括号内为本文作者补充说明）以及 WJ 2. p. 3.

们。但是如果我们非常仔细地观察，就会发现那并不是直接的。进一步研究，詹姆斯认为，所有这些内省都是某种连续的思想。"

2018 年 11 月 13 日

当天，普劳德福特教授对笔者的指导是针对皮尔士撰写的《什么是实用主义》的研读。在指导过程中，普劳德福特教授反复向作者强调"Dismiss make-believes"的含义。清楚记着，普劳德福特教授，当时问作者，是否懂什么叫"make-believes"，当时笔者非常不好意思地摇头，因为自己对这一名词并不理解。接着普劳德福特教授就"make-believes"这个词做了非常耐心而细致的解释，普劳德福特教授当时说道："make-believes 意味着假装什么或者想象我们真的正在做什么不一样的事。皮尔士认为，笛卡尔并不是真正的怀疑。笛卡尔是假装的怀疑。他只是某种假装的怀疑。皮尔士认为，哲学家经常喜欢像那样。所以，皮尔士认为，我们应该抛弃这样的假装怀疑。实用主义意味着让我们摒弃或消除任何种如此的假装。"

此外，这一天，普劳德福特教授还对皮尔士认知的三个范畴给予了讲解。普劳德福特教授指出：

皮尔士的三个范畴：

（1）第一性——第一范畴——对应感觉——不可以组成思想

例子：我看见灰色。我的钢笔碰到桌子。

第一性意味着直接感觉，这种直接感觉直接进入到我们的眼睛里。

（2）第二性——第二范畴——对应因果关系——以思想为中介

第二性范畴是一种连接两个事物的关系。可能是一种连接两个事物的因果关系。

例子：钢笔碰这，之后发出声响。

第二性必须是通过两个事物作用而得。

（3）第三性——第三范畴——语言或符号

2019 年 1 月 25 日

当天是春季学期的第一次讨论，也是笔者以视频方式参加完国内毕业论文开题（国内开题成绩为"优秀"）的一次汇报。本次指导主要聚焦于笔者开题上国内老师提出的意见进行汇报和完善。

其中，在开题中，不乏有年轻老师提出"为什么要做对比皮尔士和詹姆斯的研究？"笔者在当周给普劳德福特教授的作业里列出了三条：皮尔士的信念思想对詹姆斯产生了很大影响、皮尔士和詹姆斯二者互相就这一问题有相关讨论、对二者的讨论有助于我们更好理解古典实用主义者们如何确立信念以及确定信念为真。针对笔者作业中提出的三条，普劳德福特进一步对笔者进行指导，指出："皮尔士和詹姆斯信念观的比较不同于柏拉图和康德的比较，因为皮尔士和詹姆斯他们彼此认识而且关系非常密切，并且都是'实用主义'一词的创造者。詹姆斯受皮尔士影响很大，却在很多地方有不同的看法；皮尔士在一定程度上也受到詹姆斯的影响，即使只是在一些其他的地方；比对皮尔士和詹姆斯信念观思想，不仅仅只是对比两个哲学家，更是用一种更好的方式去回答什么是实用主义，尤其是对实用主义早期思想给予更深刻的理解等等；而且有很多的材料在他们之间，更有助于理解他们对什么是信念的看法以及实用主义的观点。虽然看上去，两者对实用主义的回答没有很强烈的冲突部分，但是事实上却在方向上有很多不同。皮尔士的背景主要集中于科学，尤其在逻辑上；而詹姆斯并没有。"

2019 年 3 月 13 日

当天，普劳德福特教授指导笔者的是詹姆斯《信仰和有权相信》、米萨克《真与探究的目标》第一章以及克利福德《信念的伦理学》。在对米萨克书的研读时，普劳德福特教授对皮尔士的形而上学给予了解读，并对皮尔士认知的三性范畴进行了阐述。

普劳德福特教授指出："关于形而上学，皮尔士对形而上学确实做了一些陈述。但很多当代哲学家，比如逻辑实证主义者，认为形而上学问题是一些无意义的问题。比如世界是一还是多，这样的问题。我们可以谈政治、伦理，但谈不了像存在这样的形而上学问题。但对于皮尔士来说，他谈论了形而上学的问题，比如第一性、第二性和第三性。其中，第一性，意思是事物出现在我们面前；第二性，意味着一种力强加在我的身上，产生一种影响；第三性，意味着一种关系。皮尔士认为这三种在形而上学上产生效应，而且我们也有假设、归纳和演绎。皮尔士认为，这些第一性、第二性和第三性通往所有的事物。一些人可能认为，科学法则，比如重力法则：$f = ma$，它们就是在这里，即使没有人在那里，我们发现它们为了解释这个世界。这就是主观和客观。皮尔士给予的就是客观主义，即使那里没有人。即使你以科学的方式（生物学）去看青蛙，你就会发现某种逻辑准则的结构。所以，数学逻辑，我们拟定的法则并不是真的主观的，而是世界本身，那就是一种形而上学。因此这三个性质在世界之中。所以这种形而上学并不是无意义的，它展示了第一性、第二性和第三性如何作用在科学中。但这些都是最基础的，因为他们在每个事物中。但很多形而上学，比如世界是一还是多等，是空的。皮尔士把指号分为三种，比如当我下次听不到的时候，我会把门开着，给你在门上显示一种解释，当这个门开着的，你可以进来。"

2019年3月27日

当天，普劳德福特教授指导笔者的是克利福德《信念的伦理学》（接上一次研读）、米萨克《真与探究的目标》第二、三章以及皮尔士《范畴的辩护》。其中在对皮尔士《范畴的辩护》一文的研读中，普劳德福特再次对认知的三性范畴以及三性指号进行了讲解。

普劳德福特教授指出：

> 第一性范畴，这就好像，我们看棕色，那个棕色的椅子，我们只是看到棕色，我们并不联系任何其他东西。那只是一种颜色，可能只是一种感觉，一种感觉质。
>
> 皮尔士的这个第一次并不是说笛卡尔的直觉，因为当我说棕色的时候，可能是错误的，可能并非如此，那可能是看起来是棕色的，但并不是真的棕色。皮尔士要说的是，这个东西只是对我来说，看起来是这样。但对于那到底是怎么样的，皮尔士并没做判断。而对于笛卡尔的直觉，笛卡尔认为的是，一定是怎样。我思故我在，我思所以我一定在。
>
> 皮尔士认为，如果把这个放在知识领域，这就是笛卡尔所做的，这样就是错的了。因为这种感受质并不能放在知识中进行考察。这并不意味着是否我真的知道，那个椅子可能是黄色的，因为某种黄光等等，所以这只是我们看起来是怎么样的。它并没有告诉我们所有东西。
>
> 第二性范畴表示，一种反应。比如光遇到某物的反射等等。它是

关于我自己与其他的东西的关系。比如，这是一本书，我不能把我的手伸进去，这是一种反应。第二性，表示一种与他物的关系。一些很像行为或者反应，像一种力。

第三性，对于皮尔士来说是最重要的。当然这三种性与知识都没有关系。第一性，我对什么东西的感受，并不意味着它就在那里。第二性，我碰书，有一种作用力。但第三性，比如一个例子，我给你或你给我一个礼物，比如茶，你可能觉得这只是第二性，因为你给予我什么东西。皮尔士认为，这不对，因为这是一个关于三的关系。因为你把这个礼物给我，而"给"表示提供什么东西。这种关系为第三的，这是皮尔士指号学的中心。因为，一种指号就是一种语言的使用，你对我用语言进行谈论，你用了英语这种指号，而且你知道我明白这些指号。所以你说书，我知道书是什么，你指的是什么。所以这是一种第三性元素。

当我们谈到指号，比如看到一个烟的标志，我们会想那有一团火。这并不像一种语言，这更像一种礼物，人与人之间的相互解释（理解）。烟意味着火，可能在美国和印度用这种标志，这就变成了第三性。

首先，有的时候，指号是第三性的。图像，比如一个笑脸。一些并不依赖于语言，而只是一些图画。每个在这个世界上的人都会明白，它是一种指号，并不依赖于人们说什么，却能被全世界认知，它们只是一个图片。图像很像第一性，它只是一种通过自身就可以表达的。

比如很多东西很像笑脸图片，人们可能认为，在任何一种语言，笑脸意味着好的，或者快乐的。那是正确的，它是以某种方式展示。它不需要人们学习什么，它只是以一种图片进行表示。再比如，一个天阳的图片，表示光线。

标志，比如天气测量仪，在房子上方可以测出方向。当风在某个方向，我们可以看见针指向某个方向。所以标志不只是一个图片，它会指向原因，通过风。所以，这是一种力，是两个东西的作用或者反应，是一种暗示，是第二性的。比如温度计，当天气转暖，温度器数字上升。再比如，通过树轮看南北看阴阳，看太阳的南北。这些东西，都是即使没有人，它们也存在着，即使没有人在那里进行相关解释。它们并不是通过其本身,或者图片就能显示意思,它们所显示的意思则是由于它们由自然法则而引起。即使没有人在那里,或者发现规律,它仍然在那里。比如山上冒烟了,即使很早的人们,他们会想到可能是着火了等等。

而真正的指号是象征,它比较像语言。但它也不一定为语言,比如在日本的文化,当我给你一个礼物,这就意味着非常不同于美国文化。因为在日本的文化,如果我给予你一个礼物,那么你需要给我一个礼物,而且礼物要值差不多的价钱。那可能不一定非要是语言,但在特定的文化中,这是一个反应方式。这也不同于图像,笑脸,这是通过自我就可以起到作用。而这种礼物的赠予是一种非常难的方式去表达内容,这是在具体的国家、文化和家庭中,有不同的用意。

语言以不同的单词表达,就会有不同的意思。声音是很自然的语言,在不同的语言中有不同的意思。所以指号,是由语言做成的。但第三性,并不仅仅是我对你说了什么,而是我们用具体的指号,使彼此理解。皮尔士认为,即使我们在思考我们所思考的心灵,这也存在第三性。所以,关于语言,皮尔士早期认为,是与我们内部的想法紧密相关的。

......

图像、标志和象征都是指号,都对意义产生作用。图像是最简单的意义,只是一些直接出现的意思,比如一些图像出现在计算机中,人们并不需要用中文、英文去表达它们,但人们已经知道他们的意思。而且这种意思对于任何人来说都非常的清晰,即使我们并不知道这种语言。

而第三性表示,在概念背后有一些意义,人们不得不进行阐释而得出思想。他们要学习语言,甚至文化,比如给予礼物这个案例。需要学习不同的待人方式,不同的交流语言。再比如,以不同眼神看人表达不同意思等等。某人的某种行为,表达什么意思等等。

这三者相互联系,因为他们都具有表达某物的功能,但是第一种图像并不是通过任何语言就能够表达意思,比如:红为停。第二性标志表示自然的法则,当我走过树林,有很多食物,看到烟了,就会知道可能着火了。这不需要有任何人在那里,而可以揭示一些意义。因为它们是通过由自然力引致的现象。但是我们仍然可以发现他们的意义。也是一种反应，是大树对风的反应，树荫对太阳的反应。使人们能够运用。第三性象征，我们已经知道每个单词是什么意思，这是一种人为的给予意义。语言就是人们所共建发展的。第三性包含了语言、文化。我们尝试去交流以某种方式，这也帮助我们去猜测。

2019 年 5 月 21 日

当天，普劳德福特教授指导笔者的是詹姆斯《心理学原理》的第九章《意识流》以及笔者写的一篇关于皮尔士和詹姆斯信念观比较的小论文作业。普劳德福特教授在对詹姆斯关于"意识"一词的解读中，指出了詹姆斯强调注意力且认为感觉是注意力的产物。

普劳德福特指出：

> 詹姆斯拒绝认为一切认识开始于心灵的观点；相反，认为一切认识开始于感觉。这就是一些经验主义者，如洛克所说的，心灵是白板，当我们看棕色、看这或那之后，那些进入我们的心灵中，之后我们思考这些。在詹姆斯看来，这些并不是正确的，感觉只是一些产物，感觉并不是一些原因，它们从世界中进入我们的心灵，当然那也是真实的，光就在那里，但是当我们说是这些感觉进入的时候就是错的，因为当我们说到感觉的时候，是因为我们聚焦到这个点了，这就联系到意识流的观点。所以，并不是说我们的思想是这个感觉还是那个感觉；相反，我们的思想就是那种河流。当我说到我的椅子在这或在那，这样的事情，我们是在已经选择的基础之上，或者选择去聚焦在某点上。所以，那是错误地认为，感觉是单个的事情，它同样在河流之中。

> 换言之，我们可以说，传统哲学家总是把人的感知抽离出人这个整体来讨论。当然，詹姆斯并不想这么说，首先传统哲学家确实这么做的。这种感觉等一些东西确实来自于我们的体外，比如灯光和气味等等。但感觉表示某人拥有它，内部的或者外部的，那样的事物。虽然詹姆斯并没有说这是这个人所具有的感觉，但确实如此。在詹姆斯看来，感觉并不是基础性，但过去的经验主义哲学家经常认为，感觉是基础的，虽不是基础主义的，但确实是基础的。当我们学习这个世界的时候，我们有这些感觉，之后我们会把这些放到一起。但是很多

附　　录

哲学家会聚焦这些个别的感觉，詹姆斯认为，这是错误的。因为这些感觉不是基础的，虽然一些像光的东西确实在那里，但像那样的很多东西在眼睛里，在任何时刻。感觉是我们所选择的，当然并不是我们真的去选择或者思考，而是说我们去选择。注意力（Attention）是一个非常重要的话题对于詹姆斯，感觉是注意力的结果。当然也确实如此，它来自于这个世界，或者来自于椅子等等。比如，可能有三千个东西进入到我们的眼睛里，但是我们的注意力聚焦于他们中的一些，而非其他的。只是因为，"Consciousness, from our natal day（从我们出生开始的，从非常起初开始的）, is of a teeming multiplicity of objects and relations（充满复杂多样的对象和关系，很多的事物一起进入到我们的眼睛和感觉中）, and what we call simply sensations are results of discriminative attention"。我们使用注意力去区分这些感觉，去挑出这些感觉，当然这并不是有意识性的，或者思考过后的结果，而只是一种注意力的结果。就像在心理学实验室里，詹姆斯说的注意力的结果，一般是一个比较高的程度。所以，我们不能在一开始就把感觉分离出意识之外，当然并不是因为它是感觉的原因。并不是说，我们在心灵之中有意识，感觉直接来到我心灵中，詹姆斯认为，每个事物都来到我的心灵中，它们总是如此到来，而我们所称为感觉的东西，是我们聚焦于其上的。这就是说，首先人们一下子得到所有的事物，之后通过注意力人们会有挑选，然后聚焦于其上。当然并不是说会具有鲜明层次性，但是会是更基础性的东西，当然一开始是所有这些东西一起。有很多东西在这个房间里，有的时候我们并没有注意到，或者从来就没有意识到它们。但有些东西对我们很重要，但另一些可能并非如此。很多时候，如同艺术家所做的，就是打开我们的眼睛以不同的方式，注意到一些我们并没有发现的方式，以不同的方式看事物。所以在詹姆斯看来，感觉是一种产物，通过我们挑选出，虽然我们并没有真实地那么做，但是我们的注意力，这样特别的事物，帮助我们去进行这样的挑选。当然，就如同在婴儿很小的时候，他四处看，可是在他面前晃铃铛的时候，他将聚集于其上。通过这些方式，婴儿学会聚集注意力，等他逐渐长大，他会注意到他的脚，已经发现他的脚与身体相连，然后发现妈妈是不同的事物等等。即使在非常开始的时候，詹姆斯认为，在《心理学原理》中认为，把我们的概念脱离这之上，认为某种感觉是基础的，这样的观点是不为真的。这些东西是由注意力而产生的。所以，我们不可以不从感觉开始谈起。

此外，在对笔者小论文的批改中，普劳德福特教授针对皮尔士和克利福德的信念思想对证据的观点也进行了比对阐释。普劳德福特教授指出："克利福德认为，如果那个观点不够清楚，我们需要不去相信。但首先对于詹姆斯来说，很多的证据就是不清楚的，但之后，对于皮尔士也是，尝试获得最好的概念或最好的真，但并不是说那个真就在那里或不在。对于皮尔士来说，确实需要基于证据建立观点，但证据从来都不是最终的，不管怎么说，我们不停地改变事情，为了满足我们的怀疑。我们想要的是回答问题，得到最好的答案。但克利福德比较天真，认为有证据在那，你接受它们或一点都不相信，在这点上，皮尔士没有那么像克利福德一样。当然，确实对于皮尔士来说，我们的观点确立基于证据，但证据也会改变。人们可能是从假设开始，然后做实验，即使那种证据对于假设是部分性的。

参考文献

一　中文译著

［美］戴维森：《真理、意义与方法》，牟博选编译，商务印书馆2011年版。
［法］笛卡尔：《第一哲学沉思集》，庞景仁译，商务印书馆2011年版。
［美］杜威：《杜威全集》，张国清等译，华东师范大学出版社2010—2015年版。
［美］海尔曼 J.萨特康普编：《罗蒂与实用主义》，张国清译，商务印书馆2003年版。
［德］黑格尔：《精神现象学》，贺麟、王玖兴译，商务印书馆2011年版。
［美］怀特：《分析的时代》，杜任之译，商务印书馆1981年版。
［德］康德：《康德著作全集》，李秋零主编译，中国人民大学出版社2004年版。
［美］科尼利斯·瓦尔：《皮尔士》，郝长墀译，中华书局2014年版。
［美］蒯因：《从逻辑的观点看》，陈启伟、江天骥、张家龙、宋文淦译，中国人民大学出版社2007年版。
［美］蒯因：《语词与对象》，陈启伟、朱锐、张学广译，中国人民大学出版社2007年版。
［美］罗蒂：《偶然、反讽与团结》，徐文瑞译，商务印书馆2003年版。
［美］罗蒂：《哲学和自然之境》，李幼蒸译，商务印书馆2004年版。
［美］穆尼茨：《当代分析哲学》，吴牟人、张汝伦、黄勇译，复旦大学出版社1986年版。
［美］皮尔士：《皮尔士论符号》，詹姆斯·胡普斯编，徐鹏译，上海译文出版社2016年版。
［美］皮尔斯：《皮尔斯文选》，涂纪亮编、涂纪亮、周兆平译，社会科学文

献出版社 2006 年版。
［美］詹姆斯：《彻底的经验主义》，庞景仁译，上海人民出版社 1965 年版。
［美］詹姆斯：《多元的宇宙》，吴棠译，商务印书馆 2011 年版。
［美］詹姆斯：《实用主义》，李步楼译，商务印书馆 2011 年版。
［美］詹姆斯：《心理学原理》，方双虎等译，北京师范大学出版社 2017 年版。
［美］詹姆斯：《詹姆斯文选》，万俊人、陈亚军编，社会科学文献出版社 2007 年版。
［美］詹姆斯：《真理的意义："实用主义"续编》，刘宏信译，广西师范大学出版社 2007 年版。
［美］詹姆斯：《宗教经验种种》，唐钺译，商务印书馆 2011 年版。

二 中文著作

陈嘉明：《知识与确证——当代知识论引论》，上海人民出版社 2003 年版。
陈亚军：《超越经验主义与理性主义》，江苏人民出版社 2014 年版。
陈亚军：《哲学的改造：从实用主义到新实用主义》，中国社会科学出版社 1998 年版。
陈亚军：《实用主义：从皮尔士到布兰顿》，江苏人民出版社 2020 年版。
黄启祥：《思想流学说与詹姆士哲学》，广西师范大学出版社 2017 年版。
刘放桐：《实用主义述评》，天津人民出版社 1983 年版。
彭越：《实用主义思潮演变：从皮尔士到蒯因》，厦门大学出版社 1992 年版。
尚新建：《美国世俗化的宗教与威廉·詹姆斯的彻底经验主义》，上海人民出版社 2002 年版。
涂纪亮：《实用主义、逻辑实证主义及其他》，武汉大学出版社 2009 年版。
杨寿堪、王成兵：《实用主义在中国》，首都师范大学出版社 2002 年版。
张宝贵编：《实用主义之我见》，江西高校出版社 2009 年版。
张妮妮：《意义、解释和真》，中国社会科学出版社 2008 年版。

三 中文论文

S.哈克、陈波：《苏珊·哈克访谈录——一位逻辑学家、哲学家的理智历程》,《世界哲学》2003年第5期。

柏元海:《实事求是与詹姆士实用主义比较分析》,《暨南学报》(哲学社会科学版)1999年第5期。

陈林:《美国早期实用主义哲学"实用"一词的分析》,《镇江师专学报》(社会科学版)1992年第2期。

陈林:《真即有用还是有用即真——评对詹姆士一个理论的误见》,《缤江师专学报》(社会科学版)1994年第2期。

陈四海:《詹姆斯对上帝存在的实用主义证明》,《湖南医科大学学报》(社会科学版)2008年第8期。

陈修斋:《批判实用主义者詹姆士关于个人在历史上》,《武汉大学学报》1963年第1期。

陈亚军:《古典实用主义的分野及其当代效应》,《中国社会科学》2014年第5期。

陈艳风:《"彻底经验主义"不彻底》,《中国社会科学报》2016年8月23日第005版。

崔晖、郭艳波:《威廉·詹姆士的宗教观——形而上学和宗教的实用主义解读》,《哈尔滨学院学报》2011年第8期。

戴月华:《试述詹姆士实用主义的基础》,《浙江师大学报》(社会科学版)2000年第2期。

单少杰:《詹姆士、罗素对"主体"的质疑》,《天津社会科学》1989年第4期。

董山民:《论威廉·詹姆斯对宗教经验的现象学诠释》,《扬州大学学报》(人文社会科学版)2018年第3期。

方菲:《皮尔士与詹姆斯实用主义之比较》,《鸡西大学学报》2014年第7期。

冯晓青:《实用主义真理论评析》,《云南社会科学》2001年第2期。

高申春、王东:《试论詹姆斯的"彻底的经验主义"》,《河南师范大学学报》(哲学社会科学版)2011年第1期。

高申春:《詹姆斯心理学的现象学转向及其理论意蕴》,《心理科学》2011年第4期。

高湘泽:《詹姆士哲学思想新论》,《重庆师院学报》(哲学社会科学版)

1988 年第 4 期。

龚振黔：《试论詹姆士的实用主义真理观》，《贵州教育学院学报》（社会科学版）1997 年第 3 期。

桂起权、解丽：《从逻辑哲学视角看皮尔士溯因推理》，《科学技术哲学研究》2018 年第 2 期。

郭宾：《康德哲学与詹姆斯心理学相关内容比较性辨析》，《山西高等学校社会科学学报》2008 年第 1 期。

郭淑新、何炳佳：《论詹姆斯在真理观上的人道主义转变》，《学术界》2007 年第 4 期。

郭一岑：《批判詹姆士所谓"心理学是自然科学"》，《北京师范大学学报》1957 年第 1 期。

韩宁：《论威廉·詹姆斯的实用真理观》，《贵州社会科学》2013 年第 1 期。

韩宁：《实用主义还是彻底经验主义？——论彻底经验主义在詹姆斯思想体系中的地位》，《理论探讨》2007 年第 6 期。

韩宁：《威廉·詹姆斯关于信仰合法性问题的辩护》，《福建论坛》（人文社会科学版）2010 年第 12 期。

韩宁：《詹姆斯的宗教观解析》，《思想战线》2013 年第 39 期。

韩宁：《詹姆斯气质哲学中的心灵目的论及其经验论立场》，《学习与探索》2012 年第 2 期。

韩宁：《宗教与科学的融合：论詹姆斯关于"宗教科学"的建立》，《江汉论坛》2014 年第 11 期。

韩天琪：《什么可被"当作"真理？——从皮尔士到杜威》，《绵阳师范学院学报》2009 年第 4 期。

韩雪吟：《克利福德信念伦理学思想的当代阐释与批判》，《价值论与伦理学研究》2017 年上半年卷，第 136 页。

何安娜、陈亚军：《从心理学走向形而上学》，《江海学刊》2011 年第 3 期。

胡瑞娜、王姝慧：《皮尔士符号学的实用主义特征及其后现代趋势》，《科学技术与辩证法》2007 年第 4 期。

黄保红：《对詹姆士真理观的再认识》，《贵州师范大学学报》（社会科学版）1999 年第 2 期。

黄启祥：《刚柔之际的哲学追求——试论詹姆斯实用主义哲学的居间性》，

《山东大学学报》（哲学社会科学版）2005 年第 5 期。

黄启祥：《论詹姆斯〈心理学原理〉中的"思想"概念》，《现代哲学》2014 年第 2 期。

黄闪闪：《皮尔士溯因推理的合理性研究》，《湖北大学学报》（哲学社会科学版）2019 年第 6 期。

姬志闯：《实用主义的"古典"分野：在何种意义上？——一个谱系学的考察与回应》，《山东师范大学学报》（人文社会科学版）2019 年第 4 期。

瞿海清、刘杰：《略论詹姆斯实用主义理论的人本主义转向》，《福建论坛》（人文社会科学版）2013 年第 11 期。

康博文：《皮尔士真理观评介》，《天津社会科学》1984 年第 6 期。

李国山：《实用主义：同一准则下的理论纷争》，《河北学刊》2014 年第 6 期。

李恒威、徐怡：《论威廉·詹姆斯的意识研究》，《浙江大学学报》（人文社会科学版）2014 年第 11 期。

李孟国：《詹姆士的纯粹经验探析》，《广西社会科学》2005 年第 9 期。

廖德明、李佳源：《皮尔士的溯因之惑》，《自然辩证法》2014 年第 5 期。

林建武：《近年来国内皮尔士研究概述》，《哲学动态》2005 年第 5 期。

刘笃诚：《实用主义真理观新探》，《四川师范大学学报社会科学版》1994 年第 3 期。

刘放桐：《皮尔士与美国哲学的现代转型》，《北京大学学报》（哲学社会科学版）2007 年第 4 期。

刘开会：《人道主义和反人道主义的知识论或真理论——谈詹姆斯和福柯》，《中国现代外国哲学学会会议论文集》2003 年 11 月。

龙育群：《论杜威对詹姆士真理观的继承与改造》，《求索》2000 年第 3 期。

牛洪亮、陈金平：《论詹姆斯的真理观》，《兰州工业高等专科学校学报》2011 年第 2 期。

潘磊：《皮尔士的"有方向的反基础主义"》，《科学技术与辩证法》2006 年第 4 期。

潘磊：《皮尔士认识论的内在统一性》，《华中科技大学学报》（社会科学版）2008 年第 2 期。

钱捷：《关于皮尔士的"怀疑"概念》，《现代哲学》1989 年第 2 期。

钱捷：《皮尔士与内在实在论》，《华南师范大学学报》1989年第3期。

秦若云、毛建儒：《詹姆士实用主义真理观哲学意义探究》，《教育现代化》2015年第26期。

邱忠善：《皮尔士的真理观初探》，《江汉论坛》2013年第9期。

邱忠善：《皮尔士对现代哲学观念的贡献》，《学术交流》2015年第8期。

曲跃厚：《皮尔斯哲学中的"信念"概念》，《国外社会科学》1995年第11期。

饶娣清：《实用主义与宗教——兼论詹姆士实用主义宗教观》，《湘潭大学学报》（社会科学版）1993年第1期。

饶娣清：《再论詹姆士的实用主义真理观》，《齐鲁学刊》2003年第2期。

饶娣清：《詹姆士的实用主义真理观管见》，《湘潭大学学报》（社会科学版）1988年第4期。

沙毓英：《评詹姆士的"意识流"理论》，《云南师范大学学报》（哲社版）1988年第2期。

尚新建：《美国世俗化的宗教与威廉·詹姆斯的彻底经验主义》，博士学位论文，北京大学，2000年。

尚新建：《实用主义是相对主义吗？——评威廉·詹姆斯的真理观》，《中国高校社会科学》2015年第5期。

邵强进、黄维，《皮尔士真理观的实践意义》，《广西大学学报》2011年第4期。

舒远招：《康德思想的实用维度及其限度》，《云南大学学报》（社会科学版）2011年第1期。

舒卓、朱菁：《证据与信念的伦理学》，《哲学研究》2014年第4期。

宋建平：《试论詹姆士的意识流理论》，《华东理工大学学报》（社会科学版）2003年第3期。

宋建平：《詹姆士的意识流理论述评》，《探索与争鸣》1986年第5期。

孙咏：《美国实用主义：演变及其当代走向——苏珊·哈克教授访谈录》，《广东社会科学》2014年第2期。

孙志明：《皮尔士的实用主义思想》，《江西大学学报》（哲学社会科学版）1985年第3期。

唐秉绶：《对詹姆士——蘭格情绪论的批判》，《福建师范学院学报》1956年第 1 期。

唐钺：《对詹姆士彻底经验论的批判》，《哲学研究》1956 年第 5 期。

涂纪亮：《实用主义：实在论与反实在论之争》，《云南大学学报》（社会科学版）2006 年第 2 期。

涂争鸣：《试析詹姆士真理观的唯心主义本质》，《华南理工大学学报》（社会科学版）2000 年第 1 期。

汪胤：《对先验论的批判一定导致经验主义吗——兼论詹姆斯对皮尔士哲学理解的误区》，《上海交通大学学报》（哲学社会科学版）2009 年第 2 期。

王成兵、林建武：《论皮尔士的科学形而上学观》，《江汉论坛》2007 年第 5 期。

王传习：《述评詹姆斯哲学体系》，《内蒙古大学学报》（哲学社会科学版）1995 年第 1 期。

王东：《从"思想之流"到"纯粹经验"——威廉·詹姆斯的意识理论研究》，博士学位论文，吉林大学，2011 年。

王启康：《略论詹姆斯关于自我的理论》，《华中师范大学学报》（哲社版）1988 年第 5 期。

王庆原：《信念伦理学的"克利夫特/詹姆斯之争"——兼论信念伦理学的建构》，《哲学动态》2010 年第 6 期。

王庆原：《信念伦理学：概念、问题与构架》，《西南民族大学学报》（人文社会科学版）2012 年第 2 期。

徐陶、胡彩云：《实用主义起源于一场误会吗？——对古典实用主义的产生于内在谱系的历史考察》，《中南大学学报》（社会科学版）2019 年第 1 期。

徐向东：《"我思"和自我知识的本质》，《哲学研究》2003 年第 3 期。

薛立杰：《指号视域下的宗教哲学》，《世界宗教文化》2017 年第 6 期。

颜中军：《可错论：从皮尔士到苏珊·哈克》，《昆明学院学报》2015 年第 2 期。

杨萍：《试论詹姆斯和杜威的哲学观》，硕士学位论文，云南师范大学，2013 年。

杨文极：《简评詹姆士的实用主义真理观》，《中国人民大学学报》1991 年第 3 期。

余德华：《皮尔斯的心灵趋向一致说》，《广西社会科学》2003年第5期。

宇一：《威廉·詹姆士的实用主义》，《兰州大学学报社会科学版》1990年第2期。

张彩霞：《论皮尔士的科学观及其价值》，《社会科学家》2014年第9期。

张端信：《论皮尔士的实用主义准则》，《社会科学家》2007年第11期。

张端信：《皮尔士哲学中的"实在"概念》，《求索》2007年第6期。

张峰：《皮尔士真理观初探》，《郑州大学学报》1985年第3期。

张桂权：《试析詹姆士的实用主义观》，《全国"经验主义与实用主义"学术研讨会论文集》2009年第10期。

张桂权：《詹姆士的实用主义观析评》，《四川师范大学学报》（社会科学版）2010年第5期。

张国清、伏佳佳：《为了美好的世界——威廉·詹姆斯政治哲学之考察》，《社会科学研究》2015年第1期。

张留华：《反神迹论证中的推理观念：皮尔士与休谟》，《现代哲学》2015年第4期。

张留华：《关于推理的古典实用主义分析》，《华东师范大学学报》（哲学社会科学版）2014年第6期。

张留华：《逻辑学语境下的科学实用主义》，《自然辩证法研究》2005年第9期。

张留华：《皮尔士论科学及其方法、态度》，《自然辩证法研究》2006年第2期。

张留华：《实用主义准则的符号学解读》，《社会科学家》2016年第3期。

张留华：《重论逻辑学的范围：皮尔士，抑或哈曼》，《学术月刊》2014年第1期。

张庆熊：《经典实用主义的问题意识——论皮尔士、詹姆斯、杜威之间的关联和区别》，《云南大学学报》（社会科学版）2014年第4期。

张蕊：《论詹姆斯实用主义思想》，《山东社会科学》2015年第12期。

张晓东：《"价值真理论"之伦理意蕴——詹姆士实用主义道德观探析》，《南京社会科学》2009年第2期。

张艳伟：《简述实用主义的真理观》，《重庆科技学院学报》（社会科学版）2010年第6期。

张之沧：《从詹姆士到罗蒂的实用主义诠释》，《广西社会科学》2003 年第 2 期。

赵锦荣：《论发生论意义上的真理观》，《新疆师范大学学报》（哲学社会科学版）1999 年第 2 期。

赵士兵、刘爱军：《实用主义真理观之管窥》，《北方论丛》2008 年第 4 期。

郑伟平：《当代信念伦理学的"第四条道路"——论皮尔士的信念规范理论》，《哲学分析》2014 年第 1 期。

朱启领：《詹姆斯实用主义真理观的理论探析》，硕士学位论文，吉林大学，2010 年。

朱志方：《皮尔士的科学哲学》，《自然辨证法通讯》1998 年第 2 期。

邹铁军：《科学实验思维与皮尔士的实效主义》，《学习与探索》2004 年第 2 期。

四　外文著作

Alexander Bain, *The Emotions and the Will*, London: Longmans, Green, and Co., 1875.

Alexander Bain, *The Sense and the Intellect*, New York: D. Appleton & Co., 1874.

Alfred Jules Ayer, *The Origins of Pragmatism.*, London, Melbourne, Toronto: Macmillan, 1968.

Bertrand Arthur William Russell, *A History of Modern Philosophy*, New York: Simon and Schuster, 2008.

Charles Sanders Peirce, *Collected Papers of Charles Sanders Peirce. Vol. 1 – 6.* Charles Hartshorne & Paul Weless, eds., Vol. 7. Arthur W. Burks, eds., Cambridge: Harvard University Press, 1931 – 1935.

Charles Sanders Peirce, *Writings of Charles S. Peirce. Vol. 1 – 8.* Edward C. Moore, Max H. Fisch & Christian J. Klosesel, etc, eds., Bloomington: Zndiana University Press, 1982 – 2010.

Cheryl J. Misak, *Truth and the End of Inquiry*, New York: Oxford University Press, 1991.

Cheryl J. Misak, *Cambridge Pragmatism From Peirce and James to Ramsey and*

Wittgenstein, Oxford: Oxford University Press, 2016.

Cheryl J. Misak, ed., *The Cambridge Companion to PEIRCE*, Cambridge: Cambridge University Press, 2004.

Cheryl J. Misak, *The American Pragmatists*, Oxford: Oxford University Press, 2013.

Christopher Hookway, *PEIRCE*, 1985, London: Routledge.

Christopher Hookway, *The Pragmatic Maxim*, Oxford: Oxford University Press, 2012.

Christopher Hookway, *Truth, Rationality, and Pragmatism*, New York: Oxford University Press, 2002.

Clarence Irving Lewis, *Collected Papers of Clarence Irving Lewis*, John D. Goheen and John L. Mothershead, Stanford: Stanford University Press, 1970.

David Wiggins, *Needs, Values, Truth*, Oxford: Basil Blackwell, 1987.

Donald Davidson, *Inquiries into Truth and Interpretation*, Oxford: Clarendon Press, 1984.

Gabriele Gave and Robert Stern, eds., *Pragmatism, Kant and Transcendental Philosophy*, New York: Routledge, 2016.

Henrik Rydenfelt and Sami Pihliström, eds., *William James on Religion*, London: Palgrave Macmillan, 2013.

Henry Samuel Levinson, *The Religious Investigations of William James*, Chapel Hill: University of North Carolina Press, 1891.

Herman J. Saatkamp, ed., *Rorty and Pragmatism*, Nashville & London: Vanderbilt University Press, 1995.

Hilary Putnam, *Pragmatism: An open Question*, Oxford: Blackwell, 1995.

Hilary Putnam, *Renew Philosophy*, Cambridge, Massachusetts, London: Harvard University Press, 1992.

Howard Mounce, *The Two Pragmatisms: From Peirce to Rorty*, London and New York: Routledge, 2002.

Issac Levi, *Pragmatism and Inquiry*, Oxford: Oxford University Press, 2012.

Issac Levi, *The Fixation of Belief and Its Undoing*, Cambridge: Cambridge University Press, 1991.

James Mark Baldwin, *Handbook of Psychology: Feeling and Will*, New York: Holt, 1891.

Joan Fontrodona, *Pragmatism and Management Inquiry: Insights from the Thought of Charles S. Peirce*, London: Quorum Books, 2002.

John Dewey, *The Early/Middle/Late Works of John Dewey*, Jo Ann Boydston, ed., Carbonale: Southern Illinois University Press, 1969–1990.

John Hick, *Faith and Knowledge*, Ithaca, New York: Cornell University Press, 1957.

Jonathan E. Adler, *Belief's Own Ethics*, Cambridge, MA: the MIT Press, 2002.

Joseph Margolis, *Pragmatism Without Foundations: Reconciling Realism and Relativism*, Oxford: Blackwell, 1986.

JosephMargolis, *Reinventing Pragmatism: American Philosophy at the End of the Twentieth Century*, Ithaca, NY: Cornell University Press. 2002.

K. T. Fann, *Peirce's Theory of Abduction*, Martinus Nijhoff, The Hague: Springer Netherlands, 1970.

Louis P. Pojman, ed., *The Theory of Knowledge: Classical and Contemporary Readings*, Belmont: Wadsworth Publishing Company, 1999.

Matthew Bagger, ed., *Pragmatism and Naturalism*, New York: Columbia University Press, 2018.

Max H. Fisch, *Peirce, Semeiotic, and Pragmatism*, Bloomington: Indiana University Press, 1986.

Michael R. Slater, *William James on Ethics and Faith*, Cambridge: Cambridge University Press, 2009.

Nancy Frankenberry, ed., *Radical Interpretation in Religion*, Cambridge: Cambridge University Press, 2004.

Peter Skagestad, *The Road of Inquiry*, New York: Columbia University Press, 1981.

Ralph Barton Perry, *The Thought and Character of William James*, Vol II, London: Humphrey Milford Oxford University Press, 1948.

Ray Wood Sellars, *Philosophical Perspectives: History of Philosophy*, Atascadero, California: Ridgeview Publishing Company, 1967.

Ray Wood Sellars, *Science, Perception and Reality*, Atascadero, California: Ridgeview Publishing Company, 1991.

René Descartes, *Selected Philosophical Writings*, John Cottingham, Robert Stocthoff and Dugald Murdoth, ed., and trans., Cambridge: Cambridge University Press, 1988.

Richard J. Bernstein, ed., *Perspectives on Peirce*, New Haven and London: Yale University Press, 1965.

Richard M. Gale, *The Divided Self of William James*, Cambridge: Cambridge University Press, 1999.

Richard M. Gale, *The Philosophy of William James*, Cambridge: Cambridge University Press, 2005.

Richard Rorty, *Contingency, Irony, and Solidarity*, Cambridge: Cambridge University Press, 1999.

Richard Rorty, *Philosophy and the Mirror of Nature*, Princeton, New Jersey: Princeton University Press, 1980.

Robert J. O'Connell, *William James on the Courage to Believe*, New York: Fordham University Press, 1997.

Ruth Anna Putnam, ed., *The Cambridge Companion to William James*, Cambridge: Cambridge University Press, 1998.

Tames E. Tomberlin and Peter van Inwagen, eds., *Alvin Plantinga*, Boston: D. Reidel, 1985.

Timothy J. Madiga, ed., *Unsettling Obligations: Essays on Reason, Reality and the Ethics of Belief*, Standford, California: CSLI Publications, 2002.

Wayne L. Proudfoot, ed., *William James and a Science of Religions*, New York: Columbia University Press, 2004.

Willard Van Orman Quine, *From a Logical Point of View*, New York, Hagerstown, San Francisco, London: Harper & Row, Publishers, 1953.

Willard Van Orman Quine, *Ontological Relativity and Other Essays*, New York: Columbia University Press, 1969.

Willard Van Orman Quine, *Word and Object*, Cambridge, Massachuseets, London: The MIT Press, 2013.

William James, *The Correspondence of William James. Vol. 1 – 12*, Ignas K. Skrupskelis & Elizabeth M. Berkeley, eds., Charlottesville and London: University Press of Virginia, 1992 – 2004.

William James, *The works of William James. Vol. 1 – 19*, Frederick Burkhardt & Fredson Bowers, eds., Cambridge, Massachusetts and London, England: Harvard University Press, 1975 – 1988.

William Joseph Gavin, *William James and the Reinstatement of the Vague*, Philadelphia: Temple University Press, 1992.

William Kingdom Clifford, *The Ethics of Belief and Other Essays*, New York: Prometheus Books, 1999.

五 外文论文

Alexis Dianda, "William James and the 'Willfulness' of Belief", *European Journal of Philosophy*, Vol. 26, No. 1, 2018.

Charlene Haddock Seigfried, "The Philosopher's 'License': William James and Common Sense" *Transactions of the Charles S. Peirce Society*, Vol. 19, No. 3.

Charlene Haddock Seigfried, "The Positivist Foundation in William James's 'Principles'", *The Review of Metaphysics*, Vol. 37, No. 3, 1984.

Colin Koopman, "Pragmatism as a Philosophy of Hope: Emerson, James, Dewey, Rorty", *The Journal of Speculative Philosophy*, Vol. 20, No. 2, 2005.

Colin Koopman, "The Will, the Will to Believe, and William James: An Ethics of Freedom as Self – Transformation", *Journal of the History of Philosophy*, Vol. 55, No. 3, 2017.

Colin Koopman, "William James's Politics of Personal Freedom", *The Journal of Speculative Philosophy*, Vol. 19, No. 3, 2005.

Dickson Sergeant Miller, "James's Doctrine of 'The Right of Believe'", *Philosophical Review*, Vol. 51, 1942.

Dickson Sergeant Miller, "'The Will to Believe' and the Duty to Doubt", *International Journal of Ethics*, Vol. 9, No. 2, 1899.

Ferdinand Canning Scoot Schiller, "William James and the Will to Believe", *The Journal of Philosophy*, Vol. 24, No. 16, 1927.

Gary Shapiro, "Habit and Meaning in Peirce's Pragmatism", *Transactions of the Charles S. Peirce Society*, Vol. 9, No. 1, 1973.

G. E. Moore, "Professor James' 'Pragmatism'" *Proceedings of the Aristotelian Society*, Vol. 8, 1907 – 1908.

Jaime Nubiola, "Abduction or the logic of surprise", *Semiotica*, Vol. 153, 2005.

Leslie Stephen, " 'The Will to Believe' ", *Agnostic Annual*, 1898.

Louis P. Pojman, "Belief and Will", *Religious Studies*, Vol. 14, No. 1.

Murray G. Murphe, "Kant's Children the Cambridge Pragmatists", *Transactions of the Charles S. Peirce Society*. Vol. 4, No. 1, 1968.

Robert J. O'Connell, " 'The Will to Believe' and James's 'Deontological Streak' ", *Transactions of the Charles S. Peirce Society*, Vol. 28, No. 4, 1992.

Roderick M. Chisholm, "William James's Theory of Truth", *The Monist*, Vol. 75, No. 4, 1992.

Sami Pihlström, "William James on Death, Mortality, and Immortality", *Transactions of the Charles S. Peirce Society*, Vol. 38, No. 4.

Sandra B. Rosenthal, "Meaning as Habit: Some Systematic Implications of Peirce's Pragmatism", *The Monist*, Vol. 65, No. 2, 1982.

Stephen T. Davis, "Wishful Thinking and 'The Will to Believe' ", *Transactions of the Charles S. Peirce Society*, Vol. 8, No. 4, 1972.

Susan Haack, "Fallibilism and Necessity", *Synthese*, Vol. 41, No. 1, 1979.

Susan Haack, "The Legitimacy of Metaphysics: Kant's Legacy to Peirce, and Peirce's to Philosophy Today", *Polish Journal of Philosophy*, Vol. 36, No. 1, 2007.

Vincent Michael Colapietro, "William James's Pragmatic Commitment to Absolute Truth", *The South Journal of Philosophy*, Vol. 24, No. 2, 1986.

Wayne L. Proudfoot, "Religious Experience, Emotion, and Belief", *The Harvard Theological Review*, Vol. 70, No. 3, 1977.

Wayne L. Proudfoot, "William James on an Unseen Order", *The Harvard Theological Review*, Vol. 93, No. 1, 2000.

六 外文电子材料

Charles Sanders Perice，MS（皮尔士未出版的手稿网址），德国洪堡大学"数字皮尔士档案馆"["Digital Peirce Archive" at Humboldt University（Berlin，Germany）中资源]. https：//rs. cms. hu – berlin. de/peircearchive/pages/preview. php？from = search&ref = 24118&k = &search = % 21collection707 + &offset =0&order_ by = resourceid&sort = DESC&archive = &go = next&.

Charles Sanders Perice，MS（皮尔士未出版的手稿网址），可拓展皮尔士解释网站［Scalable Peirce Interpretation Network（SPIN）]：https：//fromthepage. com/jeffdown1/c – s – peirce – manuscripts/ms – 693 – n – d – reason – s – conscience/guest/13075.

索 引

B

标志 30, 98, 103, 105 – 110, 112, 117, 136, 166, 215, 220, 252, 253

C

成见 29, 30, 43 – 45, 48, 50, 52, 58, 59, 116, 117, 120, 122, 123, 125, 156, 171, 216

D

笛卡尔 4, 15, 28, 29, 35 – 43, 45, 48, 50, 53, 61, 69, 72, 74, 76, 77, 79, 85, 88, 89, 120, 203, 213, 249, 251, 257

第一性 11, 41 – 43, 98 – 101, 103, 104, 108 – 110, 112, 117, 215, 238, 242, 249 – 252

第二性 98, 100, 101, 103, 105 – 110, 112, 117, 128, 249 – 253

第三性 30, 98, 99, 101 – 104, 106 – 110, 112, 117, 128, 136, 220, 249 – 254

第三种清楚 30, 78, 89 – 98, 102 – 104, 106, 108, 109, 113, 117, 119, 126, 131, 133

F

反基础主义 4, 15, 28, 30, 35, 42, 43, 45, 50, 51, 61, 62, 77 – 79, 81, 85, 97, 119, 120, 122, 125 – 127, 131, 135, 161, 162, 186, 215, 238, 239, 242, 261

非认知 21, 28, 32, 33, 36, 38, 41 – 43, 76, 120, 168, 170, 171, 174, 176 – 188, 191 – 193, 197,

204－212，222－226，231，232，236，239

符合 6，8，9，11，14，18，23，24，50，60，61，63，64，75，80，81，92，94，96，97，137，144－146，153，154，168，242

G

个体 8，10，14，15，19，21，22，24，26，29，31－33，37，40－43，52－54，56，57，61，63－67，72，74－77，84，85，109，110，119，123，126，127，135，141，143，144，146－149，153，154，156－160，162，163，165－170，172－179，181－207，210，211，215，216，218，221－226，232－235，237－239

共同体 18，19，26，27，29，30，33，53－56，63－67，72－77，95，97，109，119，135，144，159，160，166－168，181，189，206，211，218，222，225，226，233，234，237

规范 5，7，13，28－31，33－35，48，51，52，54，56，59，61，62，64，67－69，71，72，76－79，83，87，92－98，104，106，108，109，112，119，126，127，133，135，136，143，144，155，157，160，

161，171，187，190，192，193，211－214，218，222，226－231，234－237，245，246，265

H

怀疑 3，4，6，15－17，20，28－30，34－54，57－62，69，73－77，79，85，88，111，115，117，119，120，122－125，139，164，165，188，191，203，204，216，217，234，238－242，249，256，262

J

惊喜 16－18，29，44，45，49，50，59，68，69，71，72，76，77，117，123，154，155，157，216，218

K

科学的方法 5，7，13，17，28，29，48，51－62，76，150，176，203，222，223，225，226，231，235

科学探究模式 28－31，33，35，48，57，62，68，69，72，76，77，

95－97，104，106，108，113，116，119，154，161，164，170，179，180，202，204，206，207，222，225－229，236

可错论 4，15，16，31，33，60，67，69，70，95，119，154，156，161，165，185，215，216，240，241，263

克利福德 7，20，21，28，31，162－170，174，178，181，250，251，256，260

L

理智 23，25，28，32，33，39，55，75，91，92，114，125，131，142，145，152，154，162，171，172，178，195，196，198，199，202，203，205－212，222－226，232－234，236，237，258

逻辑推理 5，17，28，29，48，56，57，59，128，180，181，207，223，224，235

P

排中性 31，127，132，134－141，161

R

认知 15，19，21，24，28，29，32，33，35，36，39－45，48，50，51，59，61，63－65，67，69，70，72，74，76，77，83，94，98－102，104，108，109，117，120，123，144，146－150，153，154，156，157，159，160，164－169，171，174，176－189，193，198，200，204－208，210－212，214－218，220－227，231，232，234，241，242，249－252

S

善 2，4，10，31－33，44，72，74，88，93，119，155－161，195，198－200，202，206，211，214，217，218，221，225，228，229，233，249，262

实际具体结果 7，24，27，31－33，127，133－144，150－154，157－161，169，171－173，176－178，187－190，193，195，199－202，205－208，211，212，219，221，222，224－229，234－237，248

实践 6，11，17，27，32，38，47，

51，56，61，78－85，91，92，98，110，111，129，131，134，135，137，189，200，203，208，262

实用主义　1－16，18－20，24－31，33，34，36，37，43，46，63，64，71，77－87，89－95，97，98，103，109－114，119，126－140，142－145，147－162，170，196，208，213－221，226，228－235，237－240，242，243，245－250，257－265

实在　3－5，7－11，13，14，18，19，23，24，29，31，33，36，38，40－45，48，53－57，59，61－67，69，74－78，88，102，103，114，116，117，119，128，129，133，144－155，157，159，161，163，165，169，188，190－192，206，222，223，225，227－229，231，232，235，237，238，240－242，245，248，255，262－264

是其所是　28，30，31，33，34，76，78，79，86，109，113，118，120，126，143，206，213，214，218－221，229，230，237，242－246

T

探究　2，4－6，10，12，16－20，23，25－29，31－33，35，36，45，47－52，54，56－62，64－77，81－86，90，91，94，95，97，98，106，112，116，117，120，123－125，144，146，150，154，155，165，167，181，185，195，197－199，202，204，205，209，213－219，221，223，225－237，239，240，243，245，246，250，251，262

图像　30，98，103－110，112，117，136，145，220，252，253

X

希望　8，18，21，29，31，55，57，67－69，71－77，80，94－96，117，154－160，165，166，168，170，171，178，191，200，201，209，217，218，234

习惯　3，16，19，20，30－33，47，78－80，94，98，107，109，111－118，125，126，136－138，141－143，171，172，187，190，195，200，202，206，207，220，221，224，242，243，245，247

象征　30，98，103，107－110，112，117，136，187，220，253，254

信念　1－40，42－79，81，84－88，91－120，122－129，131－172，174－248，250，251，254，256，260，262，263，265

信念观构成　28，29，35，36，48，

62, 67, 72, 77, 78, 118, 143, 160, 161, 186, 212-214

信仰 5-10, 25, 28, 32, 37, 132, 139-141, 162, 170, 178-194, 196-198, 202-211, 222-226, 232, 250, 260

行动 5, 10, 13, 15, 16, 19, 20, 22, 29, 30, 32, 36, 44-49, 55, 57, 76, 78, 79, 82, 85, 92, 94, 98, 100, 102, 108-118, 120, 124-126, 128, 129, 136-143, 155, 171-173, 175, 177, 178, 181, 185, 187, 190, 192, 195, 200-202, 206, 207, 220, 221, 224, 228, 234, 241, 243, 247

行为 3, 9, 16, 19, 20, 30, 31, 45, 47, 59, 78, 82, 94, 109-111, 113-117, 125, 128, 136-139, 141-143, 154, 173, 182, 183, 189, 207, 215, 220, 221, 242-245, 247, 252, 253

Y

意识流 30, 120-123, 125, 147, 254, 252

意志 1, 2, 7-9, 11, 20-23, 28, 31-33, 44, 75, 100, 116, 126, 129, 140, 162, 163, 167, 168, 170-180, 186-189, 191, 193-212, 222, 224-226, 232,

234, 237

在先认知 29, 35, 36, 39, 42, 50, 61, 62, 69, 75, 76, 95, 96, 123, 173, 198, 215-218

Z

真 3-16, 18-20, 22-26, 28-33, 35, 36, 38, 41-44, 47, 48, 50-54, 56-77, 81, 85, 88-92, 94, 96, 99, 103, 107, 110-115, 117, 119-131, 133, 134, 136, 137, 139-168, 170, 174-178, 180, 185-190, 192, 195, 197-201, 203, 210, 211, 213-218, 221, 223, 225, 227-230, 233, 234, 237-242, 244-251, 253-265

真正的选择 7, 32, 139-141, 174-177, 181, 188, 197, 202, 224, 225, 232

证据 5, 7, 13, 19-22, 28, 31, 32, 39, 40, 42, 43, 50, 60, 61, 73, 140, 141, 150, 162-172, 174-178, 180-184, 186-189, 191, 192, 195-197, 199, 204, 208, 209, 224, 248, 256, 262

证实 9, 10, 12-14, 24, 31, 32, 39, 40, 119, 131, 144, 145, 148, 150-154, 157, 159, 187, 190-193, 199, 201, 205, 223,

· 276 ·

228, 240, 248

指号 19, 30, 41, 65, 78, 79, 89, 90, 92, 98, 102 - 110, 112 - 114, 117, 118, 128, 136, 220, 221, 243, 251 - 253, 263

主观因素 29, 32, 45, 52 - 54, 56, 57, 61, 64, 76, 84, 85, 119, 162, 163, 166 - 172, 174, 178 - 187, 191, 204, 223, 224, 232, 235

宗教 2, 7 - 10, 13, 25, 55, 132, 133, 140, 141, 158 - 160, 167 - 170, 172, 174, 180, 183 - 189, 197, 199, 201, 204 - 207, 209 - 211, 232, 258 - 260, 262, 263

第十批《中国社会科学博士后文库》专家推荐表 1

《中国社会科学博士后文库》由中国社会科学院与全国博士后管理委员会共同设立，旨在集中推出选题立意高、成果质量高、真正反映当前我国哲学社会科学领域博士后研究最高学术水准的创新成果，充分发挥哲学社会科学优秀博士后科研成果和优秀博士后人才的引领示范作用，让《文库》著作真正成为时代的符号、学术的示范。

推荐专家姓名	王成兵	电　　话	
专业技术职务	教授	研究专长	实用主义哲学
工作单位	山西大学哲学社会学学院	行政职务	《Frontier of Philosophy in China》副主编
推荐成果名称	古典实用主义奠基者的信念观研究——以皮尔士和詹姆斯为例		
成果作者姓名	耿博雅		

（对书稿的学术创新、理论价值、现实意义、政治理论倾向及是否具有出版价值等方面做出全面评价，并指出其不足之处）

　　皮尔士和詹姆士分别是美国实用主义哲学的奠基者和最主要的代表人物。两位哲学家的哲学思想不仅对实用主义哲学的产生和发展产生了决定性的影响，而且，对于现代西方哲学产生了巨大的影响。信念观念是美国古典实用主义重要的思想内容，是国外学术界近年来的学术研究热点，也是国内学术界开始关注但是研究相对薄弱的环节。论文选题具有非常重要的学术价值。《古典实用主义奠基者的信念观研究——以皮尔士和詹姆斯为例》是国内学术界第一本专门以信念观念展开研究的博士学位论文，在一定程度上推进了学术界对古典实用主义思想的研究。实用主义对中国现代哲学、文化、教育具有很大的影响，本论文的研究工作，对于中国学术界充分理解西学东渐的历程，研究实用主义在中国的社会和学术影响。也起到积极大作用。

　　论文主体的写作工作是作者在美国哥伦比亚大学联合培养期间完成，得到了数位美国当代实用主义专家（如 Wayne Proudfoot, Richard Bernstein 和安乐哲等）的指导，作者也自觉使用可靠的国内外研究资料作为支撑文献，研究论点鲜明，论证逻辑说服力强，论文章节设置合理，语言专业特色强，论述准确。论文的写作符合学术规范。

　　论文的盲审和答辩过程非常顺利。论文通过答辩后，作者根据答辩委员会的意见，对论文进行了认真、细致的修改，论文完全达到了出版要求。

　　我认为，《古典实用主义奠基者的信念观研究——以皮尔士和詹姆斯为例》是一本优秀的学术研究成果，特此推荐，请评审委员会进行审查。

签字：王成兵
日期：2021 年 3 月 10 日

说明：该推荐表须由具有正高级专业技术职务的同行专家填写，并由推荐人亲自签字，一旦推荐，须承担个人信誉责任。如推荐书稿入选《文库》，推荐专家姓名及推荐意见将印入著作。

第十批《中国社会科学博士后文库》专家推荐表 2

《中国社会科学博士后文库》由中国社会科学院与全国博士后管理委员会共同设立，旨在集中推出选题立意高、成果质量高、真正反映当前我国哲学社会科学领域博士后研究最高学术水准的创新成果，充分发挥哲学社会科学优秀博士后科研成果和优秀博士后人才的引领示范作用，让《文库》著作真正成为时代的符号、学术的示范。

推荐专家姓名	尚新建	电话	
专业技术职务	教授	研究专长	实用主义哲学
工作单位	北京大学哲学系	行政职务	系党委书记、副主任
推荐成果名称	古典实用主义奠基者的信念观研究——以皮尔士和詹姆斯为例		
成果作者姓名	耿博雅		

（对书稿的学术创新、理论价值、现实意义、政治理论倾向及是否具有出版价值等方面做出全面评价，并指出其不足之处）

耿博雅博士的论文主题是研究美国实用主义创始人皮尔士与詹姆斯的信念理论，试图澄清二人信念概念的异同，阐明二人信念理论之间的关系以及对其后哲学家的影响。这一论题涉及现代哲学的核心概念，意义重大。美国实用主义独树一帜，具有鲜明特点。国内外学界在这方面有一些研究，但仍显不足，尤其国内学界。相信，该论文的出版，将有利于国内学界的实用主义学术，促进。

该论文有以下三个突出特点：

（1）论文是在充分掌握相关资料的基础上完成的。作者不仅对国内外研究状况有清楚了解，而且，对皮尔士和詹姆斯二人的相关著作进行了细致的梳理和研究，甚至浏览研读一些未出版的手稿，并参阅了不少国内外二手文献。因此，论文的论点具有文本的支持，扎实可靠。

（2）论文在处理皮尔士与詹姆斯二人信念观的异同时，大胆提出了自己的看法，有创新。作者从信念的界域、信念的规范力、信念与真、信念与实用主义四个方面梳理和分析二者异同，试图论证二者确立和把握信念意义的规范式，阐述其对后人的影响。这些观点颇为新颖，相信会引起学界重视。

（3）论文问题导向突出。"信念"作为哲学的核心概念，寓义曲折，内涵复杂，意义深远，引发现代哲学家的激烈讨论。实用主义哲学家对"信念"有独特理解，深刻影响了当代西方哲学。论文通过探讨皮尔士与詹姆斯的信念概念及其理论，将"信念"的意涵和内在张力凸显出来，有助于学界拓展当前围绕"信念"展开的理论探讨，借以澄清相关理论问题。

据此，相信该论文入选《中国社会科学博士后文库》，将不辱使命，不仅可以彰显我国青年学者的最新学术成就，而且可以促进我国学术事业的健康发展。

签字：尚新建

日期：2021 年 3 月 11 日

说明：该推荐表须由具有正高级专业技术职务的同行专家填写，并由推荐人亲自签字，一旦推荐，须承担个人信誉责任。如推荐书稿入选《文库》，推荐专家姓名及推荐意见将印入著作。